普通高等教育"十三五"规划教材

U0668888

大学生军事教程

主 编　刘剑飞

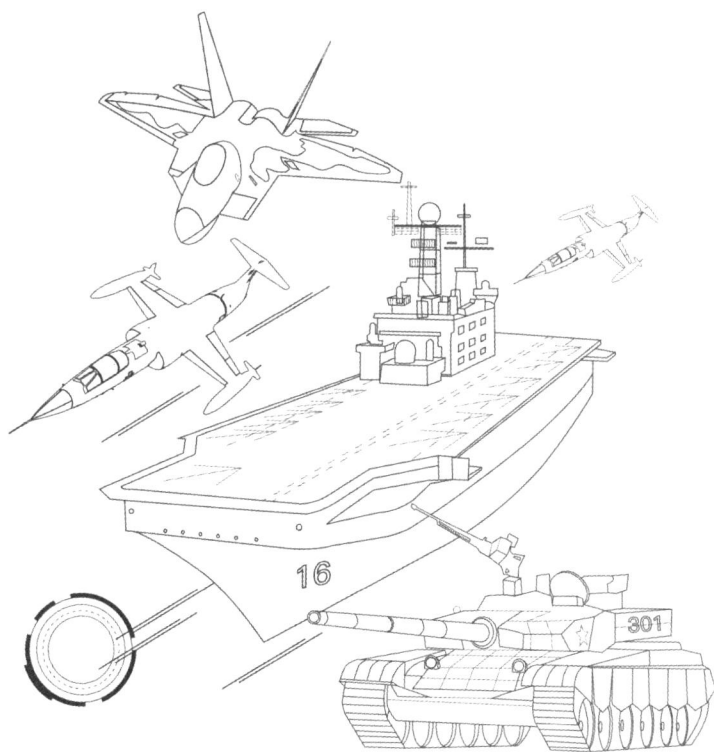

军训第一课 | 军武大讲坛
丰富的配套教学资源
科学的随堂检测试卷
有趣的拓展阅读栏目
更多精彩　尽在码后

中南大学出版社
www.csupress.com.cn
·长 沙·

编辑出版委员会

前言

　　国防意识和军事素养是青少年健康成长、报效国家和服务社会的基本素质，事关民族凝聚力和国家竞争力。军事科学是反映战争规律和战争指导规律，用以指导国防和军队建设、战争准备和实施的知识体系，是社会科学中综合性、实践性很强的一门学科。加强大学生军事课程建设，让学生掌握必备的军事知识、军事理论和军事技能，增强学生的国防观念、国家安全意识和忧患危机意识，是适应立德树人根本任务和强军目标根本要求，服务军民融合发展战略实施和国防后备力量建设的重要途径，对于加快推进国防现代化建设、人力资源强国建设和实现中华民族伟大复兴具有重要意义。

　　为全面贯彻党的十九大精神，以习近平新时代中国特色社会主义思想和强军思想为指导，认真落实《国务院关于印发国家教育事业发展"十三五"规划的通知》《国务院办公厅　中央军委办公厅关于深化学生军事训练改革的意见》，我们根据教育部、中央军委国防动员部新修订的《普通高等学校军事课教学大纲》（教体艺〔2019〕1 号），在认真总结大学军事课程教学经验的基础上，结合大学军事训练的实际，编写了这本《大学生军事教程》。

　　本书以提升大学生国防意识和军事素养为重点，全面系统地介绍了大学军事课程的基本内容。在编写上，我们注重理论与实践的结合，力争做到内容丰富、图文并茂、通俗易懂，融科学性、知识性和实用性于一体，希望能为深化学生军事训练改革提供有益借鉴。

　　本书在编写过程中吸取了众多学者、专家的成果，编者在此一并表示感谢。由于时间仓促，内容涉及面较广，不妥之处在所难免，敬请各位读者、同仁批评指正。

编　者
2019 年 5 月

目 录

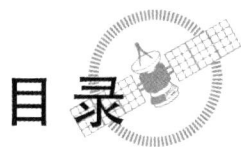

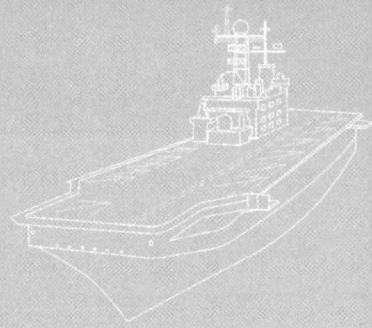

第一章
中国国防

第一节　国防概述

一、国防的内涵

国防，是国家为防备和抵抗侵略，制止武装颠覆，保卫国家的主权、统一、领土完整和安全所进行的军事活动，包括与军事有关的政治、经济、外交、科技、教育等方面的活动。简而言之，国防就是国家的防务，有国才有国防。

（一）国防的构成要素

国防的主体是国家。构成国防的基本要素主要包括国防的对象、国防的目的和国防的手段。

1. 国防的对象

国防的对象是指国防所要防备、抵抗和制止的行为。根据《中华人民共和国国防法》（简称《国防法》）的界定，国防的对象，一是"外敌侵略"，二是"武装颠覆"。

（1）国防要防备和抵抗的是"外敌侵略"。《国防法》对国防对象的这一法律界定，既有国际法理依据，又符合国防的实际需要，与国家安全所面临的威胁一致。联合国1974年专门通过了《关于侵略定义的决议》，该决议对"侵略"做了详尽的定义。凡属于决议所指的侵略，均是运用国防力量防备和抵抗的对象。《中华人民共和国宪法》第二十九条规定的武装力量的任务和第五十五条规定的公民的国防义务，都采用了"抵抗侵略"的表述。

（2）国防把"武装颠覆"作为制止的对象。所谓颠覆，是指推翻政府。反颠覆是国家维护政权的行为，它虽不完全属于国防的范畴，但又与国防密切相关。根据宪法，我国是一个实行社会主义制度和人民民主专政的多民族国家，那些以推翻社会主义制度、推翻人民民主专政、分裂国家为目的的颠覆活动，不是一般的反政府活动，而是危及我国的国体和政体，对国家的主权、统一、领土完整和安全构成严重威胁的活动。如果这类活动不采取武装暴力的形式，则对其的防范仍然属于国家安全部门的职责。只要属于武装性质的颠覆活动，如武装叛乱、武装暴乱，则必须动用国防力量。把"制止武装颠覆"作为国防的一项重要职能写入《国防法》具有特殊的意义。

2. 国防的目的

国防的目的是捍卫国家主权、统一，维护国家的安全，保卫国家的领土完整。

(1)捍卫国家主权。国家和主权不可分割，主权是国家存在的根本标志。如果丧失国家的主权，那么国家的独立、领土完整、基本的政治制度、社会准则和国家荣誉与尊严等都无从谈起。因此，捍卫国家主权始终是一个国家国防的根本目的和任务。

(2)维护国家统一。国家的统一是指国家由一个中央政府对领土内一切居民和事务行使完整的管辖权，不允许另立政府或分割国家的管辖权。从国际法的角度来说，保卫国家统一、反对分裂，历来是一个国家的内部事务，决不允许外国干涉。因此，保卫国家的统一历来是国防的重要任务。当外国敌对势力插手我国的民族事务、破坏我国的民族团结、危及国家的统一和完整时，国防力量必须予以坚决打击，发挥其维护国家统一和稳定的作用。

(3)保卫国家领土完整。领土是指位于国家主权支配下的地球表面的特定部分以及其底土和上空。领土是国家存在和发展的自然物质前提，是构成国家的基本要素之一。国家主权与国家领土具有密切关系，领土既是国家行使其主权的空间，也是国家主权行使的对象，没有领土，主权就失去了存在的空间和行使的对象。保卫国家领土完整：凡属本国的领土，决不能丢失，决不允许被分裂、肢解和侵占。任何国家不得破坏别国的领土完整。任何集团或个人不得搞旨在分裂本国(或别国)领土完整的活动。国家的领土被侵占，主权必然要遭到侵犯。国防捍卫国家主权的独立，必然要保卫国家领土完整。

(4)维护国家的安全。国家要正常地生存和发展，必须有一个安全的内外环境。一个国家如果没有和平、稳定的状态，不仅难以建设和发展，而且生存也会受到威胁。因此，维护国家的安全也是国防的主要目的之一。一旦国家遭到外来侵略和颠覆，安全受到威胁，国防就必须履行自己的职能，抵御和抗击外来的侵略和颠覆，确保国家的和平、稳定状态；当国内敌对分子勾结外国敌对势力进行武装暴乱，危及国家安全时，国防力量就要采取措施，平息暴乱，保卫国家安全。

3. 国防的手段

国防的手段是指为达到国防目的而采取的方法和措施。根据《国防法》的规定，我国国防的手段包括军事以及与军事有关的政治、经济、外交、科技、教育等方面的活动。

(1)军事手段。国防的主要手段是军事手段。国防的根本职能是捍卫国家利益，防备和抵御外来的各种形式和不同程度的侵犯，防备和平息内部和外部的敌对势力相互勾结所发动的武装暴乱。对付武装入侵和武装暴乱最根本和最有效的手段就是采取军事手段。

军事手段是最具威慑作用的手段，可以对各种可能的外来侵犯进行有效的阻止或遏制。

军事手段是唯一能够有效对付武装侵略的手段，它可以用军事力量所拥有的巨大打击能力给侵略者造成物质和精神的严重打击，从而迫使其终止侵略行动，以至放弃侵略企图。

军事手段是解决国家之间各种矛盾的最终手段。当国家之间主权、利益的矛盾积累达到极限时，就只有通过最高的斗争形式，即军事打击或战争去进行彻底解决。同时，军事手段还能够作为各种非军事手段的有力后盾，强化各种非军事手段的国防功能。因此，军事手段理所当然地成为国防活动中的主要手段。

（2）政治手段。政治手段作为国防手段之一，指的是"与军事有关的"政治活动，而不是政治本身的全部含义。政治与国防关系密切。一方面，国防直接保卫的国家主权，是政治的第一需要；国防直接保卫的国家领土，是政治的物质前提；国防直接保卫的国家利益与发展利益，是政治的根本追求。国家政权、政治制度也要靠国防力量来捍卫。另一方面，政治对国防起着决定性的支配作用。国家的政治需要决定着国防的根本性质和基本类型；国家的政治指导思想和路线决定着国防的方向、方针和原则；国家的政治制度决定着国防的根本体制。

（3）经济手段。经济是国防的基础。社会经济状况决定国防建设的水平。在现代条件下，无论是国防建设还是国防斗争，都要广泛采用经济手段。这些手段主要有国防经济活动、经济动员、经济战、经济制裁等。

（4）外交手段。国防外交手段主要是指国家与国家之间为了国防目的而开展的外交活动。由于这种外交主要涉及军事领域，所以称之为军事外交。国防外交主要涉及国家与国家之间、军事集团与军事集团之间的军事政治关系、军队关系、军事战略关系、军事科技关系和军事经济关系等，具体可划分为军事双边往来、多边军事交往、非官方军事交往、军事科技交流和军工合作、军事结盟、军事援助、军事经济合作、边防管理等。此外，与军事有关的科技、教育等也是国防的重要手段。

（二）国家与国防

1.国防伴随国家的产生而产生

国家与国防都不是从来就有的，国家与国防是人类社会发展到一定历史阶段的产物。人类历史上"曾经有过不需要国家，而且根本不知国家和国家权力为何物的社会。在经济发展到一定阶段而必然使社会分裂为阶级时，国家就由于这种分裂而成为必要了"。从根本上说，国家是阶级矛盾不可调和的产物。当阶级和阶级、国家和国家之间的利益冲突激化到只能依靠战争来解决时，就出现了军队，出现了国防和国防建设。从奴隶社会、封建社会、资本主义社会到社会主义社会，国防随着国家制度的日趋完善和社会政治经济的日益发展而经历了一个长期的不断成熟、完备的演进过程。

2.国防为国家利益服务

国家利益是与特定的社会经济关系相联系的国家物质需要和精神需求的总和。一个国家的正当利益包括国家领土、主权、安全、发展、稳定、尊严等构成要素，这些要素彼此间有着密不可分的联系，如主权包含着尊严，安全影响着发展，等等。而从基本作用和功能来看，这些利益要素总体上可归为生存利益与发展利益两大类。国家安全不仅表现为国家的生存态势，而且表现为国家的发展态势，它是一个国家主观上不被威胁、客观上不被侵犯和损害的一种状态，是国家利益的突出体现。国家安全受到损害，势必同时影响到国家的领土、统一、主权、尊严、发展和稳定等诸多利益。

国防是国家安全的重要保障，是国家和民族生存与发展的基本前提。国防的强弱，是国家与民族兴衰的重要标志，没有巩固的国防，也就无法保证国家的独立和富强，无法保障国家的领土、主权和安全权益不被侵犯。从本质上讲，国防是为国家利益服务的，是守护国家利益和民族利益的重要手段。国家与国防之间是相辅相成、互为依赖、密不可分的关系。

二、国防类型

按照不同的标准，国防可分为若干类型：按社会形态，可分为奴隶制国防、封建制国防、资本主义国防和社会主义国防；按军事战略和国防建设的目标，可分为防御型国防和扩张型国防；按国防力量的构成方式，可分为扩张型国防、联盟型国防、中立型国防和自卫型国防。

（一）扩张型国防

扩张型国防奉行霸权主义侵略扩张政策，为了维护本国在世界许多地区的利益，以他们所谓的国家安全和防备需要为幌子，打着"防卫""人道主义""维护人权"的旗号，将其疆域以外的国家和地区也纳入其势力范围，对别国进行侵略、颠覆和渗透，把国防作为侵犯别国主权和领土、干涉他国内政的代名词。

（二）联盟型国防

联盟型国防以结盟形式联合一部分国家进行防卫，以弥补自身国防力量的不足。在联盟型国防中，又可分为扩张型国防和自卫型国防两种。在联盟型国防中，按联盟国家之间的关系，还可以分为一元化联盟和多元化联盟。一元化联盟就是有一个大国处于盟主的地位，其他国家处于从属地位；多元化联盟就是联盟各国基本是伙伴关系，共同协商确定防卫大事。

（三）中立型国防

中立型国防是指中小发达国家，为了保障本国的发展和安全，严守和平中立的国防政策。实行中立型国防的国家，有的实行全民防卫式的武装中立，制定总体防御战略，建立寓兵于民的防御体系，如瑞士、瑞典，是全民皆兵的国防，目的是使潜在的侵略者不敢轻易发动侵略战争；也有采取完全不设防方式的国家，如圣马力诺，是一个无军队的国家，也不实行义务兵役制，只有少数宪兵、警察和民兵用于国内安全、治安和执法。

（四）自卫型国防

自卫型国防以防止外敌侵略为目的，在国防建设上依靠本国力量，广泛争取国际同情和支持，以达到维护本国安全、维护周边地区和世界和平稳定的目的。

我国是社会主义国家，国家利益是阶级利益、民族利益与全世界人民根本利益的高度统一。我国政府坚定不移地奉行防御性的国防政策，国家独立自主、自力更生地建设和巩固国防，实行积极防御战略，坚持全民自卫原则，主张国防建设与国家经济建设协调发展，一贯奉行并坚持和平外交政策和原则，与各国友好合作，不首先使用核武器或以核武器相威胁，不对无核国家和地区使用核武器，不做超级大国，永不称霸，不搞侵略扩张，也不依附于任何大国，不同别国结盟。因此，我国国防属于自卫型国防，而且是全民式、积极防御的自卫型国防。

三、国防历史与启示

(一)古代国防

我国古代的国防从公元前 21 世纪夏王朝的建立到 1840 年鸦片战争的爆发,共经历了近 4000 年的漫长历史。其间,中华民族经历了无数次战争的锤炼,形成了强大的民族凝聚力,培育出了自强不息、前赴后继、不畏强暴、卫国御敌的尚武精神,我国最终成为一个多民族的大疆域国家。

古代的中国国防

【军武大讲坛】

1. 古代的国防政策和国防理论

大约公元前 21 世纪,中国古代社会开始由原始氏族公社制社会进入奴隶制社会,出现了国家。从此,作为抵御外来侵犯和征伐别国的武备——国防的雏形便产生了。在随后几千年的历史中,为保家卫国,逐渐形成了我国古代的国防政策和国防理论:一是"以民为体""居安思危"的国防指导思想;二是"富国强兵""寓兵于农"的国防建设思想;三是"爱国教战""崇尚武德"的国防教育思想;四是"不战而胜""安国全军"的国防斗争策略;等等。

2. 古代的兵制建设

所谓兵制,即军事制度,简称军制,它包括武装力量体制、军事领导体制、兵役制度等内容。

在军事力量构成上,秦朝以前,武装力量比较单一,实行兵民合一的民军制,平时生产劳动,战时集合成军,以临时征集的方式组成军队。秦朝以后,随着政治制度的完善和经济的发展,各朝代根据国家的状况和国防的需要,以及驻防地区和任务,将军队区分为中央军、地方军和边防军,并对军队的组织编制、屯田戍边、兵役军赋、军队调拨、军需补给、驿站通道、武器制造和配发等都做了具体的规定,并以法律的形式颁布执行,如唐代的《卫禁律》《军防令》等。

在军事领导体制上,夏、商、西周时期还没有专门的军事机构,国王一般亲自主持军政,领兵作战。春秋末期,国家机构出现将相制,以将为主组成军事指挥机构。战国时期,将军独立统兵作战已很普遍。秦统一后,设立了专门管理军事的机构,最高的军事官员称太尉。隋朝对国家机构进行改革,设立了三省六部制,专门成立了主管军事的部门——兵部。宋朝为了防止"权将"拥兵自重,在中央设立了枢密院,作为军事领导的最高机构,主官用文官担任。各朝代在军事领导体制方面的做法虽然不尽一致,但皇权至上,军队的调拨使用大权始终掌握在皇帝手中。

兵役制度随着各个历史时期的政治、经济、人口状况和军事的需要而发展、变化。奴隶社会时期,由于生产力低下,人口稀少,战争规模小,主要实行兵民合一的民军制度。封建社会时期,民军制度逐渐演变为与当时历史条件相适应的兵役制度,如秦汉时期的征兵制、三国两晋南北朝时期的世兵制、隋唐时期的府兵制、宋朝的募兵制、明朝的卫所兵役制等。

3. 古代的国防工程建设

我国古代为抵御外敌的侵犯、巩固边海防,修筑了数量众多、规模庞大的国防工程,如城池、长城、京杭运河以及海防要塞等。

城池是我国古代国防建设中时间最早、数量最多的工程。城池建筑始于商代，后规模不断扩大，结构日益完善，一直延续到近代。由此，城池的攻守作战成为我国古代战争中主要的样式之一。

长城是城池建设的延续和发展，是我国古代抵御北部少数民族侵扰的重要的边防要塞。

京杭运河是我国古代伟大的水利工程，是隋炀帝时期在原有的旧河道上开凿连贯而成的。京杭运河北起涿郡（今北京），南到杭州，全长1794千米，沟通了海河、黄河、淮河、长江和钱塘江五大水系，把南北许多州县连成一线，对我国军事交通运输和"南粮北运"起到了积极作用。

古代海防建设是从明代开始的。明朝时期，我国为防止倭寇的偷袭、骚扰，在沿海重要地段陆续修建了以卫城、新城为骨干，水陆寨、营堡、墩、台、烽堠等相结合的海防工程体系。

4. 古代国防的兴衰

古代国防的兴衰是与各朝代的政治、经济、军事状态密切相关的。纵观我国几千年的国防史，我们不难发现，当统治阶级处于上升时期，政治开明、经济繁荣、军事强大、民族团结、国家统一时，其国防就强盛；当统治阶级走下坡路，政治腐败、经济衰落、军事羸弱、民族分裂、国内混乱时，其国防就被削弱，就会崩溃。

从整个历史来看，我国古代前期，即从春秋战国到秦汉、盛唐，国防日趋发展，不断强盛以至于发展到鼎盛。其后期，即从中唐到两宋、晚清，我国国防便日趋衰败，以至于一触即溃，不堪一击。虽然盛唐之前有两晋的糜烂，中唐以后有明清中前期的振作，但从整体上来看，我国古代国防事业的基本趋势是由弱到强，再从强盛走向衰落。

从汉、唐、明、清等几个大的历史朝代来看，国防事业也都是由兴而盛，由盛及衰。其间固然不乏极盛之前的短暂衰落，衰败之后的一时复兴，但终其一朝由盛及衰的基本趋势是不变的。

（二）近代国防

我国近代的国防是羸弱、衰败和屈辱的。1840年西方殖民主义者凭借船坚炮利的优势攻破了清王朝紧锁的国门，对中华民族实行残酷的殖民统治。在西方殖民主义者的侵略面前，腐朽的统治者奉行的国防指导思想却是"居安思奢""卖国求荣"；执行的国防建设思想乃是"以军压民""贫国羸兵"；倡导的国防教育思想是"愚兵牧民""莫谈国事"；制定的国防斗争策略是"攘外必先安内"。其结果是有国无防，人民惨遭践踏和屠杀。

1. 清朝后期的国防

1644年，清军大举入关，问鼎中原，最终建立大清王朝。从顺治开始，经康熙、雍正、乾隆和嘉庆五代，前后177年是清朝的兴盛时期。但是经过"康乾盛世"之后，政治日趋腐败，国防日益疲弱。1840年鸦片战争爆发，西方殖民主义者大举入侵，从此清王朝一蹶不振，江河日下，有国无防，内乱丛生，外患不息，中国逐步沦为半殖民地半封建社会。

（1）清朝的武备。清的武备包括军事领导体制、武装力量体制和兵役制度等方面。

在军事领导体制方面，1840年以前，清政府先后设立了议政王大臣会议、兵部和军机处，作为高层军事决策和领导机构；鸦片战争后，开始实施"洋务新政"，成立了总理衙门。八国联军入侵中国后，清朝统治者深感军备落后，企图通过改革军制来强军安国，遂改总理衙门为外务部，撤销原有的兵部，成立陆军部。

在武装力量体制方面，清军入关之前，军队是八旗兵；入关后为弥补兵力的不足，将投降的明军和新招募的汉人单独编组，成立了绿营；1851 年以后，为镇压太平天国运动，咸丰号召各地乡绅编练乡勇，湘军和淮军逐渐成为清军的主力；中日甲午战争之后，开始编练新军。

在兵役制度方面，八旗兵实行的是兵民合一的民军制。清朝规定：所有 16 岁以上的满族男子都是兵丁，不满 16 岁的则编为养育兵，作为后备兵源。绿营兵虽是招募而来，但入伍后即编入兵籍，其家属随营居住，实际上绿营兵是职业兵，直到年满 50 岁才解除兵籍。湘军和淮军是由地方乡勇逐渐发展起来的部队。太平天国运动被镇压后，湘、淮军取代八旗兵和绿营兵，成为清军的主力。甲午战争中，湘、淮军大部分溃散，清朝开始"仿用西法，编练新兵"，新军采用招募制，在入伍者的年龄、体格及识字程度方面均有比较严格的要求。

（2）清朝的疆域和边海防建设。清朝初期重视边海防建设。在同国内割据势力的斗争中，清朝制止了分裂，促进了国内各民族的团结，维护了国家的统一；在与外部侵略势力的斗争中，其捍卫了国家的领土主权。这一时期的疆域西到今巴尔喀什湖、楚河、塔拉斯河流域、帕米尔高原，北到戈尔诺－阿尔泰斯克、萨彦岭，东北到外兴安岭、鄂霍次克海，东面到海，包括台湾及其附属岛屿，南到南海诸岛，西南到广西、云南、西藏，包括拉达克，建立了一个空前统一、疆域辽阔的多民族的封建专制国家。从道光年间开始，政治日益腐败，边海防逐渐废弛。西方殖民主义者乘虚而入，以坚船利炮打开了中国封闭的国门。19 世纪中叶以后，香港、澳门、台湾与澎湖分别被英、葡、日占领，东北乌苏里江以东、黑龙江以北及西北今国界以外的广大地域被沙俄侵占，帕米尔地区被俄、英瓜分，拉达克则被英国所属克什米尔吞并。

（3）五次对外战争。1840 年，英帝国主义以清政府禁烟为由，对中国发动了战争，史称鸦片战争。1842 年，战败的清政府被迫在英国的军舰上签订了我国历史上第一个丧权辱国的不平等条约——中英《南京条约》。中国的领土和主权遭到破坏，开始沦为半殖民地半封建社会。

1856 年至 1860 年，英国不满足其已获得的利益，联合法国，分别以"亚罗号事件"和"马神甫事件"为借口，对中国发动了第二次鸦片战争。战败的清政府被迫与英国签订了中英《天津条约》，与法国签订了中法《北京条约》。此时的沙俄又趁火打劫，强迫清政府签订了中俄《瑷珲条约》。中国的领土、主权进一步遭到破坏，半殖民地程度加深。

19 世纪 80 年代初，法国殖民主义者在完全占领越南后，开始觊觎我国西南地区。1883 年至 1885 年中法交战。爱国将领冯子材率领的清军奋勇杀敌，在刘永福黑旗军的配合下痛击法军，取得了镇南关大捷，由此导致法国茹费里内阁的倒台。但是腐败的清政府却一味苟且偷安，李鸿章认为法国船坚炮利，强大无敌，中国即便一时而胜，难保终久不败，不如趁胜而和。因此，清政府和法国签订了《中法新约》，将广西和云南两省的部分权益出卖给了法国，使中国不败而败，法国不胜而胜。清政府的腐败无能暴露无遗。

1895 年，日本以清朝出兵朝鲜为由发动了甲午战争。北洋水师全军覆没，清政府被迫与

日本签订了《马关条约》，中国被进一步肢解，中国半殖民地程度加深，民族危机加剧。

1900年，英、美、德、法、俄、日、意、奥八国，以保护在华侨民"利益"为借口，组成联军，发动侵华战争。战败的清政府被迫与八国签订了《辛丑条约》。这个条约在政治、经济、军事各方面都扩大和加深了帝国主义对中国的统治，并表明清政府已完全成为帝国主义统治中国的工具。中国完全沦为半殖民地半封建社会。

从1840年鸦片战争到1911年辛亥革命这70多年间，清政府与外国列强签订了一系列的不平等条约，割让领土近160万平方千米，共赔款2700万元，7亿多两白银（不含利息）。如把利息计算进去，仅《辛丑条约》中规定的"庚子赔款"本息就达9.8亿多两白银。当时，在1.8万多千米的海岸线上，清政府竟找不到自己享有主权的港口。国家有海无防，有边不固，绝大部分中国领土都成了帝国主义的势力范围：俄国在长城以北，英国在长江流域，日本在台湾、福建，德国在山东，法国在云南——中华民族美丽富饶的国土被践踏得支离破碎。

2. 民国时期的国防

1911年辛亥革命爆发，虽然推翻了清朝的统治，彻底废除了封建专制制度，建立了"中华民国"，但并没有改变中国任人宰割的历史。帝国主义通过扶植各派军阀作为自己的代理人，加紧对中国的控制掠夺。各派军阀争权夺利，混战不已，中国依然是有边不固，有海无防，人民有家难安。

（1）军阀混战与中华民族的觉醒。1911年的辛亥革命，终于推翻了几千年的封建统治，但由于革命的不彻底，仍没有使中国摆脱半殖民地半封建的状况，帝国主义依然在华夏大地上横行无忌，他们为维护其在华利益，纷纷扶植自己的代理人：先有袁世凯称帝，后是张勋复辟，各派军阀以帝国主义为靠山，割据称雄，混战不休。直、皖、奉三大派系军阀先后窃取中央政权，贿选国会议员和总统，出卖国家和民族利益。《二十一条》的签订和"巴黎和会"中国外交的失败，充分暴露出北洋政府的腐败无能，使中国面临被帝国主义进一步瓜分的命运，激起了中华民族同仇敌忾、共御外侮的决心和勇气。以五四运动为标志，中国反帝反封建的资产阶级民主革命发展到新阶段。1921年7月中国共产党的成立，把中国人民的救亡图存斗争推向新的阶段，中国工人阶级开始以自觉的姿态登上了历史舞台。

（2）日本的入侵及中国人民的抗战。1931年9月18日，日本发动了九一八事变。面对日本帝国主义的野蛮侵略，蒋介石却奉行"攘外必先安内"的方针，一味奉行不抵抗政策，出卖民族利益，使东北大片国土迅速沦陷。1937年7月7日，日本发动"卢沟桥事变"，进一步扩大了对中国的侵略，中华民族到了生死存亡的紧要关头。中国共产党高举团结抗日的旗帜，肩负起救民族于危难的神圣使命，领导全国各族人民进行了艰苦卓绝的14年抗战，终于取得了我国近代史上第一次抗击外敌侵略的完全胜利。

（3）解放战争及中华人民共和国的成立。抗日战争胜利后，中国人民迫切需要一个和平安全的休养生息的环境，中国共产党顺民心，从民愿，不计前嫌，准备与国民党第三次携手，合作建国。但蒋介石背信弃义，妄图消灭中国共产党及其所领导的军队。在中国共产党的领导下，经过四年的解放战争，中国共产党终于打败国民党，建立了中华人民共和国。

（二）国防历史的启示

1. 经济发展是国防强大的基础

经济是国防的物质基础，国防的强大有赖于经济的发展。早在春秋时期，齐国的政治家管仲就提出过"富国强兵"的思想。历代统治者无不把发展经济作为巩固国防、争夺霸权的重要措施。与此相反，各朝代的衰败、灭亡，几乎毫无例外都是由于王朝后期政治腐败、经济落后，以致动摇了国防的根基，使得政权易手。由此可见，只有经济的强盛，才会有强大的国防，才能有政权的稳固、国家的安全。

2. 政治昌明是国防巩固的根本

政治与国防紧密相关，国家的政治是否开明，制度是否进步，直接关系到国防能否巩固。我国古代凡是兴盛的时期都十分注意修明政治，实行比较开明的治国之策。秦原为西陲小国，自商鞅变法以来，修政治、明法度、发展生产，国力日渐强大，为吞并六国奠定了基础；唐建立之初，百废待兴，正是由于制定并实施了一系列行之有效的政治制度，使国家很快从隋末的战争废墟中恢复过来，形成了国力昌盛、空前统一的大唐帝国。反之，国家凡是衰弱的时期，都是政治腐败、国防空虚。唐朝中期以后，两宋以至于晚清都是如此。

3. 国家的统一和民族的团结是国防强大的关键

纵观我国几千年的国防史，凡是国家统一、民族团结的时期，国防就强大；凡是国家分裂、民族矛盾尖锐的时期，国防就虚弱。

清朝晚期，在西方列强的进攻面前，清政府不仅不敢发动反侵略战争，不依靠、不支持人民群众进行战争，反而认为"患不在外而在内""防民甚于防火"，最终造成对外作战屡战屡败、割地赔款的局面，使中国逐步沦为半殖民地半封建社会。

抗日战争时期，在中国共产党的倡导下，建立了抗日民族统一战线。在敌强我弱的情况下，全国军民共同抗击侵略，最终取得了抗日战争的伟大胜利。

四、现代国防观

现代国防是对传统国防的继承和发展，是一种全新的、系统的国防观念和国防实践活动，内容上包括了国防体制、国防战略、国防政策、国防力量、国防科技、国防工业、国防工程、国防教育、国防动员、国防法规以及与国防有关的其他方面的建设和斗争，较之于传统国防，要素更完备，内容更全面，斗争更复杂，是成熟意义上的国防。其基本特征主要有以下几个方面：

（一）国家利益及安全防务的整体性

随着时代的发展，国家安全利益边界不断扩大、内涵不断拓展。国家安全不仅包括政治安全、国土安全、军事安全，还包括经济安全、文化安全、社会安全、科技安全、信息安全、生态安全、资源安全、核安全。国防职能由维护地缘明确的"硬疆界"扩展到争取有利于自己的"软环境"，由应对传统安全问题扩展到应对非传统安全问题。一个国家必须贯彻"总体国家安全观"，才能真正实现长治久安。

（二）国防力量的综合性

国防是综合国力的较量。综合国力主要由人力、自然力、政治力、经济力、科技力、精神力和国防力等组成。其中经济实力、科技实力、国防实力和民族凝聚力是综合国力的基本要素，经济实力是基础，科技实力是关键，国防实力是支柱，民族凝聚力是灵魂。现代国防渗透于国家各个领域、各个行业，贯穿于平时和战时。建设现代国防，就在于把整个国家的综合国力建设运用起来，实现保卫国家的目的。没有强大的综合国力，国防建设就只能是空中楼阁。

（三）国防手段的多元性

现代国防斗争仍然以敌对双方在战场上进行武力较量为基本形式，同时又经常通过各种非武力斗争的形式进行激烈的角逐，如经济斗争、政治斗争、科学技术斗争、心理斗争以及外交谈判、军备控制等。这些斗争有以下共同点：一是不像武力斗争，可以在较短时间内分出胜负，而常常是一种长期的较量；二是战争是国家与国家之间解决矛盾的最高形式，而这些非武力斗争到最后也必将为这一目的服务；三是这些斗争的主体不是单一的武装力量和某些国防部门，而是全体国民和一切可以联合的力量；四是这些斗争看起来悄无声息，但比武力斗争更显激烈、紧张，对国家安危的影响更深远、更持久。现代科学技术的发展，使得现代武器的破坏力、杀伤力日益增大，处理国家关系时，人们必须审慎地对待武力形式而更多地采用非武力的手段。因此，以武力为后盾，通过非武力手段进行较量的威慑形式被普遍采用。在"制止战争"中，"显示"实力比使用武力有更大意义。富国强兵，不战而屈人之兵，是各国国防的最佳选择。威慑理论和实践的出现及其多样化的运用，使现代国防斗争更为激烈。

（四）国防事业的融合性

走军民融合深度发展之路是现代国防的明显特征。随着社会的进步，国防发展到了一个新的阶段。国防除了保卫国家安全，维护国家利益的根本职能以外，还通过"军参民""民参军"产生了社会效益；在较大范围内的各个层次上，对国防经济、政治、科技等方面的发展产生巨大的直接或间接的其他效益。例如第二次世界大战后，苏、美、英、法等国的国防科研经费占国家全部科研经费的 2/3，美国仅空间研究一项（1959—1969 年）就耗资 250 亿美元。由于实现了技术转让，使美国国民经济得到 520 亿美元的收益，而宇航局内部的利润率则高达 33%。当前，军民融合发展已上升为我国国家战略，将加快形成全要素、多领域、高效益的军民深度融合发展格局，促进经济建设和国防建设协调发展、平衡发展、兼容发展。

第二节 国防法规

一、国防法规概述

（一）国防法规的产生

国防法规是随着国防的产生而产生的。国防活动的主要形式是军事建设和军事斗争。因此，国防法规也可以称为军事法规。古代典籍中"刑始于兵""师出于律"的记载，表明军事法规产生于战争实践。

中华人民共和国成立之初，国家就着手制定国防法规，很快颁布了《中华人民共和国兵役法》《中华人民共和国民兵组织暂行条例》以及军队的一些条令条例。特别是改革开放以来，国家加大了国防立法工作的力度，制定了一系列国防法律、法令、条例、规则、章程等，使国防和武装力量建设走上了法治化轨道。2000年3月，全国人大通过《中华人民共和国立法法》，首次以国家基本法律的形式，对中央军委以及各总部、军兵种、军区的立法权限做出明确规定：中央军委根据宪法和法律，制定军事法规；各总部、军兵种、军区，可以根据法律和中央军委的军事法规、决定、命令，在其权限范围内，制定军事规章；军事法规、军事规章在武装力量内部实施；军事法规、军事规章的制定、修改和废止办法，由中央军委依照该法规定的原则规定。这一规定，确立了军事立法在国家立法体制中的重要地位。

2000年以来，我国制定了国防和武装力量建设方面的法律以及有关法律问题的决定3件，法规56件，规章420件。全国人大常委会制定的《中华人民共和国国防教育法》，为开展国防教育提供了法律依据。新修订的《中华人民共和国现役军官法》，进一步完善了人民解放军的军官服役制度。国务院、中央军委联合制定的《中华人民共和国军事设施保护法实施办法》，明确规定了军事设施保护工作的领导组织体系以及具体的保护措施和处罚办法。新修订的《中国人民解放军内务条令（试行）》《中国人民解放军纪律条令（试行）》，对新形势下加强依法治军提供了有力的法规保障。

（二）国防法规的特性

国防法规是国家法律的组成部分，是由国家制定或认可的并由国家强制力保证其实施的行为规范，具有法律的一般特性：鲜明的阶级性、高度的权威性、严格的强制性、普遍的适用性、相对的稳定性。同时，国防法规还具有区别于其他法规的特殊性质，主要表现在以下四个方面：

1. 强调对象的军事性

国防法规所调整的是国防和武装力量领域的各种社会关系，包括军队内部的社会关系、武装力量内部的社会关系、武装力量与外部的社会关系。这些带有军事性的社会关系是国防法规特有的调整对象，是其他任何法规所不能代替的，这是国防法规特性的一个基本表现。此外，国防是国家行为，因此，一切社会团体和个人都必须按照国防法规的要求，履行自己的国防义务。

2.公开程度的有限性

一般的法律都是公开的，而国防法规的公开程度比较低。一些涉及军事机密的国防法规只限定有关人员知晓，如关于作战、训练、军队编制和国防科研等方面的法规都具有保密性。为加强国防法制建设，对能够公开的国防法规应积极宣传，力求人人皆知，对于不能公开的国防法规应严格保密，以维护国家的安全利益。

3.司法适用的优先性

国防法规优先适用，是指在解决与国防利益、军事利益有关的法律问题时，如果国防法规和普通法规都有相关的规定，要以国防法规作为判断是非的标准和采取行动的准则。在涉及国防利益、军事利益的案件中，只适用国防法规，不适用普通法规。"特别法优先于普通法"是国际公认的法律适用原则。国防法规属于特别法，因而在司法程序上实行"军法优先"。

4.处罚措施的严厉性

国防法规所保护的国防利益，是关系国家兴衰存亡的、最根本的国家利益，因而对危害国防利益的犯罪实行比较严厉的处罚。同一类型的犯罪，战时的处罚更为严厉。

二、国防法规的体系

国防法规的体系是指由不同层次、不同门类的国防法规构成的相互联系、相互制约、和谐一致的有机整体。

（一）我国国防法规的体系

我国的国防法规，按立法权限区分为四个层次：第一个层次是法律。关于国防和武装力量建设的法律由全国人大及其常务委员会制定。第二个层次是法规。由中央军委制定的为军事法规，由国务院制定或国务院与中央军委联合制定的为军事行政法规。第三个层次是规章。由军委各总部、各军兵种、各军区制定的为军事规章，由国务院有关部委与军委有关总部联合制定的为军事行政规章。第四个层次是地方性法规。主要是指由省、自治区、直辖市人大及其常委会制定的贯彻执行国家国防法规的实施办法、实施细则、补充规定等。

我国的国防法规按性质、作用、调整对象划分为 16 个门类：①国防基本法类；②国防组织法类；③兵役法类；④军事管理法类；⑤军事刑法类；⑥军事诉讼法类；⑦国防经济法类；⑧国防科技工业法类；⑨国防动员法类；⑩国防教育法类；⑪军人权益保护法类；⑫军事设施保护法类；⑬特别行政区驻军法类；⑭紧急状态法类；⑮战争法类；⑯对外军事关系法类。

（二）我国主要国防法规

1.国防法

现行《国防法》由全国人民代表大会第八届第五次会议于 1997 年 3 月 14 日通过，并于当日颁布实施，总共 12 章 70 条，对涉及国防领域各方面的关系进行了调整。其主要内容如下：一是规范了国家防务建设的基本方针和基本原则，如抵御外敌入侵，防止颠覆，维护国家安全，捍卫国家主权，保证国家领土、领海、领空不受侵犯，坚持全民自卫，坚持国防建设与经济建设协调发展及独立自主处理国防事务等原则；二是规范国防建设的基本制度，如兵役、军事人事、军事经济、国防、科技、国防动员、国防协调会议、国防教育等若干基本制度；三是规定了党对武装力量的国防活动的领导及国家机构的国防职权等；四是规范了公民、国家机关、社会组织的国防义务和权利，如依法征兵，保证兵员质量，公民依法服兵役，自觉接受国防教育，相关企事业单位要保质保量地完成国防科研生产、接受国家军事订货，等等。

《国防法》是根据《中华人民共和国宪法》(简称《宪法》)制定的一部综合性的调整和规范国防与武装力量建设的基本法律，是用来调整和指导国防领域中各种社会关系的基本法律规范，它在国防法规体系中占有统帅地位并起着核心作用，是其他军事立法的基本法律依据。《国防法》的颁布实施，是我国国防史上一件具有划时代意义的大事，也是我国国防和军事法制建设的一个重要里程碑。

2. 兵役法

2011 年 10 月 29 日，第十一届全国人民代表大会常务委员会第二十三次会议审议通过了《中华人民共和国兵役法修正案》，对 2009 年颁发的《中华人民共和国兵役法》(简称《兵役法》)进行了修正。现行《兵役法》共 12 章 74 条，主要包括以下内容：总则、平时征集、士兵的现役和预备役、军官的现役和预备役、军队院校从青年学生中招收的学员、民兵、预备役人员的军事训练、普通高等学校和普通高中学生的军事训练、战时兵员动员、现役军人的待遇和退出现役的安置、法律责任、附则。

3. 国防动员法

2010 年 2 月 26 日，第十一届全国人民代表大会常务委员会第十三次会议通过了《中华人民共和国国防动员法》(简称《国防动员法》)，并于 2010 年 7 月 1 日正式施行。该法共 14 章 72 条，内容包括：总则，组织领导机构及其职权，国防动员计划、实施预案与潜力统计调查，与国防密切相关的建设项目和重要产品，预备役人员的储备与征召、战略物资储备与调用，军品科研、生产和维修保障，战争灾害的预防与救助，国防勤务，民用资源征用与补偿，宣传教育，特别措施，法律责任，附则。《国防动员法》的颁布施行，是我国国防动员建设的一件大事，标志着我国国防动员建设进入了法制化、规范化发展的新阶段。

4. 国防教育法

《中华人民共和国国防教育法》(简称《国防教育法》)于 2001 年 4 月 28 日由第九届全国人民代表大会常务委员会第二十一次会议通过，第五十二号主席令颁布施行。该法共 6 章 38 条，主要规定了国防教育的方针、原则，学校国防教育，社会国防教育，国防教育的保障和法律责任等。2001 年 8 月 31 日由第九届全国人民代表大会常务委员会第二十三次会议通过的《全国人民代表大会常务委员会关于设立全民国防教育日的决定》是对《国防教育法》的补充，确定每年 9 月第三个星期六为全民国防教育日。

5. 反分裂国家法

《中华人民共和国反分裂国家法》于 2005 年 3 月 14 日由第十届全国人民代表大会第三次会议表决通过。同日，胡锦涛发布命令，宣布该法从即日起正式实施。该法共 10 条，旨在反对和遏制"台独"分裂势力分裂国家，促进国家和平统一，维护台湾海峡地区和平稳定，维护国家主权和领土完整，维护中华民族的根本利益，具有重大而深远的意义。制定《中华人民共和国反分裂国家法》，体现了党和国家以最大的诚意，尽最大的努力争取实现和平统一的一贯立场，表明了全中国人民捍卫国家主权和领土完整、决不允许"台独"分裂势力以任何名义、任何方式把台湾从中国分裂出去的共同意志和坚定决心。它有利于团结包括台湾同胞在内的全体中国人民共同推动祖国的和平统一大业，有利于遏制"台独"分裂势力的分裂活动，有利于维护台湾海峡地区乃至亚太地区的和平稳定。

二、公民的国防权利和义务

权利和义务是有机的统一体，两者不可分离。我国《宪法》《兵役法》《国防法》等法律对公民的国防权利和义务做了明确规定。每一个公民应当正确行使国防权利，自觉履行国防义务。

（一）国防法律法规赋予公民的权利

公民按照国防法律法规履行国防义务，同时也享有国防权益。军属也享有某些特殊的权利和待遇。

1. 褒扬抚恤

按照国务院颁布的《革命烈士褒扬条例》《军人抚恤优待条例》，在革命斗争、保卫祖国和社会主义现代化建设中壮烈牺牲的中国人民、中国人民解放军和武装警察部队指战员称为革命烈士，其家属为革命烈士家属。革命烈士或因公牺牲、病故的现役军人家属由政府发给一次性抚恤金。革命残疾军人继续在部队服现役或者退出现役参加国家党政机关、团体、企业、事业单位工作的，按照因战残疾、因公残疾的不同标准由部队或者地方人民政府发给优抚金。对残疾军人生活方面的特殊需要，国家也规定了抚恤办法。

2. 优待

现役军人，残疾军人，退出现役军人，烈士、因公牺牲、病故军人遗属，现役军人家属，应当受到社会的尊重，受到国家和社会的优待。军官、士官的家属随军、就业、工作调动以及子女教育，享受国家和社会的优待。现役军人、残疾军人参观游览公园、博物馆、展览馆、名胜古迹享受优待，优先购票乘坐境内运行的火车、轮船、长途汽车以及民航班机。

3. 安置

国家建立健全以扶持就业为主，自主就业、安排工作、退休、供养以及继续完成学业等多种方式相结合的士兵退出现役安置制度。

对退役大学生士兵的安置：现役军人入伍前已被普通高等学校录取或者是正在普通高等学校就学的学生，服役期间保留入学资格或者学籍，退出现役后两年内允许入学或者复学，并按照国家有关规定享受奖学金、助学金和减免学费等优待；入学或者复学后参加国防生选拔、参加国家组织的农村基层服务项目人选选拔以及毕业后参加军官人选选拔的，优先录取。

对义务兵和士官的安置：义务兵和服现役不满12年的士官入伍前是机关、团体、企业事业单位工作人员或者现职工的，服役期间保留人事关系或者劳动关系；退出现役后可以选择复职复工。义务兵和士官服役期间，入伍前依法取得的农村土地承包经营权，应当保留。

义务兵退出现役，按照国家规定发给退役金，由安置地的县级以上地方人民政府接收。根据当地的实际情况，可以发给经济补助。义务兵退出现役，安置地的县级以上地方人民政府应当组织其免费参加职业教育、技能培训，经考试考核合格的，发给相应的学历证书、职业资格证书并推荐就业。退出现役义务兵就业享受国家扶持优惠政策。义务兵退出现役，可以免试进入中等职业学校学习；报考普通高等学校以及接受成人教育的，享受加分以及其他优惠政策；在国家规定的年限内考入普通高等学校或者进入中等职业学校学习的，享受国家发给的助学金。义务兵退出现役，报考公务员、应聘事业单位职位的，在军队服现役经历视为基层工作经历，同等条件下应当优先录用或者聘用。

服现役期间平时荣获二等功以上奖励或者战时荣获三等功以上奖励以及属于烈士子女和因战致残被评定为五级至八级残疾等级的义务兵退出现役，由安置地的县级以上地方人民政府安排工作。

士官退出现役，服现役满12年的，由安置地的县级以上地方人民政府安排工作；待安排工作期间由当地人民政府按照国家有关规定发给生活补助费。士官服现役满30年或者年满55周岁的，作退休安置。

对军官的安置：军官退出现役，国家采取转业、复员、退休等办法予以妥善安置。作转业安置的，按照有关规定实行计划分配和自主择业相结合的方式安置；作复员安置的，按照有关规定由安置地人民政府接收安置，享受有关就业优惠政策；符合退休条件的，退出现役后按照有关规定作退休安置。军官在服现役期间因战、因公、因病致残丧失工作能力的，按照国家有关规定安置。

(二)国防法律法规赋予公民的义务

公民的义务是由法律规定的、要求公民必须履行的某种责任，是维护国家利益、实现公民个人权利的前提。我国的国防法律法规赋予公民的义务主要有以下几项。

1. 兵役义务

《宪法》第五十五条规定："保卫祖国、抵抗侵略是中华人民共和国每一个公民的神圣职责。依照法律服兵役和参加民兵组织是中华人民共和国公民的光荣义务。"我国公民履行《兵役法》规定的义务有以下四种形式：一是服现役。参加中国人民解放军和人民武装警察部队为服现役。二是服预备役。参加民兵组织、预备役部队，进行兵役登记。三是参加学生军训。普通高等学校和高级中学的学生，按照规定参加军事理论(知识)学习和军事技能训练。四是均衡负担有关费用。均衡负担义务兵家属的优抚费和参加军事训练的民兵、预备役人员的误工补助。有些虽然不是直接服兵役，但从"保卫祖国，人人有责"的角度来看，也应视为应尽的义务。

2. 支前参战的义务

根据《宪法》和《兵役法》的规定，在战争发生时，为了对付敌人突然袭击，抵抗侵略，适龄公民应当积极响应祖国的战时征召，一部分服现役参加战斗，其余的则除了随时准备应召服现役外，还要在政府的领导下，由当地军事指挥机关组织，积极担负战备勤务，支援前线作战，如向前线输送武器弹药、给养，守护重要军事设施和交通运输线路，参加军警民联防等。

3. 接受国防教育的义务

我国《国防法》第五十二条规定："公民应当接受国防教育。"《国防法》还专门对国防教育做出了规定。普通高等学校、高级中学以及相当于高级中学的学生的国防教育是以集中军事技能训练和军事理论教学为主来进行的。通过开展国防教育活动，提高学生的思想政治觉悟，激发其爱国热情，增强国防观念，并掌握基本的军事知识和技能，从而为造就社会主义现代化建设的高级专门人才，为中国人民解放军训练后备兵员和培养预备役官兵打好基础。

4. 保护军事设施的义务

《中华人民共和国军事设施保护法》(简称《军事设施保护法》)明确规定："中华人民共和国的所有组织和公民都有保护军事设施的义务。禁止任何组织或者个人破坏、危害军事设施。任何组织或者个人对破坏、危害军事设施的行为，都有权检举、控告。"根据《国防法》《军事设施保护法》和国家其他有关保护军事设施规定的要求，公民应当自觉遵守各类军事设施的保护规定。《军事设施保护法》对军事禁区、军事管理区、军事禁区外围安全控制范围、作战工程安全保护范围都做了全面、具体的规定。

5. 保守国家军事机密的义务

我国《宪法》规定，保守国家机密(包括军事机密)是每个公民应尽的义务。《中华人民共和国保守国家秘密法》规定，国家秘密关系到国家的安全和利益，一切国家机关、武装力量、政党、社会团体、企事业单位的公民都有保守国家秘密的义务。《国防法》第五十二条规定："公民和组织应当遵守保密规定，不得泄露国防方面的国家秘密，不得非法持有国防方面的秘密文件、资料和其他秘密物品。"

6. 拥军优属、拥政爱民的义务

《国防法》第十章对"双拥"工作做了原则要求。《兵役法》第五十六条规定，现役军人，残疾军人，退出现役军人，烈士、因公牺牲、病故军人遗属，现役军人家属，应当受到社会的尊重，受到国家和人民群众的优待。此外，国家和各地方政府还制定了具体的优抚条例，开展经常性的拥军优属工作，并且得到了群众的积极支持。关于拥政爱民工作，中央军委在《关于新时期军队政治工作的决定》中要求军队要认真做好拥政爱民工作。2016年12月中央军委军队规模结构和力量编成改革工作会议上，明确"双拥工作"为省军区系统主要职能之一。

第三节　国防建设

一、国防体制

国防领导体制是指国防领导的组织体系及相应制度。一般有最高统帅、最高国防决策机构、国家行政机关中管理国防事务的部门、武装力量领导指挥系统等。我国根据《宪法》《国防法》和有关法律，建立和完善了国防领导体制。中国共产党、中华人民共和国对国防活动实行高度集中的统一领导。

根据《宪法》和《国防法》规定，中华人民共和国的国防领导职权由中共中央、全国人大及其常务委员会、国家主席、国务院、中央军委行使。

中共中央在国家事务包括国防事务中发挥着决定性的领导作用。

中华人民共和国国防部是国务院的军事部门，领导和管理国防建设事业。凡需由政府负责的军事工作，经国务院做出相应决定后再通过国防部或以国防部的名义组织实施。

国防部的基本职能是：统一管理全国武装力量的建设工作，如人民武装力量的征集、编制、装备、训练、军事科研以及军人衔级、薪级等。国防部在接受国务院领导的同时，也接受中央军委的领导。

1982 年 12 月 4 日，第五届全国人民代表大会第五次会议正式通过并颁布的第四部宪法规定，设立中华人民共和国中央军事委员会，领导全国的武装力量。与此同时，中共中央军事委员会继续存在，其职能和人员组成均与国家中央军委完全相同。这表明中央军委同时有两个名义：一个是中共中央军委，一个是国家的中央军委，从而确立了党和国家高度集中地行使领导职权的国防领导体制。党的中央军事委员会负责党和国家的最高军事决策和军事指挥，根据党的路线、方针、政策和国家的安全与发展需要，确定国家军事战略，领导和组织国防与军队建设；它是中国人民解放军的最高统帅机关，其组成人员由中国共产党中央委员会决定。国家的中央军事委员会实施对全国武装力量的领导，由主席、副主席、委员组成，实行主席负责制；主席由全国人民代表大会选举产生，对全国人大及其常委会负责；其他成员由全国人大或其常委会根据主席提名决定。

中央军委之下，设有人民解放军总部机关，即中国人民解放军原总参谋部、原总政治部、原总后勤部、原总装备部。2015 年军队改革后，调整为 7 个部(厅)，3 个委员会，5 个直属机构，是中央军委领导下负责全军工作的领导机关。

各级人民武装委员会是群众武装建设的专门机构，其主要任务是研究贯彻党中央、国务院、中央军委有关民兵建设的各项方针、政策和指示；根据上级地方党委和军事机关的批示，结合本地区情况，研究解决民兵工作中的重大问题；研究贯彻有关民兵动员和复员、转业、退伍人员安置工作的方针、政策。

二、国防战略

新时代的中国国防

【军武大讲坛】

（一）国防建设目标

1. 建立强大的国防军

在长期的革命战争中，由于客观历史条件的限制，人民解放军基本上是靠步兵作战。强大的国防军必须是现代化的诸军兵种合成军队。随着武器装备的发展，人民解放军在陆军的基础上先后组建了海军和空军，后来又组建了战略导弹部队，并逐渐增加了炮兵、装甲兵、工程兵、通信兵、防化兵等特种兵在军队员额中的比例，从而由单一的陆军发展成为诸军兵种合成的现代化的军队。

现在，人民解放军正向精兵、合成、高效的方向不断发展。强大的国防军必须建立高效能的司令机关。在建立诸军兵种合成军队的同时，人民解放军加强了各级司令机关的建设，挑选了一批优秀的、富于组织和指挥才能的指挥员到各级司令机关中工作，创造了司令机关的新作风和新气象。

强大的国防军必须掌握先进的军事科学技术。中华人民共和国成立以后，中央军委十分重视部队的教育训练，举行了多种规模、多种样式的诸军兵种协同作战演习，提高了部队在现代战争中的协同作战能力，并陆续创办了100多所军事院校，形成了初、中、高三级院校培训体制，为军队培养了一大批掌握先进军事科学技术的指挥人才和专业技术人才，在建设强大的国防军的过程中发挥了重要作用。

2.建设强大的国防后备军

国防后备军是除现役部队以外的一切可用于战争或为战争服务的后备武装力量的总称。它是国家武装力量的重要组成部分，主要包括民兵、预备役组织和人员，以及人民防空、交通战备专业队伍等。

1984年5月，全国六届人大通过并颁布了第二部《中华人民共和国兵役法》，明文规定"中华人民共和国实行义务兵役制为主体的义务兵与志愿兵相结合、民兵与预备役相结合的兵役制度"，从而在法律上确立了中国的后备力量建设制度。此后，中共中央又进一步提出了民兵、预备役工作"减少数量，提高质量，抓好重点，打好基础"的"十六字"方针。经过几年的调整、整顿，民兵数量大为减少，质量更高，民兵组织结构更趋合理，队伍更为精干，更能适应战备的要求。同时，在全国各重点地区还组建了各军兵种的数十个预备役师(团)的数十万预备役部队，并逐步开展了预备役人员登记和学生军事训练工作，开展了广泛深入的国防教育活动，从而使国防后备力量的建设进入一个新的历史发展时期。

(二)国防和军队改革

2016年1月1日，中央军委印发了《关于深化国防和军队改革的意见》。深化国防和军队改革的总体目标是牢牢把握"军委管总、战区主战、军种主建"的原则，以领导管理体制、联合作战指挥体制改革为重点，协调推进规模结构、政策制度和军民融合深度发展改革。2020年前，在领导管理体制、联合作战指挥体制改革上取得突破性进展，在优化规模结构、完善政策制度、推动军民融合深度发展等方面改革上取得重要成果，努力构建能够打赢信息化战争、有效履行使命任务的中国特色现代军事力量体系，进一步完善中国特色社会主义军事制度。

2015年，重点组织实施领导管理体制、联合作战指挥体制改革。建立"军委—军种—部队"的领导管理体系和"军委—战区—部队"的作战指挥体系。调整改革军委机关设置，由总部制调整为多部门制；建立健全军委、战区两级联合作战指挥体制，构建"平战一体、常态运行、专司主营、精干高效"的战略战役指挥体系。

2015年12月31日，正式成立陆军领导机构。陆军包括装甲、防化、陆航等多种专业技术兵种，专业化要求高。成立陆军领导机构，既有利于陆军进一步加强专业化发展，又有利于联合作战效能的提高，还有利于加快陆军现代化建设步伐，为健全联合作战指挥体制创造条件。

2016年2月1日，重新调整划设战区改革完成，以原7个军区机关相关职能、机构为基础，组建5个战区，即东部战区、南部战区、西部战区、北部战区、中部战区。5个战区均为正大军区级，归中央军委建制领导。随着战区调整组建任务的完成，原沈阳军区、北京军区、兰州军区、济南军区、南京军区、广州军区、成都军区番号撤销。战区作为本战略方向的唯一最高联合作战指挥机构，按照"平战一体、常态运行、专司主营、精干高效"的要求，履行联合作战指挥职能，担负着应对本战略方向安全威胁、维护和平、遏制战争、打赢战争的使命。

2016 年，组织实施军队规模结构和作战力量体系、院校、武警部队改革，基本完成阶段性改革任务。

2017 年至 2020 年，对相关领域改革做进一步调整、优化和完善，持续推进各领域改革，成熟一项推进一项。构建与联合作战指挥体制相适应，统分结合、通专两线的后勤保障体制。构建由军委装备部门集中统管、军种具体建管、战区联合运用的体制架构。装备发展建设实行"军委装备部门—军种装备部门"体制；装备管理保障实行"军委装备部门—军种装备部门—部队保障部门"体制。改革通过剥离具体管理职能，调整归并同类相近职能，减少领导层级，使指挥、建设、管理、监督四条链路更加清晰，决策、规划、执行、评估职能配置更加科学合理，军队战略管理和建设效益不断提升。

三、国防政策

中国的社会主义国家性质，走和平发展道路的战略抉择，独立自主的和平外交政策，"和为贵"的中华文化传统，决定了中国始终不渝奉行防御性国防政策。

（一）坚持中国共产党对国防的领导

坚持中国共产党对国防特别是对武装力量的领导，是进行国防建设和军事斗争的成功经验。只有坚持共产党的领导，才能有效地保障国家的安全、政权的稳固和长治久安。《中华人民共和国宪法》明确肯定了党在国家生活中的领导作用，当然也包括党对国防的领导。《中华人民共和国国防法》明确规定：中华人民共和国的武装力量受中国共产党领导。这一原则对国防政策具有十分重要的意义。它符合国家和人民的根本利益，体现了鲜明的中国特色。中国国防政策始终坚持这一原则，并将其融会于国防政策的全部内容之中。

（二）坚决捍卫国家主权、安全、发展利益

这是新时代中国国防的根本目标。慑止和抵抗侵略，保卫国家政治安全、人民安全和社会稳定，反对和遏制"台独"，打击"藏独""东突"等分裂势力，保卫国家主权、统一、领土完整和安全。维护国家海洋权益，维护国家在太空、电磁、网络空间等安全利益，维护国家海外利益，支撑国家可持续发展。

中国坚定维护国家主权和领土完整。南海诸岛、钓鱼岛及其附属岛屿是中国固有领土。中国在南海岛礁进行基础设施建设，部署必要的防御性力量，在东海钓鱼岛海域进行巡航，是依法行使国家主权。中国致力于同直接有关的当事国在尊重历史事实和国际法的基础上，通过谈判协商解决有关争议。中国坚持同地区国家一道维护和平稳定，坚定维护各国依据国际法所享有的航行和飞越自由，维护海上通道安全。

解决台湾问题，实现国家完全统一，是中华民族的根本利益，是实现中华民族伟大复兴的必然要求。中国坚持"和平统一、一国两制"方针，推动两岸关系和平发展，推进中国和平统一进程，坚决反对一切分裂中国的图谋和行径，坚决反对任何外国势力干涉。中国必须统一，也必然统一。中国有坚定决心和强大能力维护国家主权和领土完整，决不允许任何人、

任何组织、任何政党，在任何时候、以任何形式、把任何一块中国领土从中国分裂出去。我们不承诺放弃使用武力，保留采取一切必要措施的选项，针对的是外部势力干涉和极少数"台独"分裂分子及其分裂活动，绝非针对台湾同胞。如果有人要把台湾从中国分裂出去，中国军队将不惜一切代价，坚决予以挫败，捍卫国家统一。

（三）坚持永不称霸、永不扩张、永不谋求势力范围

这是新时代中国国防的鲜明特征。国虽大，好战必亡。中华民族历来爱好和平。近代以来，中国人民饱受侵略和战乱之苦，深感和平之珍贵、发展之迫切，决不会把自己经受过的悲惨遭遇强加于人。新中国成立70年来，中国没有主动挑起过任何一场战争和冲突。改革开放以来，中国致力于促进世界和平，主动裁减军队员额400余万。中国由积贫积弱发展成为世界第二大经济体，靠的不是别人的施舍，更不是军事扩张和殖民掠夺，而是人民勤劳、维护和平。中国既通过维护世界和平为自身发展创造有利条件，又通过自身发展促进世界和平，真诚希望所有国家都选择和平发展道路，共同防范冲突和战争。

中国坚持在和平共处五项原则基础上发展同各国的友好合作，尊重各国人民自主选择发展道路的权利，主张通过平等对话和谈判协商解决国际争端，反对干涉别国内政，反对恃强凌弱，反对把自己的意志强加于人。中国坚持结伴不结盟，不参加任何军事集团，反对侵略扩张，反对动辄使用武力或以武力相威胁。中国的国防建设和发展，始终着眼于满足自身安全的正当需要，始终是世界和平力量的增长。历史已经并将继续证明，中国决不走追逐霸权、"国强必霸"的老路。无论将来发展到哪一步，中国都不会威胁谁，都不会谋求建立势力范围。

（四）贯彻落实新时代军事战略方针

这是新时代中国国防的战略指导。新时代军事战略方针，坚持防御、自卫、后发制人原则，实行积极防御，坚持"人不犯我、我不犯人，人若犯我、我必犯人"，强调遏制战争与打赢战争相统一，强调战略上防御与战役战斗上进攻相统一。

贯彻落实新时代军事战略方针，服从服务党和国家战略全局，落实总体国家安全观，强化忧患意识、危机意识、打仗意识，积极适应战略竞争新格局、国家安全新需求、现代战争新形态，有效履行新时代军队使命任务。根据国家面临的安全威胁，扎实做好军事斗争准备，全面提高新时代备战打仗能力，构建立足防御、多域统筹、均衡稳定的新时代军事战略布局。坚持全民国防，创新人民战争的战略战术和内容方法，充分发挥人民战争整体威力。

中国始终奉行在任何时候和任何情况下都不首先使用核武器、无条件不对无核武器国家和无核武器区使用或威胁使用核武器的核政策，主张最终全面禁止和彻底销毁核武器，不会与任何国家进行核军备竞赛，始终把自身核力量维持在国家安全需要的最低水平。中国坚持自卫防御核战略，目的是遏制他国对中国使用或威胁使用核武器，确保国家战略安全。

（五）坚持走中国特色强军之路

这是新时代中国国防的发展路径。建设同国际地位相称、同国家安全和发展利益相适应的巩固国防和强大军队，是中国社会主义现代化建设的战略任务，是坚持走和平发展道路的安全保障，是总结历史经验的必然选择。

新时代中国国防和军队建设，深入贯彻习近平强军思想，深入贯彻习近平军事战略思想，坚持政治建军、改革强军、科技兴军、依法治军，聚焦能打仗、打胜仗，推动机械化信息化融合发展，加快军事智能化发展，构建中国特色现代军事力量体系，完善和发展中国特色社会主义军事制度，不断提高履行新时代使命任务的能力。

新时代中国国防和军队建设的战略目标是，到 2020 年基本实现机械化，信息化建设取得重大进展，战略能力有大的提升。同国家现代化进程相一致，全面推进军事理论现代化、军队组织形态现代化、军事人员现代化、武器装备现代化，力争到 2035 年基本实现国防和军队现代化，到 21 世纪中叶把人民军队全面建成世界一流军队。

（六）服务构建人类命运共同体

这是新时代中国国防的世界意义。中国人民的梦想与世界人民的梦想息息相通。一个和平稳定繁荣的中国，是世界的机遇和福祉；一支强大的中国军队，是维护世界和平稳定、服务构建人类命运共同体的坚定力量。

中国军队坚持共同、综合、合作、可持续的安全观，秉持正确义利观，积极参与全球安全治理体系改革，深化双边和多边安全合作，促进不同安全机制间协调包容、互补合作，营造平等互信、公平正义、共建共享的安全格局。

中国军队坚持履行国际责任和义务，始终高举合作共赢的旗帜，在力所能及的范围内向国际社会提供更多公共安全产品，积极参加国际维和、海上护航、人道主义救援等行动，加强国际军控和防扩散合作，建设性参与热点问题的政治解决，共同维护国际通道安全，合力应对恐怖主义、网络安全、重大自然灾害等全球性挑战，积极为构建人类命运共同体贡献力量。

四、国防动员

国防动员也称战争动员，是指国家由平时状态转入战时状态，统一调动人力、物力、财力为战争服务所采取的紧急措施。

（一）国防动员的内容

现代战争的发展使国防动员涉及政治、经济、科技、文化、教育、外交和军事等广泛的领域，同时，也对现代条件下的国防动员提出了速度要快、数量要足、质量要高、范围要广等方面的要求。国防动员通常包括武装力量动员、国民经济动员、人民防空动员、交通战备动员和政治动员等。

1. 武装力量动员

武装力量动员，是国家将军队和其他武装组织由平时状态转入战时状态所进行的活动。战争是武装力量的直接对抗，因此，武装力量动员是战争动员的核心。武装力量动员通常包括现役部队动员、后备兵员动员、预备役部队动员和民兵动员。

现役部队动员，是指将中国人民解放军各军兵种部队和武装警察部队从平时编制转为战时编制，按动员计划进行扩编，达到齐装满员。现役部队动员主要包括：进入临战状态；实行战时编制；扩建现役部队；组建新的部队。

后备兵员动员，是征召适龄公民到军队服现役的活动。主要是征召预备役军官和士兵补充现役部队。后备兵员动员是直接为现役部队动员服务的，是与现役部队动员同步的活动。

预备役部队动员，是指预备役部队成建制转服现役的活动，是战时快速动员的一种重要方式。《中华人民共和国国防法》规定，预备役部队"战时根据国家发布的动员令转为现役部队"。

民兵动员，主要是指组织发动民兵担负参战支前任务。民兵可以配合军队作战和担负支援保障任务，也可以独立担负后方防卫作战与维稳任务。

2. 国民经济动员

国民经济动员，是国家将经济部门、经济活动和相应的体制从平时状态转入战时状态所进行的活动。国民经济动员是战争动员的基础和重要内容，对于充分发挥国家的经济潜力、提高军品生产能力、及时满足战争对各种物资和勤务保障的需求具有重要的作用。国民经济动员主要包括工业动员、农业动员、贸易动员、财政金融动员、科学技术动员、医疗卫生动员和劳动力动员等。

工业动员，是指国家调整和扩大工业生产能力，增加武器装备及战争需要的其他工业品产量的活动。

农业动员，是指国家调整和挖掘农业生产潜力，维护农业设施，增加粮食、棉花、油料、肉类及其他农副产品的产量和国家征购量，满足战争和人民生活对农产品的需求。

贸易动员，是指国家在商品流通领域实行战时管理体制和战时商贸政策，控制商品流通秩序和流向，以满足战争和人民生活对各种商品的需求。

财政金融动员，是指国家为保障战争需要而采取的筹措和分配资金、维持财政金融秩序的活动。

科学技术动员，是指为保障战争对科学技术的需要，国家统一组织和调整科研机构，科研人员、科研设备、资料及成果所进行的活动。

医药卫生动员，是指统一调度和使用医药卫生方面的人力、药品器材、设备和设施，满足战争对于医药卫生的需要所进行的活动。

劳动力动员，是指国家统一调配和使用劳动力，开发劳动力资源，以满足武装力量扩编、军工生产及其他领域对人力的需求所进行的活动。

3. 人民防空动员

人民防空动员，是国家发动和组织人民群众防备敌人空袭、消除空袭后果所进行的活动。在现代战争中，远距离精确打击成为重要的作战样式，大、中城市和经济基础设施面临的空袭威胁日益严重。人民防空动员对于减轻空袭危害、减少人民生命财产损失、保持后方稳定、保存战争潜力具有重要的作用。

人民防空动员，主要包括人防预警动员、群众防护动员、重要经济目标防护动员、人防专业队伍动员等。

4. 交通战备动员

交通战备动员，包括交通运输动员和通信动员，是国家统一管制各种交通线路、设施、工具和通信系统，组织和调动交通、通信专业力量为战争服务的活动。交通和通信是人员、物资和信息流动的物质载体，交通战备动员对于保障军队的机动和其他人员、物资的前送后运，保障作战指挥和通信联络的畅通，具有重要的作用。

5.政治动员

政治动员，是国家为进行战争而开展的宣传、教育、组织工作和外交活动。政治动员是国防动员的一项重要内容并为其他领域的动员活动提供思想和组织保证。政治动员对于充分调动和发挥本国军民的精神力量、尽可能地争取国际社会的同情和支持、瓦解敌方的战斗意志具有重要作用。平时政治动员主要表现为国防教育。战时政治动员主要包括国内政治动员和外交舆论宣传。

（二）国防动员的意义

国防动员是国防活动的重要组成部分，是国防潜力转化为国防实力的桥梁，平时做好充分的国防动员准备，战时快速高效地实施动员，对于维护国家的统一与安全具有极其重要的意义。

1.国防动员是增强国防实力的重要措施

国防实力是指国家防御外来侵略的力量，是国家军事、政治、经济、科学技术等力量的总和。就武装力量而言，平时保持一定数量的常备军是必要的，但要保持一支满足战争需要的庞大军队，任何国家即便是经济发达国家都无法承受。为解决平时与战时兵员需求的矛盾，采取精干的常备军与强大的国防后备力量相结合的体制，是加速国民经济发展，实施国防建设重点投入，从根本上增强国防实力的重要措施。

2.国防动员是增强国防威慑力的有效手段

一个国家的国防威慑力，不仅取决于常备军的数量和质量，还取决于常备军与后备力量国防动员准备的有机结合程度，以及动员机制的完善程度和运行效率。平时做好充分的战时动员准备，建设强大的后备力量和健全的动员体制，就能有备无患，取得"不战而屈人之兵"的效果。因此，充分的国防动员准备，是增强威慑力量、遏止战争爆发、维护世界和平的有效手段。

3.国防动员是夺取战争主动权的可靠保障

现代科学技术的飞速发展及其在军事领域的广泛应用，使得现代战争的突发性和速决性显著增强。第二次世界大战以来，突然袭击、不宣而战已经成为一些国家"先发制人"的惯用手法。处于防御地位的国家，如果战争动员准备不充分，一旦爆发战争就会处于被动地位，甚至来不及战时动员或战场展开，其武装力量和战略目标就已经陷于瘫痪。在未来战争中，谁能够保持强大的后备力量，并拥有健全完善的国防动员体系，谁就能够取得战争的主动权。

（三）国防动员的组织实施

国防动员的组织实施，通常按照进行动员决策、发布动员令、充实动员机构、落实动员计划等步骤进行。

1.进行动员决策

战争动员实施过程中首先需要解决的问题就是进行动员决策。只有实施了动员决策，整个国家的政治、军事、经济、文化和外交等部门和领域才能相应地转入战时体制，进而进行动员的各项活动。进行战争动员决策的关键是正确分析、判断敌情。必须充分利用各种手段，广泛收集各国尤其是敌对国家的政治、经济、军事等各方面的情况并对这些情况进行综合分析，尽早洞察敌对国家的战争企图，从而视情况来确定动员实施的时机、规模和方式等。

2. 发布动员令

动员令是宣布全国或部分地区、某些部门转入战时状态的命令。动员令由最高权力机关或国家元首、政府首脑发布。《国防法》第十条规定："全国人民代表大会依照宪法规定，决定战争与和平的问题""全国人民代表大会常务委员会依照宪法规定，决定战争状态的宣布，决定全国总动员或者局部动员"。第十一条规定："中华人民共和国主席根据全国人民代表大会的决定和全国人民代表大会常务委员会的决定，宣布战争状态，发布动员令。"发布动员令的方式分为公开发布和秘密发布两种。公开发布动员令，一般是在战争即将或已经爆发的情况下，运用一切宣传手段和传播工具，把爆发战争的真实情况和战略态势告诉全体军民。秘密发布动员令，一般是在战争已经不可避免但尚未爆发的情况下施行，通常执行严格的保密限制，只秘密通知政府有关部门和军事机构等。

3. 充实动员机构

动员机构即平时负责动员准备、战时负责动员实施的组织领导机构。一旦实施战争动员，和平时期的动员机构，无论在人力上还是物力上，都难以适应需要，必须及时调整和加强。动员机构既要扩大组织、增加人员，又要增加支出、保障需要，与此同时，还要赋予其应有的职权，使其具有较高的权威性。战争动员事关国家安危，责任重大。如果动员机构权力有限，指挥无力，处处受制，就难以完成繁重的动员任务，进而影响战争的顺利进行。

4. 落实动员计划

战争动员计划，是实施战争动员的依据。落实动员计划是实施战争动员的关键环节。负有动员任务的地区和部门，在国防动员令发布之后，应根据制订和修订的动员计划，迅速转入战时体制。为了保障战争胜利，各行业以及社会生活的各个方面，都应以之为中心迅速进行调整。其中，武装力量要迅速转入战时状态。现役军人一律停止转业和退伍，停止探亲和休假，外出人员要立即归队。预备役部队应迅速集结、发放武器装备，并抓紧时间进行训练，准备承担作战任务。民兵应启封武器装备，成建制进行训练；要做好应征准备，并准备承担各项任务。地方政府要根据上级下达的动员任务，积极实施动员行动。各行业、社会各阶层都要积极动员起来，落实动员计划，为赢得战争胜利贡献力量。

五、国防成就

国防建设是国家为提高国防能力而进行的各方面的建设，主要包括武装力量建设，边防、海防、空防、人防及战场建设，国防科技与国防工业建设，国防法规与动员体制建设，国防教育建设，以及与国防相关的交通运输、邮电、能源、水利、气象、航天等方面的建设，等等。

（一）国防建设纳入国家总体战略

国家在进行经济建设的同时，注意增强国防力量，使国防建设在国家财力增加的基础上不断发展。近年来，国家在财政依然比较紧张的情况下，想方设法逐步加大了对国防的投入。2019 年，中央财政预算国防支出 11899 亿元，比上年增长约 7.5%。这是我国国防预算连续第四年以个位数增长，将重点支持国防和军队改革，全面推进国防和军队现代化建设。围绕加快推进军民融合深度发展，做好资金保障，健全配套政策。完善优抚安置制度体系，落实退役军人待遇保障，完善退役士兵基本养老、基本医疗保险接续政策，中央财政继续增加对军队转业干部、退役安置、优抚对象等补助经费。

我军广大官兵积极参加国家和地方重点工程建设。在上海浦东开发和三峡水利枢纽，兰州、西宁、拉萨光缆通信干线建设等一大批国家重点工程建设中，我军投入了大量人力和装备，发扬优良的战斗作风，成为重要的攻坚力量。为贯彻党中央关于西部大开发的战略，我军积极参加在长江、黄河上游开展的"绿化母亲河行动"、新疆沙漠防护林带和内蒙古西部防沙治沙、陕西小流域综合治理等基础生态环境工程建设，并发挥了重要作用。

（二）建立了有中国特色的武装力量领导体制

我国的武装力量领导体制，是在长期的革命战争中形成和发展起来的。中华人民共和国成立后，中央人民政府人民革命军事委员会成为全国武装力量的最高统率机关。1954 年 9 月，第一届全国人大第一次会议通过的宪法规定，中华人民共和国主席统率全国武装力量，并决定设立国防委员会和国防部，由国家主席担任国防委员会主席；同时取消中央人民政府人民革命军事委员会。后来，中共中央政治局决定在中央政治局和书记处之下成立中共中央军事委员会（简称中共中央军委），领导中国人民解放军和其他武装力量，军委下设总参谋部、总政治部、总后勤部作为军委的工作机关。1982 年 12 月，第五届全国人大第五次会议通过的宪法规定，设立中华人民共和国中央军事委员会（简称国家中央军委），自此，中共中央军委与国家中央军委是一个机构两个名称，从而形成了党和国家高度统一的武装力量体制。为加强我军武器装备建设，1998 年中央军委增设了总装备部。在中央军委的领导下，我军还设有负责各军种组织建设、军事训练和战备作战的陆军、海军、空军、第二炮兵指挥机关。此外，直接隶属中央军委的还有军事科学院和国防大学等单位，以及负责指挥驻扎在各大战略区范围内的陆、海、空军部队和民兵的大军区领导机关。

（三）我军的革命化、现代化和正规化建设有了突破性的进展

中华人民共和国成立初期，我军基本上是一支以步兵为主的陆军，炮兵、装甲兵等技术兵种所占比例很小，海军、空军略具雏形。经过 60 多年的艰苦努力，我军实现了由单一陆军向诸军兵种合成军队的发展，不仅研制和装备了门类比较齐全的常规武器装备，而且拥有极具威慑力的原子弹、氢弹等尖端武器装备。20 世纪 90 年代以来，为适应未来战争的发展需要，我军开始把军事斗争准备的立足点放在打赢现代技术特别是高技术条件下的局部战争上来。军队建设正在逐步实现由数量规模型向质量效能型、由人力密集型向科技密集型的"两个根本性转变"。其基本精神是依靠科技进步，加强质量建设，把人民解放军建设成为一支思想先进、数量规模适度、体制编制科学、武器装备精良、人员素质很高、指挥高效灵活、后勤保障有力、能够打赢高技术局部战争的现代化、正规化的革命军队。同时，我军正在大力实施"科技强军"的战略，以科技强军为主要杠杆推动军队的现代化、正规化建设。

（四）形成了门类齐全、综合配套的国防科技工业体系

国防科技是衡量国家综合国力的重要标志之一，也是国防现代化建设的重要方面。经过近70年的建设和发展，我国的国防科技工业从无到有、从小到大、从落后到先进，建立起包括电子、船舶、兵器、航空、航天、核能等门类齐全、综合配套的科研实验生产体系，取得了一大批具有国际先进水平的科研成果，为我军现代化建设和增强我国的综合国力做出了重要贡献。

经过多年努力，我国将军事电子逐步发展成为具有相当规模、门类齐全的新兴工业部门，特别在指挥自动化、情报侦察、预警探测、电子对抗和通信等方面，为军队提供了各种新式装备和产品，增强了部队侦察、通信、指挥和作战的能力；在船舶工业方面，先后自行研制建造了常规潜艇、核动力潜艇、导弹驱逐舰、导弹护卫舰、导弹快艇等作战舰艇，以及各种辅助船舶和新型鱼雷、水雷等装备；在兵器工业方面，研制生产了一大批性能先进的坦克、装甲车辆、火炮、弹药、轻武器、军用光电器材和综合火控、指挥系统等新型武器装备；在航空工业方面，累计生产歼击机、轰炸机、直升机、运输机、教练机等60多种型号的军用飞机，基本满足了海、空军作战和飞机训练的需要；在航天科技工业方面，已经拥有地地、地空、海空和空空导弹武器系统，运载火箭、各种应用人造卫星的研制发射和实验能力在世界航天技术领域占有一席之地；在核工业方面，我国不仅可以生产制造原子弹、氢弹，还掌握了核潜艇技术，形成了核威慑力量。此外，在和平利用核能方面也取得了突破性进展。

（五）国防后备力量建设取得长足的发展

我国历来十分重视国防后备力量建设。1985年，党中央、国务院、中央军委提出了"精干的常备军和强大的后备力量相结合，是建设现代化国防的必由之路"的基本指导方针，国防后备力量建设呈现出了良好的局面：一是国防后备力量建设实现了指导思想的战略性转变，走上了和平时期稳步发展的轨道。党中央明确提出，民兵工作要以更好地适应新时期军事战略方针和发展社会主义市场经济的新形势为指针。二是确立并实行了民兵与预备役相结合的制度，重点抓基干民兵队伍建设和预备役部队建设，加强训练，更新武器装备，使得后备兵员的整体素质明显提高，初步形成了具有中国特色的国防后备力量体系。三是注重宏观指导，合理布局，边海防、大中城市和重点地区的民兵工作得到了加强。四是民兵、预备役部队在参战支前、保卫边疆、发展生产、扶贫帮困、抢险救灾、维护社会治安等方面发挥了重要作用，为国家的改革、发展和稳定做出了巨大贡献。五是加强了国防教育，有效地增强了全民的国防观念，普及了国防知识，推动了国防建设。中国的国防，是全民的国防。从1985年开始，我国就有组织、有计划地在部分高等院校和高级中学开展学生军训工作试点。2001年4月28日，《中华人民共和国国防教育法》正式公布实施，使国防教育逐步走上经常化、多样化、规范化轨道。国防教育法公布实施后，从2001年开始，学生军训工作有计划、有步骤地在全国普通高等学校和高级中学全面展开，既进行了国防教育，增强了学生的体质，又培养了学生的团体意识和集体荣誉感。六是完善了国防动员体制，国家组建了国防动员委员会，在国务院和中央军委领导下，主管全国的国防动员工作，按照"平战结合、军民结合，寓军于民"的方针，协调国防动员工作中经济与军事、军队与政府、人力与物力之间的关系，从而将人民武装、国民经济、人民防空、国防交通等方面的动员准备纳入国家总体发展规划和计划，通过优化动员机制提高后备力量的快速动员能力和平战转换能力，极大地增强了国防实力。

六、军民融合

军民融合就是把国防和军队现代化建设深深融入经济社会发展体系之中，全面推进经济、科技、教育、人才等各个领域的军民融合，在更广范围、更高层次、更深程度上把国防和军队现代化建设与经济社会发展结合起来，为实现国防和军队现代化提供丰厚的资源和可持续发展的后劲。

（一）军民融合发展国家战略

党的十八大做出"坚持走中国特色军民融合式发展路子，坚持富国与强军相统一"的战略部署。十八届三中全会进一步把推动军民融合深度发展作为深化国防和军队改革的三大任务之一，把健全国防工业体系作为军民融合深度发展的重要内容。中国国防大学国防经济研究中心发布的《中国军民融合发展报告2014》显示，中国的军民融合度在30%左右。这标志着中国的军民融合处于由发展初期向中期迈进的阶段，处于由初步融合向深度融合推进的阶段。2015年3月12日，习近平在中国十二届全国人大三次会议上强调，"把军民融合发展上升为国家战略"。军民融合发展作为一项国家战略，关乎国家安全和发展全局，既是兴国之举，又是强军之策。2016年，中共中央、国务院、中央军委联合颁布的《关于经济建设和国防建设融合发展的意见》是新中国成立以来第一个指导军民融合发展的纲领性文件，是从国家安全和发展战略全局出发做出的重大部署，为推动军民深度融合发展提供了根本遵循。

我国仍然是发展中国家，军民融合发展刚进入从初步融合到深度融合的过渡阶段。加快军民融合进程，必须转变思想观念，强化大局意识，全面深化改革，加强协调创新，做好战略规划，完善法治保障，发挥国家主导作用和市场机制作用。只有市场体制不断完善、法治体系不断健全、治理能力不断提升、科学技术不断进步，才能实现从初步融合到深度融合的跨越。

（二）军民融合发展的目标

军民融合发展的目标是形成全要素、多领域、高效益的军民深度融合发展格局，使经济建设为国防建设提供更加雄厚的物质基础，国防建设为经济建设提供更加坚强的安全保障。到2020年，经济建设和国防建设融合发展的体制机制更加成熟定型，政策法规体系进一步完善，重点领域融合取得重大进展，先进技术、产业产品、基础设施等军民共用协调性进一步增强，基本形成军民深度融合发展的基础领域资源共享体系、中国特色先进国防科技工业体系、军民科技协同创新体系、军事人才培养体系、军队保障社会化体系、国防动员体系。

（三）军民融合发展的基本原则

1. 坚持党的领导

党的领导是中国特色社会主义制度的最大优势，是推进经济建设和国防建设融合发展的根本政治保证。必须发挥党总揽全局、协调各方的领导核心作用，全面加强党对军民融合发展工作的领导，确保党的路线方针政策和决策部署贯彻落实到军民融合发展的各领域全过程。

2. 强化国家主导

牢固确立国家在经济建设和国防建设融合发展中的主导地位，加强军地各领域各部门各层级的统筹协调，综合运用规划引导、体制创新、政策扶持、法治保障等手段，最大限度凝聚经济建设和国防建设融合发展合力。

3. 注重融合共享

主动适应、把握和引领经济发展新常态，深入实施军民融合发展战略，全面落实新形势下军事战略方针和改革强军战略，加强军地协调、需求对接，在经济建设中贯彻国防需求，在国防建设中合理兼顾民用需要，促进要素交流融合，提高资源共享程度。

4. 发挥市场作用

注重运用市场手段优化军地资源配置，积极引导经济社会领域的多元投资、多方技术、多种力量更好服务国防建设，促进国防建设成果更好服务经济社会发展，实现经济建设和国防建设综合效益最大化。

5. 深化改革创新

打破思维定势和利益藩篱，着力解决制约经济建设和国防建设融合发展的体制性障碍、结构性矛盾、政策性问题，建立健全有利于军民深度融合发展的组织管理体系、工作运行体系、政策制度体系。

（四）军民融合发展的主要任务

1. 加强基础领域统筹，增强对经济建设和国防建设的整体支撑能力

统筹交通基础设施建设，统筹考虑军地需求，综合运用重要资源。地方交通运输建设要按照突出重点、经济有效的原则，强化政府主体责任，贯彻好国防要求。优化空域结构，推进空域分类管理和低空空域管理改革，建立空域动态管理、灵活使用机制。加强交通领域军地资源、信息、服务保障等方面的共享与协作，积极推动信息资源共享机制建设。统筹空间基础设施建设，加大国家空间基础设施建设统筹力度。统筹信息基础设施建设，加强军地信息基础设施建设的顶层设计和统筹协调，优化总体布局。统筹测绘基础设施建设，建立跨部门、跨领域地理信息资料成果定期汇交和位置服务站网共享机制。统筹气象基础设施建设，优化军地气象整体布局。统筹标准计量体系建设，建立标准化军民融合长效机制。

2. 加强产业领域统筹，建设中国特色先进国防科技工业体系

深化国防科技工业体制改革，进一步打破行业封闭，立足国民经济基础，突出核心能力，放开一般能力，推进社会化大协作，推进军工企业专业化重组。扩大引入社会资本，积极稳

妥推进混合所有制改革试点。加快引导优势民营企业进入武器装备科研生产和维修领域，健全信息发布机制和渠道，构建公平竞争的政策环境。推动军工技术向国民经济领域的转移转化，实现产业化发展。积极参与发展战略性新兴产业和高技术产业。

3.加强科技领域统筹，着力提高军民协同创新能力

加快军民融合式创新，整合运用军民科研力量和资源，充分发挥高等学校、科研院所的优势和潜力，广泛吸纳专家强化顶层规划设计，开展联合攻关，加强基础技术、前沿技术、关键技术研究，推进军民技术双向转移和转化应用。完善军民协同创新机制，加大国防科研平台向民口单位开放力度，推动建立一批军民结合、产学研一体的科技协同创新平台。

4.加强教育资源统筹，完善军民融合的人才培养使用体系

提升军事人才质量，推动军事人才发展体制改革和政策创新，拓展依托国民教育培养军事人才范围，构建地方师资力量、科研设施、创新成果向军事人才培养开放服务的政策制度，健全依托社会开展军事人才专业评价制度，评价结果纳入国家职业资格管理体系。加强军地教育资源统筹，充分依托普通高等学校、武器装备研制单位储备新兴专业人才，对承担军事人才培养任务的地方单位，国家在条件建设、财政投入、表彰激励等方面给予政策倾斜。

5.加强社会服务统筹，提高军队保障社会化水平

建立健全军地统筹衔接的公共服务体系，逐步建立具有中国特色的军人保险保障体系，完善军地医疗卫生资源共享机制，深化军队住房制度改革。地方党委和政府要积极支持军队建设和改革，进一步发挥双拥工作服务保障作用。统筹军地文化建设，加强资源共建共享。提高军队各项保障水平，深入推进军队饮食保障、商业服务和油料保障社会化，将营区供（排）水、供电、供气、供热纳入城市基础设施建设和改造，调整出台相关配套政策。加强军事区域污染治理基础设施建设和生态环境建设，实现军地生态环境建设整体推进、同步达标。

6.强化应急和公共安全统筹，提高军地协同应对能力

加强军地应急力量建设，健全军地应急行动协调机制，调整优化国家级应急专业力量结构，健全突发事件卫生应急军地协调联动机制，增强国家卫生应急保障能力。统筹推进军地应急保障装备设施建设，明确军地应急保障装备设施合作途径及任务分工，改善军地应急力量训练条件，加强人才队伍、科技研发能力建设。充分发挥国防动员力量的应急作用，建立健全应急动员响应机制，强化综合防护措施建设。

7.统筹海洋开发和海上维权，推进实施海洋强国战略

统筹兼顾维护海洋权益，制定国家海洋战略，实现开发海洋和维护海权的有机统一。加强行动能力和保障设施建设，进一步形成党政军警民合力固边戍疆新局面。

8.维护国家海外利益

切实维护国家海外经济利益和其他重大利益，保护海外中国公民和机构的合法权益。积极参与联合国维和行动，深化国际军事交流合作。

第四节　武装力量

一、中国人民解放军

中国人民解放军是我国武装力量的骨干，是国家的常备军，担负着抵抗侵略、保卫祖国，维护国家主权和安全的防卫作战任务。中国人民解放军由现役部队和预备役部队组成。现役部队由陆军、海军、空军、火箭军和战略支援部队组成。预备役部队平时按照规定进行训练，必要时可以依照法律规定协助维护社会秩序，战时根据国家发布的动员令转为现役部队。

（一）陆军

中国人民解放军陆军主要担负陆地作战任务，既能独立作战，又能和海军、空军协同作战，由步兵、装甲兵、炮兵、防空兵、航空兵、工程兵、通信兵、防化兵、电子对抗兵等兵种和各种专业勤务部队组成，包括机动作战部队、边海防部队、警卫警备部队等。

中国人民解放军陆军诞生于1927年8月1日，为党和人民立下了不朽功勋。进入21世纪后，陆军按照机动作战、立体攻防的战略要求，积极推进由区域防卫型向全域机动型的转变，加快发展陆军航空兵、轻型机械化部队和特种作战部队，加强数字化部队建设，逐步实现部队编成的小型化、模块化、多能化，提高空地一体、远程机动、快速突击和特种作战能力。2015年12月31日，新的陆军领导机构成立。2017年4月，中央军委决定，以原18个集团军为基础，调整组建13个集团军，全部启用新的番号（七十一至八十三集团军）。调整组建新的集团军，是对陆军机动作战部队的整体性重塑，是建设强大的现代化陆军迈出的关键一步，对于推动陆军由数量规模型向质量效能型转变具有重要意义。中国陆军已发展成为高度合成化的现代陆军，成为既能独立遂行作战任务，又能与海军、空军、火箭军和战略支援部队实施联合作战的强大军种。

（二）海军

中国人民解放军海军是海上作战行动的主体力量，担负着保卫国家海上方向安全、领海主权和维护海洋权益等任务，具有在水面、水下和空中作战的能力，既能单独在海上作战，又能协同陆军、空军作战，由水面舰艇部队、潜艇部队、海军航空兵、海军岸防兵、海军陆战队等兵种及专业勤务部队构成。

中国人民解放军海军于1949年4月23日诞生在江苏泰州白马庙，经过六十多年的发展，现已成为一支由水面舰艇部队、岸防部队、潜艇部队、海军陆战队和海军航空兵组成的粗具现代化作战能力的海上防御力量。2012年9月25日，我国第一艘航空母舰"辽宁舰"交接入列，标志着中国海军进入航空母舰时代。2017年4月26日，我国第一艘自行研制建造的航空母舰在大连下水。中国发展航空母舰，对建设强大的海军和维护海上安全具有深远意义。

（三）空军

使命不怠
百炼成军

【军武大讲坛】

中国人民解放军空军是空中作战行动的主体力量，担负着保卫国家领空安全和领土主权、保持全国空防稳定等任务，主要由航空兵、地面防空兵、空降兵、通信兵、雷达兵、电子对抗兵、技术侦察兵、防化兵等兵种组成。

中国人民解放军空军成立于 1949 年 11 月 11 日，经过 60 多年的发展，现已成为一支由航空兵、地空导弹兵、高射炮兵、雷达兵、空降兵、电子对抗兵、气象兵等多兵种合成，由歼击机、强击机、轰炸机、运输机、预警机等多机种组成的现代化的高技术军种。空军是战略性军种，在国家安全和军事战略全局中具有举足轻重的地位和作用。新时期将按照空天一体、攻防兼备的战略要求，实现国土防空型向攻防兼备转变，构建适应信息化作战需要的空天防御力量体系，提高空军作战能力，努力建设一支强大的人民空军。

（四）火箭军

中国人民解放军火箭军是我国战略威慑的核心力量，是我国大国地位的战略支撑，是维护国家安全的重要基石，由地地战略导弹部队、常规战役战术导弹部队和相应保障部（分）队组成。

中国人民解放军火箭军成立于 2015 年 12 月 31 日，前身为中国人民解放军第二炮兵。中国人民解放军第二炮兵即中国战略导弹部队，正式成立于 1966 年 7 月 1 日，是一支由中央军委直接领导指挥的战略性军种，是中国实施战略威慑的核心力量。经过数十年发展，火箭军已形成核常兼备、固液并存、射程衔接、战斗部种类配套的武器装备体系，装备各种型号的核导弹和常规导弹，具备威慑和实战能力并存、武器装备与作战阵地配套、人才素质和部队作风过硬的战略力量。在捍卫祖国统一、维护世界和平和促进共同发展中，火箭军将继续发挥重要作用。

（五）战略支援部队

中国人民解放军战略支援部队是维护国家安全的新型作战力量，作战行动主要在情报、技术侦察、电子对抗、网络攻防、心理战五大领域。战略支援部队是信息支援性质的军种，主要由情报、技术侦察、卫星管理、电子对抗、网络攻防、心理战等专业技术勤务部队组成。

中国人民解放军战略支援部队于 2015 年 12 月 31 日正式成立，是我国陆、海、空、火箭之后的第五大军种，是将战略性、基础性、支撑性都很强的各类保障力量进行功能整合后组建而成的，是我军新质作战能力的重要增长点。战略支援部队单独成军属于我军首创，也是适应我国基本国情的重大变革。一方面我国幅员辽阔，作战形势多变，战备保障、战地保障任务艰巨。另一方面，新形势下存在迫切的战备保障和技术支援需求。战略支援部队的成立，将促进相关战备保障和支援兵种的集中统筹建设，增强我军作战能力。

（六）预备役部队

预备役部队，就是以现役军人为骨干，以预备役军官和士兵为基础，按统一编制为战时实施成建制快速动员而组建起来的部队，是我军后备力量的重要组成部分，是战时实施快速动员的重要组织形式。1983年，我国正式组建预备役部队并将其列入中国人民解放军编制序列，授予番号和军旗。随着国防和军队改革的不断深入，预备役部队将进一步调整规模、结构和编成，推进由陆军为主向各军兵种协调发展、作战类部队为主向支援保障类部队为主、按地域编组向地域编组与依托行业编组相结合转变，以适应信息化战争的需要。

二、中国人民武装警察部队

中国人民武装警察部队是担负国家赋予的国家安全保卫和维护社会秩序任务的部队，是中国武装力量的重要组成部分。中国人民武装警察部队的基本任务是维护国家安全和社会稳定，保卫国家重要目标，保卫人民生命财产安全，平时主要担负执勤、处置突发事件、反恐怖、参加和支援国家经济建设等任务，战时配合人民解放军进行防卫作战。武警部队依托国家信息基础设施，建立完善从总部至基层中队的三级综合信息网络系统，发展部队遂行任务急需的武器装备，开展针对性训练，提高执勤、处置突发事件、反恐怖能力。

中国人民武装警察部队成立于1982年6月（前身是中国人民公安中央纵队，建于1949年8月），受中华人民共和国国务院、中国共产党中央军事委员会双重领导（2018年以前），由内卫部队、边防部队、消防部队、警卫部队、黄金部队、水电部队、交通部队、森林部队等组成。其中内卫部队是武警部队的主要组成部分，受武警总部的直接领导和管理；边防部队、消防部队和警卫部队均由公安部门管理；黄金、水电、交通和森林部队受国务院相关业务部门和武警双重领导，担负国家经济建设和安全、稳定的双重任务。中国人民武装警察部队的装备为步兵轻武器、少量重型武器和武警特种武器等。

2017年12月，中共中央决定调整武警部队领导指挥体制。自2018年1月1日起，中国人民武装警察部队改为由党中央、中央军委集中统一领导，实行中央军委—武警部队—部队领导指挥体制。武警部队职能属性不变，不列入解放军序列。按照军是军、警是警、民是民原则，将列入武警部队序列、国务院部门领导管理的现役力量全部退出武警，将国家海洋局领导管理的海警队伍转隶武警部队，将武警部队担负民事属性任务的黄金、森林、水电部队整体移交国家相关职能部门并改编为非现役专业队伍，同时撤收武警部队海关执勤兵力，彻底理顺武警部队领导管理和指挥使用关系。

三、中国民兵

中国民兵是中国共产党领导下的不脱离生产的群众武装，是中华人民共和国武装力量的组成部分，是中国人民解放军的助手和后备力量，是新形势下进行人民战争的基础。中国民兵的任务主要有：一是积极参加社会主义现代化建设，带头完成生产和各项任务；二是担负战备勤务、保卫边疆、维护社会治安的任务；三是随时准备参军参战、抵抗侵略、保卫祖国。中国民兵始建于第一次国内革命战争时期，在中国共产党的领导下，根植于广大人民群众之中，支援配合人民军队与国内外反动派展开了坚决的斗争；为民族解放和新中国的建立，为保卫祖国和建设祖国发挥了十分重要的作用，是我国武装力量不可缺少的部分。

中国民兵由基干民兵和普通民兵组成。28周岁以下退出现役的士兵和经过一定军事训练的人员都可编入基干民兵，女性民兵只编入基干民兵，人数控制在适当的比例内；其余18

至 35 周岁、符合兵役条件的男性公民，可编入普通民兵组织。边疆、少数民族地区和城市有特殊情况的单位，基干民兵的年龄可适当放宽。我国人口基数十分庞大，加入民兵组织的人数相对有限，因此，对于未编入民兵组织但符合民兵条件的公民，需由地方政府兵役机关进行预备役登记。

全国民兵工作在国务院、中央军委领导下，由中央军委国防动员部主管。各省军区、军分区和县(市、区)人民武装部负责本辖区内的民兵工作。乡镇(街道)和企、事业单位人民武装部，具体负责民兵和兵役工作。民兵工作只是省军区系统工作之一，根据深化国防和军队改革精神，中央军委国防动员部领导管理全国 28 个省军区(北京卫戍区、新疆军区、西藏军区归陆军领导管理)，省军区、军分区、人武部承担国防动员、兵役征集、国防教育、国防设施保护、"双拥"工作等职能，拓展军民融合协调、离退休老干部服务保障职能。

第二章

国家安全

第一节　国家安全概述

一、国家安全的内涵

根据《中华人民共和国国家安全法》(简称《国安法》)第二条规定,国家安全是指国家政权、主权、统一和领土完整、人民福祉、经济社会可持续发展和国家其他重大利益相对处于没有危险和不受内外威胁的状态,以及保障持续安全状态的能力。

(一)传统安全与非传统安全

目前,世界大国的国家安全观都是大安全观念,既涵盖了传统安全,也包括了各种非传统安全。传统安全是以维护国家主权为核心,主要包括一个国家的军事安全、政治安全、意识形态安全。传统安全问题中的行为主体和来源相对比较明确,一般都是来自主权国家之间的利益冲突与纷争,主要是国家和政府行为的结果。非传统安全是相对传统安全而言的,是除军事、政治和外交冲突以外的其他对主权国家及人类整体生存与发展构成威胁的因素,主要包括经济安全、金融安全、社会安全、文化安全、生态环境安全等。非传统安全问题的行为主体和渊源则更具多样性,如恐怖主义就是由许多个人、组织或集团等所为。

传统安全带来的威胁主要关系到民族、国家与政权的生死存亡;而非传统安全问题带来的威胁主要关系到人类的生存、社会的发展和环境的保护。非传统安全问题比传统安全问题具有更强的社会性、跨国性和全球性。非传统安全问题不仅是某个国家存在的个别问题,而且是关系到其他国家或整个人类利益的问题;非传统安全问题很容易超越国家之间的各种政治、地理、文化界限,使个别国家的问题演变成全球性的问题。

(二)国家安全的主要内容

《国安法》涵盖了国家安全各个领域的内容,涉及政治安全、人民安全、国土安全、军事安全、经济安全、金融安全、资源能源安全、粮食安全、文化安全、科技安全、网络与信息安全、社会安全、生态安全、核安全、外层空间及国际海底区域和极地安全、海外利益安全。同时,《国安法》明确规定了各领域维护国家安全的重点任务,以及构建国家安全体系的具体要求。

二、维护国家安全的原则

一是坚持中国共产党对国家安全工作的领导,建立集中统一、高效权威的国家安全领导体制。中央国家安全领导机构(中央国家安全委员会)负责国家安全工作的决策和议事协调,研究制定、指导实施国家安全战略和有关重大方针政策,统筹协调国家安全重大事项和重要工作,推动国家安全法治建设。

二是坚持法治和保障人权原则。维护宪法体制,加强对国家机构及其工作人员行使公权力的约束,保障组织、公民、法人的主体地位、尊严、自由和利益。

三是坚持维护国家安全与经济社会发展相协调,统筹各领域安全。要统筹安全和发展,通过发展不断提升国家安全能力,促进国家安全;通过不断提高维护国家安全能力,为发展提供稳定的环境,实现可持续发展与可持续安全相互支撑、良性互动。

四是坚持预防为主、标本兼治,专门工作与群众路线相结合。坚持把预防和治乱结合起来,既防患于未然,又正本清源。既要坚持充分发挥专责机关和其他有关机关维护国家安全的职能作用,又要广泛动员公民和组织,防范、制止和依法惩治危害国家安全的行为,建立起维护国家安全的强大防线。

三、总体国家安全观

根据《国安法》第三条规定,国家安全工作应当坚持总体国家安全观,以人民安全为宗旨,以政治安全为根本,以经济安全为基础,以军事、文化、社会安全为保障,以促进国际安全为依托,维护各领域国家安全,构建国家安全体系,走中国特色国家安全道路。坚持总体国家安全观是《国安法》的立法指导思想,《国安法》所有章节、条款都遵循了总体国家安全观的要求,总体国家安全观贯穿于《国安法》的始终。坚持中国共产党对国家安全工作的领导是总体国家安全观的本质特征,人民安全是总体国家安全观所坚持的根本宗旨。总体国家安全观是全面系统的安全观,《国安法》第二章“维护国家安全的任务”,对维护各领域国家安全的任务作了系统规定。总体国家安全观的提出,将为实现“两个一百年”奋斗目标和中华民族伟大复兴提供坚强保障。同时,为了落实总体国家安全观,《国安法》第三章规定了维护国家安全的职责,第四章规定了国家安全制度,第五章规定了国家安全保障,第六章规定了公民、组织的义务和权利。

总体国家安全观与中国国家安全战略

【微课学堂】

第二节　国家安全形势

一、我国地缘环境基本概况

我国地处亚洲东方，面向浩瀚的太平洋，背靠广袤的欧亚大陆，陆地面积 960 万平方千米，陆地边界线长达 2.2 万千米，陆地接壤国家有 14 个。我国还有约 300 万平方千米的海洋国土（主要是主张管辖海域），大小岛屿 1 万多个，海疆线约 3.2 万千米，其中大陆海岸线长达 1.8 万千米，海洋邻国有 8 个（其中越南、朝鲜与我国既陆上相邻又海上相邻）。所以中国是世界上边界线较长，邻国最多的国家（共有 20 个邻国）。世界上 9 个有核国家，中国周边就有 4 个；世界上 13 个人口过亿的国家，中国周边就有 6 个；世界上 25 个军事强国，中国周边就有 8 个。这种地理位置和地缘环境的特殊性，从古至今影响着我国的安全形势，其主要表现是：边界线长，易遭外敌入侵；强邻众多，安全压力大；领土领海争端多，易发生冲突；周边热点多，国家安全面临诸多威胁。

我国周边既有越南、朝鲜等社会主义国家，也有资本主义国家；既有发达国家，也有发展中国家；既有富国，也有穷国；既有老牌的经济强国，也有新崛起的新兴国家。这些国家社会制度、经济发展水平、宗教信仰与文化等差异巨大，所奉行的国家安全战略和外交政策各异，各种矛盾交织在一起，对我国的安全造成了一定的不利影响。

中国周边是热点最多的地区，如朝鲜半岛、千岛群岛、台湾海峡、南沙群岛、克什米尔等热点都位于这一地区；世界公认的五大力量中心，除了欧洲外，美国、中国、俄罗斯和日本等力量中心都交汇于此；另外，世界核俱乐部的主要成员、事实上有核国家、核门槛国家，在中国周边形成了世界上最密集的核分布圈。这些因素汇集在一起，使我国的国家安全环境处于非常复杂的境地。

二、我国地缘安全现状

【微课学堂】 国家地缘安全形势

我国地缘安全存在着两重性，在相对稳定的地缘安全环境中存在着不安全因素。一方面是一个相对和平稳定的安全环境不断得到巩固和发展；另一方面中国又面临着一些不安全因素和潜在的威胁。当前的国家安全观是综合的安全观，要头脑清醒，居安思危，深刻认识新形势下维护国家政治安全、经济安全、国防安全的极端重要性，确保我国信息安全、金融安全和粮食、石油等重要战略物资的安全。

（一）美国对中国地缘安全有综合性影响

美国是与中国隔海相望的国家，但在中国安全的许多问题上，美国的"影子"无处不在，对中国安全环境有着综合性影响。在各大国与中国关系向前发展的同时，以美国为首的西方世界中仍然有一股企图遏制中国发展的逆流，反华势力顽固地坚持冷战思维，不愿意看到中国的富强和统一，他们以所谓的"人权"为幌子，干预中国的内政，继续坚持对台军售，对中国统一大业进行阻挠或破坏。西方国家特别是美国对华政策的两面性，是中国安全环境的不稳定因素之一。

（二）周边热点地区发生突变的可能性不能排除

中国周边地区热点之一的朝鲜半岛，由于南北双方的立场相差甚远，南北谈判举步维艰。因此，朝鲜半岛是中国各周边地区中军事力量最为密集的地区，而且南北方军事部署近在咫尺，军事对峙的僵局很难打破。朝鲜半岛发生战争的可能性不能排除。一旦这种情况发生，将给中国造成很大压力。

印度与巴基斯坦的对立一天不解决，中国这一边界地区的安全隐患就无法排除。由于历史原因，印巴两国既存在民族怨恨，又存在宗教纠纷，还存在领土争端，在短时间内难以得到解决。多年来，印巴军事摩擦时有发生。印度不甘心只做南亚地区大国，1996 年拒绝在《全面禁止核武器条约》上签字，并以"中国威胁论"为借口，大力发展核武器，积极谋求世界核大国地位。印巴核军备竞赛的升级和对立的加剧，对中国的安全环境产生了不利影响。印巴双方仍陈兵于边境，相互对峙，克什米尔地区是印度和巴基斯坦争夺的焦点，如果战争爆发，必然会对中国边境安全构成较大威胁。

（三）边界和海权争端的解决绝非易事

中国坚持在"和平共处五项原则"基础上与一切国家发展友好关系，特别注重发展与邻国的睦邻友好关系，与所有邻国的关系都得到了改善。但另一方面也应看到，中国与邻国的边境争议及关于海洋权益的争议情况复杂，解决起来难度很大，这些争议始终是可能影响到中国边境和领海安全的不稳定因素。在这些争议中，陆地边界问题的争议，以中印边界争议较为突出；有关海洋权益的争议更为复杂，中国与朝鲜、韩国之间关于黄海、东海大陆架划分，与日本之间关于东海大陆架划分和钓鱼岛的归属问题，都存在着争议。中国的南海处于岛屿被侵占、海域被分割、资源被掠夺的严重局面。中国南沙群岛的海面岛礁几乎被瓜分殆尽，特别是关于南沙群岛的争议，短期内难以获得各方都可以接受的最终解决办法。

（四）台湾问题面临严峻挑战

台湾问题本是中国的内政，但是，由于外部势力插手，致使台湾问题变得复杂化，成为中国必须认真面对的重大安全问题。

20 世纪 80 年代末 90 年代初以来，海峡两岸关系由对抗走向对话，由紧张走向缓和，由隔绝走向交往。台商在祖国大陆的投资项目增多，两岸人员交流大幅度增加，从探亲、旅游，扩大到在经济、科技、文化、教育、新闻、学术等多方面的合作与交流，两岸关系得到进一步改善，但在祖国统一问题上却困难重重。1979 年元旦，全国人大常委会发表《告台湾同胞书》，标志着"一国两制，和平统一"阶段的开始。

和平统一受阻，主要原因是台湾当局在一些外部势力的暗中怂恿和支持下，拒绝两岸进行政治谈判的顽固立场，反对"一国两制，和平统一"的主张，积极推行"两个中国""一中一台"的分裂政策，妄图谋求主权国家的外交地位，以主权国家身份加入联合国，进行分裂祖国的"台独"活动。台湾分裂倾向是中国安全的最大内患。祖国统一是中华民族的共同心愿，决不允许一小撮"台独分子"搞分裂活动，决不畏惧强敌干预，决不放弃武力解放台湾的严正立场。

和平与发展成为当今世界主题，和平与安全因素进一步增长，不稳定、不确定和相互制约的因素增多，总趋势走向缓和。在世界形势趋于缓和的环境中，中国安全环境既有机遇，又有挑战，但机遇大于挑战。我们一定要抓住有利机遇，利用和争取一个较长的和平环境，发展经济，增强综合国力，加强国防现代化建设，为维护祖国统一和保卫国家安全作出新的贡献。

三、新形势下的国家安全

（一）中美之间的结构性矛盾开始凸显

随着中国的崛起，中国与西方大国尤其是与美国之间的结构性矛盾开始凸显。美国的全球战略实际上可以概括为"两洋战略"：一个是大西洋战略，一个是太平洋战略。大西洋战略，就是通过北约东扩遏制打压俄罗斯的生存空间。所谓的太平洋战略，就是美国在奥巴马时期推行的"亚太再平衡战略"。通过朝鲜半岛，日本、菲律宾等国家形成第一岛链，封锁中国、遏制中国；在经济上配合跨太平洋伙伴关系协定，将中国排除在地区贸易规则制定的圈子之外。2014年4月，美国总统奥巴马访问日本期间，就中国钓鱼岛及其附属岛屿表态，称钓鱼岛适用于《日美安保条约》，之前的美国政要是从来没有这样表态过的。由于中国国家安全战略应对得当，美国推行太平洋战略并没有收到预想效果，中国周边保持相对稳定。2009年7月，美国国务卿表示，"我想发出一个非常明确的信息，美国正在重返东南亚，我们正在完全致力于在东南亚的伙伴关系"。美国全球战略重心东移主要目标在于遏制中国。所以，我国面临的传统安全形势还是非常严峻的。总而言之，中美关系是当今国际关系的重心，只有处理好中美关系，我们的周边关系、大国关系才能够逐步理顺。另外，在多极化格局形成的过程中，中美关系是这个多极化格局中的重要骨架甚至是"龙骨"。因此，处理好中美关系是维护国家安全的重中之重。

（二）亚太地区安全形势趋于复杂化

当前亚太地区安全形势趋于复杂化，中国捍卫国家领土、领海主权的压力在增大，尤其体现在周边安全上。中国的周边安全形势与美国相比是非常复杂的。美国是东西两大洋、周边无强邻，周边安全形势是最理想的。而中国周边安全形势是最复杂的。我们的邻国多，有20个邻国，14个陆地接壤，6个隔海相望；而且历史纠葛多，与一些周边国家在历史上曾经有过军事冲突，好多国家处于美国遏制中国的第一岛链上。周边是我们的安身立命之所，是我们的战略依托，因此周边安全是非常重要的。对此，中央提出了"亲、诚、惠、容"的理念，要做好周边工作。

近些年来，美国纠集一些国家在南海掀起风浪。现在南海问题已经趋于平稳，我们既保持了南海地区相对和平稳定的局面，又有效地维护了我们的国家利益。南海的海域总面积有

200 多万平方千米，有 230 多个岛礁，自古以来就是我国的领土领海。但是自 20 世纪 70 年代以来，越南侵占我国岛礁 29 个，菲律宾侵占我国岛礁 9 个，马来西亚侵占我国岛礁 5 个。2002 年，中国与东盟各国签署了《南海各方行为宣言》，强调要按照联合国宪章和国际法，通过友好协商和谈判来和平解决南海争议。但是美国介入以后，将南海问题复杂化。因此，我们提出了有效的应对举措，西方国家称之为"切香肠战术"，美国称之为"反区域拒止战略"。2014 年中国外交部新闻发言人华春莹指出，中国在南海拥有无可争辩的主权，因此中方在赤瓜礁填海造地进行建设，完全属于中国主权范围内的事情。当前，美济礁等三个礁盘通过填沙造岛，已经成为三个具有战略纵深意义的岛屿，而且有三条大的机场跑道。其他礁和岛上的力量都得以增强，有效地维护了我国在南海的国家利益，同时也有效地维护了南海地区的和平稳定。

(三)国际破坏性因素渗透愈加激烈

国际破坏性因素渗透愈加激烈，"反独促统"、维护国家领土完整和文化安全都面临着复杂的挑战。台湾方面，自从民进党蔡英文上台以后，拒不承认"九二共识"，两岸陷入紧张局势。香港方面，随着这些年美日等外部势力的介入，香港局面出现一些不稳定的因素。另外的周边安全热点，比如，蒙古曾经认为美国是他的"第三邻国"，后来在习近平主席的亲自推动下，中蒙两国签署了 30 多项合作文件，涵盖了经贸、矿产、电力、交通、基础设施建设、金融等多个领域。习近平主席和额勒贝格道尔吉总统共同签署联合宣言，宣布将中蒙关系提升为全面战略伙伴关系。所以，当年蒙古夹在中俄两国之间，美国力图打下楔子，现在美国的这种阴谋还是落空了。中蒙关系提升为全面战略伙伴关系，有利于维护我国北部的国土安全、边境安全。

(四)国内安全出现新的格局

当前国内的社会矛盾进入了多发期，国内安全出现了新的格局。在经济方面，一些一线城市房价居高不下，这对我们国家的经济安全构成严峻的挑战。因此，国家一直强调"房子是用来住的，不是用来炒的"，对高房价出手，这是维护我国经济安全的重要举措。腐败本身是威胁我国政治安全的一个毒瘤。因此，我国一直加大反腐力度，推行法治建设、体制改革、制约权力等一系列的组合拳遏制腐败，加强党风廉政建设。

(五)信息安全问题日益突出

科学技术的迅猛发展带来了日益突出的信息安全问题。国家互联网应急中心数据显示，仅 2018 年的抽样监测，我国境内感染计算机恶意程序的主机数量约 655 万台，被植入后门的网站约 2.4 万个。国家"863 计划"重点项目研究成果"网络空间拟态防御理论及核心方法"通过验证。所以习近平总书记指出，当前互联网核心技术是我们最大的"命门"，核心技术受制于人是我们最大的隐患。一个互联网企业即便规模再大，市值再高，如果核心元器件严重依赖外国，那么这个供应链的命门就掌握在别人手里，那就好比在别人的墙基上砌房子，再大再漂亮也可能经不起风雨，甚至会不堪一击。因此，我们要掌握我国互联网发展的主动权，保障互联网安全、国家安全，必须突破互联网核心技术难题。特别是我们要争取在某些领域实现弯道超车，包括最近提出的量子计算机、量子通信，都是在某些领域起码和西方某些发达国家实现了"并跑",也许在有的领域将来我们还会实现"领跑"。由于互联网核心技术受制于人,特别是互联网主要的根服务器都在美国,美国的一些极端保守势力曾经狂妄叫嚣,不用通过发动战争,他们就可以将三峡大坝摧毁。尽管这有些耸人听闻,但是我们还是要高度关注和重视。

第三节 国际战略形势

一、国际战略形势现状与发展趋势

(一)国际战略形势现状

当今世界正经历百年未有之大变局,世界多极化、经济全球化、社会信息化、文化多样化深入发展,和平、发展、合作、共赢的时代潮流不可逆转,但国际安全面临的不稳定性、不确定性更加突出,世界并不太平。

1.国际战略格局深刻演变

国际力量加快分化组合,新兴市场国家和发展中国家力量持续上升,战略力量对比此消彼长,更趋均衡,促和平、求稳定、谋发展已成为国际社会的普遍诉求,和平力量的上升远远超过战争因素的增长。但是,霸权主义、强权政治、单边主义时有抬头,地区冲突和局部战争持续不断,国际安全体系和秩序受到冲击。

国际战略竞争呈上升之势。美国调整国家安全战略和国防战略,奉行单边主义政策,挑起和加剧大国竞争,大幅增加军费投入,加快提升核、太空、网络、导弹防御等领域能力,损害全球战略稳定。北约持续扩员,加强在中东欧地区军事部署,频繁举行军事演习。俄罗斯强化核、非核战略遏制能力,努力维护战略安全空间和自身利益。欧盟独立维护自身安全的倾向增强,加快推进安全和防务一体化建设。

全球和地区性安全问题持续增多。国际军控和裁军遭遇挫折,军备竞赛趋势显现。防止大规模杀伤性武器扩散形势错综复杂,国际防扩散机制受到实用主义和双重标准危害,面临新的挑战。极端主义、恐怖主义不断蔓延,网络安全、生物安全、海盗活动等非传统安全威胁日益凸显。伊朗核问题解决出现波折,叙利亚问题政治解决仍面临困难。各国安全的交融性、关联性、互动性不断增强,没有哪一个国家能够独立应对或独善其身。

2.亚太安全形势总体稳定

亚太各国命运共同体意识增强,通过对话协商处理分歧和争端成为主要政策取向,推动本地区成为全球格局中的稳定板块。上海合作组织构建不结盟、不对抗、不针对第三方的建设性伙伴关系,拓展防务安全领域合作,开创区域安全合作新模式。中国—东盟防长非正式会晤、东盟防长扩大会发挥积极作用,通过加强军事交流合作等途径促进相互信任。南海形势趋稳向好,域内国家妥善管控风险分歧。地区国家军队反恐协调机制等合作不断深化。均衡稳定、开放包容的亚洲特色安全架构不断发展。

世界经济和战略重心继续向亚太地区转移,亚太地区成为大国博弈的焦点,给地区安全带来不确定性。美国强化亚太军事同盟，加大军事部署和干预力度，给亚太安全增添复杂因素。美国在韩国部署"萨德"反导系统，严重破坏地区战略平衡，严重损害地区国家战略安全利益。日本调整军事安全政策，增加投入，谋求突破"战后体制"，军事外向性增强。澳大利亚持续巩固与美国的军事同盟，强化亚太地区军事参与力度，试图在安全事务中发挥更大作用。

地区热点和争议问题依然存在。朝鲜半岛局势有所缓和但仍存不确定因素，南亚形势总体稳定但印巴冲突不时发生，阿富汗国内政治和解和重建艰难推进。部分国家之间的领土和海洋权益争端、民族宗教矛盾等问题仍然存在，地区安全热点问题时起时伏。

3. 国家安全面临的风险挑战不容忽视

中国继续保持政治安定、民族团结、社会稳定的良好局面，综合国力、国际影响力、抵御风险能力明显增强，仍处于发展的重要战略机遇期，同时也面临多元复杂的安全威胁和挑战。

反分裂斗争形势更加严峻，民进党当局顽固坚持"台独"分裂立场，拒不承认体现一个中国原则的"九二共识"，加紧推行"去中国化""渐进台独"，图谋推动"法理台独"，强化敌意对抗，挟洋自重，在分裂道路上越走越远。"台独"分裂势力及其活动始终是台海和平稳定的最大现实威胁，是祖国和平统一的最大障碍。境外"藏独""东突"等分裂势力活动频繁，对国家安全和社会稳定构成威胁。

国土安全依然面临威胁，陆地边界争议尚未彻底解决，岛屿领土问题和海洋划界争端依然存在，个别域外国家舰机对中国频繁实施抵近侦察，多次非法闯入中国领海及有关岛礁邻近海空域，危害中国国家安全。

中国海外利益面临国际和地区动荡、恐怖主义、海盗活动等现实威胁，驻外机构、海外企业及人员多次遭到袭击。太空、网络安全威胁日益显现，自然灾害、重大疫情等非传统安全问题的危害上升。

4. 国际军事竞争日趋激烈

世界各主要国家纷纷调整安全战略、军事战略，调整军队组织形态，发展新型作战力量，抢占军事竞争战略制高点。美国进行军事技术和体制创新，谋求绝对军事优势。俄罗斯深入推进"新面貌"军事改革，英国、法国、德国、日本、印度等国都在调整优化军事力量体系。

在新一轮科技革命和产业变革推动下，人工智能、量子信息、大数据、云计算、物联网等前沿科技加速应用于军事领域，国际军事竞争格局正在发生历史性变化。以信息技术为核心的军事高新技术日新月异，武器装备远程精确化、智能化、隐身化、无人化趋势更加明显，战争形态加速向信息化战争演变，智能化战争初现端倪。

中国特色军事变革取得重大进展，但机械化建设任务尚未完成，信息化水平亟待提高，军事安全面临技术突袭和技术代差被拉大的风险，军队现代化水平与国家安全需求相比差距还很大，与世界先进军事水平相比差距也很大。

（二）国际战略形势的发展趋势

进入21世纪以来，国际关系继续呈现总体和平与局部冲突、总体稳定与局部动荡、总体发展与局部混乱并存的局面，但多极化趋势明显。

1. 多极化进程的发展将呈现持续性与曲折性、长期性并存的态势

多极化趋势发端于冷战的中后期，两极格局瓦解后多极化进程加快发展，进入 21 世纪后，多极化进程已成为不可逆转的历史潮流。这是由以下两方面因素决定的：首先，多极化已成为世界绝大多数国家和人民的普遍要求，这是推动世界多极化进程进一步发展的强劲动力；其次，国际战略力量对比总体上继续向着相对均衡的方向发展，随着各大力量中心实力的壮大，美国"一超独大"的地位将逐渐削弱，美国在世界上地位下降、主导国际事务能力下降已经是不争的事实。美国作为超级大国，不会甘心接受这个局面，必然会利用现有优势，继续在全球抓紧战略力量部署，保护和拓展其战略空间，维护全球主导地位。因此，我们应当清醒地看到，多极化进程的发展将不会一帆风顺，仍将面临阻力和困难。一方面，当前世界主要战略力量的实力对比仍然是不平衡的，美国唯一超级大国的地位在可预见的未来不会发生根本性变化，中国、俄罗斯、欧盟各国等在政治、经济、军事等领域的综合国力等方面要达到与美国不相上下的程度，还有很长的路要走，世界多极化进程的发展和多极世界格局的形成依然是一个长期的过程。另一方面，美国依然没有放弃"领导世界"的对外战略目标，它必将以其实力优势为依托，以推广民主、促进人权、维护和平、反对恐怖主义和防止大规模杀伤性武器扩散为由，推行霸权主义，进行对外干涉和对外扩张。因此，今后不能排除"一超"的实力地位在一定时间内有所增强、世界多极化进程遭受挫折的可能性。总之，多极化进程在曲折中深入发展将是 21 世纪前期国际战略格局演变的基本特征。

2. 国际战略力量构成在保持原有基本框架的同时会出现一些新的变化

自 20 世纪 70 年代尼克松提出"五大力量中心论"以来，国际上一般将美、俄、欧、日、中五大力量作为未来多极格局的基本构成力量。然而，随着世界主要国家或国家集团实力的消长，国际战略格局构成主体并不是一成不变的，特别是未来多极格局的基本成员究竟包括哪些力量，目前尚难以作出简单的结论。一般认为，能称得上"极"的国家必须具备几个条件：一是其综合国力应远远超过其他国家，特别是经济、科技和军事实力（起码是"核俱乐部"成员国）；二是具有巨大的对外影响力，这主要是指在国际性组织中占有举足轻重的地位（如联合国安理会常任理事国），在解决世界热点问题上起着主导作用；三是有自己的势力范围或自己是一个有吸引力的"力量中心"。对照上述标准，从目前及今后的发展前景看，美国、俄罗斯、欧盟、中国、日本都有可能（或已经）成为未来国际战略格局中的独立一极。美国作为世界头号强国的地位仍将保持较长时间；俄罗斯的经济、军事实力及国际影响力在继续恢复或增长；欧盟的一体化进程将在曲折中继续推进；中国正在确立经济大国的地位，军事实力和国际影响力也在稳步增长，国际战略格局中的中国因素近年来日益凸显；日本仍将保持世界经济大国的地位，同时军事实力也将进一步增强，能否成为国际战略格局中的独立一极，关键要看它是否执行完全独立的对外政策（而不是仅仅充当美国的追随者），以及能否在亚洲发挥建设性作用。除五大力量中心之外，还有一些正在崛起的地区大国也可能在未来国际战略格局中占据一席之地，如印度、巴西等。尤其是印度自 20 世纪 90 年代以来，经济和军事实力持续增强，已成为事实上的核武器拥有国，并且积极谋求联合国安理会常任理事国地位，大力开展全方位的大国外交，正向着成为世界大国的目标迈进。总之，未来国际战略格局将是一种多层次、多元化的复合力量结构。

3. 大国关系将在利益碰撞与协调中进一步调整和发展

进入 21 世纪之后，大国关系继续处于深入调整的进程之中，在保持"既合作又竞争、既借重又牵制的"基本模式的同时，呈现出以下一些新的动向。

磋商、协调、合作逐渐成为大国关系的主导面。随着全球化的深入发展，大国之间的共同利益不断增多，彼此敌意总体缓解，相互依赖日益加深，合作空间进一步扩大。为了应对全球化引发的一系列严重的全球性问题，为了维护和促进各自的国家利益，大国之间需要加强协调与合作。相反，一旦大国之间发生冲突，双方都要付出难以承受的高昂代价，没有真正的赢家。全球化时代"零和游戏"规则的逐渐失效和"互利双赢"观念的日益确立，使大国之间发生的竞争、摩擦和冲突在时间和程度上受到控制，并且必然要牵引大国关系走向磋商、协调与合作。

美国在大国互动关系中处于主导地位。美国超强的实力和影响力以及谋求独霸世界的对外战略，使得美国外交政策的重大调整成为影响国际局势发展变化的最大因素，也牵动着大国关系的分化组合。一方面，世界其他大国调整对外关系时，其首要目标和对象是调整同美国的关系。欧盟、日本要发挥领导世界的作用，必须首先摆脱美国的控制。如何摆脱美国控制而又不损害同美国的关系，是欧盟、日本调整大国关系的最大难题，也是它们能否成为世界格局中独立一极的关键。中国、俄罗斯要谋求有利的国际和周边环境，实现国家发展战略，并在世界上发挥大国作用，关键是要处理好同美国的关系，避免同美国全面对抗。印度要成为世界大国，也需要得到美国的认同和支持。另一方面，其他大国之间关系发展的深度和广度深受其同美国关系发展状况的影响。目前，美国与其他大国之间在全球和地区层面形成了若干个重要的三角关系，如中美俄关系、美欧俄关系、中美欧关系、中日美关系以及中美印关系等，无论是中俄关系，还是俄欧关系，抑或是中日关系以及中印关系，都明显地受到美国因素的影响。

大国之间的力量组合呈现出多样化。由于各大国之间共同利益与相互矛盾并存，因此没有界限分明的阵营和一成不变的力量组合，各大国在不同条件下根据问题的不同性质和与各自利益的关系，形成不同的力量组合。鉴于国家利益包括多领域、多方向、多层次的内涵，在经济全球化条件下，国家之间尤其是大国之间利益越来越相互依赖；鉴于国际社会存在着诸多的矛盾和问题，因而必然导致驱动国际力量分化组合的因素呈现多样化、复杂化，由此形成了错综复杂的大国关系网络。举例来说，在推进俄罗斯的民主化进程和防范俄罗斯对西方的潜在威胁方面，美欧之间存在着共同利益，保持着同盟关系。同样，在防范和遏制中国崛起方面，美日之间有着共同利益，因而双方的同盟关系继续维持并强化；美、日还竭力拉拢印、澳等国企图构筑对付中国等潜在对手的"亚洲小北约"。在推进世界多极化和民主化、反对单极独霸方面，中、俄及欧洲之间存在着广泛共识。在谋求联合国安理会常任理事国席位问题上，日、德、印、巴存在共同利益，因而组成了"四国争常联盟"。总之，以各自的国家利益为出发点，围绕各种问题和事务，大国之间形成了双边和多边并存的多种力量组合，从而使大国关系呈现出复杂多样的发展态势。

二、世界主要国家军事力量及战略动向

(一)美国军事力量及战略动向

美国是当今世界主要军事强国,其军事力量是为维护其全球霸权利益服务的。在不同历史阶段,美国始终致力于调整军事战略、推进军事变革,最大限度地发挥军队在维护国家利益中的作用。

1. 强化针对亚太地区的军事部署和作战准备

冷战结束后,美国军事战略的重点由欧洲逐步向亚太地区转移。"9·11"事件在一定程度上迟滞了美国战略重心东移的步伐,一段时间内中东成为美军关注的重点地区。但随着奥巴马政府上台,美国对战略形势做出了新的判断,其军事战略又重新调整到地缘战略思维的轨道上来,与地缘战略对手的军事竞争成为美国军事战略关注的重点,亚太地区成为美军重点关注和部署的地区。

当前和今后一个时期,美国除继续保持在打击全球恐怖主义势力和防扩散等非传统安全问题上的投入外,将更加关注传统安全问题。2012年美国国防部出台的防务战略指南,明确了三大重要安全区域,即欧洲、亚洲与中东地区。美国仍然重视欧洲地区的防务能力以及北约的重要性,强调"美国在支持欧洲的和平、繁荣以及增进北约的力量与活力方面有着持久利益";与此同时,中东的恐怖主义威胁也仍然被美国看作国家安全的重要隐患。但是,上述两个地区与亚太地区相比,地位作用已经明显下降。美国认为,今天的亚洲不仅是世界上人口最多的地区,也是经济发展最具活力、最有潜力、市场最庞大、财富最集中的地区,还是世界上军事力量最密集、军事热点问题最多、核扩散问题最严重的地区。特别是随着中国等亚太"新兴大国"的快速崛起,使美国感到其优势地位受到挑战。

为了加强对亚太地区的军事控制,美国已经逐步从中东撤军、减少欧洲驻军人数,将军事资源逐步向亚太地区聚焦,为潜在的冲突做好准备。美国计划在2020年前,改变海军力量目前在太平洋和大西洋平均部署的力量格局,把60%的战舰放在亚太,将航空母舰的数量增至6艘。美军还加快了其亚太地区军事基地的重新调整和建设,在关岛增建导弹防御阵地并扩建安德森空军机场,在夏威夷打造"珍珠港—希卡姆"大型联合基地,在阿拉斯加建设"埃尔门多夫—理查森"联合基地等。除此之外,美还在澳大利亚达尔文港开辟新基地,部署海军陆战队。此外,美为确保对印度洋与西太平洋之间主要航道的控制,加紧在印度洋科科斯群岛建立无人机基地,加强从迪戈加西亚岛经科科斯、达尔文港直到关岛的横向军事基地网。未来美国将进一步加大对亚太地区的军事投入,巩固联盟战略,加强对亚太地区地缘战略对手的遏制和防范,确保其在亚太地区的军事霸权不受任何挑战。

2. 加强对"全球公域"的控制和争夺

"全球公域"是美国麻省理工学院的巴里·波森教授在2003年提出的概念。2010年美国国防部《四年防务评估报告》采用了这个概念,明确提出,"全球公域"是指不受单个国家控制,同时又为各国所依赖的领域或区域,它们构成了国际体系的网状结构,主要包括海洋、空域、太空和网络空间四大领域。2011年,美国国家军事战略报告认为"所有国家的安全和

繁荣都依赖于海洋、太空和网络"，指出"美军在全球公域的自由行动越来越受到国家和非国家行为体的挑战"。对此，该战略报告将"确保美军在全球公域的自由进入和调动"视为"国家安全的核心要素"和"美军的永久使命"。从美军的关注程度看，当前和今后一个时期，美国已经把全球公域作为夺取大国军事竞争主动权新的制高点。

为了牢牢掌握新领域斗争的主动权，近年来，美国出台了一系列战略规划，采取了一系列战略举措。主要包括以下方面：一是倡导建立新的全球公域治理机制。在太空领域，欧盟2008年首次推出《太空行为准则》，美国表态将与包括欧盟在内的国际社会一道，制定一部外太空活动国际行为准则，力图主导太空行为准则的制定权；在海洋领域，美国积极宣扬海上"公域开放"原则，谋求美军在他国专属经济区的自由航行权；在网络领域，2011年美国发布《网络空间国际战略》文件，呼吁各国合作建立更高标准的全球虚拟空间安全标准。通过这些手段，美国试图主导全球公域的规则制定权。二是通过强化同盟关系增强对全球公域的控制能力。在欧洲，在美国的主导下，北约已经开始定期举行"确保进入全球公域"的多国演习。在亚太地区，美国同澳大利亚、日本早已展开相关方面的合作，澳大利亚还是美国"太空态势感知"项目的伙伴国。三是通过有针对性地发展武器装备和军力部署来提升控制全球公域的硬实力。为此，美军在战略司令部下成立专门的网络空间司令部，在各军种都组建了网络战部队，并优化了组织指挥结构，现在美国的网络部队人数已多达5万人。2015年4月，美国又推出新版网电空间行动战略，其中贯穿了三个最为基本的指导思想，即"威慑、进攻、同盟"。在太空空间领域，美国《国家安全空间战略》提出了"多层威慑"的战略，提出通过综合手段来谋求空间领域的主导权。这些措施包括：建构美国主导的国际空间规则、建立国际空间利益联盟、提高预警能力、增强太空进攻能力、形成体系抗毁和恢复能力等。

3. 着眼于适应新的作战任务和作战样式

在当前的国际环境中，大国之间发生传统意义上的军事对抗可能性已大大降低。对于美国来说，冷战后20多年进行的战争大都是局部范围、规模有限的战争。特别是"9·11"事件发生以后，美国在全球实施的作战行动主要以打击恐怖主义、反叛乱等为主。美国军事学者霍夫曼更是提出了"混合战争"理论，认为美国正在面临一种全新的战争形式。

近年来，随着军事战略重心的调整，美国对未来作战任务和作战样式的认识发生了变化。2011年《美国国家军事战略报告》提出，未来威慑和击败侵略的关键要素在于具备核心军事能力，并把核心军事能力界定为"互补性、多领域的力量投送、联合强行进入、介入竞争环境下的全球公共领域与网络空间的能力以及战胜对手的能力"。这种新的界定也表明，美国在作战样式上从关注多样化的军事行动向关注主要军事对手的新型作战样式转变。以上述认知为基础，美国各军种都在调整自己的作战重点。美海军的战略任务已经由反叛乱作战向对付地区性强国转移。为了有效履行这一任务，美军除了继续强调主要海空突击力量——航母战斗群的作用之外，加强了具有近海快速攻击能力的"弗吉尼亚"级核潜艇、濒海战斗舰、联合高速舰等武器装备的建设，以便对特定地域的局部战争做出更加快速的反应。美国空军将战略目标确定为"全球警戒、全球到达、全球力量"，更加重视远程打击和投送能力。美陆军2011年颁布《联合地面作战》，提出联合地面作战这一新的作战概念，该概念是"空地一体战"与"全谱作战"的混合体，强调融合陆军、其他军种、多国部队、政府机构、非政府组织等各方面力量，实施联合作战。陆军作战概念也从冷战后初期确定的"全维作战""全谱作战"向"联合地面作战"转变。

在美国的军事战略报告中，特别提到了中国的"反介入—区域拒止"能力，认为中国发展这样的能力直接针对美军，并对美军的行动自由构成了威胁。为了应对这种作战行动，2010年美国《四年防务评估报告》正式提出实施"空海一体战"构想。设想在中国发起攻击的情况下，美国首先抵御解放军的首次突击，而后实施瘫痪作战、致盲作战，并通过远程封锁来彻底击败中国。2012年1月17日，美国国防部又公布了"联合作战介入概念"1.0版。联合作战介入是一种向行动区投送军事力量并拥有充分行动自由以完成任务的能力，设想集中海、陆、空军及海军陆战队的资源，突破中国、伊朗等阻止美国进入南海、波斯湾及其他战略地区的任何行动。2015年1月，美国又推出"全球公域介入与机动联合"概念取代"空海一体战"。这些新作战概念的出台，表明美国已经把作战的着眼点转向以应对传统强国为重点的新型作战样式。这种新的作战样式更加重视信息技术的支撑，更为关注多维空间的利用，更为强调不同军种、不同领域、不同部门之间的联合。

4. 加强与盟友及伙伴国的军事合作

当前国际战略格局正在发生深刻调整，传统大国和新兴大国的实力对比正在出现此消彼长的变化。近年来，美国针对新的战略环境对军事行动指导原则进行了较大幅度调整。2011年《美国国家军事战略》报告称，"美军在必要时可单独行事，但未来的希望在于联盟""我们需更有远瞻能力，借助地区与国际合作，加强全球与地区安全，打造未来军事格局"。美国试图通过军事行动原则的调整，增强盟友在地区事务中的作用，让其为美国承担更大的军事责任。美国也试图通过这种方式，对潜在对手构成遏制和围堵，形成压迫性态势。

按照目前的发展趋势，未来美国除了加强与传统盟友的合作以外，也会扩大军事合作的范围。北约仍将作为美国发展军事合作关系的基础。现在北约已经不是一个纯粹意义上以应对共同威胁为基础的联盟组织，更多的是一个建立在价值认同基础上的联盟。维系这样一个联盟，美国不仅可以巩固和扩大民主范围，而且在美国的对外干预中还能取得西方国家在道义和军事力量方面的支持。除北约之外，日本、韩国、澳大利亚、菲律宾、泰国等亚太盟国是美国强化同盟体系的重点对象，随着亚太地区战略地位上升，美国更加重视与亚太盟国的安全合作。近年来，美国强化日美同盟关系，支持日本解禁集体自卫权，使日美同盟的职能范围向亚太地区和全球扩展。美军还谋求在菲律宾、澳大利亚建立新的军事基地，与亚太盟国的安全对话、军事演习也更为频繁。这些措施旨在强化美国在该地区的军事影响和主导地位。除上述地区外，非洲、南亚各国也将成为美国开展军事合作的新伙伴。对于美国来说，麦金德所描述的"世界岛"是其地缘战略关注的焦点。近年来，非洲、东南亚、南亚在美国全球战略中的地位不断上升，成为美国加强和巩固全球军事霸权地位的新阵地。在非洲地区，美国将继续加强驻军，扩大伙伴关系国家的范围，帮助非盟和主要国家发展军事能力，以应对暴力极端主义和地区性安全威胁；在南亚地区，美国已经开始加强与印度的军事合作，并把印度作为亚太地区牵制中国的重要战略筹码。除此之外，美国还加强了与越南、马来西亚、新加坡等国家的合作，以应对地区性安全威胁与挑战。

5. 加快军事转型步伐，确保军事领域的绝对优势

第二次世界大战结束以来，美军能够始终保持军事优势的关键在于持续不断的军事改革和军事实践。在当前大国竞争更趋激烈的环境下，美军正在加速军事转型步伐，以便在未来的战争中抢占制高点。

军队结构规模更加注重精干、灵敏、高效。2010 年,美国《四年防务评估报告》提出了"重新平衡军事力量"的思想。在军队能力建设上,美军要求从"联合作战"向"联合和灵活作战"转变,改变过去仅强调部队联合作战能力(军种联合、盟国之间联合)的思路,更加强调部队在具有联合作战能力的同时要向灵活性、机动性和小型化方向发展。2013 年美国陆军部颁布的《2013 年陆军战略规划指南》提出,把"灵活、机动、多能、精干、高效"作为建设目标。目前,美陆军把战斗旅作为基本战术单位,未来美国陆军数量虽然会有所减少,但在力量结构上进一步加强特种作战、导弹防御以及网络作战等能力建设,使其具有独立作战能力。美国海军重视舰载无人机系统、无人潜航器、水面舰艇、反水雷能力建设,优化力量结构,确保海上优势地位。

更为注重谋求信息优势。目前,美军比较关注信息优势在三个方面的作用,即:指挥控制、战场空间感知能力、火力整合。在指挥控制方面,美军提出,2030 年前全面完成 C^4KISR 系统建设,实现侦查、指挥、决策、杀伤、评估的一体化。在战场空间感知能力方面,美军着力打造包括天基、空中、海基、陆基以及水下的战略预警网络。在火力整合方面,美军计划 2020 年建成全球信息栅格,使军队真正实现信息联通,从而实现火力的有效聚合。

武器装备的无人化、远程精确化趋势更为明显。2003 年,美国国防部正式提出"常规全球快速打击"构想。设想冲突爆发后,美国部队接到命令 1 个小时内,能够对全球任何地区的目标进行打击。美国实施"全球快速打击"的手段主要包括陆基、海基、空基和天基等方式。其中,陆基主要是加装常规弹头的"民兵"或"和平卫士"洲际弹道导弹。海基主要是俄亥俄级战略核潜艇上发射的"三叉戟Ⅱ"型导弹。空基主要是新型战略轰炸机和 X - 51A"驭波者"高超音速巡航导弹。天基则主要是"猎鹰"高超音速飞行器。2025 年之前,美国实施该构想的所有武器装备将部署完毕。除此之外,美军无人作战平台的发展也非常迅猛。比如,陆军的"魔爪"机器人,海军的 X - 47B、"海狐"型无人潜艇,空军的"全球鹰""捕食者"无人机等。

(二)俄罗斯军事力量及战略动向

冷战结束后,俄罗斯军队继承了苏联军队的大部分遗产,无论从数量还是质量上看,俄罗斯仍然是世界军事大国。冷战结束后初期,由于受俄罗斯总体国家战略以及自身整体实力下降等因素的影响,俄罗斯军队建设经历过一段非常困难的时期。近些年来,随着俄罗斯经济逐步复苏,其大国雄心重新燃起。针对新的战略环境和安全威胁,俄罗斯对军事战略进行了大幅度调整。

1. 明确北约为主要威胁

冷战结束后初期,俄罗斯一度认为,社会制度和意识形态与西方接轨会赢得西方的支持和帮助,俄罗斯和西方的关系将化敌为友。在这种情况下,俄罗斯将不再面临重大地缘战略威胁,局部的武装冲突将是俄军面临的主要任务。但是,美国等西方国家有步骤挤压俄罗斯战略空间的行动,彻底改变了俄罗斯的想法。冷战结束后,北约接二连三地采取东扩行动,目前势力范围已逼近俄罗斯国界;1999 年以美国为首的北约发动科索沃战争,敲打俄罗斯传统盟友;美国于 2003 年退出《战略反导条约》,在波兰、捷克等国部署弹道导弹防御系统,等等。这些举动让俄罗斯感受到了巨大的战略威胁,因此,俄罗斯对国家面临的安全威胁做出了新的判断。2014 年颁布的《俄罗斯联邦军事学说》指出:北约在俄罗斯边界附近的进攻力量不断加强，积极部署全球反导防御系统。北约加强军事力量，将是俄罗斯面临的主要外部危险。俄罗斯认为，北约反导系统的部署将破坏全球稳定及核武器领域现有力量对比的平衡，还会引发太空军事化和高精制导武器系统的部署。新版军事学说对安全威胁的明确是此前的军事学说中没有提及的。这些新的判断表明，俄罗斯已经判明美国和北约的战略企图，并做好了以强硬方式应对北约的准备。

2. 优先加强核遏制和空天防御能力

冷战结束后，俄罗斯失去了东欧地缘缓冲地带，地缘政治环境急剧恶化。北约不断东扩、传统势力范围内国家与俄罗斯不断交恶、国内恐怖主义和分裂势力的发展，使俄罗斯国家安全面临严重挑战。与此同时，国力的衰退也使俄罗斯军力大不如前，在常规武器特别是常规高精度武器领域已远远落后于美国。在这种情况下，为了有效维护国家安全，俄罗斯把战略威慑力量作为维持大国地位、保障国家安全的主要手段。

核力量是俄罗斯战略威慑力量的主体。长期以来，俄罗斯一直非常重视核武器的重要作用，突出使用核武器维护国家利益的坚决性，建立可靠的"三位一体"战略核力量，维持核武器的实战化水平，确保核遏制的有效性；强调核武器的使用范围不仅限于拥核国家，也包括与拥核国家签订同盟条约的国家。2014年《俄罗斯联邦军事学说》保留了俄罗斯核武器的使用条件。俄罗斯安全委员会的通报称："学说仍旧保持其防御性质，强调俄罗斯坚持只有在使用非武力措施的可能性用尽后，才会使用武力。"根据这一军事指导方针，如果敌对方首先对俄罗斯或其盟友使用核武器或大规模杀伤性武器，或运用常规武器侵犯俄罗斯以至"威胁俄罗斯的生存"，俄方可以运用核武器予以回击。由此可见，俄罗斯使用核武器的时机，已经不以对方"有核"或"无核"为标准，而是根据军事冲突的性质和可能后果来判断。这一规定不仅降低了俄罗斯使用核武器的门槛，还使核武器的运用具有较强的主动性与灵活性。在核力量的建设方面，俄罗斯的建设原则是"够用"和"管用"，即"战略和遏制潜力保持在够用的水平上"，确保核力量"保持在任何条件下都能给侵略者造成应有损失的水平上"。由此可以看到，在发展核力量方面，俄罗斯不再追求与美国的军备竞赛，而是将着力点放在提高核力量的实战和威慑能力方面。

注重发展空天防御力量，把太空军事化和美国发展空天武器视为俄罗斯面临的重要威胁。俄罗斯认为，空天作战是未来作战的重要样式，空天作战的进程和结局将可能决定整个战争的结局。由于美军在该领域的优势，致使俄罗斯在其他领域的优势很可能被减弱甚至抵消。基于这一判断，俄已将空天防御力量视为保障国家安全的非核战略威慑力量。新组建空天防御兵司令部，将分散于各军兵种的侦查和预警力量、防空力量、反导力量和太空防御力量重新整合，组成统一的空天防御体系，以提高空天作战效能。俄罗斯还加强了核领域及空天领域相关武器装备的建设。优先改造已有的战略导弹系统并加强新型战略导弹的研制，计划于2020年前建成8艘"北风之神"级战略核潜艇，研制了能够穿透美国反导系统的新导弹，2018年俄军已装备80枚此类新型洲际导弹。此外，俄罗斯还加紧太空监视系统、反卫星系统、超音速武器以及未来航空系统的研制步伐，为抢占核领域和空天领域的主导权奠定可靠基础。

3. 常规部队建设注重提高快速反应与机动能力

在注重核力量建设发展的同时，俄罗斯也认识到，在核大国相互牵制、彼此制约的情况下，核冲突以及大规模战争爆发的可能性已经大大降低，俄更多面临的是地区性小规模冲突以及打击恐怖主义、反叛乱作战等行动。特别是经过两次车臣战争、俄格冲突之后，俄罗斯进一步认识到，传统意义上大规模集团军群作战的可能性越来越小，俄军的主要任务不再是应对世界大战，战争准备的基点应该放在俄周边爆发的局部战争或地区性武装冲突上。同时，俄军也认识到，自身的战略机动性与任务需求还有较大差距。"西方—2009"演习显示，将1个旅投送至1000千米之外需5天时间。通过西伯利亚大铁路将1个旅从中部地区运送至远东甚至需要两个半月时间。

为了有效应对安全威胁，完成作战任务，近年来，俄罗斯在作战理论发展、军队建设、战略部署以及战备演习方面，已经把应对地区性冲突、提高部队机动和快速反应能力放在了重要位置。2014年《俄罗斯联邦军事学说》指出："军事冲突将表现出快捷性、可选择性和对目标的高破坏性，以及兵力兵器的高速机动和各种机动部队集群的运用。夺取战略主动权，保持稳定的国家和军事指挥，保证陆上、海上和空中优势是达成预定目的的决定性因素。"为了应对可能发生的局部军事冲突，目前，俄军已将主要陆军兵力部署在与北约接壤的俄罗斯和独联体北部、西部和西南部边界及与中亚及远东接壤地区；在主要战略方向，部队编组除了重视常备力量集团以外，俄军也注重强化中小型部队的灵活编组和快速部署能力。俄军近年来举行的军事演习，均把跨区战略战役机动作为例行演练内容，重点演练以不同方式向受威胁方向迅速投送兵力和战役机动的能力。在军种结构方面，俄军还决定在空降兵、海军陆战队、空军分队基础上组建特种作战力量，以提高部队快速机动与反应能力。除此之外，俄军还通过战备突击检查、建立武器装备储备基地等措施，使部队保持良好的战备状态，满足快速战略战役机动的需求。

4.大力推进军队体制编制调整

俄罗斯军队的体制编制脱胎于苏联军队，领导体制和指挥机构设置具有明显的针对大战的特征，也具有浓厚的"大陆军"色彩。在近几年俄军遂行的军事行动中，俄军指挥机构臃肿、运转不畅的弱点充分暴露出来，大力调整体制编制成为俄军提高部队战斗力的内在要求。

2008年，谢尔久科夫担任国防部长后，在普京和梅德韦杰夫的支持下，开始对军队体制编制进行大力改革，力求通过对俄军指挥体制、部队编制、人员结构、后勤和院校体制的全面调整，实现指挥体制扁平化、网络化和部队结构模块化、小型化的目标，以适应未来作战的需要。在指挥体制方面，进一步确立国防部长在军队中的核心领导地位，精简和改组包括国防部和总参谋部在内的中央指挥机关，大幅压缩军种总司令部的职能。航天兵、战略火箭兵和空降兵三个独立兵种保留中央直属关系，增加空天防御兵。将原有六大军区调整为"西部、南部、中央和东部"四大军区，成立四大联合战略司令部。在战区范围内建立联合战略司令部—战役司令部(陆军集团军、海军舰队、空军空防司令部)—战术兵团(陆军旅)三级指挥体制。陆军由集团军—军—师—团四级建制变为战役司令部—旅—营三级建制。空军转为战役司令部—航空兵基地—航空兵群三级建制，空天防御旅包括防空部队和导弹防御部队。海军四大舰队和一个区舰队(太平洋舰队、波罗的海舰队、黑海舰队、北方舰队和里海区舰队)分属三个联合战略司令部(西部、南部和东部)，北方舰队和太平洋舰队组建独立潜艇部队司令部。大幅裁减武装力量兵团和部队、卫戍部队的数量，裁撤部分基地、兵营和设施；改革军队后勤保障体制，引入社会化保障和商业运作模式；整合教育培训体系，将原65所军事学院和大学整合为 10 所综合性高等军事院校。经过调整，俄军在整体结构上更为精干、灵活，新建立的战区指挥体制基本具备了联合作战、联合训练和联合保障的能力。但从目前改革的情况看，俄军认为，新成立的四大联合战略司令部在职能上并没有与以往的军区完全剥离，在很大程度上影响了联合指挥职能的发挥。此外，为适应未来作战任务需要，有必要加强对战略核遏制力量以及快速反应部队的统一指挥和管理。

（三）日本军事力量及战略动向

第二次世界大战后，日本于 1970 年首次提出了"专守防卫"的军事战略方针。所谓"专守防卫"有三层含义：一是受到侵略时才可使用力量；二是力量行使的程度仅限于自卫；三是力量保持的规模限定在能够自卫的程度。日本认为，"专守防卫"等同于"战略守势"，其主要作战对象是苏联，军队建设上提出要建设一支能应对小规模军事入侵的"基础防卫力量"。冷战期间，日本曾对"专守防卫"军事战略方针进行过多次调整。冷战后，日本又对军事战略进行了三次调整，分别提出了"主动先制""拒止与拓展"和"动态防卫"军事战略方针。在战略性质上，由"积极防卫"进一步发展演变为更具攻击性的"动态防卫"；在力量建设上，强调建设一支以军事高技术和信息能力为支撑的机动防卫力量；在力量运用上，由注重"静态威慑"转变为"动态威慑"，强调武力的实战化运用。

1. 战略指导强调"联合机动防卫"

近年来，随着美国战略重心东移和"亚太再平衡"战略的实施，美国对日本的战略借重明显上升。同时，日本国内政治日益右倾化，也促使民族主义和右翼思潮迅速抬头。安倍政府在外交与安全政策上回归自民党既有路线，在中日钓鱼岛争端上坚持强硬路线，极力渲染"中国威胁"，积极开展修改和平宪法、解禁集体自卫权、建设正规国防军等各种努力。2013年底，安倍政府成立国家安全保障会议，抛出所谓的"积极和平主义"。在军事战略上，日本最新一次战略调整是 2013 年 12 月，其主要标志是日本颁布了《国家安全保障战略》《2014 年度以后的防卫计划大纲》和《2014—2018 年度中期防卫力量整备计划》。从新版防卫计划大纲的内容来看，日本已视我国为主要战略对手，并以"应对岛屿攻击"为抓手，以日本西南地区为战略重点，全面加强军事建设和军事准备。

在这一背景下，日本将军事战略方针进一步调整为"联合机动防卫"。所谓"联合机动防卫"，是"对于各种事态实施机动和可持续的联合作战，并使防卫力量更加强韧。为此，必须确保防卫力量的质与量，必须提高威慑力和应对力"。"联合机动防卫"军事战略方针，在对安全威胁的战略判断上，突出强调朝鲜和中国的威胁，将俄罗斯作为重点防范对象；在军事战略目标上，强调要根据"维护国家利益、在国际社会上履行相应责任和基于国际协调主义的积极和平主义"理念制定；在军事力量的职能上，定位为有效遏制及应对各种事态、促进亚太地区稳定及改善全球安全环境；在军事力量建设上，强调通过构建综合国防体制，建设高效联合的军事力量，不断发展壮大自身军事实力。

2. 军事部署重心向西南方向转移

日本军事部署重心的调整，主要源于其对周边安全威胁的判断。日本认为，朝鲜持续发展核武器及弹道导弹，在朝鲜半岛进行军事挑衅行为，并对包括日本在内的相关国家发出挑衅言行，对日本的安全构成了重大而紧迫的威胁。日本认为，中国的军事力量发展缺乏透明度，在东海和南海活动日趋活跃，试图以武力为后盾改变钓鱼岛现状。同时，日本还大肆炒作中国设置东海防空识别区和海空力量常态化进出太平洋等行动，刻意渲染"中国威胁论"，强调对中国上述军事动向需要密切关注。在应对岛屿攻击上，日本提出要根据安全环境的需要迅速部署和展开岛屿防御部队，确保海上及空中优势，阻止敌侵略行为；在岛屿遭受侵犯时，要及时夺回被占岛屿。

在这一背景下，日本新版防卫计划大纲和《2014—2018 年度中期防卫力量整备计划》正式确定："自卫队将首先以加强西南方向的防卫态势为重点，优先建设确保海空优势的防卫力量，这是实际遏制和应对各种事态的前提。自卫队将努力确立广泛的后方支援基础，重视建设机动展开能力。为保证在西南地区有事时自卫队能够迅速且持续地应对，有必要增强后方支援能力。"为此，日本提出，陆上自卫队要新组建沿岸监视部队和执行快反任务的警备部队，以强化西南诸岛的部署态势。要组建专业化机动作战部队，有效遂行空降、水陆两栖作战、特种作战、航空运输、特种武器防护等任务，实现与海上自卫队和航空自卫队有效联合，完善和强化岛屿地区的防御态势。为尽可能将进攻岛屿之敌拒止于海上，提出要组建岸舰导弹部队。为在岛屿遭受攻击时迅速实施登岛、夺岛和守卫作战，要新建正式的水陆两栖作战部队（水陆两栖机动旅）。航空自卫队要新组建 E-2C 预警机飞行队，部署在那霸基地；在西南地区岛屿建设警戒雷达基础设施，保持全天候警戒监视态势；增加部署在那霸基地的战斗机部队。

在上述战略思想和战略规划的指导下，日本紧锣密鼓地开展了相应的军事部署。2014 年 4 月，日本在冲绳县与那国岛上举行了陆上自卫队沿岸监视部队部署设施的动工仪式，计划于 2015 年部署百人规模的"沿岸监视部队"。日本陆上自卫队官员称，这一基地的建设对日本政府强化钓鱼岛防卫将起到极为重要的作用。与那国岛虽然面积较小，但位置非常重要，离我国钓鱼岛仅 150 千米，且处于我海军从东海走向西太平洋的要道上，一旦部署完成，将对我维护钓鱼岛主权和海空兵力前出远海产生重大影响。2014 年 6 月，日本陆上自卫队在位于琉球群岛西南部的宫古岛上部署了 88 式岸基反舰导弹，最大射程 150 千米。宫古岛离我国钓鱼岛只有 170 千米，该反舰导弹不仅可以封锁一大半的宫古海峡，而且可以威胁在钓鱼岛周边水域航行的船只。

从日本确定重点战略方向和兵力部署规划动向不难看出，在今后一段时期内，日本将通过加强西南地区的军力建设和运用，来应对所谓的安全威胁。

3. 军队建设强调提高机动防卫能力

在军队建设上，日本强调要以应对"岛屿攻击"为抓手，全面提高自卫队的攻防作战能力，使日本自卫队能够充分发挥两个方面的作用：一是有效威慑和应对包括"灰色地带"（围绕领土、主权、海洋经济权益发生的介于平时与"有事"之间的事态）在内的各种事态；二是稳定亚太地区安全环境及改善全球安全环境。围绕上述设想，日本确立了新的建军方针，即"构建一支拥有广泛的后方支援基础，具备高技术能力和情报指挥通信能力为支撑，在软硬件两方面都具备快反性、持续性、坚韧性和互通性的联合机动防卫力量"。

围绕上述建军方针，日本强调重点加强 9 种军事能力建设：一是加强警戒监视能力。灵活运用无人装备，在日本周边海空域保持对他国飞机和舰艇等目标进行大范围、不间断的警戒监视，并根据形势发展不断增强侦察监视力量。二是加强情报保障能力。完善情报收集、处理、分析和共享体制，尽早察觉发生事态的征兆。努力扩充人力情报、公开情报、无线电情报、图像情报、无人机监视情报等收集功能，加大各种情报的整合、融合力度，为作战行动服务。三是加强运输能力。积极开展军事运输力量与民间运输力量的日常合作，提高海上、空中的联合运输能力，确保快速、大规模投送作战部队，保障部队的展开和机动。四是加强指挥控制和情报通信能力。为建立有效实施机动作战的联合指挥体制，要在陆上自卫队、海上自卫队、空中自卫队司令部交叉配备陆、海、空自卫官。新设统管陆上自卫队各军区的统一司令部，使各军区司令部的指挥和管理功能更加高效、合理。加强岛屿基础通信网络和各自卫队之间的数据链接功能，增强情报通信保障能力。五是加强应对岛屿攻击能力。提高应对敌飞机、舰艇、导弹等攻击的能力，保持海上优势和空中优势。新建可实施登岛、夺岛作战的水陆两栖作战部队，提高后勤支援能力，增强与其他部队的联合行动水平。六是加强应对弹道导弹攻击能力。以应对朝鲜弹道导弹威胁为借口，加强快速反应、持续拦截的反导能力。七是加强应对太空和网络攻击能力。充分利用太空侦察和监视，提高情报收集、指挥控制和通信能力，有效利用太空。加强网络专业人才储备，开发网络攻防装备，增强持续监视和反应能力，应对网络攻击。八是提高应对大规模灾害能力。九是提高参加国际和平合作活动能力。

在武器装备建设上，日本自卫队今后 5 年的装备建设重点是发展能够"有效威慑和应对岛屿攻击"的装备。在部队编成上，提出日本自卫队将向机动化、联合化的方向进行调整。

4. 注重发挥日美同盟的作用

长期以来，日本一直把日美同盟作为军事战略的重要支柱之一，在安全上依靠美国。这次日本军事的战略调整，一方面强调加强日美同盟对维护日本安全的重要性，另一方面也力争通过强化新形势下的日美军事同盟实现日本自身在防卫政策上的重大突破。日本认为，现阶段日美同盟对确保日本和平与安全必不可少，驻日美军在慑止和应对地区不测事态上仍发挥着重要作用；在日本战略环境日益严峻的情况下，加强日美同盟对确保日本安全、应对全球性安全问题至关重要。特别是在应对核威胁问题上，日本强调"必须依靠以美国的核威慑力量为主的延伸威慑加以应对"。

2015 年 4 月正式公布的新版《日美防卫合作指针》，不仅对日美军事合作大幅扩容和提速，还扩大了日本军事行动范围和内涵，实现了日本防卫政策上的重大突破。其一，合作地域扩大到全球。新版《日美防卫合作指针》消除了日美军事合作的地域限制，从"周边"一下扩展到全球，实现了日本武装力量走向世界的目标。其二，合作内容实现全覆盖。新版指针强调从平时到发生突发事件的"无缝"合作，如维和、救援、预警、情报分享、监控、侦察、训练、演习、拦截弹道导弹、舰船护卫等。其三，采取一切手段挫败对日本发动的预期攻击。这等于日本今后可以实施先发制人的打击。其四，从自卫扩大到"他卫"。新版指针规定当与日本友好的第三国受到攻击，并危及日本生存以及人民追求生活、自由和谋求幸福的权利时，为确保日本生存和保护日本人民，日本可以采取包括使用武力等措施对形势做出反应。这意味着日本武装力量将可以对他国发起武装攻击。其五，从双边合作扩大到三边和多边合作。日美将加强三边和多边安全及防务合作，具体包括情报分享、监控、侦察、训练、演习、能力建设、海洋安全等。其六，成立常设"联盟合作机制"。不同于美韩同盟和北约，日美没有设立统一司令部。为弥补这一缺陷，日美过去就已建立了"联盟合作机制"，但不是常设的。新版指针把这一机制常设化，将有助于强化日美协调配合。

从日美同盟的发展走向看，日本将在"紧密且对等"的联盟战略思想下，进一步巩固和深化同盟关系，在同盟内部追求平等地位，在军事发展和国际安全体系中的作用等方面寻求独立自主权，角色也由国际秩序的遵从者转换为国际秩序的塑造者。

（四）印度军事力量及战略动向

印度军事战略是其国家安全战略的重要组成部分，在国家安全战略实施中发挥核心作用。印度军事战略以其国家总体战略为遵循，并随着国际、地区形势的变化和自身军事斗争实践的发展而不断发展。

从发展历程看，印度军事战略是在继承英国当年的殖民主义安全战略和军事战略的基础上逐步发展形成的。印度在独立之初就确立了以"主宰南亚、控制印度洋、做一个有声有色的世界大国"为主要内容的国家战略总目标。围绕着这一国家战略总目标，自独立至今的半个多世纪时间里，印度军事战略从初步确立，经过不断调整，已经形成为一个比较完善的军事战略体系。进入新世纪后，其军事战略在保持基本框架稳定的同时，对一些具体内容进行了进一步调整。

1.战略指导突出进攻性和主动性

当前，印度主要推行的是"优势与扩展"军事战略。在威胁判断上，印度认为，自身面临着复杂、多元的安全威胁。其中，印度将巴基斯坦视为主要现实威胁，而将中国视为最大潜在威胁，认为未来将面临与巴基斯坦和中国的"两线战争"。

在战略指导上，印度军事战略非常强调进攻性和主动性。坚持以军事战略维护印度的南亚支配地位，争取印度洋主导地位，支持国家大国目标的实现。目前，印度在南亚地区格局中的支配地位已经形成，其战略重点开始由陆地转向印度洋方向，并加快了从军事上支持国家实现大国目标的步伐。在应对安全威胁上，印度推行"先发制人"的战略方针。印军认为：一旦印度的利益受到威胁，将立即采取行动，以突然打击和快速反应粉碎敌人的入侵企图；以强大核、常优势对敌实施威慑，以先发制人的有限战争，给敌人以教训和惩戒；通过攻势行动，在战争初期即将战火引入敌方领土，在敌方领土内歼灭其有生力量。如对巴"冷启动"作战和对华"攻势防御"作战思想，都具有鲜明的进攻性和主动性。

为落实其进攻性、主动性的战略指导，印度在总体战略部署上强调"西攻、北防、南下、东进"，即向西对巴基斯坦采取攻势，对北面的中国采取战略防御，向南控制印度洋，向东通过马六甲海峡进入西太平洋，争取印度在各方向的军事优势，扩大其战略影响，支撑其向大国迈进的战略目标。

2.加强边境地区的军事部署

印度将中国视为最大潜在威胁，始终高度重视针对中国的各种战备活动。印度认为，中印边境的军事斗争将主要体现在对争议地区的控制与反控制上。因此，印度将军事斗争准备的重点转变为应付中小规模边境武装冲突，强调以"攻势防御"作战思想为指导，突出"攻防平衡"，通过完善战备制度、加强战场建设、强化军事训练等措施，提高部队作战能力。其中，在战略部署上，印度强调要加强边境地区对华军事部署，不断完善边境防御体系，加强前沿地区军事存在，提高部队的快速反应和应急作战能力，继续在边境地区对华保持强大的军事压力。

目前，印度与中国在中印边境的西、中、东段都存在领土争议。为取得战场优势，印度不断加强对华作战兵力部署，向中印边境地区增派大量兵力，计划在现有 12 万兵力基础上，再增加 6 万人的部队。在中印边境西段地区，印军在该地区组建了第 14 军，加强了空军战斗机和直升机分队的部署，积极进行战场建设，不断加强边境控制。在中印边境中段地区，印度计划在 2020 年前进一步强化该地区实力，对驻军进行改编，组建轻型、实用、高效的作战部队。在中印边境东段地区，印度陆军根据《2012—2027 年长期综合远景规划》，将在 2020 年前建立并部署一支完全成熟的"山地打击军"。建设中的"山地打击军"将由 6 万人组成，至少下辖 2 ~ 3 个师及附属支援兵力，重点负责中印边境东段地区防务。除增加陆军兵力外，印度空军也调整战斗序列，恢复并扩大靠近中印边境的空军基地，将向东北部和其他方向前沿地区增加部署苏－30 等先进战机。为应对所谓的中国"导弹威胁"，印度还加强了在边境地区的巡航导弹部署。此外，印度还计划将印中边境地区警察部队纳入自己的管辖范围，以更好地进行边境管理，应对敌方在边境地区的"入侵活动"。

3. 加大对印度洋的控制力度

作为印度洋沿岸大国，印度一直将印度洋视为"印度之洋"。印度三面环海，本土半岛深入印度洋 1600 千米，海岸线长达 7500 多千米，拥有 200 万平方千米的专属经济区，海洋对印度来说具有重大战略意义。特别是随着经济全球化的深入发展，印度洋已成为世界举足轻重的海上通道，关乎全球贸易与石油运输安全。因此，印度洋成为大国博弈的热点地区。印度认为，要想成为世界大国，确保自身的安全和发展，扩大自身影响力，必须加强对印度洋的战略控制。

为支撑控制印度洋的战略设想，冷战结束后，印度陆续发布了保护海洋利益、实施海洋战略的三个重要文件：2004 年的《海洋学说》、2007 年的《印度的海军战略》和 2009 年重新修订的《海洋学说》。印度宣称从阿拉伯海到南海的广阔海域，都是印度的利益范围，并积极推进以称雄印度洋为核心目标的海洋战略，即向东把活动范围与影响延伸到中国南海，乃至西太平洋；向西穿过红海与苏伊士运河，影响扩大到地中海；向南扩展到印度洋最南端，甚至绕过好望角到达大西洋。根据这一战略，印度明确提出要对印度洋实施三个层次的战略控制：距离印度海岸 500 千米范围内的海域为绝对控制区，主要是保护其领海、岛屿和专属经济区安全；500 ~ 1000 千米范围内的海域为中等控制区，主要是防止敌国海军力量接近，拒敌于绝对控制区外；距离海岸 1000 千米以外的印度洋为软控制区，主要是防止区域外大国不断向印度洋渗透，维护自身的海上航线安全。

为实现上述战略目标，印度在海军装备建设上提出了"三步走"的发展战略：一是建立亚洲最大航母舰队。印度将组建以现有"维兰特"号、从俄罗斯购买的"戈尔什科夫海军上将"号（移交后更名为"维克拉玛蒂亚"号）、自造的"勇敢"号为主的航母战斗群，其中两个分别部署在孟加拉湾和阿拉伯海，另一个作为战略机动力量，为三面临海的印度建立起强大的海上防线，为真正把印度洋变成"印度之洋"保驾护航。二是加强海基核力量建设，以弥补"三位一体"核打击力量的短板。多年来，印度高度重视弹道导弹核潜艇的发展，在借鉴俄罗斯核潜艇技术的基础上，研制了"歼敌者"号核潜艇，成功试射了 K－15 潜射弹道导弹，并新租借了俄罗斯"海豹"号核潜艇以加强人员培训。三是打造具备远洋作战能力的"蓝水海军"。印度投入巨资加强各型舰艇建设，在未来几年内将新增数十艘各类舰船，海上作战力量将由包括 3 艘航母在内的先进大中型作战舰艇组成，海军总兵力将达到 10 万，成为一支既能够有效控制印度洋又能够前出其他远洋海域的"蓝水海军"。在提高装备水平的同时，印度还高度重视海军基地建设，在其东部海岸、东南部群岛和南部岛屿上新建了海军基地。在西南方向，印度继在马达加斯加岛建立雷达监听站后，又租借了毛里求斯共和国的阿加莱加群岛，并在上述群岛建设海军基地和机场，以扼守莫桑比克海峡等战略通道。

4. 更加重视核武器的威慑作用

印度将核武器作为实现国家目标的重要工具，在核战略上谋求对巴基斯坦形成核优势，与中国形成核平衡。在这一思想的指导下，1998 年 5 月，印度不顾国际社会反对，进行了多次核试验，使其事实上迈入了有核国家行列。1999 年印度公布了《核政策构想草案》，2003 年又在上述草案的基础上发布了一份新的核战略文件。这两份文件明确阐述了印度的核政策，其核心思想：一是建立和维持可靠的、最低限度的核威慑力量。二是不首先使用核武器，不对非核国家使用核武器。三是对首先使用核武器国家将实施大规模的、可对其造成巨大损失的反击。四是如果遭受重大的生化武器袭击，将保留使用核武器反击的权利。

为实现有效核威慑，印度大力发展"三位一体"的核力量。印度在正式发表的核政策文件中提出：要建立一支由陆基弹道导弹、中远程攻击机和空地导弹、核动力潜艇和潜射弹道导弹组成的，具有生存和反击能力的"三位一体"核威慑力量；建立核力量指挥控制机构，确保核力量的指挥、控制和安全储存。在 1998 年进行核试验并宣布拥有核武器后，印度加快了"三位一体"核打击体系的建设步伐。在陆基核力量上，印度目前已装备射程 250 千米的"大地"近程弹道导弹，射程 280 千米的"布拉莫斯"巡航导弹，射程 2500 千米的"烈火 - 2"、射程 3500 千米的"烈火 - 3"中程弹道导弹。2012 年 4 月，射程达 5000 千米的"烈火 - 5"远程弹道导弹发射成功，标志着印度陆基核力量取得新的跃升，具备了对印度洋和周边国家的远程威慑打击能力。在空基核力量上，印度空军拥有多种可以投掷核武器的飞机，包括"美洲虎"攻击机、"幻影 - 2000H"战斗机、"米格 - 27"和"苏 - 30MKI"战斗机。在海基核力量上，印度正在大力推进国产战略核潜艇建设，以获取"可靠的第二次核打击"能力。通过一系列的努力，印度力争 2020 年前建成"三位一体"的战略核力量体系，形成可靠的核威慑。

5. 积极推进东向战略

20 世纪 90 年代初，印度前总理拉奥正式提出"东向"战略，要把印度与生机勃勃的亚洲重新联结起来，这成为印度"东向"战略的起点。最初，"东向"战略主要是一个外交和经济方面的战略，但随着中国的快速发展和美国战略重心东移，印度不仅积极面向东部诸国加强经贸联系，而且还将合作领域延伸至防务安全等敏感领域。当前，印度正在借助美国实施"亚太再平衡"战略之机，加大"东向"战略力度，意图在东南亚、东亚和西太平洋地区发挥影响。

一是大力加强东部方向的海空军基地建设，为军事力量东进提供有力支撑。近年来，印度不断加强本土东部的海军基地港口建设，以提高海军远程兵力投送能力。印度还在靠近马六甲海峡西口的安达曼·尼科巴群岛成立了由海、陆、空三军组成的联合司令部，组建了新的海军军区，不断增加海军兵力，并开始扩建该岛机场。该基地在有效瞰制马六甲海峡的同时，将成为保障印度军事力量东进中国南海和西太平洋的重要前进基地。

二是加强与东南亚、东亚、西南太平洋国家的军事安全合作，牵制中国。近年来，外部势力不时鼓噪"中国威胁论"，加之中印间本就存在的边境领土归属问题，使得印度在安全问题上始终对中国心存芥蒂。另外，美国等西方国家杜撰的所谓中国在印度洋的"珍珠链战略"，也给印度制造出不小的恐惧感。为此，印度不断加大同区域外国家的安全合作，利用一些所谓的安全合作机制，旨在提升印度海军的战略能力，从海上方向威慑中国。同时，印度也想借日本和南海周边国家与中国存在的海洋争端，通过加强与相关国家的海上军事交流合作，提升印度的战略地位。在这些战略意图的驱使下，印度与越南于 2011 年 1 月签署协议，拟在南海展开石油勘探，不断加强两国的军事安全合作关系。在中越发生海上危机时，印度多次表态称，印度在必要时将出动海军力量维护印度在南海的石油利益，其干涉中国南海事务的意图昭然若揭。目前，印度与日本的军事合作也不断深化，与日本海上自卫队进行了多次海上联合军事演习。在西南太平洋方向，印度还准备通过军事人员交流、举行防务对话以及开展联合海上军演等方式，提升与澳大利亚和新西兰的军事安全合作水平。

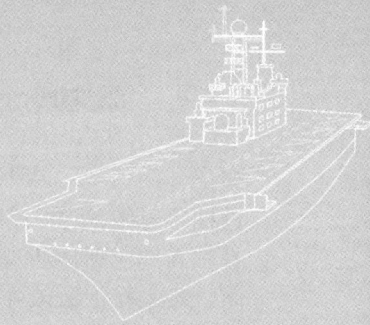

第三章

军事思想

第一节　军事思想概述

一、军事思想的内涵

(一)军事思想的基本含义

军事思想是关于战争、军队和国防的基本问题的理性认识。它揭示了战争的本质、战争的基本规律以及进行战争的指导规律，阐明军队和国防建设的基本理论和原则，从总体上考察和回答军事领域的普遍性、根本性问题，揭示军事领域的一般规律，提出军事斗争和军事建设的基本方针和基本指导原则，为人们研究和解决军事问题提供总体性理论指导。军事思想的内容大体可分为两个层次：一是军事哲学，包括战争观、军事问题的认识论和方法论；二是军事实践基本指导原则，包括战争指导的基本方针和原则、军队建设的基本方针和原则、国防建设的基本方针和原则等。军事思想的基本含义在于对战争规律的科学认识，根本用途是为打赢战争、遏制战争提供强大的理论指导。军事思想是人们长期从事军事实践活动的经验总结和理论概括，它来源于军事实践，又给军事实践以理论指导，并随着军事实践的发展而发展。

(二)军事思想的科学体系

军事思想是一个知识门类，下设马克思恩格斯列宁斯大林军事理论与毛泽东军事思想、军事辩证法、中国历代军事思想和外国军事思想四个学科。

军事思想在军事学科体系中处于基础性地位，其与其他军事学科的关系，是一般与特殊、共性与个性的关系。军事思想从军事实践活动的全过程研究战争、军队和国防的总体性规律，各门具体学科研究军事领域中的某个侧面、某个部分或某个阶段的规律。按照辩证唯物主义的观点,一般存在于特殊之中,共性存在于个性之中。各门具体学科的研究成果,经过抽象思维,就可以得出一般的、共性的认识,也是更概括、更深层、更本质的认识,从而上升到高层次理性认识的军事思想,即对战争和军事领域矛盾运动一般规律的认识。同时,各门具体学科也离不开军事思想所揭示的一般规律的指导。军事思想是军事科学的综合性基础理论,既对军事其他门类的研究与发展具有总体指导作用,又从军事学科其他门类中汲取营养,使自身不断发展。

(三)军事思想的基本特征

军事思想是一定历史的产物,受社会政治、经济、科技、文化、地理以及人们认识水平等方面因素的影响。不同的军事思想会表现不同的特征。但总体而言,所有的军事思想都具有一些共同的基本特征。它们主要表现在以下五个方面。

1. 阶级性

阶级性是军事思想的本质属性。不同阶级的军事思想,都是为各自阶级利益服务的,无不打上阶级的烙印,反映各自阶级的世界观、思想观念和政治、经济利益。作为军事理论重要组成部分的某些作战方法和作战原则,以及军事技术、武器装备等因素,是为实现战争政治目的服务的手段,它们本身并不具有阶级性,对中外军队都是适用的,但不会因此改变军事思想的本质属性。

2. 实践性

军事思想是军事实践的产物,受军事实践的检验,并随着军事实践的发展而发展。军事实践是检验军事思想是否先进的唯一标准。军事思想的实践性有别于其他科学的实践性,也更加独特。和平时期通过军事实践所总结提出的军事思想是否先进,也只有通过下一次战争实践的检验,才能完全得到证实。

3. 继承性

军事思想是在不断批判地继承的过程中发展起来的。正如封建社会军事思想是在批判地继承奴隶社会军事思想的基础上发展起来的一样,资产阶级军事思想是在批判地继承封建社会军事思想的基础上发展起来的,无产阶级军事思想是在批判地继承资产阶级及其以前的军事思想成就的基础上发展起来的。同时,继承不是静止的,而是在运用和发展中继承。

4. 时代性

任何军事思想都是一定历史发展阶段的产物,不同时期的军事思想都有深刻的历史烙印,具有明显的时代特征。奴隶制社会的军事思想是在使用冷兵器的基础上创立的,封建社会的军事思想是在使用冷兵器和早期火器的基础上建立起来的,而近代资产阶级军事思想的建立,则是与资本主义大工业、机器生产和各国庞大军队及广泛使用火器分不开的。正确认识时代发展与军事思想的内在联系,才能着眼于时代特点,科学看待军事思想,并使军事思想跟上时代的步伐,更好地发挥军事思想对战争、军队和国防建设实践的指导作用。

5. 创造性

军事思想是最活跃、最富有创新色彩的。历史上,大凡有建树的军事家,都善于根据发展变化的军事斗争实际,不断发展和更新军事思想,创立新的军事原则。大凡先进的军事思想，都是人们适应新的历史条件的变化、充分吸收历史营养、创造性地发展前人军事理论的思维产物。军事实践表明，战争的胜利总是属于那些敢于迎接现实军事斗争挑战、勇于变革的军事家。

二、发展历程以及地位作用

战争的艺术

【军武大讲坛】

人类对战争和军队问题的认识，有一个历史发展的过程。从社会历史发展阶段的角度讲，军事思想可划分为古代、近代、现代三个发展阶段。

（一）古代军事思想的产生与发展

古代军事思想的产生、发展主要集中在两个相对独立的区域，即中国和地中海一带沿海国家，内容包括奴隶社会和封建社会两个时期的军事思想。至于在此之前的军事思想萌芽，已无文字可以考证。

中国古代军事思想最早出现在公元前 21 世纪至公元前 8 世纪，此时中国为奴隶社会时期，建立了军队，出现了具有真正意义上的战争，军事思想开始萌芽，并逐渐成为专门学科。专门研究军事的著作有《军政》《军志》等。公元前 8 世纪至公元前 3 世纪，中国处于社会大变革时期，中国古代军事思想取得了空前的辉煌成就，涌现出许多杰出军事家及军事著作，如孙武所著的闻名中外的《孙子兵法》。

中国进入封建社会后，由于铁兵器的广泛推广，火药的逐步应用，步、骑、车、水军诸兵种的发展变革，不同性质战争的交织进行，客观上促进了军事思想的丰富发展。

与中国古代军事思想相比，外国古代军事思想起步晚，认识不够全面、深刻，其成果主要散见于当时的一些历史和文学著作中，缺乏系统论述。公元前 8 世纪至公元 5 世纪，是西方古代的奴隶制社会时期。在这个时期，古希腊、古罗马等奴隶制国家为了扩张领土、建立霸权、掠夺奴隶和财物，频繁发动战争。在长期的战争实践中，涌现出许多著名的将领和统帅，古希腊和古罗马产生了丰富的军事思想。

古希腊的军事思想概括起来主要有：战争是由根本利益矛盾引起的；战争的目的是征服，谋求城邦、国家利益和霸主地位；战争的胜败取决于政治、军事、经济、精神等条件；作战前必须对双方的军力、财力、人力等方面的长处和短处进行认真的分析对比；注意激励军队的士气，立足以优势力量建立己方胜利的信心；采取出乎敌人意料的行动使之惊慌失措等。

古罗马的军事思想源于古希腊而又有所发展，主要表现在：战争有正义与非正义之分；把军事作为实现政治目的的工具，而政治又是配合军事行动达成军事目的的手段；通过外交广泛联盟，孤立对手，恩威并举，实现自己的目的；主张以进攻为主、防御为辅；在被迫处于防御地位时，也总是通过向敌后等薄弱处进攻，力求改变攻防态势，变防御为进攻；主张建立一支忠于自己的部队，以金钱、土地、建筑、妇女等物质利益保证部队的忠诚，以精神鼓励、严格的纪律保持部队的战斗力。

从公元 476 年西罗马帝国灭亡，到 1640 年英国资产阶级革命，为欧洲的中世纪。在这长达 1100 多年的"黑暗"时代，由于封建割据的庄园经济、宗教思想和经院哲学的禁锢，极大地限制了军事思想的发展。"整个中世纪在战术发展方面，也像其他科学方面一样，是一个毫无收获的时代。"（恩格斯）直到封建社会后期，随着中国火药、火器的传入以及受意大利文艺复兴运动的影响，外国古代军事思想才有了缓慢发展。此时，军事思想可概括为以下几个方面：战争被披上宗教外衣，掩盖统治集团间的利益争夺；宣扬战争是人类一生中的一部分，是原始罪恶之果，也是教会权力的支柱；在战争中丧失生命的人，可以进入天国；赎免一切罪恶；重视军队建设，把军队看成国家的重要工具；对雇佣兵制的弊端有了初步认识，主张实行义务兵制；初步涉及战略学、战术学概念；另外还认识到制海权的重要，认为控制了海洋，可以赢得和守住巨大的海外领土。

（二）近代军事思想的产生与发展

从 1640 年英国资产阶级革命至俄国十月革命，为世界近代史。此时西方进入资本主义，并向帝国主义发展，军事思想也一改中世纪时期低迷不前的状况，取得了长足的发展进步。这一时期，封建与反封建的战争、资本主义与反资本主义之间的战争、帝国主义国家之间的战争、殖民与反殖民的战争，各种不同性质战争交织在一起，频繁发生，为人们研究军事思想提供了实践依据。工业文明和科学技术的进步，使军队装备发生了较大变化，热兵器被广泛使用（火药为主），从而产生了与之相适应的军事思想。

外国近代军事思想可划分为两大体系，即资产阶级军事思想和无产阶级军事思想。

资产阶级军事思想形成于 17 世纪中叶至 19 世纪中叶，代表人物及其著作很多。主要有俄国苏沃洛夫的《制胜的科学》，瑞士若米尼的《战争艺术概论》《战略学原理》，普鲁士克劳塞维茨的《战争论》，比洛的《新战术》《最新战法要旨》，法国吉贝特的《战术通论》，美国马汉的《海军战略》《海权对历史的影响》，等等。

无产阶级军事思想的主要代表人物是马克思、恩格斯和列宁。马克思、恩格斯所处的时代是自由资本主义高度发展并开始走向反动的时代，无产阶级登上历史舞台。其军事思想的主要内容包括：认为战争和军事是一个历史范畴，随着私有制和阶级的产生而产生、消灭而消亡；战争是政治通过另一种手段的继续，要反对非正义战争，拥护正义战争；在帝国主义阶段，帝国主义是战争根源；无产阶级必须用暴力推翻资产阶级建立自己的统治；应组织城市工人武装起义，先占领城市，夺取国家政权；无产阶级夺取政权、巩固政权都必须要有自己的新型的军队；无产阶级代表人民利益，有能力有条件把人民武装起来实行人民战争，并强调军队与人民群众相结合；认识到科学技术的进步必然引起战略战术的变革；战争的奥妙在于集中兵力，主张积极防御、主动进攻，慎重决战，灵活机动。

近代中国自 1840 年鸦片战争后逐步沦为半封建半殖民地社会，当时清政府许多有识之士看到武器装备对于战争胜负的重要性，从西方引进先进技术，开办工厂，制造枪械，因此当时的军事学术主要是介绍武器性能和操作使用的。甲午战争后，清政府意识到仅靠坚船利炮而作战思想落后亦不能赢得战争，于是又开始学习西方的军事理论。当时翻译了许多西方重要的军事论著，如《大战学理》，即克劳塞维茨的《战争论》。

清政府自行撰写的代表作有《兵学新书》《军事常识》《兵镜类编》等。主要军事观点有：师夷长技，重整军备；依靠民众，积极备战；避敌之长，求吾之短；以弃为守，诱敌入险。总之，在近代，外国军事思想成就突出；而中国的军事变革是在外敌入侵的情况下被迫进行的，缺乏主动性，认识不够深刻，且鱼目混珠，有照搬照抄之嫌，远远落后于西方。

(三)现代军事思想的产生与发展

俄国十月革命及第一次世界大战以后,世界进入现代史。这个时期,科学技术突飞猛进,武器装备发生巨大变化,巨炮、雷达、坦克、飞机、航空母舰、远程导弹、精确制导武器层出不穷,热兵器能量的运用从火药转为炸药,进而是原子释放,武器破坏力大大增加,作战效能成倍增长,对战争的进程乃至结局影响越来越大。因此,不但社会、政治、经济等各种因素对军事理论的研究有倾向性的影响,而且军事理论往往侧重对先进主战武器的探讨,如"空中战争"理论、"机械化战争"理论、"总体战"理论、"核武器制胜"理论等。

"空中战争"理论,又称空军制胜论,意大利的杜黑、美国的米切尔、英国的特伦查德被认为是这一理论的先驱,特别是杜黑在其著作《制空权》中对这一理论叙述较为细致,主要观点有:由于飞机的广泛应用,将出现空中战争,空中战争的胜负决定战争结局,为此要建立与海军、陆军并列的独立空军。夺得制空权是赢得战争的必要条件,空军的首要任务是夺取制空权。空中战争是进攻性的,空军的核心是轰炸机部队,要对敌国纵深政治、经济、军事目标实施战略轰炸,迫其屈服。

"机械化战争"理论,又称坦克制胜论,英国的富勒、奥地利的艾曼斯贝格尔、法国的戴高乐、德国的古德里安、英国的利德尔·哈特是这一理论的倡导者,其主要观点有:装甲坦克是战争的决定性力量,是陆军的主体;大量集中使用坦克和航空兵,实施突然有力的突击,可以迅速突破对方主要集团的防线,深入敌纵深,摧毁一个战备不足的国家;主张军队改革,建立少而精的机械化部队;机械化包括补给和战斗机械化。

"总体战"理论是德国的鲁登道夫在其著作《总体战》中提出的,其主要观点有:现代战争是总体战,它既针对军队,也针对平民,战争具有全民性,强调民族的团结在战争中的重要性;主张实行国民经济军事化;要建设好一支平时就准备好的军队;重视统帅在总体战中的作用;战争的突然性意义重大,力求闪击对方。

"核武器制胜"理论诞生于第二次世界大战后至1991年苏联解体的冷战时期。当时,霸权主义成为局部战争的根源,高技术在作战中逐步运用,世界处在核阴影之中,美苏两霸动辄进行"核恫吓"。此时的军事理论研究往往围绕核武器及高技术展开,从美苏两国军事思想可以清楚看到这一点。如美国,就以核实力确定军事战略。在处于核优势时期,美国认为自己能打赢全面核战争,则主张削减常规力量,重点发展核武器和战略空军;而在苏联打破其核优势、局部战争不断发生时,美国在确保核威慑的前提下,不断发展常规力量。

西方各国因各自的国家战略不同,军事思想也呈现不同的特点。美军军事思想的特点是:以遏制、预防潜在"全球性竞争对手"为目的,加大常规、核、太空优势,建立导弹防御系统,确保自身绝对安全;重视质量建军,加强数字化、信息化建设;重视非对称作战、非接触作战,实施远距离精确打击,力求零伤亡;进一步发展空地一体战理论,提出"空地一体运筹作战"的思想(又称"空地海天联合作战");"9·11"事件后,美国更加重视发展海空天作战的军事战略。

英、法、日、德等国家军事思想的共同点有:采取以维护自身利益为出发点的战略方针;增强军事实力,逐步摆脱对美军事依赖(英国除外),或以其他联盟的方式挑战美国的军事地位;重视发展高技术以带动军事技术的进步;依据各自国情、军队现况走质量建军的道路,确立与国家和军事战略相适应的军队规模。

俄罗斯认为，核战争的可能性大大降低，主要威胁是局部战争和武装冲突；在经济、军事力量弱于美国的情况下，提出了"纯防御""积极防御"和"现实遏制"战略；走质量建军之路，明确建军原则、目标，发展太空技术，确保合理够用的核攻击力量等。

第二节　中国古代军事思想

一、夏、商、周时期的军事思想

大约在公元前 21 世纪至公元前 8 世纪的夏、商、周时期，是中国古代军事思想的产生时期。

（一）出现了军队

第一个奴隶制国家夏王朝建立后，出现了夏王统治的常备军。夏启继承王位后，由部落成员参加的战争转变为由军队进行的战争。商代军队开始庞大起来，由商王指挥的军队，分为左、中、右三军，共 3 万余人，军队编制的最大单位是师。西周时代已有军、师、旅、卒、两、伍的编制，周王朝的常备军达 14 万多人。

出现了车战。文献记载，商代后期，车战已成为主要作战方式，西周军队主力是战车兵。车战一般只在平原进行，根据地形条件将战车列成方阵，作战时通常是对攻。在作战指挥上，西周中、晚期已用金鼓旌旗。

（二）运用军事谋略

据载，夏少康以武力夺回王位时，在战前使用了军事间谍。商灭夏，先攻取夏的属国，后伺机决战。周灭商采取由近及远、先弱后强地剪除对方羽翼的谋略，然后趁商王室内部纷乱、商都空虚之机，联合诸侯大举东征。

（三）军事文献开始出现

古代军事思想散见于国家的典章法令和其他文献之中。《易经》的卦辞和爻辞中就有一些反映商、周之际谋略思想的内容。中国古代最早的文献汇编《尚书》和诗歌总集《诗经》记述了夏、商、周三代一些军事理论片段和零星的谋略思想及战争情况。春秋以前已有专门的军事文献《军志》《军政》。《军志》主张允当则归，知难而退；有德不可敌，先人有夺人之心，后人有待其衰等。《军志》中提出言不相闻，故为金鼓；视不相见，故为旌旗等原则。《军志》和《军政》等专门兵书的问世，是中国古代军事思想萌生的重要标志。

二、春秋战国时期的军事思想

大约从公元前 8 世纪至公元前 3 世纪的春秋战国时期，是中国古代军事思想的形成时期。随着生产力的发展，在由奴隶制向封建制过渡的社会大动荡、大变革中，各诸侯国都大力发展军事力量，以图争霸称雄，战争极为频繁。著名的战例主要有长勺之战、泓水之战、城濮之战、柏举之战、桂陵之战和马陵之战等。由于战争规模的扩大和战争方式的改变，出现了专门指挥作战的将领和军事家。著名的军事家和名将主要有：春秋时期的孙武，战国时期的吴起、孙膑、尉缭子等。战争实践不仅促进了军事技术、军队的组织和战略战术的发展，而且将我国古代军事思想推向了高潮。

（一）军队的组织制度初步完善

春秋战国晚期，开始进入以铁兵器代替铜兵器的时代。为适应军事技术和战争的客观要求，军队在组织制度方面进行了一系列改革。其主要是改革了以车兵为主的体制，相继出现了步兵、舟师和骑兵等兵种；改革了兵制，春秋战国后期已逐渐打破了"国人"从军的旧制，普遍实行郡县征兵制，并采取募兵制，军队和常备军逐渐扩大。春秋战国末期，齐、鲁等拥有兵车两三千乘，楚国达五千乘，齐、燕各有带甲步兵数十万，秦、楚号称"带甲百万"，各国竞相扩编常备军，出现了专职将帅统兵作战。

（二）战略战术的原理、原则更加系统

这主要表现在谋略、作战样式和战法等方面。在谋略方面，逐渐否定了重信轻诈等用兵之道，重视审时度势、因利乘便，如晋国欺骗虞国，假途灭虢，回师灭虞；注意军事斗争和外交斗争相结合以及敌友力量的分化组合，以军事实力为后盾举行数国谈判和多国会议。在作战样式上，春秋战国末期将战车上的甲士改编为徒兵，易车战为步战；春秋战国后期，步战已成为主要作战样式，车、步、骑配合，水陆并用；春秋战国之际，城寨攻防成为重要的作战样式。在战法方面，逐步突破商、周以来的两军对阵、正面攻击的惯例，采用了两翼突破、再捣中坚，设伏诱敌、乘势歼灭，疲敌而击、后发制人等。坚守要害和利用城池防御，有的还挖地道作战。在阵法上，春秋战国初期，创造了有名的鱼丽之阵。春秋战国之际，为适应战争指导的需要，大量反映军事思想的军事理论著作相继问世，《孙子兵法》是其中杰出的代表。这部名著所反映的军事思想和哲学思想，达到了当时的最高水平，成为后世兵书的典范。继《孙子兵法》之后，战国时期兵书中具有代表性的还有《吴子》《司马法》《孙膑兵法》《尉缭子》《六韬》等。

三、秦汉至五代时期的军事思想

公元前3世纪至公元10世纪中期，经历了秦、汉、三国、两晋、南北朝、隋、唐和五代等朝代。这一时期发生的著名战例主要有成皋之战、昆阳之战、官渡之战、赤壁之战、淝水之战等，著名的军事人物有蒙恬、韩信、曹操等，主要的军事著作有《三略》《李卫公问对》和《太白阴经》。中国古代军事思想的发展，在这一时期主要表现在战略战术、整理兵书和注释《孙子兵法》等方面。

（一）战略战术的发展

秦统一六国和汉唐封建社会的进一步发展，特别是公元808年火药在中国首先研制成功，并于公元904年首次用于战争，秦汉时把全国军队区分为京师兵、州郡兵和边防兵，始

于西汉盛于三国的军事屯田制度，南北朝时创立的府兵制，西汉时骑兵一度成为主要兵种等，都有力地促进了战略战术的发展。秦、汉、晋、隋、唐等时期，统一全国的几次大规模战争分别成功地运用了由近及远、各个击破，避实击虚、声东击西，水陆并进、分进合击，先疲后打、奇兵突击，以及骑兵长途奔袭，步骑配合实施奇袭和用车结营以制骑兵等战法。还有几次大规模渡江作战和农民起义等，对战略战术的发展也作出了贡献。

（二）整理兵书和注释《孙子兵法》

西汉王朝深知兵书的重要，立国之初就命张良、韩信整理兵法。这是我国历史上第一次由政府组织整理兵书。当时，共搜集到 182 家兵书，其中战国时期兵书占大多数，经过删取，选定了 35 家。后来经步兵校尉任宏重新编制分类著《兵书略》，把兵书及其著作分为权谋家、兵形势家、兵阴阳家和兵技巧家等四大类。三国的曹操注释《孙子兵法》，开启了注释先秦兵书的先河。整理兵书和注释《孙子兵法》是中国古代军事思想发展的一个重要标志。

四、宋代至清代前期的军事思想

公元 10 世纪至 19 世纪中叶，经历了宋、辽、西夏、金、元、明、清前期等朝代。此期间著名的战争有宋攻灭南唐之战、朱元璋北上灭元之战、郑成功收复台湾，著名的军事人物有成吉思汗、朱元璋、努尔哈赤等，著名的军事著作有《武经总要》《武经七书》《纪效新书》《练兵实纪》《阵纪》《登坛必究》《武备志》等。宋代至清代前期，中国古代军事思想的发展主要表现在谋略和战术，以及军事思想研究等方面。

（一）谋略和战术的发展

从北宋至第二次鸦片战争的近 900 年中，战争频繁，加之北宋初火器应用于战争，开始了战史上火器与冷兵器并用的时期，指南针在 11 世纪已用于舟师导航等，从而促进了谋略和战略战术的发展。在谋略方面，赵匡胤建立宋王朝后，以军事实力为后盾，先消灭荆南和潮南两个政权，而后按先南后北、各个击破的方略统一全国。元末农民领袖朱元璋建立以金陵为中心的根据地，积粮练兵，扩充实力；进而利用矛盾，以军事进攻和政治攻心相结合的方式逐次消灭对手，尔后以先剪羽翼、后捣腹心的策略，北上灭元。明末农民领袖李自成，采取先取关中、再攻山西，先消灭明军主力、后夺京师的战略，灭亡了明朝。在战术方面，元末明初，朱元璋的军队创造了火器与冷兵器相结合的水战战术、野战战术和攻城战术等；戚继光提出了以火器为先，冷兵器中以长兵器为先，兵器配置要以长护短的原则；明末徐光启对使用火炮守城提出了以台护铁、以锐护城、以城护民的原则；骑兵战术在北方少数民族军队中有很大发展，到成吉思汗时，骑兵的远程奔袭、快速突击、迂回包抄、在野战中歼敌的战法，已发展到一个新的水平；军队指挥增加了运用火力、组织火器与冷兵器之间以及不同兵种之间的协同等。

（二）兴办武学和军事思想研究的发展

宋朝自公元 1072 年正式兴办武学，教育学生攻读历代兵法，研究军事思想，训练弓马武艺。北宋前期，提倡文武官员研究历代"军旅之政，讨伐之事"，并编撰出中国第一部新型兵书《武经总要》，其后又将《李卫公问对》《三略》与先秦时期的《孙子兵法》《吴子》《司马法》《尉缭子》《六韬》五部兵书汇编为《武经七书》，作为武学的必修课程。明代后期，因日本的威胁，欧洲殖民者的挑衅，促使一些有识之士研究军事，有许多军事著作问世，主要有最早提出御近海、固海岸、严城守的海防战略兵书《筹海图编》，练兵教战、用器、布阵的《纪效新书》《练兵实纪》《阵纪》，近似军事百科全书性质的著作《武备志》等。鸦片战争前夕，还出现了一些总结实战经验或论述防务、训练的兵书，如《洋防辑要》《筹海初集》等。

第三节　当代中国军事思想

一、毛泽东军事思想

毛泽东是伟大的马克思主义者，是伟大的无产阶级革命家、战略家、军事家和著名的军事理论家，是中国共产党、中国人民解放军和中华人民共和国的主要缔造者和领导者。在长期的革命战争实践中，毛泽东运用他的聪明和才智，凝聚了全党全军的集体智慧，创造性地形成了毛泽东军事思想，给中华民族乃至全世界留下了极为宝贵的巨大财富。

（一）主要内容

毛泽东军事思想的主要内容大体上可分为五个部分：一是无产阶级的战争观和方法论；二是人民军队建设理论；三是人民战争思想；四是人民战争的战略战术；五是国防现代化建设理论。这五个部分是一个互相联系、互相依存的整体，共同组成了一个完整的科学体系。

1. 无产阶级的战争观和方法论

毛泽东把唯物辩证法纯熟地运用于军事，形成了具有中国特色的无产阶级战争观、战争问题上的认识论和方法论。它是毛泽东军事思想的理论基础，是无产阶级研究和指导战争的思想武器。毛泽东军事思想对战争起源、战争性质、战争目的、现代战争根源，以及对战争的态度、作战指导、国防与军队建设等问题，都做了唯物辩证的论述。

第一，在阶级社会中，战争是用以解决阶级和阶级、民族和民族、国家和国家、政治集团和政治集团之间在一定发展阶段上的矛盾的一种最高的斗争形式。战争是政治性质的行动，自古以来没有不带政治性质的战争。然而，战争不等于一般的政治，而是流血的政治。政治发展到一定的阶段，再也不能前进了，于是利用战争以扫清政治道路上的障碍。历史上的战争分为正义和非正义的两大类，一切进步的符合人民利益、推动社会向前发展的战争是正义战争，一切违背人民根本利益、阻碍社会向前发展的战争是非正义战争。共产党人反对一切阻碍进步的非正义战争，支持进步的正义战争，根本目的是最终消灭一切战争，实现人类永久和平。

第二，战争同其他客观事物一样，存在着内部矛盾运动发展的规律。战争规律分为一般规律和特殊规律。存在于一切战争之中的诸如敌我、攻防、进退、胜败等相互联结又相互斗争的矛盾运动发展的本质性规律，是战争的一般规律。不同时间、地域和性质的战争，又各有其特殊性，存在着不同于其他战争的特殊规律。一般战争规律寓于特殊战争规律之中。战争规律不是一成不变的，随着客观物质条件的发展，战争规律也不断发展。

第三，认识和掌握战争规律是为了解决指导战争的问题。使主观指导和客观实际相符合是正确指导战争的前提和基础。熟识敌我双方各方面的情况，找出其行动规律，并且运用这些规律于自己的行动中，是正确进行作战指导的基本方法。

2. 人民军队建设理论

中国革命的主要组织形式是军队。在中国，没有一支人民的军队，便没有人民的一切。毛泽东从中国革命战争的实际需要出发，提出必须把建立一支人民的军队作为武装斗争的首要问题。要建设一支无产阶级性质的新型人民军队，必须确立和坚持一系列基本的建军原则。

第一，紧紧地和人民站在一起，全心全意地为人民服务是人民军队的唯一宗旨。在建立全国政权之后，人民军队既是保卫社会主义制度的钢铁长城，又是建设社会主义物质文明和精神文明的重要力量。

第二，党对军队的绝对领导是人民军队建军的根本原则。中国人民解放军是中国共产党缔造和领导的执行革命的政治任务的武装集团，在党与军队的关系上只能是党指挥枪，而绝不允许枪指挥党。

第三，强有力的革命政治工作是人民军队的生命线。政治工作应坚持以马克思列宁主义为指导，根据中国共产党在不同历史时期的总任务，以及由此规定的军队的具体任务而展开。政治工作应服务于军队的革命化、现代化、正规化建设，从思想上、政治上、组织上保证党对军队的绝对领导，保证军队内部的团结和军政、军民团结，保证军队战斗力的提高和各项任务的完成。

第四，加强军事建设是人民军队履行自身职责的重要保证。毛泽东强调，人民军队要由低级阶段不断向高级阶段发展。革新军制离不开现代化，要贯彻精兵的原则，以精简、统一、效能、节约和反对官僚主义为目的，使体制编制从带游击性的旧阶段逐步发展到更带正规性的新阶段。要高度重视武器装备的发展，适时进行整训，努力提高军队的文化素质以及指挥员的军事理论和作战指挥水平，不断提高战斗力。

3. 人民战争思想

人民战争是指广大人民群众为反抗阶级压迫或抵御外敌入侵而组织和武装起来进行的战争。人民战争具有两个基本特征：一是战争的正义性，二是战争的群众性。人民战争思想的基本精神是：在中国共产党的领导下，以人民军队为骨干，坚决依靠广大人民群众，实行主力兵团与地方兵团相结合，正规军、地方武装、民兵与游击队相结合，武装斗争与非武装斗争相结合的人民战争。毛泽东把马克思主义的历史唯物主义原理，创造性地运用于中国革命战争实践，创立了一整套具有中国特色的人民战争理论。

第一，依靠人民群众进行战争。毛泽东指出，革命战争是群众的战争，只有动员群众才能进行战争，只有依靠群众才能进行战争。

第二，建立农村革命根据地。毛泽东认为，在半殖民地半封建的中国，帝国主义、封建地主阶级和官僚资产阶级在很长一个时期里势力非常强大，并且控制着中心城市，实行法西斯统治，因此，中国革命的武装斗争首先从城市开始不能取得胜利。中国革命应当走先占领农村，以农村包围城市，最终夺取城市的道路。

第三，建立三结合的武装力量体制。人民军队是实行人民战争的骨干力量，必须按照无产阶级的建军原则，建立一支强大的人民军队。同时，根据不同的任务特点和要求，将人民军队划分为野战军和地方军，并同游击队、民兵有机地结合起来，形成"三结合"的武装力量体制。

第四，把武装斗争同其他斗争形式结合起来。只有武装斗争，而无其他斗争形式相配合，还不是全面的、彻底的人民战争，因此要在进行武装斗争的同时，在政治、经济、思想、文化、外交等多条战线上，以各种形式广泛、全面地展开对敌斗争。

4. 人民战争的战略战术

人民战争的战略战术，简单地说，就是指毛泽东指导战争和指挥作战的原则和方法。它是毛泽东高超的战争指导艺术的总结，它揭示了中国革命战争的指导规律，是毛泽东军事思想中十分精彩的部分。

第一，战争的目的是保存自己，消灭敌人。毛泽东认为，保存自己，消灭敌人是战争的最高目的。在两者中，消灭敌人是主要的，只有大量地消灭敌人，才能有效地保存自己；保存自己是第二位的，保存自己的目的在于消灭敌人，而消灭敌人又是保存自己的最有效手段。

第二，战略上藐视敌人，战术上重视敌人。毛泽东指出，在战争中，要认识到反动势力是反人民的、落后的、腐朽的力量，是纸老虎，终究要走向灭亡，因而在战略上、在全局上要藐视它，树立斗争的勇气和胜利的信心。但同时也要看到反动势力又是活生生的真老虎，暂时强大的，并且不会自行灭亡，因而在战术上又要重视它，对每一个局部、每一场作战都要采取谨慎的态度，讲究斗争艺术，运用适当战法，集中全力战胜它。

第三，实行积极防御，反对消极防御。毛泽东指出，积极防御又叫攻势防御、决战防御，消极防御又叫专守防御、单纯防御。消极防御实际上是假防御，只有积极防御才是真防御，才是为了反攻和进攻的防御。中国革命战争应当采取积极防御的战略方针，在战略上把防御和进攻辩证地统一起来。

第四，集中优势兵力，各个歼灭敌人。毛泽东强调，在战略上敌强我弱、敌优我劣的条件下，为了改变敌我进退、攻防和内外线的形势，将被动转为主动，要贯彻在战略上"以一当十"，在战术上"以十当一"的思想，实行集中优势兵力，各个歼灭敌人的作战原则。

第五，适时进行战略转变，灵活运用各种作战形式。毛泽东指出，适时进行军事战略的转变，对于战争的坚持、发展和胜利具有重要意义。战略转变通常反映在运动战、阵地战、游击战三种作战形式的转换上。他强调，运用作战形式必须适时得体、巧妙结合，根据战争各时期、各阶段、各地区敌我力量的不同情况，灵活地选择主要作战形式，并且把三种作战形式有机地结合起来。

第六，不打无准备之仗，不打无把握之仗。毛泽东从中国革命战争敌强我弱的客观条件出发，把不打无准备之仗，不打无把握之仗，作为一条重要的军事原则，强调每仗均应力求有充分准备，力求在敌我条件对比上确有胜利的把握。

第七，执行有利决战，避免不利决战。毛泽东指出，决战是解决两军之间胜负问题的根本方式，也是战争或战役中最激烈、复杂、多变的时节，要选准决战的时机，一切有把握的战役和战斗应坚决地进行决战，一切无把握的战役和战斗则应避免决战。

第八，力争战争的主动权，正确把握灵活性和计划性。主动权是军队的自由权。军队如果被逼处于被动，不恢复主动，就要失败。因此，军队要力争主动、力避被动。

5.关于加强国防建设和保卫国家安全的理论

中华人民共和国成立以后，毛泽东在领导党和人民进行社会主义革命和社会主义建设的过程中，在正确分析国际战略形势和国家安全环境的基础上，提出了一系列关于加强国防建设和保卫国家安全的原则、目标、计划和措施等，逐步形成了关于建设现代化国防和保卫国家安全的理论，有力地指导了国防现代化建设和多次自卫反击作战。

第一，必须建立巩固的国防。为了有效地抵御外来反动势力的侵略，保卫人民的胜利果实，保证社会主义革命和社会主义建设的顺利进行，获得了胜利的中国人民一定要建立巩固的国防，在英勇的、经过考验的人民解放军的基础上，人民武装力量必须保存和发展起来，不仅要有强大的陆军，而且要有强大的海军和强大的空军。

第二，实行积极防御的战略方针。我国是社会主义性质的国家，不会侵略别国。我国奉行和平外交政策，主张与不同社会制度的国家和平共处，以和平共处五项原则来建立国与国之间的关系，以谈判的方式而不是战争的方式来解决国际争端。据此，我们的国防执行的是积极防御的战略方针。

第三，建设强大的国防军。建设一支强大的国防军以保卫我国社会主义建设，抵御外来侵略，是和平时期人民军队建设的总方针和总任务。相对稳定和平时期的军队建设，必须继承和发扬我军的优良传统，全面加强军队的现代化建设，建立正规化制度，发展现代军事理论，培养适应现代战争的合格人才。

第四，建立独立、完整的国防科技和国防工业体系。为了给军队现代化建设提供强大的技术和物质基础，必须建立独立、完整的国防科技和国防工业体系。

第五，建设强大的国防后备力量。要从总体上加强国防后备力量建设，以适应未来战争的需要；民兵是巩固国家政权的重要力量之一，要将民兵同预备役结合起来；大力开展国防教育，抓好对青少年的军训工作。

（二）地位和作用

毛泽东给中华民族乃至全世界留下了极为宝贵的巨大财富——毛泽东军事思想。20世纪，中国共产党的历史、中华人民共和国的历史，都与毛泽东的名字紧紧相连。他的基本思想仍被奉为中国共产党和中国军队的行动准则。只有全面完整地理解毛泽东的军事思想，紧密结合高技术条件下的现代战争的实际需要，才能为我国国防建设、军队建设及新时期军事斗争做好准备，才能打赢未来高技术条件下的现代战争。

毛泽东军事思想，是以毛泽东为代表的中国共产党人关于中国革命战争和军队建设问题的科学理论体系，是马列主义的基本原理和中国革命实践相结合的产物，是中国革命战争和国防建设的总结，是中国共产党人集体智慧的结晶，是毛泽东思想的重要组成部分。

毛泽东创造性地发展了马列主义的军事理论，并将其发展到一个新的高度，其独特贡献具有鲜明的中国特色，是马列主义军事理论宝库中价值连城的珍品。

毛泽东军事思想在世界军事思想发展史上独树一帜，它作为人类优秀文化的灿烂结晶，在世界军事理论殿堂中享有显赫的地位。在中国革命战争取得胜利后，毛泽东军事思想受到世界各国的普遍重视，许多人开始对其进行探索和研究，许多国家还成立了毛泽东军事思想的研究会和学习会。在20世纪，全球发行量最大的书之一就是《毛泽东选集》，不仅在中国出版几亿册，还发行到世界上100多个国家。

（三）科学价值

毛泽东军事思想把辩证唯物主义和历史唯物主义的世界观、方法论贯彻到军事领域，使古老的军事学不仅在知识形式上，而且在思想内容上焕发出科学魅力。

1. 毛泽东军事思想是以弱胜强的高超战争指导艺术

近代世界暴发过许多大大小小的战争，其中大多数是力量对比上本来就强大的一方获胜。而中国革命战争双方力量对比的强弱悬殊程度，为世界战争史上所罕见，大部分岁月里，我军历次重大作战的兵力劣势程度，远远超过西方战史上那些最著名的以弱胜强战例。如土地革命战争时期中央苏区前四次反"围剿"，敌我兵力分别为10∶4，20∶3，30∶3，50∶7，平均比差为6.5倍，最大的一次达10倍。然而，在毛泽东的指挥下，我军创造了一个又一个以弱胜强的战争奇迹。西方战史上的以弱胜强，其含义基本上限于兵力上的以少胜多，双方军队的武器装备则大都同属一个水平。而中国革命战争除在军队数量方面长期处于敌众我寡的地位外，在武器装备上也长期处于敌优我劣的状况，是以"小米加步枪"对付"飞机加大炮"。特别是抗美援朝战争，我军装备较之过去虽然有所改善，但较量的对手是世界头号帝国主义强国及其仆从国。

2. 毛泽东军事思想揭示的军事规律达到了前所未有的广度和深度

战争和军事活动是一种极为复杂的特殊社会形态，涉及的问题十分广泛。对于一种军事理论来说，从本质上、规律上说明的问题越多、越深刻，适用范围就越广，对军事实践的指导作用就越大，其科学成就就越高。毛泽东军事思想这座宝库，既有关于中国革命战争及其军队建设特殊规律的完整理论，又有关于整个战争和军事领域一般本质、一般规律的大量普遍原理；既有作战理论，又有建军理论；既有关于武装夺取国家政权的战争理论，又有关于掌握全国政权后进行国防建设的理论；既有关于革命战争的指导理论，又有关于民族解放战争和保卫国防的指导理论；既有"小米加步枪"条件下的战争指导理论，又有打现代条件下的战争的指导理论；既有对诸多军事规律的深刻揭示，又有关于如何研究和运用军事规律的认识论、方法论；既有军事战略理论，又有统领武装斗争和各种非武装斗争的国家战略（西方称"大战略"）理论；既有战略指导理论，又有战役、战斗的指导理论；既有游击战理论，又有正规战理论；既有军事工作理论，又有军队政治工作理论、军队后勤工作和军事科研工作理论。如此丰富多彩的真理性认识成果浑然一体，构成了一座宏伟瑰丽的军事理论体系大厦，广泛而深刻地反映了军事领域多方面、多层次的规律性认识。它回答的问题之多，认识的真理性之强，在中外军事理论之林中是罕见的。

3. 提出了一系列重大的军事科学创见

在毛泽东军事思想所凝聚的丰富多彩的规律性认识成果中，有大量属于独到的创见。其中有些重大创见性理论，在军事科学领域带有根本性意义，如完整的战争本质论，战争中人的自觉能动性学说，战争中的强弱转化理论，军事问题的认识论方法论，等等。在新的历史条件下，学习毛泽东军事思想，掌握它的科学原理，对于加强新时期国防和军队建设，做好新时期军事斗争准备，打赢未来可能发生的高技术局部战争，无疑是一项根本性大计。

二、邓小平新时期军队建设思想

邓小平在新的历史条件下，继承和发展毛泽东军事思想，以巨大的政治勇气和理论勇气，开创有中国特色的精兵之路，创造性地总结和提出了新时期军队建设思想。邓小平新时期军队建设思想不仅揭示了我国新时期军队和国防建设及军事斗争准备的基本特点和规律，而且提供了正确认识和解决当代军事问题的立场、观点和方法，是新时期军队和国防建设的根本依据和指导方针。

（一）主要内容

邓小平新时期军队建设思想的内容极其丰富，主要包括以下 9 个方面。

1.军队和国防建设指导思想实行战略性转变

这是邓小平根据当代中国实际和时代特征对新时期军队和国防建设提出的重要思想。邓小平认为，和平与发展是当今世界的两大主题，发展需要和平，和平离不开发展，霸权主义和强权政治是和平与发展的主要障碍，社会主义中国应该用实践向世界表明，中国反对霸权主义、强权政治，永不称霸，中国是维护世界和平的坚定力量；霸权主义是当代战争的主要根源，战争的危险依然存在，但和平力量的增长超过了战争力量的增长，只要工作做得好，在较长时间内不发生大规模的世界战争是有可能的，维护世界和平是有希望的，但小的战争不可避免。基于对战争与和平问题的新判断，适应党和国家工作重点的转移，在党中央、中央军委和邓小平同志的正确领导下，1985 年，我国军队和国防建设的指导思想实行战略性转变，即从准备"早打、大打、打核战争"的临战状态，真正转到和平时期建设的轨道上来，充分利用大仗较长时间打不起来的和平环境，在服从国家经济建设大局的前提下，抓紧时间，有计划、有步骤地加强以现代化为中心的根本性、长远性建设，提高军政素质，增强我军在现代战争条件下的自卫能力。军队和国防建设指导思想实行战略性转变，是邓小平新时期军队建设思想全面形成的一个重要标志，也是我军建设史上的一座里程碑。

2.军队要服从整个国家建设大局

这是邓小平根据党和国家的建设大局对新时期军队和国防建设提出的重要思想。其丰富的内涵概括起来有以下两个方面：一是军队服从和服务于国家建设大局。邓小平认为，以经济建设为中心，实行改革开放，大力发展社会生产力，是处在社会主义初级阶段的中国社会的主要矛盾的客观要求，是巩固和发展社会主义的根本所在，也是面对国际竞争压力和霸权主义威胁做出的正确选择，是决定当代中国命运的一个大局问题，军队要服从整个国家建设这个大局。这不仅是加速国家现代化建设的一个重大原则问题，也是加强军队和国防现代化建设的一个重大原则问题。邓小平要求军队在大局下积极行动，就是希望军队把"服从"和"服务"统一起来。改革开放以来，军队既为大局让路，又为大局服务，尽一切可能把潜在的生产力挖掘出来，贡献出去，取得了多方面的社会效果。二是军队和国防建设要与国家经济建设协调发展。军队和国防现代化建设是国家现代化建设的一个重要方面，也涉及大局，国防现代化只有建立在国家整个工业以及农业发展的基础上才有可能，经济建设的大局好起来了，国力大大增强了，国防建设必须同经济建设协调一致地发展起来。因此，在国民经济不断发展的基础上，必须合理确定国防投入比例，相应地改善武器装备，加速国防现代化，不断增强军队高技术条件下的防卫和应急作战能力。

3. 军队要担当起维护国家主权和安全的历史责任

这是新时期我军的神圣职责和历史使命。主权和安全，是国家生存与发展的基础。在新的历史条件下，邓小平指出，"国家的主权、国家的安全要始终放在第一位"，军队作为国家利益的捍卫者，要以维护国家利益为最高职责。当前，我国现代化建设是在十分复杂的国际环境中进行的，最重要最紧迫的任务是要寻求一个和平的环境来实现四个现代化，中国压倒一切的问题是稳定。我军是人民民主专政的坚强柱石，是捍卫社会主义祖国的钢铁长城，是建设中国特色社会主义的重要力量，无论过去、现在和将来，都是执行党的政治任务的武装集团，必须保持高度的警惕，扎扎实实地做好反侵略战争的准备，为保卫世界和平，为保卫祖国领土的安全，为争取台湾早日回归祖国，实现祖国统一的神圣大业做出新的贡献。

4. 实行积极防御的军事战略方针

邓小平关于新时期积极防御军事战略方针，建筑在毛泽东积极防御战略思想之上，内容十分丰富，主要包括做好战争准备；坚持自卫立场，实行后发制人；着眼于消灭敌人的有生力量，寓攻于防，攻防结合；对待强敌，持久作战；灵活运用兵力和战法等。此外，邓小平关于新时期积极防御军事战略方针还有更为深层次的科学内涵：一是要把国家利益作为处理军事战略问题的最高准则；二是要把遏制战争和打赢战争统一起来；三是要从政治上考虑和处理军事问题，战略必须服从政略，军事战略必须接受党和国家基本路线、方针、政策的指导；四是要把军事斗争准备的基点放在打赢现代技术特别是高技术条件下的局部战争上来。

5. 建设一支强大的现代化、正规化的革命军队

邓小平指出，我军是人民民主专政的坚强柱石，肩负着保卫社会主义祖国、保卫社会主义现代化建设的光荣使命，因此，必须把我军建设成为一支强大的现代化、正规化的革命军队，这是新时期军队建设的总目标和总任务。

军队的现代化建设是一个庞大的系统工程，其中的基础和关键是培养现代化的军事人才。在新的历史条件下，邓小平深刻阐明了培养现代化军事人才的极端重要性，并指出了培养和造就现代化人才的目标和途径。武器装备的现代化是军队现代化的重要标志。邓小平高度重视武器装备对于我军现代化建设的重要意义，指出一定要在国民经济不断发展的基础上，在现有国力下，加速改进军队的装备，加速实现装备现代化，并且确定了发展我军武器装备的一系列方针原则。同时，邓小平非常重视军队编制、体制的整顿和改革。科学的体制、编制是军队现代化建设的重要保障。

军队的正规化建设是搞好革命化、现代化建设的重要保证，是军队建设总目标的重要方面。邓小平非常重视依法治军，特别强调要通过努力完善各种法规制度，来进一步提高我军的正规化水平。他曾指出，党有党纪，国有国法，军有军规，过去历来如此，现在更应加以强调。在加强军队的正规化建设方面，邓小平另一个重要观点就是治军要严。治军要严，首先对领导班子要严，对高级干部要严，整顿军队必须严格整顿纪律。

6. 始终不渝地坚持人民军队的性质

这是邓小平关于新时期军队革命化建设的重要思想。邓小平明确指出，人民军队永远是党领导下的军队，永远是国家的捍卫者，永远是社会主义的捍卫者，永远是人民利益的捍卫

者。坚持人民军队的性质，关系到军队建设全局，决定军队发展方向，历来是军队革命化建设需要解决的根本问题。在新的历史时期，军队建设的大环境出现了前所未有的深刻变化，给军队既带来新的活力，也带来新的考验。针对新情况和新问题，邓小平明确指出，在新的历史条件下，革命化建设仍然是我军建设的根本，军队在新时期的严峻考验面前必须政治上永远合格，始终不渝地坚持人民军队的性质。

7. 要把教育训练提高到战略地位

这是邓小平关于新时期军队建设的重要方针。把教育训练提高到战略地位，不是权宜之计，而是具有全局意识和战略远见之举，是和平时期军队建设的一个根本方针。一是教育训练是关系到军队建设全局的战略问题。邓小平指出，在不打仗的条件下军队素质的提高靠教育训练，战略要研究的问题，不仅是作战问题，还包括教育训练，要把教育训练放在战略问题的一个重要位置上。把教育训练问题摆到战略高度考察，是邓小平独特和高明之处，深刻揭示了新时期军队建设的一条根本规律，这不仅是新时期我军"三化"建设的必然要求，也是对中华人民共和国成立以来我军建设经验的科学总结。二是和平时期提高军队的素质要从教育训练着手。教育训练，是和平时期军队战斗力生成的主要渠道和方式。邓小平反复强调，要搞好教育训练，一方面是部队本身要提倡勤学苦练，把军队的好传统、好作风从苦练中恢复和培养起来；另一方面是通过办学校来解决干部问题，把更多的干部放到学校去训练，全面提高我军干部队伍素质。

8. 坚定不移地走有中国特色的精兵之路

这是邓小平关于新时期军队建设的总方针。其基本点有三个：一是军队就是要提高战斗力。围绕建设强大的现代化、正规化革命军队的问题，邓小平在不同时间，从不同方面做过许多论述，但贯穿其中的一个根本要求，就是全面提高战斗力。根据邓小平的一贯思想，中央军委明确提出，必须把提高战斗力作为新时期军队建设和改革的出发点和落脚点，作为检验军队各项工作的根本标准。二是注重军队的质量建设。在加强军队质量建设方面，邓小平一方面突出强调：精兵、利器、合成、高效，即通过"消肿"达到"精兵"的要求；把国防科技发展和部队装备建设放在突出地位，打造"利器"，努力调整军队编成，实现"合成"的要求；不断理顺各种关系，实现"高效"要求。另一方面，邓小平提出要科技强军。科学技术含量的高低，是衡量军队战斗力强大与否的重要标志之一。重视科学技术，发展科学技术，提高军队建设的科学技术含量，是邓小平根据当代军事斗争及其发展趋势提出的一个重要指导思想和方针。三是军队建设要贯彻改革精神。加强军队质量建设任重道远，必然面临许多困难和矛盾，因此，新时期军队质量建设必须贯彻改革的思想，不改革就没有出路。在军队改革这个问题上，邓小平始终坚持军队的改革同军队的稳定和发展统一起来，强调军队改革要有自己的特点，不能照搬地方的改革经验，更不能照搬外国军队的治军原则，必须从中国国情和军情出发，正确处理需要与可能、重点与一般、当前与长远的关系，把借鉴外国军队经验同发挥自己的优势和特色有机地结合起来。坚持军队自己的特点，一方面，要把改革同维护军队稳定和保持军队高度集中统一结合起来；另一方面，要把改革是否有利于提高战斗力作为根本标准，使其同军队的建设与发展相协调。

9. 军队和国防建设是全党和全国人民的事业

这是邓小平关于新时期国防建设的重要思想。邓小平指出，在新的历史条件下，国防建设仍然要沿着毛泽东开创的道路前进，仍然要坚持全民办国防的指导思想，把建设精干的常备军与建设强大的后备力量结合起来，在继续实行野战军、地方军和民兵三结合的武装力量体制的同时，组建人民武装警察部队，组建预备役部队，加强民兵建设，建立起人民解放军现役部队与预备役部队、人民武装警察部队和民兵组成的武装力量，要深入持久地开展全民国防教育，建立有效的国防动员体制。

（二）地位和作用

1. 邓小平新时期军队建设思想是当代马克思主义军事理论

邓小平新时期军队建设思想，敏锐地洞察了国际社会出现的新变化，正确揭示了当今世界的时代主题，着眼于新时期我国国情和军情，坚持运用马克思主义军事理论的基本观点、方法和原则，指明了新时期我国军队和国防建设的基本依据、目标、任务、方针和道路，是马克思主义军事理论基本原理与当代中国实际和时代特征相结合的产物，是具有中国特色的当代马克思主义军事理论。

2. 邓小平新时期军队建设思想是军队和国防建设的科学指南

邓小平新时期军队建设思想，抓住了我军建设的主要矛盾，创造性地回答和解决了我军建设亟待解决的一系列重大理论和实际问题，规定了新时期军队和国防建设的目标和实现目标的方针、政策、措施，集中反映了新时期军队和国防建设的基本规律，是新的历史条件下军队和国防建设与改革的根本依据和指导思想。只有坚持邓小平新时期军队建设思想，才能使军队和国防建设的既定目标得以实现。

3. 邓小平新时期军队建设思想是维护国家安全、做好新时期军事斗争准备的指导原则

当前，从总体上看，和平与发展的时代主题没有变，总体和平、缓和、稳定，局部冲突、动荡、紧张的基本态势没有变，促和平、谋发展始终是世界各国人民的共同愿望。但是，也必须看到国际战略环境的新变化，特别是9·11恐怖袭击事件之后，国际战略形势很不稳定，霸权主义、军事干涉主义、国际恐怖主义都有了新的发展。国际安全形势的这些新发展、新变化，加上我国特殊的地缘环境，祖国统一大业尚未完成，国内部分地区的民族分裂势力还很猖獗，在今后相当长一段时间内，我国的国家安全环境仍面临许多不稳定、不安全的因素和潜在威胁，维护国家主权和安全的任务还非常紧迫和艰巨。现在以及今后相当长一段时期，不管国内外形势如何变化，邓小平所揭示的时代特征不会改变，人民解放军的职责和使命不会改变，邓小平新时期军队建设思想所展示的思想方法不会改变。坚持邓小平新时期军队建设思想的指导地位，是我军在新的历史条件下维护国家安全、做好新时期军事斗争准备、完成祖国统一大业的锐利思想武器。

三、江泽民论国防和军队建设思想

江泽民国防和军队建设思想内容丰富、博大精深。从国防和军队建设的地位作用到目标任务，从指导方针到总体思路，从根本途径到战略步骤，从发展动力到政治保证，构成了完整系统科学的军事理论体系。它要求我们从国际战略全局和国家发展大局来谋划国防和军队建设，妥善处理国防建设和经济建设的关系，解决好新时期军队建设打得赢、不变质两个历

史性课题，始终坚持党对军队的绝对领导，用新时期军事战略方针统揽军队建设全局，积极推进中国特色军事变革，按照"五句话"总要求全面加强军队建设，把思想政治建设摆在各项建设的首位，实施科技强军战略，培养和造就大批高素质新型军事人才，把发展武器装备摆在提高军事实力的突出位置，把改革作为军队现代化建设的根本动力，坚持依法治军、从严治军，依靠人民建设国防、建设军队，创新发展中国特色的军事理论等。

（一）主要内容

1. 打得赢、不变质

在新的历史条件下，国际国内环境发生了重大变化，给我军建设提出了严峻的挑战。面对挑战和考验，江泽民把解决好打得赢、不变质两个历史性课题郑重地提到全军面前。他指出，对于新时期的军队建设，有两个最重要的问题是我始终加以关注的：一个是在复杂的国际环境中，我军能不能跟上世界军事发展趋势，打赢未来可能发生的高技术战争；一个是在社会主义市场经济和对外开放条件下，我军能不能保持人民军队的性质、本色和作风，始终成为党绝对领导下的革命军队。两个历史性课题的提出，准确把握了新时期我军建设的主要矛盾和任务，抓住了军队建设带根本性和全局性的问题，确立了新时期军队建设的大思路。打得赢是人民军队的根本职能和神圣使命；不变质是对人民军队本质的要求，也是打得赢的根本保证。随着高技术战争的出现和发展，追求军事质量优势，已成为大国军事角逐的潮流。江泽民提出把科技强军、加强质量建设作为我军发展大计，要求军队建设实现由数量规模型向质量效能型、由人力密集型向科技密集型的转变。可以说，打得赢、不变质是江泽民领导国防和军队建设全部实践的根本出发点和归宿点。围绕打得赢、不变质，江泽民国防和军队建设思想构成了新的理论体系。

2. 党对军队的绝对领导是我军永远不变的军魂

坚持党对军队的绝对领导，始终是决定我军的性质和宗旨，关系社会主义的前途命运，关系国家长治久安的大问题。毛泽东、邓小平对此都做过精辟的阐述。在新的历史时期，面对国际风云变幻和国内改革开放的新形势，江泽民对"坚持党对军队的绝对领导"作出了更进一步的丰富和发展，首次对"军魂"的高度加以认识，他多次指出，"党对军队的绝对领导是我军永远不变的军魂"。把党对军队的绝对领导提到军魂的高度加以强调，内涵非常丰富，意义重大而深远。这一科学论断，深刻揭示了我军作为党的军队、人民的军队、社会主义国家的军队的本质所在，深刻揭示了永远听党指挥是我军的立军之本。

3. 用新时期军事战略方针统揽军队建设全局

军事战略方针的主要内容，就是解决打什么仗、怎样打仗的问题，并确定军事斗争准备的基点。1991年的海湾战争，向人们展示了高技术战争的雏形，江泽民对此高度关注，海湾战争一爆发，他就提出要注意从这场战争研究现代战争的特点，敏锐指出"现代战争正在成为高技术战争"，并结合我国的安全形势，及时提出要研究制定新的军事战略方针。1993年初，中央军委制定了新时期军事战略方针，在战略上实施重大调整，把军事斗争准备的基点，由应付一般条件下的局部战争，转到打赢现代技术特别是高技术条件下的局部战争上来。新时期军事战略方针的制定，有着深远的战略考虑：一是着眼于增强维护国家安全统一的军事战略能力，为建设中国特色社会主义提供可靠的安全保障。二是着眼于新的起点上解决我军面临的主要矛盾，积极应对世界新军事革命的挑战，努力实现军队现代化建设的跨越式发展。三是着眼于应付最困难最复杂的局面，按照打赢现代技术特别是高技术条件下局部战争的标准做好军事斗争准备。四是着眼于遏制战争或延缓战争的发生，通过切实增强打赢的能力，达到维护和平、争取和平的目的。新时期军事战略方针的确立，为新形势下的军事斗争准备、军队的建设与改革指明了方向，明确了目标和任务，强有力地推动了我国国防和军队现代化建设的发展。

4. 按"五句话"总要求全面加强军队建设，把思想政治建设摆在首位

在 20 世纪 80 年代，邓小平提出了建设一支强大的现代化、正规化的革命军队这个新时期军队建设的总目标。如何贯彻落实和实现这个总目标，是一个全局性、战略性的问题。1990 年 12 月，江泽民根据新时期军队革命化、现代化、正规化建设新的实践，提出全军部队要做到"政治合格、军事过硬、作风优良、纪律严明、保障有力"。后来，又把"五句话"作为军队建设的总要求反复加以强调。"五句话"总要求是新形势下军队建设总目标的具体化和规范化，涵盖了军队建设的基本内容，既有很强的总体指导性，又有很强的实践性和可操作性。

改革开放以来，各种形形色色的新思潮，不断地冲击和影响着军队，良莠不齐，面对这种新形势，为保持人民军队的性质、本色和作风，确保全军官兵思想道德的纯洁性，江泽民指出："思想政治建设，必须摆在全军各项建设的首位，这是从党、国家和军队工作全局的战略高度提出的要求。"为此，江泽民还具体提出了加强思想政治建设的一系列重要论断：一是思想政治建设的根本是用科学理论特别是党的理论创新成果武装全军，必须坚持马克思列宁主义、毛泽东思想、邓小平理论和"三个代表"重要思想在军队建设中的指导地位；二是加强思想政治建设，一个根本要求就是保证党从思想上政治上掌握部队；三是努力使军队精神文明建设走在全社会前列；四是不断加强和改进新形势下军队思想政治工作。

5. 实施科技强军战略，加强军队质量建设

加强军队质量建设，走有中国特色的精兵之路，是实现我军现代化的唯一正确选择。江泽民在继承邓小平"走精兵之路，加强军队质量建设"思想的基础上，对加强军队质量建设作出了更进一步的深刻论述。一是提出了科技强军战略思想。科学技术是第一生产力，也是非常重要的战斗力。科技进步既是经济社会发展的重要动力，也是军队现代化的重要动力。适应世界军事发展的大趋势和国家实施科教兴国战略的新形势，江泽民提出实施科技强军战略，强调依靠科技进步提高军队建设质量。科技强军战略的确立，实现了我军建设指导方针上的一个历史性转变。二是提出了"两个转变"的战略思想，即依靠科技进步，实现我军建设由数量规模型向质量效能型、由人力密集型向科技密集型转变。这"两个转变"的实质，就是把提高战斗力的重点转到依靠科技进步的轨道上来。三是提出了"开展科技练兵"的重要思想。江泽民强调，要把军事训练作为部队经常性的中心工作，切实摆到战略位置。针对现代条件下特别是高技术条件下局部战争技术物质基础的变化，江泽民适时提出了开展科技练兵的思想，强调我军军事训练必须贯彻科技强军战略，增大训练的科技含量。开展科技练兵，必须把"打赢"作为根本的出发点和落脚点。

6. 培养和造就大批高素质的新型军事人才

培养大批高素质新型军事人才，是推进中国特色军事变革，加强国防和军队现代化建设

的重要内容和保证。一是牢固树立人才兴军的观念。江泽民指出："人才是兴军之本，必须把培养和造就大批高素质人才作为军队现代化建设的根本大计来抓。"在新军事革命中，高素质人才的作用更加突出。我们要在新军事革命中迎头赶上，就必须牢固树立人才兴军的观念。二是对军事人才的素质和培养目标提出新的要求。不同的战争形态，对人才素质的要求各不相同。在信息化战争中，对信息的获取和运用能力成为军人素质的重要标志。据此，江泽民提出，要大力抓好人才战略工程，按照科学的人才培养目标造就大批高素质新型军事人才，争取培养出一大批复合型的指挥人才、智能型的参谋人才、权威型的科学人才、专家型的信息技术人才和创新型的军事理论人才，形成一支既适于进行军队信息化建设，又适于打信息化战争的人才队伍。三是建立科学的人才培养机制。信息时代的军事人才培养机制，不同于工业化时代。我们要在新型军事人才的培养思路、体制、途径、方法、环境和条件上进行一系列的改革，以利于新型军事人才的生成。江泽民特别指出，培养高素质的军事人才，必须把院校教育摆在优先发展的战略地位，充分发挥院校在培养高素质军事人才中的主渠道和基地作用。另外，必须拓宽人才培养的渠道，走出依托国民教育培养军队人才的新路子。

7. 加快我军武器装备现代化建设的步伐

武器装备作为科学技术的物化形态，不仅体现军队的战斗力水平，同时还有力地牵引和推动着军事变革和军队现代化建设的进程。江泽民非常重视武器装备的发展，指出："迎接世界军事发展的挑战，要千方百计把我军的武器装备搞上去。"对江泽民关于发展武器装备的思想，应该着重把握以下几个要点：一是重视武器装备发展。江泽民强调，必须把国防科研和武器装备建设摆在提高军事实力的突出位置，增强我军打赢高技术战争的物质技术基础。二是坚持有所为有所不为，有所赶有所不赶。当前我军最大的实际问题，就是经费投入有限，技术力量薄弱，所以在发展先进的武器装备时，必须重视质量和效益，要重点发展克敌制胜的"杀手锏"武器装备，优先发展信息进攻力量。三是以自力更生为主，引进为辅。有重点地引进一些国外的先进军事技术和装备，尽快缩小与世界先进水平的差距。对于那些事关信息化全局的关键技术以及关键的军用电子元器件，要坚持自力更生，集中全军甚至全国的力量，集中物力财力，进行大力攻关。

8. 走出一条投入较少、效益较高的军队现代化建设路子

当前，我们还处于发展阶段，受国家经济实力的限制，我军军费供需矛盾依然突出，而且在短期内不可能从根本上得到解决，我国国防和军队现代化建设始终面临着两难选择。一方面，我们的军费，无论是绝对数还是占国内生产总值的比重，与世界主要国家相比都是最低的。另一方面，如果我们不紧跟世界新军事革命的潮流，加大投入，下大力气提高我国国防和军队现代化水平，一旦有什么事情发生，我们就有可能陷于被动。在这种情况下，江泽民深刻指出：不仅经济建设要讲效益，国防建设也要讲效益；我们不能同发达国家比国防投入，必须走出一条经费投入比较少而效益比较高，具有中国特色的国防和军队现代化建设路子。一是要树立长期"过紧日子"的思想，军队必须体谅国家的困难，把勤俭建设方针贯彻落实到军队建设的各个方面。二是突出军费使用的重点，提高军事经济效益。要把人力、物力、财力集中到对军队建设有重要影响的部位和方面。三是建立和完善三军一体、军民兼容、平战结合的联勤保障体制。打破三军自成体系的界限，实现三军保障的一体化；打破军地界限，最大限度地依托和利用国民经济体系，增大军队后勤保障特别是生活保障社会化的

范围和程度。

9. 坚持依法治军、从严治军

改革开放后，我国的社会主义民主法制建设取得了飞速进展。党的"十五大"首次将"依法治国"作为党和国家领导国家现代化建设的基本方略。随着社会主义市场经济体制的逐步完善，国家依法治国、政府依法行政的方略也日益深入人心。军队改革与发展作为国家改革与发展的重要组成部分，必须适应国家改革与发展的步伐。江泽民多次强调指出，全军同志要适应社会主义民主法制的发展，更加自觉地贯彻依法治军的方针，把国防和军队建设事业纳入法制化的轨道，做到有法可依、有法必依、执法必严、违法必究。江泽民还提出了一系列关于坚持依法治军的基本原则，主要包括必须逐步建立适应社会主义市场经济发展要求，符合现代军事发展规律，能够体现我军性质和优良传统的军事法规体系，使军队的各项建设和工作都有法可依、有章可循；必须严格按照条令条例管理部队；关键在于增强各级领导干部依法办事的意识和能力；等等。

10. 改革军队体制编制，贯彻精兵、合成、高效原则

随着高新技术和武器装备的发展，世界主要军事大国都在不断压缩军队规模，注重提高军队建设的质量。我军虽然经过1980年代的较大幅度的精简整编，但由于历史的原因，规模大、人数多的问题仍然比较突出，从而制约着我国军队现代化建设的发展。江泽民洞察世界主要国家军队体制编制的发展趋势，得出一个结论：兵贵精不贵多，必须继续调整体制编制，进一步压缩规模，坚定不移地走中国特色的精兵之路。军队体制编制是人与武器装备相结合的组织形式，是战斗力构成的重要因素。压缩军队规模，不单纯是减少数量，还要优化结构，提高质量。对此，江泽民指出，军队体制编制调整改革必须贯彻精兵、合成、高效的原则，立足于我军的根本职能，深入研究高技术战争对军队体制编制的影响，着重解决领导指挥和管理体制以及部队编成中存在的矛盾和问题，建立具有我军特色的组织编制体制和领导指挥体制。

11. 依靠人民建设军队、建设国防

江泽民强调指出："无论武器装备如何发展，战争形态如何变化，人民战争都是我们克敌制胜的法宝。"紧紧依靠人民建设军队、建设国防，是坚持人民战争的必然要求，是我国国防和军队建设必须始终坚持的一个根本原则。国防和军队建设，是全党和全国各族人民的共同事业。坚持全民办国防的方针，依靠人民建设军队、建设国防，一是必须深入持久地开展国防教育，增强全党、全军、全民的国防观念。二是按照"平战结合、军民结合、寓军于民"的方针，进一步调整和完善国防动员体制，提高快速动员能力。三是按照人民战争的思想，实行精干的常备军与强大的后备力量相结合，在加强军队建设的同时，必须高度关注建立起一支强大的后备力量。预备役部队和民兵建设，要调整完善组织结构，保持适度规模，合理布局。要重点抓好预备役部队和民兵应急分队、专业技术分队的建设。四是加强军政军民团结。加强军政军民团结，是依靠人民建设军队、建设国防的重要政治基础。坚持军政军民团结，对于促进国防和军队建设，维护国家安全和社会稳定，增强我国的经济实力、国防实力和民族凝聚力，都具有重大的战略意义。在全面建设小康社会的伟大历史进程中，加强国防和军队的现代化建设，始终需要广大军民同心同德、团结奋斗。

（二）地位和作用

江泽民国防和军队建设思想与毛泽东军事思想、邓小平新时期军队建设思想，是一脉相承而又与时俱进的军事科学体系，统一于我们党领导国防和军队建设事业的伟大实践中。

1. 江泽民国防和军队建设思想是马克思主义军事理论在中国发展的最新成果

作为不同历史条件下诞生的三大军事理论成果，毛泽东军事思想主要回答了在中国处于半殖民地半封建社会的历史条件下，如何建设一支新型人民军队和夺取武装斗争胜利，以及在取得政权后如何建立现代国防的问题；邓小平新时期军队建设思想，主要回答了在和平与发展成为时代主题，国家实行改革开放的历史条件下，如何开创中国特色的精兵之路，建设一支强大的现代化正规化革命军队的问题；江泽民国防和军队建设思想，主要回答了在世界多极化曲折发展，世界新军事革命不断深入，国内推进改革开放和发展社会主义市场经济的历史条件下，如何积极推进中国特色军事变革，解决好人民军队打得赢、不变质两个历史性课题，为建设中国特色社会主义提供安全保障的问题。在新的历史时期，江泽民围绕着解决"打得赢、不变质"两个历史性课题，提出了一系列新思想、新观点、新论断。这些新思想、新观点、新论断形成了一个新的理论体系，是对毛泽东军事思想、邓小平新时期军队建设思想的丰富和发展，具有鲜明的时代性和创新性，为马克思主义的军事理论宝库增添了新的内容，是马克思主义军事理论发展的最新成果。

2. 江泽民国防和军队建设思想是新世纪新阶段国防和军队建设的科学依据和行动指南

如同毛泽东军事思想、邓小平新时期军队建设思想一样，江泽民国防和军队建设思想创立和形成的过程，也是一个不断推进实践创新和理论创新的发展过程。作为中国共产党领导国防和军队建设所形成的最新理论成果，江泽民国防和军队建设思想反映了新时期国防和军队建设的基本规律，是新的历史条件下国防和军队建设基本规律的集中体现。江泽民国防和军队建设思想经过实践的检验，其指导作用已经为十多年我军建设和改革取得的历史性成就和进步所证明。十多年来，在江泽民国防和军队建设思想指引下，我军革命化、现代化、正规化建设进入了新的发展阶段。展望未来，在努力解决"打得赢、不变质"两个历史性课题，加速推进中国特色军事变革，实现建设信息化军队、打赢信息化战争的宏伟目标进程中，我们还会碰到许多新的挑战，遇到许多新的问题，江泽民国防和军队建设思想是我们迎接新挑战、解决新问题的强大思想武器。

四、胡锦涛关于国防和军队建设重要论述

胡锦涛关于国防和军队建设的重要论述，是胡锦涛站在继往开来的历史关头，全面继承和发展毛泽东军事思想、邓小平新时期军队建设思想、江泽民国防和军队建设思想，开创性地对加强国防和军队建设作出的一系列战略思考和重要指示，是科学发展观在国防和军队建设领域的生动展开，是新世纪新阶段国防和军队建设的科学指南。

（一）主要内容

1. 用科学发展观统领国防和军队建设

把科学发展观作为重要指导方针，是适应国家安全形势发展变化、有效履行新世纪新阶段我军历史使命的迫切要求。根据时代发展和国家安全形势的变化，胡锦涛同志向全军郑重提出了"三个提供、一个发挥"的历史使命，要求我军为党巩固执政地位提供重要的力量保证，为维护国家利益提供有力的战略支撑，为维护世界和平与促进共同发展发挥重要作用。"三个提供、一个发挥"进一步拓展了我军的职能，赋予了我军更加光荣而艰巨的任务。履行使命必须提高军事能力，提高军事能力要靠发展，而发展必须是科学的发展。只有牢固确立科学发展观重要指导方针，把国防和军队建设纳入科学发展轨道，科学筹划、科学组织、科学实施，转变发展观念，创新发展模式，加快发展步伐，提高发展质量，切实增强信息化条件下的威慑和实战能力，我军履行历史使命才有坚实基础和可靠保证。

把科学发展观作为重要指导方针，是实现国防建设和经济建设协调发展的必然要求。坚持以科学发展观统领经济社会发展全局，其中就包括统筹好国防建设与经济建设的关系。始终不渝地坚持国防建设与经济建设协调发展的方针，在全面建设小康社会的历史进程中实现富国与强兵的统一，是党执政经验的科学总结，是在国防和军队建设中贯彻科学发展观的首要问题。实现国防建设与经济建设协调发展，很重要的一个问题，就是要使国防和军队发展战略与国家发展战略相适应。要做到这一点，就必须依据科学发展观的要求，站在国家发展战略的高度考虑和设计国防和军队发展战略，合理确定国防和军队建设布局，通过科学的发展规划和计划，把国防和军队现代化建设融入国家现代化建设的战略全局之中，使国防和军队现代化进程与国家现代化进程相一致。要注重国防经济和社会经济、军用技术和民用技术、军队人才和地方人才的兼容发展，充分依托经济社会发展进行国防和军队现代化建设。

把科学发展观作为重要指导方针，是新世纪新阶段军队建设发展的内在要求。我军建设的主要矛盾是现代化水平与打赢信息化条件下局部战争的要求还不相适应，军事能力与履行新世纪新阶段我军历史使命的要求还不相适应，有许多现实问题亟待解决。比如，如何完成好机械化和信息化的双重历史任务，实现跨越式发展；如何更好地适应形势任务和发展，积极稳妥地推进体制编制和政策制度的调整改革；如何加快转变战斗力生成模式，提高官兵素质；如何解决军队现代化程度不断提高与管理方法不够科学的矛盾，等等。面对我军建设面临的这些突出矛盾和问题，需要用科学的理念、科学的模式、科学的方法加以解决。科学发展观是在破解发展难题、推动经济社会发展中应运而生的科学理论，它是指导经济社会发展的世界观和方法论，也是解决军队建设问题的锐利思想武器。牢固确立和全面贯彻科学发展观，就一定能够不断攻坚克难，开创国防和军队建设的新局面。

2. 按照革命化现代化正规化相统一的原则加强军队全面建设

革命化是军队建设的政治方向，现代化是军队建设的中心任务，正规化是军队建设的重要基础。革命化现代化正规化建设相互联系、相互促进，构成一个有机的统一整体。我军作为执行党的政治任务的武装集团，必须始终把革命化建设放在第一位。在新的历史条件下，我军革命化建设面临新的考验和挑战。如何把我党我军的优良传统一代代地发扬光大，保持人民军队的性质、本色和作风，使我军始终成为党绝对领导下的人民军队，是革命化建设长期的重大历史任务。要紧紧抓住思想政治建设这个核心，坚持不懈地用马克思主义科学理论特别是党的理论创新成果武装全军，毫不动摇地坚持党对军队绝对领导的根本原则和制度，大力加强和改进思想政治工作，不断加强军队革命化建设。我军现代化建设处在机械化任务尚未完成、同时又面临信息化任务的特殊历史时期。推进军队现代化建设，要按照"三步走"的战略构想，以建设信息化军队、打赢信息化战争为战略目标，实现机械化和信息化的复合发展，实现部队火力、突击力、机动能力、防护能力和信息能力整体提高，增强我军信息化条件下的威慑和实战能力。我军正规化建设面临着信息化和市场经济不断发展带来的深刻影响。要加深对新形势下治军特点和规律的认识，把从严治军作为全局性、基础性、长期性工作紧抓不放，加大从严治军力度，加强军事法制建设，完善军事法规体系，使军队建设进一步走上法制化轨道。

3. 坚持以军事斗争准备为龙头带动军队现代化建设整体发展

以军事斗争准备为龙头，抓住发展重点，统筹发展全局，通过局部跃升促进整体提高，不仅适应国家安全形势的需要，而且也适应我军现代化建设的需要。军事斗争准备是我军长期的主要战略任务，必须集中资源和力量抓紧抓好。在加紧做好军事斗争准备的同时，要统筹军队现代化建设全局，科学合理地确定军队现代化资源的投向和投量，要统筹主要战略方向和其他战略方向建设；要统筹重点部队和一般部队建设，以确保军事斗争准备全面协调和可持续发展。

4. 注重解决体制机制上制约军队发展的深层次矛盾和问题

随着战争形态由机械化向信息化加速转变和我国改革开放的深化，一些体制机制上制约军队建设发展的深层次矛盾和问题日益凸显，成为影响军队建设发展和战斗力提高的关键因素。我们必须解放思想、开拓创新，继续深化体制编制和政策制度调整改革，进一步转变领导管理方式，为军队建设的科学发展提供更具活力的体制机制保证。体制编制调整改革总的方向，是逐步建立起适应武器装备现代化发展水平和信息化条件下作战方式变化的新型体制编制。为了提高我军的一体化联合作战能力，必须大力加强联合训练，建立和完善有利于开展联合训练的体制机制。调整改革的重点是建立健全联合作战指挥体制、联合训练体制和联合保障体制，优化力量结构特别是军兵种内部结构，完善作战力量编成。集中精神进行政策制度调整改革，尤其要注意解决那些关系广大官兵切身利益的问题，以利于进一步集聚人才、凝聚军心和保持部队稳定。

5. 依靠科技进步加快转变战斗力生成模式

科学技术特别是以信息技术为主要标志的高新技术的迅猛发展及其在军事领域的广泛运用，深刻改变着战斗力要素的内涵，从而深刻地改变着战斗力生成模式。过去那种单纯依靠增加人员规模和一般技术武器装备数量来提高军队战斗力的模式已不适应信息化战争的要求。我们必须进一步实施科技强军战略，推进军队建设由数量规模型向质量效能型、由人力密集型向科技密集型的转变，把军队战斗力生成模式切实转到依靠科技进步特别是以信息技术为主要标志的高新技术进步上来。要高度重视武器装备和国防科技发展的自主创新，推动我军高新技术武器装备的自主式发展、跨越式发展、可持续发展。加大实施人才战略工程的力度，不断提高官兵的科技素质。加紧构建一体化联合作战体系，坚持走科技兴训之路，以改革创新推动训练发展，积极推进机械化条件下军事训练向信息化条件下军事训练的转变。

6. 积极探索军民结合、寓军于民的发展路径

当代科技革命、产业革命和新军事革命的发展使国防经济与社会经济、军用技术与民用技术的结合面越来越广、融合度越来越深，信息化战争呈现军民一体、前后方一体的趋势，信息化军队建设和作战对经济、科技和社会的依赖性空前增强。我们要认真总结自己的成功经验，借鉴国外有益经验，积极探索新形势下的军民结合、寓军于民的新途径新方法，全面推进经济、科技、教育、人才等各个领域的军民融合，在更广范围、更高层次、更深程度上把国防和军队现代化建设与经济社会发展结合起来，为实现国防和军队现代化提供丰厚的资源和持续发展的后劲。完善有利于军民统筹协调的体制机制，制定相应的法规政策和军民通用技术标准，在经济社会发展规划中兼顾军事需求，逐步建立起军民结合、寓军于民的经济社会发展体系。进一步完善国防动员体制和机制，巩固军政军民团结，切实增强信息化条件下人民战争的整体实力。

7. 充分尊重广大官兵的主体地位和创造精神

要把以人为本作为重要的建军治军理念，最重要的是必须始终坚持人民军队的根本性质，坚决维护人民群众的根本利益。不管时代如何发展，形势和任务如何变化，当人民的子弟兵，做人民利益的忠实捍卫者，这一条任何时候也不能改变。要尊重官兵的主体地位，发挥他们在军队建设中的主体作用。要坚定地相信和依靠广大官兵，增强他们的主人翁意识和使命感、责任感，把广大官兵中蕴藏的巨大积极性和创造性充分挖掘出来、调动起来，凝聚到军队现代化建设上来；要努力促进和实现官兵的全面发展，不断提高官兵的思想政治素质、科学文化素质、军事专业素质和身体心理素质，把他们培养成为有理想、有道德、有文化、有纪律的新一代革命军人；要关心官兵的切身利益，重视解决官兵工作生活中的实际困难和问题，不断改善官兵的物质文化生活条件；要维护官兵正当的民主权益，加强新形势下军队内部的政治民主、经济民主、军事民主建设；要认真研究解决新形势下官兵关系出现的新情况新问题，进一步巩固和发展我军团结、友爱、和谐、纯洁的内部关系。军队建设贯彻以人为本，要符合军队作为武装集团的特殊性，适应遂行作战任务的要求；要把爱护官兵生命与培育战斗精神统一起来，继承和发扬我军大无畏的英雄气概和英勇顽强的战斗作风，大力提倡为了人民的利益勇于牺牲奉献的精神，做到一不怕苦二不怕死；要把关心官兵个人发展与从严治军统一起来，严格制度、严格纪律、严格训练、严格管理，做到令行禁止；要把尊重官兵权益与确保一切行动听指挥统一起来，教育广大官兵正确认识军人的义务和权益，自觉为祖国、人民和军队多作贡献。

8. 全面建设军队现代后勤

全面建设现代后勤，是胡锦涛关于国防和军队建设重要论述的有机组成部分，是党的十七大对我军后勤建设提出的一项重大战略任务，也是全军广大后勤官兵的光荣历史责任。

进入 21 世纪，我军历史使命对后勤建设提出了新的更高要求。全面建设现代后勤这一战略构想的根本出发点，是着眼有效履行我军历史使命，全面提高综合保障能力。这就要求我们深化保障体制改革，创新保障方式，发展先进保障手段，提高后勤管理水平，努力使后勤现代化水平与保障打赢信息化条件下局部战争的要求相适应，后勤保障能力与履行我军历史使命的要求相适应，保障我军能够在各种复杂形势下有效应对危机、维护和平、遏制战争、打赢战争。无论陆、海、空、天、电哪个领域，仗在哪里打、军事任务在哪里执行，后勤就必

须保障到哪里。这是有效履行我军历史使命,提高保障我军应对多种安全威胁、完成多样化军事任务能力的必然要求。

全面建设现代后勤是一个有机的统一整体,其主要内容是保障体制一体化,保障方式社会化,保障手段信息化,后勤管理科学化。保障体制一体化,就是将国家、地方与军队力量统筹运用,将陆海空三军后勤保障融为一体,将战略、战役、战术后勤紧密衔接。保障方式社会化,就是把国防和军队现代化建设融入国家经济社会发展之中,充分利用和依托民用资源与社会保障资源,逐步建成骨干在军、主体在民的社会化保障体系。保障手段信息化,就是运用现代的信息技术、基础平台、网络环境和信息资源,推进后勤信息系统与后勤保障装备的一体融合,实现保障需求实时可知,保障资源实时可视,保障活动实时可控。后勤管理科学化,就是综合利用现代管理理论、技术和方法,对后勤保障活动进行全过程的科学管理。主要包括建立健全科学的管理体制、规范的管理机制、先进的管理手段、有效的监督控制。由此可见,全面建设现代后勤是一种体系建设,这四个方面的内容是统一的、不可分割的。

(二)地位和作用

1. 拓展了三代领导人军事思想的内容

三代领导人的军事思想,是我国国防和军队建设各个时期取得重大成就的创新理论。新世纪新阶段,国防和军队现代化建设应如何建设和发展,同样需要党的创新理论进行指导。胡锦涛用科学发展观指导国防和军队建设重要论述,指明了新时期新阶段国防和军队现代化建设的方向,确定了坚持以人为本的战斗力生成模式的有效途径,明确了我军新时期新阶段的历史使命,规范了国防和军队建设的基本要素,是实施新军事革命、提高信息化作战能力、维护国家安全环境、加强国防和军队现代化建设的纲领,极大地丰富和拓展了三代领导人军事思想的内容。

2. 为国防和军队建设提供了理论依据

进入新世纪新阶段,我国国防和军队建设所处环境和形势任务发生了重大变化,既面临难得的发展机遇,也面临严峻的挑战。胡锦涛国防和军队建设重要论述,提出了要充分把握在我国经济实力、科技实力、国防实力和民族凝聚力不断增强的基础上,大力推进国防和军队建设,不断增强应对危机、维护和平、遏制战争、打赢战争的能力,切实把国防和军队建设转入全面协调可持续发展的轨道,做到国防建设和经济建设全面协调发展。

3. 为解决国防和军队建设与发展的现实问题和矛盾开辟了途径

新世纪新阶段是我国国防和军队现代化建设的关键时期,中国特色军事变革和军事斗争准备面临的任务非常繁重和艰巨,国防和军队建设存在的规模、结构、效益等方面的问题迫切需要解决。胡锦涛国防和军队建设重要论述,为国防和军队建设转变发展观念、创新发展模式、提高发展质量提供了新思路、新方略。只有在国防和军队建设中,全面落实科学发展观,坚持面向未来、着眼全球、解放思想、更新观念,才能解决国防和军队建设中面临的现实问题和矛盾,保证国防和军队建设健康、有序、高效地发展。

4. 为我军履行新世纪新阶段历史使命提供了重要保证

用科学发展观指导国防和军队建设,就要明确新世纪新阶段我军肩负的历史使命。胡锦涛正是在深刻洞察国际战略形势与我国安全环境、科学判断国家发展和军队建设所处历史方位的基础上，提出了我军新世纪新阶段的历史使命。"三个提供、一个发挥"的历史使命，深刻揭示了军队任务必须与党的历史任务相一致、军事战略必须与国家战略相协调、军队建设和改革必须与世界军事发展趋势相符合的客观规律。胡锦涛国防和军队建设重要论述，进一步指明了国防和军队建设的发展方向，为我军履行历史使命提供了重要保证。

5. 为加快我军战斗力生成模式转变提供了强大的思想武器

新世纪新阶段我军要加速推进中国特色军事变革，完成机械化和信息化双重任务，实现军队现代化的跨越式发展，不断探索国防和军队建设与发展的特点与规律，更加科学地把国防和军队建设推向前进。胡锦涛国防和军队建设重要论述，深刻揭示了军队建设的主体和动力源泉，提出了一定要充分调动广大官兵的积极性、创造性，坚持以人为本，尊重官兵的主体地位，创新培养人才，增强官兵的科技素质、战略素质和思想政治素质，维护官兵的合法权益，不断改善官兵的物质文化生活，促进战斗力生成模式的转变，凝聚巨大的战斗力，为打赢信息化局部战争做准备。

五、习近平强军思想

习近平强军思想，既充分体现了马克思主义关于军事问题的立场、观点、方法，又深刻揭示了走中国特色强军之路的特点规律，是对毛泽东军事思想、邓小平新时期军队建设思想、江泽民国防和军队建设思想、胡锦涛国防和军队建设思想的继承和发展。它把我们党对军事问题的认识提高到一个新水平，是党的军事指导理论创新的最新成果，是新形势下加快推进国防和军队现代化的科学指南。

（一）主要内容

建设一支听党指挥、能打胜仗、作风优良的人民军队，是党在新形势下的强军目标。听党指挥是灵魂，决定军队建设的政治方向；能打胜仗是核心，反映军队的根本职能和军队建设的根本指向；作风优良是保证，关系军队的性质、宗旨、本色。全军要准确把握这一强军目标，用以统领军队建设、改革和军事斗争准备，努力把国防和军队建设提高到一个新水平。

1. 强国必须强军

强国必须强军，军强才能国安。要紧紧扭住政治建军不放松，坚持党对军队的绝对领导，永葆人民军队性质、宗旨、本色，永远做红军的传人，着力培养有灵魂、有本事、有血性、有品德的新一代革命军人，努力锻造具有铁一般信仰、铁一般信念、铁一般纪律、铁一般担当的过硬部队。要紧紧扭住改革强军不放松，坚定不移深化国防和军队改革，着力解决制约国防和军队建设的体制性障碍、结构性矛盾、政策性问题，深入推进军队组织形态现代化，加快构建中国特色现代军事力量体系。要紧紧扭住依法治军不放松，着力构建中国特色军事法治体系，推动实现治军方式的根本性转变，提高国防和军队建设法治化水平。要紧紧扭住备战打仗不放松，坚持战斗力这个唯一的根本标准，拓展和深化军事斗争准备，加强实战化军事训练，加快提升打赢信息化战争能力。要深入贯彻军民融合发展战略，更好把国防和军队建设融入国家经济社会发展体系，形成全要素、多领域、高效益的军民融合深度发展格局。要加强国防动员和后备力量建设，巩固和发展军政军民团结。要加强国际军事安全合作，积极履行同中国国际地位相适应的责任和义务，同世界各国一道共同应对全球性安全挑战，为维护世界和平作出更大贡献。全军要增强忧患意识、危机意识、使命意识，以只争朝夕的精神推进国防和军队现代化，担负起维护国家主权、安全、发展利益的重大责任。

2. 建设一支听党指挥、能打胜仗、作风优良的人民军队

建设一支听党指挥、能打胜仗、作风优良的人民军队，是党在新形势下的强军目标。听党指挥是灵魂，决定军队建设的政治方向；能打胜仗是核心，反映军队的根本职能和军队建设的根本指向；作风优良是保证，关系军队的性质、宗旨、本色。全军要准确把握这一强军目标，用以统领军队建设、改革和军事斗争准备，努力把国防和军队建设提高到一个新水平。要铸牢听党指挥这个强军之魂，坚持党对军队绝对领导的根本原则和人民军队的根本宗旨不动摇，确保部队绝对忠诚、绝对纯洁、绝对可靠，一切行动听从党中央和中央军委指挥。要扭住能打仗、打胜仗这个强军之要，强化官兵当兵打仗、带兵打仗、练兵打仗思想，牢固树立战斗力这个唯一的根本的标准，按照打仗的要求搞建设、抓准备，确保部队召之即来、来之能战、战之必胜。作风优良是我军的鲜明特色和政治优势。要把改进作风工作引向深入，贯彻到军队建设和管理每个环节，真正在求实、务实、落实上下功夫，夯实依法治军、从严治军这个强军之基，保持人民军队长期形成的良好形象。

3. 坚持党对人民军队的绝对领导

坚持党对人民军队的绝对领导是新时代中国特色社会主义基本方略的重要内容，是党和国家的重要政治优势。建设一支听党指挥、能打胜仗、作风优良的人民军队，是实现"两个一百年"奋斗目标、实现中华民族伟大复兴的战略支撑。必须全面贯彻党领导人民军队的一系列根本原则和制度，确立新时代党的强军思想在国防和军队建设中的指导地位，坚持政治建军、改革强军、科技兴军、依法治军，更加注重聚焦实战，更加注重创新驱动，更加注重体系建设，更加注重集约高效，更加注重军民融合，实现党在新时代的强军目标。

4. 抓思想政治建设一刻也不能放松

要始终把思想政治建设摆在军队各项建设首位，使坚持党对军队的绝对领导在官兵思想中深深扎根，确保全军在任何时候任何情况下都坚决听从党中央、中央军委指挥。要加强军队党的建设，确保党从思想上、政治上、组织上牢牢掌握部队。要坚持从政治上考察和使用干部，使枪杆子始终掌握在忠于党的可靠的人手中。要坚持把思想政治建设摆在部队各项建设首位，要始终保持部队建设坚定正确的政治方向。坚持不懈用中国特色社会主义理论体系武装官兵，坚持培养当代革命军人核心价值观，大力弘扬我军光荣传统和优良作风，进一步打牢官兵高举旗帜、听党指挥、履行使命的思想政治基础。要严肃政治纪律和组织纪律，坚决维护党中央、中央军委权威，确保政令军令畅通。

5. 与时俱进创新军事战略指导

必须坚持和发展党的军事指导理论，不断开拓马克思主义军事理论和当代中国军事实践发展新境界。人民军队之所以不断发展壮大，关键在于始终坚持先进军事理论的指导。党的十八大以来，我们党围绕国防和军队建设提出一系列新思想新观点新论断新要求，形成了党在新时期的强军思想。全军要认真贯彻党的军事指导理论，坚持用党在新时期的强军思想武装官兵，引领强军事业不断取得新进步。实践发展永无止境，认识真理永无止境，理论创新永无止境。强军是具有很强开创性的事业，我们要不断适应新形势、应对新挑战、解决新问题，在实践上大胆探索，在理论上勇于突破，不断丰富和发展党在新时期的强军思想，让马克思主义军事理论在强军伟大实践中放射出更加灿烂的真理光芒。

6.军队要能打仗、打胜仗

能打仗、打胜仗是有效履行我军职能使命的根本目标。军队是要准备打仗的，一切工作都必须坚持战斗力标准，向能打仗、打胜仗聚焦。扎实做好各战略方向军事斗争准备，统筹推进传统安全领域和新型安全领域军事斗争准备，发展新型作战力量和保障力量，开展实战化军事训练，加强军事力量运用，加快军事智能化发展，提高基于网络信息体系的联合作战能力、全域作战能力，有效塑造态势、管控危机、遏制战争、打赢战争。要深刻认识军队能打仗、打胜仗根本目标的重大政治意义，强化战斗队思想，把英勇善战、敢打必胜的优良传统发扬光大，确保能够决战决胜，不辱使命。

7.掌握强军打赢的科学方法论

军事辩证法是中国共产党人运用马克思主义立场观点方法思考军事问题的独特创造，是党的军事指导理论的精髓。正确认识和处理好战争与和平的关系，是攸关国家安全和发展战略全局的重大问题，是思考筹划国防和军队建设的逻辑起点。和平必须以强大实力为后盾，能打赢才能有力遏制战争，能战方能止战，准备打才可能不必打，越不能打越可能挨打，这就是战争与和平的辩证法。战争是政治的继续，这是马克思主义战争理论的一个基本观点。筹划和指导战争，必须深刻认识战争的政治属性，坚持军事服从政治、战略服从政略，从政治高度思考战争问题。在战争制胜问题上，人是决定因素。无论时代条件如何发展，战争形态如何演变，这一条永远不会变。同时要看到，随着军事技术不断发展，武器因素的重要性在上升，如果武器装备上存在代差，仗就很难打了。要坚持问题导向，深入研究强军兴军的战略问题，深入研究制约部队发展的瓶颈问题，深入研究官兵关心关注的现实问题，使调查研究同军队中心工作和决策需要紧密结合起来，更好地服务于各级党委决策。

8.改革是决定我军发展壮大、制胜未来的关键一招

深化国防和军队改革，是实现中国梦、强军梦的时代要求，是强军兴军的必由之路，也是决定我军发展壮大、制胜未来的关键一招。要紧紧扭住改革强军不放松，坚定不移深化国防和军队改革，着力解决制约国防和军队建设的体制性障碍、结构性矛盾、政策性问题，深入推进军队组织形态现代化，加快构建中国特色现代军事力量体系。深化国防和军队改革是一场整体性、革命性变革。根据改革总体方案确定的时间表，2020年前要在领导管理体制、联合作战指挥体制改革上取得突破性进展，在优化规模结构、完善政策制度、推动军民融合发展等方面改革上取得重要成果，努力构建能够打赢信息化战争、有效履行使命任务的中国特色现代军事力量体系，完善中国特色社会主义军事制度。

9.建设创新型人民军队

创新是一个国家发展进步的灵魂，也是一支军队发展进步的灵魂。我们这支军队，靠改革创新走到现在，也要靠改革创新赢得未来。创新能力是一支军队的核心竞争力，也是生成和提高战斗力的加速器。必须把创新驱动发展的引擎全速发动起来，善于运用新理念、新思路、新方法推进我军各项建设。要加快形成具有时代性、引领性、独特性的军事理论体系，依靠科技进步和创新把我军建设模式和战斗力生成模式转到创新驱动发展的轨道上来，下大气力推进军事管理革命，努力培养造就宏大的高素质创新型军事人才队伍，大力弘扬创新文

化，激励官兵争当创新的推动者和实践者，使谋划创新、推动创新、落实创新成为全军的自觉行动。

10. 提高国防和军队建设法治化水平

一个现代化国家必然是法治国家，一支现代化军队必然是法治军队。强化法治信仰和法治思维，坚持依法治官、依法治权，领导干部带头尊法学法守法用法，引导官兵把法治内化为政治信念和道德修养，外化为行为准则和自觉行动。构建系统完备、严密高效的军事法规制度体系、军事法治实施体系、军事法治监督体系、军事法治保障体系，坚决维护法规制度权威性，强化法规制度执行力。推动实现从单纯依靠行政命令的做法向依法行政的根本性转变，从单纯靠习惯和经验开展工作的方式向依靠法规和制度开展工作的根本性转变，从突击式、运动式抓工作的方式向按条令条例办事的根本性转变，形成党委依法决策、机关依法指导、部队依法行动、官兵依法履职的良好局面。

11. 建设强大的现代化后勤

强国强军必须强后勤。建设世界一流军队，后勤建设必须跟上，必须实现跨越式发展。后勤保障是战斗力的重要组成部分，是能打胜仗的重要基础。按照打仗要求建后勤、用后勤。一切为了前线、一切为了胜利，是后勤工作的出发点和落脚点。抓紧制定后勤发展战略和联勤保障方案，加快构建具有时代特征和我军特色的后勤建设理论体系。重塑后勤体系，建设联合、精干、高效的后勤。提高后勤管理科学化、法治化、精细化水平。要坚定后勤改革信心，保持韧劲、精确发力、精准落地，加快构建具有我军特色、符合现代军队建设规律的后勤组织模式、制度安排、运作方式。

12. 把武器装备建设搞得更好一些、更快一些

武器装备是军队现代化的重要标志，是军事斗争准备的重要基础，是国家安全和民族复兴的重要支撑，是国际战略博弈的重要砝码。面对新形势新任务，装备建设战略指导必须应时而变、顺势而为。要坚持作战需求的根本牵引，建立健全具有我军特色的作战需求生成机制，增强装备发展的科学性、针对性、前瞻性。要坚持体系建设思想，统筹各军兵种装备发展，统筹各类装备发展，加强标准化、系列化、通用化建设，不断完善和优化装备体系结构，在填补体系空白、补齐短板弱项上下功夫，以网络信息体系为抓手，推动我军信息化建设实现跨越式发展。要坚持创新驱动发展，紧跟世界军事革命特别是军事科技发展方向，超前规划布局，加速发展步伐。要坚持质量至上，把质量问题摆在关系官兵生命、关系战争胜负的高度来认识，贯彻质量就是生命、质量就是胜算的理念，建立质量责任终身追究制度，着力构建先进实用的试验鉴定体系，确保装备实战适用性。要坚持实战化运用，各级指挥员要带头学装、知装、用装，教育引导官兵大胆操作和使用装备，真正让装备活起来、动起来，在体系运用中检验性能、发掘潜能，推动新装备成建制成体系形成作战能力和保障能力。要坚持军民融合深度发展，结合深化改革，加快建立推动军民融合发展的统一领导、军地协调、需求对接、资源共享机制，扎实推动国防科技和装备领域军民融合深度发展。要坚持人才队伍建设优先，放开视野选人才、不拘一格用人才，把国防科技和装备领域打造成国家创新人才的高地、人才成长兴业的沃土，形成各类人才创造活力竞相迸发的生动局面。

13. 构建一体化的国家战略体系和能力

军民融合发展是兴国之举、强军之策。实施军民融合发展战略，是构建一体化国家战略

体系和能力的必然选择，也是实现党在新时代的强军目标的必然选择。把军民融合发展上升为国家战略，是我们长期探索经济建设和国防建设协调发展规律的重大成果，是从国家发展和安全全局出发作出的重大决策，是应对复杂安全威胁、赢得国家战略优势的重大举措。要加强集中统一领导，贯彻落实总体国家安全观和新形势下军事战略方针，突出问题导向，强化顶层设计，加强需求统合，统筹增量存量，同步推进体制和机制改革、体系和要素融合、制度和标准建设，加快形成全要素、多领域、高效益的军民融合深度发展格局，逐步构建军民一体化的国家战略体系和能力。

14. 全面加强新时代军队党的建设

党的领导和党的建设是我军建设发展的关键。全面加强新时代我军党的领导和党的建设工作，是推进党的建设新的伟大工程的必然要求，是推进强国强军的必然要求，关系强军事业兴衰成败，关系党和国家长治久安。面向未来，我军党的领导和党的建设工作必须全面加强。全面落实新时代党的建设总要求，落实新时代党的组织路线，坚持党对军队绝对领导，坚持全面从严治党，坚持聚焦备战打仗，全面提高我军加强党的领导和党的建设工作质量，为实现党在新时代的强军目标、完成好新时代我军使命任务提供坚强政治保证。

15. 努力培养造就能够担当强军重任的高素质干部和人才队伍

加强高素质干部队伍建设，大规模培养高素质新型军事人才，是实现强军目标的战略性要求。要把培养干部、培养人才摆在更加突出的位置，构建具有我军特色的素质培养体系、知事识人体系、选拔任用体系、从严管理体系、正向激励体系，着力锻造忠诚干净担当的高素质干部队伍，着力集聚矢志强军打赢的各方面优秀人才。要牢固树立人才资源是第一资源的理念，深入实施人才强军战略，按照能打仗、打胜仗的要求，构建新型军事人才体系，坚强联合作战指挥人才、新型作战力量人才、高层次科技创新人才、高水平战略管理人才等各方面人才队伍，推动人才建设水平整体跃升。要精准配置军事人力资源，提高岗位专业匹配度，把合适的人放到合适岗位上，使各类人才配置处在最佳状态，形成人岗相适、人尽其才的局面。

健全军队院校教育、部队训练实践、军事职业教育三位一体的新型军事人才培养体系。要坚持院校优先发展战略，全面贯彻党的教育方针，深入研究现代军事教育特点和规律，坚持走以提高质量为核心的内涵式发展道路，坚持面向战场、面向部队、面向未来，围绕实战搞教学、着眼打赢育人才，不断推进教学科研管理创新，不断提高办学育人水平。

16. 坚定不移正风肃纪、反腐惩恶

军队中绝不能有腐败分子藏身之地。军队越反腐越坚强、越纯洁、越有战斗力。要坚决破除"军队特殊论"，坚持有腐必反、有贪必肃，坚持反腐倡廉常抓不懈、拒腐防变警钟长鸣，做到零容忍的态度不变，猛药去病的决心不减，刮骨疗毒的勇气不泄，严厉惩处的尺度不松，让歪风邪气无所遁形，让腐败分子无处藏身。要保持正风肃纪、反腐倡廉的战略定力，坚持严字当头、全面从严、一严到底，不松劲，不松手，不松气，向全军全社会释放坚定而明确的信号。

(二)地位和作用

1. 对马克思主义军事理论的继承与发展

习近平强军思想从坚持和发展中国特色社会主义、实现中华民族伟大复兴的中国梦的战略高度，科学总结我们党建军治军成功经验，着眼军队建设发展全局和新的时代条件，鲜明回答了国防和军队建设面临的重大时代课题，这与毛泽东建设人民军队和强大的国防军的思想，与邓小平提出建设一支强大的革命化、现代化、正规化军队的理论，与江泽民提出政治合格、军事过硬、作风优良、纪律严明、保障有力"五句话"总要求，与胡锦涛集中概括的听党指挥、服务人民、英勇善战的优良传统，一脉相承，是对马克思主义军事理论和毛泽东军事思想的继承和发展。

2. 托起强军梦、中国梦的重大战略思想

实现中华民族伟大复兴，是中华民族近代以来最伟大的梦想。这个梦想是强国梦，对军队来说，便是强军梦。伟大梦想要变为现实，离不开科学理论的指导。习近平强军思想顺应时代发展趋势，明确了党和人民实现强军梦的战略任务和根本要求，是托起强军梦、中国梦的重大战略思想。

为实现中华民族伟大复兴的中国梦提供牢固、安全的基石和强大的战略支撑的必然选择。富国与强军，是实现中华民族伟大复兴的两大基石。提出并实现强军目标，最直接的意义就是强固中国梦的安全基石，为强国提供可靠的安全保障。我们这样一个发展中的社会主义大国，处于资本主义强国主导的国际战略格局之中，越是发展壮大，面临的阻力和压力就会越大，遇到的风险和挑战就会越多，强固安全基石、提供安全保障的重要性和紧迫性就越凸显。同时要看到，提出并实现强军目标还具有带动发展、提升国力等战略作用。国防和军队建设不仅维护国家生存权益，而且增创国家发展利益；不仅生产"安全产品"，而且创造"发展红利"。实现强军目标，必将推动军事高科技发展和高素质军事人才培养，进而带动经济社会发展，为强国提供强大的科技和人才支撑。实现强军目标，必将极大提升国防实力，并通过杠杆效应提升综合国力，产生巨大的综合性溢出效益，大大提升国家的经济、政治、文化和外交影响力，从而使我国在维护世界和平发展中发挥更大作用。

抢占世界军事斗争制高点的必然选择。放眼全球，世界各国竞相推动变革强军，抢占世界军事斗争制高点。面对新一轮世界新军事革命浪潮，我们必须增强忧患意识、危机意识和使命意识，坚持从国情军情出发，坚定不移地走中国特色强军之路。目前，我军正处于机械化建设尚未完成、信息化建设加速发展阶段，国防和军队现代化水平与世界先进军事水平相比还有较大差距，能打胜仗的问题更加凸显。同时，意识形态领域斗争日趋尖锐，官兵成分结构发生重大变化，确保部队政治坚定、纯洁巩固遇到新问题。社会环境趋于复杂，不良风气对军营的影响不容忽视，保持我军光荣传统和优良作风面临严峻挑战。我们只有紧紧围绕强军目标聚焦用力，才能加速追赶世界新军事革命潮流，在抢占军事斗争制高点中赢得主动。

强固我军特有优势、提高打胜仗能力的必然选择。当今世界军事格局是资本主义强国利用其军事技术优势形成的。从近期几场局部战争看，现代战争呈现技术形态信息化、组织形态体系化的特征，世界一流军事强国可以按标准流程组织实施一体化联合作战，其标准化、流程化、精细化达到了相当高的水平，这是他们的重要优势。如果我们亦步亦趋地模仿，就

很难实现超越。在新形势下，我们必须以创新推动非对称制衡能力发展，在军事理论和实践创新中弘扬我军特有优势。回溯历史，我军走过了 90 年光辉历程，贯穿其中的基本经验、永恒主题、根本优势就是听党指挥、能打胜仗、作风优良。

紧紧围绕强军目标建设强大的军队，我们就能在巩固传统优势基础上增强创新优势，掌握打赢未来信息化战争的"金钥匙"。

3. 党在新形势下强军兴军的总方略

习近平强军思想准确把握了我军建设的基础和现状，抓住了建设强大军队的关键，为解决军队建设面临的突出矛盾和问题、加快推进国防和军队现代化提供了强大动力和科学指南，是党在新形势下强军兴军的总方略。强军目标集中体现了我军的根本原则、根本职能、根本性质和宗旨，明确了加强军队建设的聚焦点和着力点。我们要紧紧围绕实现党在新形势下的强军目标，聚焦能打仗、打胜仗，全面加强部队建设。

铸牢强军之魂，确保部队坚决听党指挥。从根本上说，军队的性质和战斗力取决于它所从属的政治力量和领导力量。习近平指出，我军作为执行党的政治任务的武装集团，必须把听党指挥作为军队建设的首要。坚持党对军队的绝对领导，关系我军性质和宗旨，关系社会主义前途命运，关系党和国家长治久安，是我军的立军之本、建军之魂，是我军生命所系、力量所在。在任何时候任何情况下，我军都必须听党指挥，始终铸牢强军之魂，确保部队绝对忠诚、绝对纯洁、绝对可靠。要坚定党对军队绝对领导的政治自信和政治自觉，始终忠于党、忠于社会主义、忠于祖国、忠于人民，一切行动听从党中央、中央军委和习主席指挥。听党指挥不仅要体现在坚决执行党的路线方针政策上，而且要体现在平时不打折扣、不搞变通，坚决贯彻上级的指示要求上。

聚力强军之要，锻造能打胜仗的威武之师。习近平指出，军队首先是一个战斗队，必须坚持一切建设和工作向能打胜仗聚焦。古往今来，不管国际形势、安全环境、战争形态、作战方式怎样变化，准备战争、遏制战争、打赢战争始终是军队的使命任务。人民军队战无不胜的威名就是在一场场大仗、硬仗、恶仗中打出来的。我们必须抓住能打仗、打胜仗这个强军之要，强化官兵当兵打仗、带兵打仗、练兵打仗的思想，按照打仗的要求搞建设、抓准备，坚持军事斗争准备龙头地位不动摇，抓住核心军事能力建设不放松，不断提高部队信息化条件下的威慑和实战能力，确保部队召之即来、来之能战、战之必胜。坚决纠正军事训练中存在的问题，坚持环境求真、内容求难、考核求严、作风求实，不断提高部队实战化训练水平。

夯实强军之基，大力弘扬我军优良作风。作风优良才能塑造英雄部队，作风松散可以搞垮常胜之师。习近平指出，作风优良是我军的鲜明特色和政治优势，必须把作风建设作为一项基础性长期性工作抓紧抓实，永葆人民军队政治本色。我军在长期实践中培育和形成的一整套光荣传统和优良作风，贯穿渗透于军队建设的各个方面和环节，是圆满完成使命任务的独特政治优势，是战斗力构成的重要因素，是我军从胜利走向胜利的重要保证。军队不是也不可能生活在真空中，一些"病菌"也会不断侵蚀军队的肌体。如果我们不能及时解决自身存在的问题，任其发展下去，就会自毁长城。因此，必须以踏石留印、抓铁有痕的狠劲，滴水穿石、磨棒成针的韧劲，逢山开路、遇河架桥的闯劲，把作风建设这项基础性长期性工作抓紧抓实，夯实依法治军、从严治军这个强军之基，永葆我军的性质、宗旨和本色。要坚持领导带头、严字当头，坚决反对形式主义、官僚主义、享乐主义和奢靡之风，旗帜鲜明反对腐败，确保信念不动摇、思想不松懈、斗志不衰退、作风不涣散。

第四章

现代战争

第一节　战争概述

一、战争的内涵

（一）战争的概念

战争是人类社会集团之间为了一定的政治经济目的而进行的武装斗争。它作为一种特殊的社会历史现象，是用以解决政治集团之间、民族（部落）之间、国家（联盟）之间矛盾的最高斗争表现形式，也是解决纠纷的最暴力的手段。战争是极端的行为，一般是主导者为了自己或者集团的利益而发起的，这种获取利益的行为不惜以牺牲生命为代价。

战争依赖于人们的社会生产，又直接影响着社会生产。可以说，战争是国家经济实力的较量，国富兵强是一条基本的客观规律。战争的胜利离不开物质力量的支撑，雄厚的经济实力是赢得战争的重要条件。战争的结局直接关系到一个国家、一个民族的兴衰。

同时，战争也是国家科技水平的竞赛。先进的科学技术成果往往最先应用于军事领域，转化为各种新式武器装备，从而直接推动着战争形式的发展变化。从冷兵器战争、热兵器战争到高技术战争，战争形式的每一次发展演变都体现了科技的力量。从某种意义上讲，人类的战争史也是一部军事科技发展史。

（二）战争的本质

对于战争，历史上人们有着不同的认识，大致可划分为两类：一是不符合客观实际的没有把握战争本质的认识；二是符合客观实际的并反映了战争这一历史事物性质的认识。

前者认为战争的发生、结束都受命于天或神的旨意，甚至把战争说成是人类天性的产物，是与人类相伴随而永恒存在的。这类代表性的观点有自然主义战争论、宗教战争论、种族主义战争论、新马尔萨斯主义战争论、心理决定战争论、地缘政治学战争论、非理性主义战争论、实证主义战争论、多元论战争论以及技术工业决定战争论等，可以说，它们都属于唯心论和形而上学，违背了战争的客观实际，模糊或掩盖了阶级社会战争的实质和产生的根源，缺乏对待战争的正确态度。

后者从辩证唯物主义和历史唯物主义的角度考察战争，认为战争是人类社会发展到一定阶段的产物，当生产资料私有制产生、阶级出现和国家形成以后，才出现掠夺和反掠夺、压迫和反压迫、侵略和反侵略的战争；产生战争的根本原因是对抗性的经济利益冲突，帝国主义、霸权主义是现代战争的根源；战争不是从来就有的，也不是永恒的，最终一定会消亡；彻底消灭私有制和阶级，才能消灭战争根源。战争有正义性与非正义性之分，历史上一切反抗反动统治阶级的压迫、抵御外来侵略、促进社会进步的战争，都是正义战争；一切由反动势力所进行的镇压革命、对外扩张侵略、阻碍社会进步的战争，都是非正义战争。强调拥护正义战争，反对非正义战争。

（三）战争的目的

任何战争都是为了达到既定目的而进行的，具体表现为战争的军事目的、政治目的和经济目的。战争的政治目的是进行战争的阶级、民族和国家在政治上所要达到的根本目标。战争的经济目的是追求一定的经济利益。战争的军事目的、政治目的、经济目的相互关联，融为一体。战争目的集中地表现为战争的政治目的，但达成战争的军事目的是达成政治目的的前提。政治是经济的集中表现。战争的经济目的往往潜存于战争的政治目的之中。不同战争的政治目的和经济目的可能是各异的，但军事目的都是相同的。一场战争，只有达成军事目的，才能实现政治目的和经济目的。不同类型的战争具有不同的目的。被压迫民族和被剥削阶级进行正义战争的目的是反抗阶级压迫和民族压迫，谋求阶级解放和民族解放，保卫国家的独立和领土完整。帝国主义、霸权主义进行的非正义战争是为了实行阶级压迫和民族压迫，为了维护反动统治，为了侵略扩张和争夺霸权。

1.军事目的

战争的军事目的是进行战争的阶级、民族、国家及其武装集团在军事上所要达到的预期结果。战争的军事目的是"保存自己、消灭敌人"，它是战争的根本目的，也是战争的本质。保存自己、消灭敌人是一切战争行动的依据。在整个战争过程中，不论采取什么作战方式、作战部署和作战原则，运用何种武器装备，敌对双方的一切斗争都是围绕着如何保存自己、消灭敌人展开的。"不战而屈人之兵"（《孙子兵法·谋攻》）只是达成战争军事目的的另一种表现形式，它以强大的实力优势为条件，使战争另一方意识到，如果对抗就会被消灭。

2.政治目的

战争的政治目的是进行战争的阶级、民族和国家在政治上所要达到的预期结果。战争是政治的继续，具有明确的政治目的。人类进入阶级社会以后，阶级之间、民族之间、国家之间、政治集团之间的武装斗争都具有政治色彩，战争目的集中表现为战争的政治目的。中国共产党领导的人民革命战争，其政治目的就是推翻帝国主义、封建主义、官僚资本主义在中国的统治，建立独立、民主、自由、繁荣昌盛的新中国。中国抗日战争的政治目的是驱逐日本帝国主义，建立自由平等的新中国。中国人民进行国内革命战争和民族解放战争都有鲜明的政治目的，而政治目的只有通过保存自己、壮大自己和消灭敌人才能达到。

3.经济目的

战争的经济目的是进行战争的阶级、民族和国家在经济上所要达到的预期结果。战争的经济目的是追求一定的经济利益。战争最终是为了达到某个阶级、政党、民族、国家或国家集团的经济目的。原始社会末期部落与部落之间进行战争，是为了争夺生存条件；奴隶主之间进行战争，是为了争夺奴隶、掠夺财富和兼并土地；封建地主阶级之间进行战争，是为了掠夺财富、兼并土地、剥削农民的劳动成果；资本主义列强进行的殖民战争，是为了扩张领土、掠夺资源、倾销产品；帝国主义和霸权主义进行的或支持进行的战争，是为了控制势力范围，争夺经济资源。

二、战争的发展历程

战争武器
进化史

【军武大讲坛】

战争是随着社会的发展而产生和发展的，如按生产力的发展阶段和使用的主要武器装备来分析，至今已经历了自然兵器时代、冷兵器时代、热兵器时代、机械兵器时代、核威胁时代、高新技术兵器时代等几个历史时期。

（一）自然兵器时代

自然兵器时代主要是原始部落之间进行的早期战争。原始社会时期生产力低下，人们过着集体居住、平均分配的原始共产主义生活，有时为了争夺野果、猎物和活动地域，偶尔发生冲突。后来，人口增多，由氏族形成胞族、部落，生产逐渐发展，部落与部落在交往过程中，因利益相同而形成部落联盟，也往往因利益冲突、抢婚或血族复仇而发生战争。由于当时兵器与生产工具没有严格的区分，战争中主要使用石质的自然兵器，即所谓"以石为兵""以玉为兵"。经过战争和其他交往活动，各部落逐渐融合。后来生产进一步发展，出现了农业和畜牧业的社会大分工，手工业也从农业中分离出来，社会的剩余产品和私有财产的成分不断增加，战争俘虏不再被杀掉甚至被吃掉而成为有用的劳动力。中国古代传说的黄帝部落联盟与蚩尤部落联盟、黄帝部落联盟与炎帝部落联盟的战争，尧、舜、禹和三苗部落的战争，古希腊荷马史诗描述的英雄时代的战争，大体上就是这样的战争。这些战争加速了原始社会的瓦解和阶级、国家的形成。

（二）冷兵器时代

冷兵器时代已进入奴隶社会时期。这一时期，社会生产力比原始社会有很大提高，私有制已经确立，阶级已经形成，国家已经产生，军队已经出现，于是常常发生压迫与反压迫、侵略与反侵略的战争。在这个以奴隶主和奴隶为对应关系的社会里，经济以农业生产为主，土地被奴隶主占有，大批奴隶被迫在田野里耕作和从事各种劳动，相互之间产生了尖锐的对立情绪。而奴隶主之间为争夺奴隶、财富和兼并土地也时常诉诸武力，奴隶制国家经过残酷的战争得以逐渐巩固。如，商朝的武丁征服下旨、土方、鬼方等部落的战争，周公镇压殷人夷族部落的战争，商灭夏、周灭商的战争，春秋时期诸侯国之间的战争，齐、晋、鲁等诸侯国内新兴地主阶级武装夺取政权的战争，春秋战国时期柳下跖领导的起义、"国人暴动"，以及古罗马时期斯巴达克斯领导的大规模奴隶起义（公元前73—前71年）战争，等等。与自然兵器时代不同的是，在这一时期，军队所使用的主要武器是铜制的冷兵器，平原、丘陵地作战主要进行车战，作战方法是摆兵布阵，进攻以破阵来实现，防御靠守阵（包括城池）来完成，从而使战争具有了一定的规模，并呈现相应的形态。

（三）热兵器时代

热兵器时代是战争形态的一个革命性时代。这一时期，欧洲、北美正处于资本主义上升时期，逐渐以集中的资本主义工业生产代替分散、落后的农业经济，以雇佣剥削制代替封建剥削制，使社会生产力得到了飞速发展，农民摆脱了封建桎梏，为资产阶级军队提供了大量兵员。此外，随着蒸汽机的发明，大工业的出现，为军队装备了大量的火枪火炮，使战争从冷兵器与火器并用，逐渐转变为主要使用火器。在这一时期，资产阶级出于对内推翻封建统治、对外实行殖民扩张的需要，进行了各种各样的战争，如，英国资产阶级革命时期的国内战争，美国独立战争和解放奴隶的战争，法国革命战争，17世纪英国与荷兰的战争，1756年至1763年英、普同法、奥、俄等国进行的"七年战争"，1840、1900年英、法、俄、德、日、美、意、奥等资本主义国家多次进行的侵略中国的战争，1898年西班牙与美国为掠夺古巴而进行的战争，1853年至1856年俄国同英、法、土耳其、撒丁四国联盟进行的克里木战争，等等。这一时期，中国封建社会内部虽然出现了资本主义的萌芽，但没有进入像西方社会那样的资本主义发展状态，生产力相对落后，对热兵器的应用尚不充分，战争仍处于一种过渡阶段，主要表现为反对殖民者的入侵、农民起义，或维护统治集团利益、封建割据等战争。但从世界战争发展的总趋势看，这一时期因普遍地实行了征兵制和预备兵役制，采用了正规的军、师、旅、团、营、连的编制，并制定了统一的操典、教范和条令，建立了庞大的正规的陆军、海军，陆军中有步兵、骑兵、炮兵、工兵和辎重兵以及各级司令部等，多兵种协同作战，陆战场、海战场的相互配合也都日趋普遍，不仅使战争的形态发生了重要变化，而且战争的规模及战争对社会的影响增大。

（四）机械兵器时代

机械兵器时代是现代战争的重要发展时期，现代战争的主要特征几乎都在这一时期形成。19世纪末20世纪初，社会生产力和科学技术的迅猛发展，导致了新型远程火炮、飞机、坦克等机械化含量较高的现代兵器的出现，并促使了军队结构的更新，从而引发了战争形态的变化。从社会发展的角度来看，这一时期，各主要资本主义国家先后从自由资本主义发展到垄断资本主义，进入帝国主义阶段。垄断资产阶级对本国无产阶级和广大劳动人民剥削的加深，帝国主义列强对殖民地人民的掠夺和压迫的加剧，国际垄断资本集团之间竞争的激化，帝国主义国家经济、政治发展的不平衡和重新瓜分世界的斗争，使资本主义世界矛盾重重，阶级、民族和国家矛盾尖锐复杂，从而引发了一系列世界性战争，如1904年至1905年的日俄战争，1914年至1918年的第一次世界大战，1939年至1945年的第二次世界大战，等等。这一时期，也是无产阶级革命战争和民族解放战争的重要时期，1917年的俄国十月革命战争，两次世界大战期间一些国家和地区的人民争取民族独立的战争，以及中国的抗日战争、解放战争等。随着武器装备的发展及军队编制体制的完善，这一时期参加战争的不仅有陆军、海军，而且有空军；战争不仅在地面、海上进行，而且发展到空中、水下，并呈现出陆、海、空立体作战特征。战争的规模，作战的空间，以及战争的破坏性、残酷性都空前增大。

（五）核威胁时代

核威胁时代是世界战争由全面型向局部型或地区型过渡的一个时期。随着少数国家开发成功以原子武器为代表的核兵器打击系统，并声称将以其作为主导战争的手段，从而使世界处于一种核威慑条件之下。尤其以美苏为代表的两个核大国，在争夺第二次世界大战后的全球主导权中，一度左右着世界局势的发展变化。由于双方均顾虑直接运用核武器所可能导致的灾难性后果，故这一时期在世界各地发生的多起局部战争始终处于一种以核打击作威慑，使用现代新型常规兵器作战的状态。因受这一时期复杂的国际背景条件的影响，尽管世界上曾发生过规模不等、样式各异的近 200 多次战争，但几乎都表现为局部战争，如朝鲜战争、越南战争、中东战争等。这一时期既有霸权主义者之间为争夺势力范围及地区或全球主导权的斗争，又有称霸与反霸、扩张与反扩张的斗争。由于武器装备已基本实现了现代化，且军队的编成方式、组织指挥能力已全面提高，使战争具有更强的立体性和纵深性，诸军兵种合成化及合同作战与联合作战地位日益突出。而受政治、外交、经济等因素的影响，以及战区地理环境条件的限制，这一时期战争的突出特点是有限性，不仅作战的地区相对固定，而且作战的时间、规模、手段，乃至作战的目的等，都受到了某种局限。战役力量编组与使用较为灵活，运用小部队的非正规作战等具有重要作用。战争的结局也或多或少打上了政治解决的烙印。

（六）高技术兵器时代

高技术兵器时代是战争发展的新时期。20 世纪 80 年代以来，世界战略格局经历了几次大的调整后，中西方都进入了战争的一个新的发展时期。在第三次工业革命浪潮的冲击下，以及在以计算机技术为核心的高新技术的影响下，武器装备趋向了智能化，并由此极大地提高了军队战场精确打击与远距离打击能力，使得战争发生了有别于以往任何时代的巨大变化。在这一时期，尽管和平与发展已成为时代主题，但强权政治和霸权主义并不因此而甘示弱，第三世界广大国家反霸斗争更为艰巨复杂，多极化道路一波三折，由此，屡屡出现形态各异的高技术局部战争。如，发生于 20 世纪 80 年代的英阿马岛战争、美军入侵格林纳达战争、美军入侵巴拿马战争，发生于 20 世纪 90 年代的海湾战争、波黑战争、科索沃战争等。这些战争体现了高技术局部战争的许多新特点，如，战场空间进一步拓展，并呈现出海、地、空、天、电多维一体和不规则流动状态；作战力量结构更加复杂，技术军（兵）种地位突出，整体协调与保持系统平衡更加重要，并注重实施联合作战；作战样式多，作战方式及手段运用更加灵活，电子、火力、机动形成一体；空中打击成为战争的重要表现形式，且注重运用多种技术手段达成战役、战略目的；作战指挥机构趋向联合型、扁平化，指挥方式全局性增强、灵活性大，手段日趋自动化、智能化；等等。中国也在关注世界近期发生的几场高技术局部战争，并在研究总结其经验教训的基础上，努力提高对未来战争的认识，并立足实战要求，将实兵演练与理论研究相结合，探讨高技术局部战争条件下制胜强敌的招数。

第二节　新军事革命

一、新军事革命的内涵

军事革命，是指人类历史上因社会技术形态、政治形态的重大变化而导致整个军事形态的划时代质变。新军事革命，特指在工业社会走向信息社会的时代，以信息技术为核心并得以广泛应用，从而引起军事领域武器装备、军事理论和组织体制等一系列的根本变革，导致彻底改变战争形态和军队建设模式的一场革命。其主要标志是信息化武器系统逐渐主宰战场，出现知识密集型的信息化军队，主要采用一体化联合作战方式，军事理论及其体系彻底革新，其实质是军事技术、武器装备、军事理论、组织结构、军事人才等方面的整体跃升，实现军队建设和战争形态的根本转变。

世界新军事革命最强大的动力来自以信息化为基本要素的大量先进武器装备。一是精确制导武器。主要有对地攻击战术导弹系统，包括反坦克导弹、空地反辐射导弹、巡航导弹、联合防区外空对地导弹等；对舰攻击导弹系统；防空系统，包括机动战术防空导弹、便携式防空导弹。精确制导武器的发展将呈现出精度高、射程远、隐性化、智能化等信息化特点。二是信息化作战平台。信息化作战平台是指安装有大量电子信息设备的高度信息化的作战平台，如信息化的飞机、舰艇、坦克、装甲车辆等。信息化作战平台是武器系统的重要组成部分和发挥作战效能的重要因素。根据作战功能可分为陆上信息化作战平台、海上信息化作战平台、空中信息化作战平台和太空信息作战平台。这些武器系统并没有摆脱机械化战争时期的武器平台，但这些武器系统已经不是传统意义上的独立兵器，而是信息作战系统网络结构的节点，各平台通过 C^4ISR 系统联结，构成一体化信息作战体系。未来作战平台的发展将出现高度信息化、隐形化、轻型化和小型化、智能化、无人化等趋势。三是综合电子信息系统一体化监视。综合电子信息系统一般由传感系统、导航系统、指挥中心和通信系统组成。从各国的情况看，综合电子系统的发展趋势是，继续大幅提高信息获取、处理和使用能力，实现一体化无缝链接，提高生存能力。四是信息战武器系统多样化。信息战武器分为软杀伤和硬杀伤两种，具体有计算机病毒、预置陷阱、电磁脉冲武器（利用电磁能对敌方的电子信息系统进行干扰、破坏乃至摧毁的武器）。五是新概念武器系统进入实用化。如美国的激光武器、电磁脉冲武器、失能武器等，英国的钢化塑料坦克及配备的电磁炮，俄罗斯的等离子武器、激光武器、近程战术高功率微波武器等。六是新型核武器系统的实战化。20 世纪 80 年代以后，美国、俄罗斯等国开始研制的第四代核武器，称为剪裁效应弹，可根据需要增强某种核爆炸效应或使核爆炸能量定向发射，如中子弹、冲击波弹、感生辐射弹等。

在这场世界新军事革命的浪潮中，军事理论已表现出超前创新的特点。军事理论创新十分活跃：一是形成了以打赢信息化战争为核心的战争和战略理论；二是形成了以联合作战、非对称作战、信息作战为主体的作战理论；三是以"全能军队""职业化军队""系统集成"为代表的军队建设理论。军事理论研究手段新颖，采用了许多新措施、新方法：一是社会各界积极参与；二是广泛采取现代科技手段和方法；三是用法规方式物化理论创新成果。以军事理论创新为先导,积极推进军事变革,努力抢占世界军事竞争的制高点已经成为一种世界性潮流。美军就是为了适应"第三次浪潮战争"的需要才提出了"空地一体"作战理论的,并以这一理论为指导研发了大量先进武器装备,推进了军事变革。

组织变革是世界新军事革命的核心内容,调整改革军队体制编制是实现人和武器有机结合,最终完成新军事革命的关键。世界各国高度重视重组优化军队内部结构,促使军队体制编制朝着精干、合成、高效的方向发展。主要表现在军队规模小型化,力量结构集成化(组建新型部队、实现模块化编组、提高合成化程度),指挥体制扁平化,后勤保障社会化(建立军民一体的国防采办体制,后勤保障体制实现社会化)。在新军事革命中,军事组织革命的最终目的就是要在军事技术革命和军事理论革命的基础上,通过军队建设思想、体制编制形成、组织体制等方面的变革,建立一支适应未来信息化战争需要的,掌握各种信息化武器装备的小型、合成、高效的信息化军队。

二、新军事革命的发展演变

回顾人类历史,迄今为止已经发生三次重大军事革命。第一次是冷兵器战争向热兵器战争的转变,即火药化军事革命;第二次是热兵器战争向机械化战争的转变,即机械化军事革命;第三次是信息化武器逐渐主宰战场,建立信息时代军事体系的信息化军事革命,即正在发生的新军事革命。这场新军事革命发端于20世纪五六十年代,历经60多年的发展,已形成一股强劲的世界潮流,深刻地影响和改变着战争形态和世界军事面貌。

(一)萌芽阶段

最具代表性的是20世纪五六十年代的朝鲜战争和越南战争。在朝鲜战争中,以美国为首的所谓"联合国"军,使用了当时比较先进的飞机、坦克、航母等武器装备。其中最为突出的是F-86喷气式战斗机,这是二战以来的换代产品,是第一代喷气式飞机,它在时速、火力和作战半径等方面超过了以前的飞机,我志愿军在苏联的支援下也使用了苏制米格-15喷气式战斗机,所以空战情形有了较大的改观。

在越南战争中,美军在作战中投入了大批新式武器,如F-105、F-111和B-52轰炸机,运用了"百舌鸟""响尾蛇"新式导弹和激光制导炸弹等。激光制导炸弹在作战中首次使用就显示了神奇的威力,当时美军用普通炸弹轰炸越南清化大桥,出动近600架次飞机,投弹数千吨,也没有炸毁大桥,当在战争后期使用激光制导炸弹后,只用了12架次就将大桥炸毁。这次战争中还运用了电子战飞机与机载电子干扰设备实施了广泛的电子干扰,为后来的大规模电子战勾画了基本轮廓。可以说从越南战争起,以后的战争几乎都伴随着激烈的电子战。地面作战首次使用了武装直升机,美成立了陆军航空兵第一空中骑兵师。在越南战场上投入使用了4000多架次,创造了直升机蛙跳技术,提高了部队的机动作战能力,是直升机运用的一次创新。之后世界许多国家开始重视直升机的发展和运用,截至目前,已有130个国家和地区装备直升机,30多个国家建立了陆军航空兵。

(二)初期发展阶段

最具代表性的是20世纪七八十年代的第四次中东战争和马岛战争。第四次中东战争是埃及和叙利亚与以色列之间的一场战争，由于美、苏分别为作战双方提供了一些高技术武器装备，所以高技术特点比较明显，具体表现在：导弹战比较明显，双方损失的340架飞机、300多辆坦克大部分是被导弹击毁的，这预示着精确制导武器将主导战场；首次利用卫星进行战场侦察，使天战这一崭新的方式脱颖而出。美国发射了18颗侦察卫星，苏联发射了10颗，分别向以色列和埃及提供情报支援。卫星首次投入战场就发挥了重要作用。在战争初期以色列曾处于十分不利的地位，后来美国的"大鸟"侦察卫星侦察到在埃及的后方第2、3军团结合部之间有一段宽达10多千米的空隙，美国迅速将这一情报提供给以色列，以色列利用这一空隙切断了埃及的退路，从而摆脱了不利的境地，反败为胜。这说明卫星的空中支援已成为作战的一个重要内容。

1982年4月爆发的英阿马岛战争，是一次高技术条件下的海空联合作战。在战争中第一次大规模地集中使用制导武器，交战双方共投入17种类型的战术导弹、制导鱼雷和制导炸弹进行对抗。由此改变了传统的"巨舰大炮"对抗的海战方式，在作战中制导武器发挥了重要作用。阿根廷有73架飞机被英军导弹摧毁在空中，占空中击毁总数的84%，英军先进的"谢菲尔德"号驱逐舰和"大西洋运送者"号大型货船以及其他十几艘舰船都毁于阿根廷"飞鱼"导弹之手。

众多高技术兵器的使用，加上空地、空海一体的高技术兵器对抗和具有突出作用的电子对抗，使上述两场战争具有高技术战争的明显特征。

（三）形成阶段

最具代表性的是海湾战争。这场战争是以伊拉克入侵科威特而引发的。1991年1月，以美国为首的由30多个国家的军队组成的多国部队，对伊拉克发动了陆空联合作战，作战中，多国部队全面、综合地使用了高技术兵器，其范围遍及陆海空各个战场，而且在作战方法上也有许多新的突破，使战争完全呈现高技术形态。

这次战争一改过去以地面作战为主的方式，以空中打击为主，空战中使用精确制导弹药虽然仅占总投弹量的9%，却炸毁了70%～80%的目标，起到了战争的主角作用。空战中还有一个创举，那就是巡航导弹进入了空中打击的行列，多国部队共发射了200多枚"战斧"巡航导弹实施远程打击。进行大规模的电子战，多国部队投入电子战部队人数达5000多人，电子战飞机和预警机200多架，从战前到结束进行了全方位的电子干扰。多国部队使用了先进的C3I作战指挥系统，投入战场的计算机就达3000多台，确保了快速、准确的信息传递。使用了大规模的高性能侦察器材，美国共动用了30多颗卫星，130多架侦察机以及大量的侦察器材，进行了地、空、天覆盖性侦察，保证了及时可靠的情报来源。使用了多种新型的夜视器材，使夜战的地位和作用有了显著的提高，形成了连续作战的能力。

总之，高技术局部战争是人类生产方式从工业时代向信息时代转换在军事上的反映，是当代战争发展的一次历史性飞跃，其产生和形成具有必然性，是战争发展的历史逻辑在当代的反映。作为人类战争历史轨迹上承前启后链条中的一环，高技术战争一端承接着工业文明时代的传统意义的战争——机械化战争，另一端连接着人类社会文明形态出现质变背景下的具有全新内涵与外延的新型战争——信息化战争。高技术战争演变的轨迹预示着未来战争发展的方向。应该看到，当代战争的重大转变还未完成，还将进行更深刻的变革。今后，随着高技术的突飞猛进，信息化生产方式的发展，全球一体化进程的深化，战争的政治内容、暴力形式，甚至战争内涵本身都将被赋予全新的内容，出现更新的战争形态。

三、主要内容

进入 21 世纪以来，新军事革命进入加速和深化发展的关键阶段，呈现出许多新的特征。

（一）武器装备性能发生质的飞跃

军事高技术

【军武大讲坛】

武器装备是军事斗争的基本工具，是军队现代化水平的主要标志。军事革命的发生通常始于武器装备性能发生质的飞跃。自 20 世纪 90 年代以来，随着军事高技术特别是信息技术的广泛运用，武器装备的信息化水平不断提高，作战性能大幅跃升，使战争面貌发生深刻变化，推动世界新军事革命深入发展。

1.军事高技术发展日新月异

军事技术进步是军事革命发生的原动力。以信息技术为核心的高新技术的发展，为新军事革命提供了前所未有的技术条件。世界主要国家重点发展的军事高技术有四大类：一是以微电子技术、光电子技术、计算机技术等为代表的军事信息技术；二是以复合材料、生物材料、纳米材料等为代表的军事新材料技术；三是以核能、新型高能量密度材料和能量束为主的军事新能源技术；四是以军事航空航天技术、军事海洋技术及军事生物技术为代表的综合性技术。这四大类军事高技术群，既包括支撑高技术武器装备发展的共性基础技术，如军事信息技术、新材料技术、新能源技术等，也包括直接用于武器装备并使之具有某种特定功能的应用技术，如侦察监视技术、信息战技术、精确制导技术、航天技术、伪装与隐身技术、自动化指挥系统技术、核生化武器技术、新概念武器技术等。

2.常规武器装备信息化水平显著提升

高新技术的开发和军事应用，使武器装备不断更新，信息化水平显著提升。武器装备的信息化，是指主战兵器（平台）通过利用计算机技术、信息技术、微电子技术等高新技术，使其不仅具备作战功能，而且具备信息探测、传输、处理、控制、制导、对抗等功能，体现出智能化、网络化、一体化等特点。世界大国军队均按照"信息主导"和"系统集成"的思路转变技术形态，大量运用高新技术研制和列装新一代主战兵器，并加大对旧有武器的信息化改造，使常规武器装备的信息化水平显著提升。

3.新概念武器登上军事舞台

在以军事信息技术为代表的高新技术群不断获得发展的同时，新概念武器领域的技术突破也令人瞩目。新概念武器是指在工作原理和杀伤机制上有别于传统武器、能大幅度提高作战效能的新型武器。主要包括定向能武器（如激光武器、微波武器、粒子束武器）、动能武器（如动能拦截弹、电磁炮）和非致命性武器等。特别是高超音速武器和以激光技术为代表的定向能武器的发展异常迅速。这些技术与信息技术相结合，将使军队作战方式发生革命性变化。

(二)战争形态加速向信息化演进

军事高新技术及武器装备的发展和应用,使作战方法和战争面貌发生了革命性变化,推动战争形态由机械化战争向信息化战争演变。信息化战争,是指依托网络化信息系统,使用信息化武器装备及相应作战方法,在陆、海、空、天和网络电磁等空间及认知领域进行的以体系对抗为主要形式的战争,是信息时代战争的基本形态。从海湾战争、科索沃战争、阿富汗战争、伊拉克战争到利比亚战争,充分体现了战争形态的发展演变。随着高新技术的发展和军事革命的不断推进,现代战争面貌将进一步向以信息化为基本特征的方向发展。

1.信息技术成为战争制胜的主导因素

信息化武器装备是信息化战争赖以进行的物质基础。从作战能力的角度看,武器装备信息化所带来的最主要变化,就是信息以及信息技术成为战争制胜的主导因素。在信息主导下的火力打击、战场机动和指挥控制,能够使军队的杀伤力、机动力和组织力获得了数十倍甚至上百倍的提高。正因为如此,"制信息权"应运而生,夺取"制信息权"成为现代战争制胜的关键环节。

(1)信息主导火力打击。机械化战争时代,各种枪、炮的射程和爆炸威力不断增加,可是由于精度的限制,杀伤力的提高相对缓慢。而信息技术应用于军事,出现了精确制导武器,能够实现弹道的精确控制和修正,使杀伤威力和作战效能提高了数十倍甚至上百倍。据统计,第二次世界大战期间,坦克炮手往往要发射数百发炮弹才能击毁一辆坦克;而海湾战争中,美国的 M1A2 坦克由于装备了计算机火控系统,大多数炮手都能实现首发命中。

(2)信息主导战场机动。现在很多汽车都装有 GPS 导航系统,只要知道目的地,导航系统会自动规划行驶路线。在信息化战场上,飞机、军舰、坦克等都装备有先进的导航定位系统,可以实现信息主导下的战场机动,作战效能大大提高。美军曾经做过实验,用 M1A1 坦克和 M1A2 坦克进行战场机动的比较。这两种坦克的动力和底盘基本相同,但 M1A2 坦克加装了综合图像显示屏、导航定位仪等信息装备,具有实时态势感知能力,能够自动选择最短的路线。两种坦克同时向一个目标攻击前进,结果 M1A2 坦克可以比 M1A1 少走 10% 的路程,少用 42% 的时间。

(3)信息主导指挥控制。在以往的战争中,战场指挥最大的困难,就是情况不明,不知道"敌人在哪里,友邻在哪里",甚至不知道"自己在哪里",犹如身陷"战争迷雾"之中。此外,通信不畅,信息不能上传下达,也是战场指挥的一大难题。而信息化战场上,通过先进的 C^4ISR 系统,可在一定程度上驱散"战争迷雾"。掌握信息优势的一方,甚至可以实现战场"单向透明"。利比亚战争中,北约出动了 E-3D 预警机,可以监视几千平方千米的陆地,探测出利比亚军队防空火炮和导弹阵地的位置,对其部队的调动进行实时监控,指挥和引导北约战机进行精确空中打击。

2.体系对抗成为战场较量的鲜明特征

战争是交战双方综合国力的较量,是战争力量体系的整体对抗。随着信息网络技术的日趋成熟和广泛运用,政治、经济、军事、外交、宣传等不同领域的战争力量要素可以更加紧密地联系在一起,形成整体合力。这使得信息化战争呈现出更加鲜明的体系对抗特征。

(1)作战力量趋向一体融合。随着信息化武器装备的广泛运用,分散配置和部署的各种作战力量可以通过战场信息系统实现实时的互联互通，行动上融为一体。从近几场局部战争来看，美军与北约盟国之间已经可以实现多国之间、多军种之间较为顺畅的联合作战。在击毙本·拉登的"海王星之矛"行动中，美军调用了太空中的 35 颗卫星和 40 余架飞机进行全方位、多环节的精确协同，使直接参加行动的特种部队与其他相关部门融为整体，达成了行动目标。随着军事信息技术的发展，战争力量将进一步趋向一体融合，军事力量与非军事力量之间的配合将更加紧密，军事行动将呈现出"小目标、大部署""小行动、大融合"的特点。

（2）战场较量依赖体系对抗。近几场局部战争的实践证明，如果没有作战体系的保障和支撑，再先进的武器装备也根本无法发挥战斗力。在科索沃战争中，南联盟空军司令亲自驾驶米格 -29 战斗机作战，刚一起飞就被北约战机的导弹击落。未来战争中，由于战争力量各要素之间一体融合，体系对抗的特征将更加突出。

（3）战争力量运用呈现综合性和总体性。当代局部战争政治目的有限、规模有限，致使战争的胜负观发生了显著变化。避免大规模杀伤，以较小代价达到战争目的，成为战争指导的首要和最佳追求。因而，攻心夺志、经济制裁、金融战争、道义制高点的争夺等非军事手段在战争中的作用地位日益上升。战争力量运用的综合性和总体性超过以往任何时期。

3. 精打要害成为作战指导的重要着眼点

由于信息化武器装备性能的大幅提高，军队的作战能力产生了质的飞跃，这也使得作战手段和方式发生了革命性变革，并对作战指导产生了直接影响。

（1）作战手段趋向"精确可控"。"精确可控"是指在信息系统支撑下，精确选择打击目标，精确使用作战力量，精确控制打击力度，精确评估打击效果。在伊拉克战争中，美军只轰炸了足以使伊军的指挥控制系统和防空系统瘫痪的少数节点，并没有对伊拉克的电力设施进行大规模轰炸。这样一方面减少了对平民生活的影响，便于战后重建，另一方面也节约了作战资源。未来战争中，从作战效果出发，选择最有利于达成战争目的的要害目标进行精确打击，将成为作战行动的基本要求。

（2）作战目标由歼敌有生力量转向结构破坏。信息化战争的作战指导思想是重点打击和破坏敌方作战体系，力求切断其"神经"，打掉其"大脑"，实行"结构破坏战"。从近几场局部战争看，美军在战争初期，重点打击的不是敌人的重兵集团，而是根据"五环目标理论"，首先打击敌方的指挥控制系统，甚至动用"斩首"战术，直接击杀敌方领导层。海湾战争中，美军首轮空中打击的目标就是伊军的指挥控制系统、发电设施、电信部门以及防空系统，这些是伊军的"神经中枢"，这种战法是典型的"结构破坏战"。伊拉克战争中，美军则以"斩首"行动拉开战争的序幕，目标直指萨达姆等伊拉克领导层。从 2014 年以来，北约打击"伊斯兰国"极端组织的行动，也是以打击其重要首脑人物和关键设施对敌方施压，削弱和摧毁敌方的抵抗意志。未来信息化战争中，以打击要害和结构破坏为主，力争在短时间内以较小的代价粉碎敌方的抵抗意志，将成为作战指导思想的重要着眼点。

（3）作战进程由"顺序作战"转向"并行作战"。"顺序作战"是指传统上区分为明显阶段性的作战，如依次进行火力准备、地面部队的集结与开进、第一梯队发起攻击，等等。"并行作战"是指运用各种作战力量，同时打击敌方前沿和纵深的要害目标。伊拉克战争中，美英联军就首次运用了"并行作战"的方式。按照以往的经验，美军的作战行动都有一个独立的空中打击阶段，如海湾战争的空袭行动持续了 38 天，此后才发起大规模地面作战。而伊拉克战争中，美英联军在发起大规模空袭的同时，地面部队就长驱直入，直扑巴格达，空中打击与地面行动同时实施，这就是比较典型的"并行作战"。这种方式的最大优势，就是能够取得"震慑"效果，加快作战节奏，使敌方来不及调整部署，始终处于被动挨打状态。

4. 争夺多维空间综合制权的斗争日趋激烈

与机械化战争相比，信息化战争的显著特征之一，就是战场空间从有形拓展到无形，从传统的陆、海、空三维空间，拓展到太空、电磁、网络及心理认知等新领域，呈现出全维多域的景象。从未来发展看，新型作战领域的战略地位将更加突出，争夺制权的斗争将空前激烈。

（1）战场空间趋向全维多域。从最近发生的几场局部战争来看，虽然双方直接交战的陆海空战场范围有限，但由于信息网络技术的高度发达，加之远程作战平台的大量运用，使作战空间急剧扩大，战场将不再局限于有形可见的物理空间，也不仅局限于直接交战的作战区域，而是波及交战双方的整个国土纵深、太空领域、电磁网络空间，以及全体国民的心理与认知空间。首先是太空领域。太空已成为 21 世纪的战略制高点，谁夺取了制天权，控制了太空，谁就可以进一步夺取制空权和制海权，并最终赢得战争的胜利。其次是电磁空间。电磁空间看不见、摸不着，却极为重要，交战双方为争夺制信息权，往往首先开始在电磁空间进行较量，并贯穿战争始终。再次是网络空间。计算机和信息网络的出现，极大地提高了军队作战效能，也使战场对抗延伸到这一领域。俄格战争中，俄罗斯就曾经成功地对格鲁吉亚进行了病毒战。当俄军对格鲁吉亚的军事行动全面展开后，格鲁吉亚几乎所有的官方网站都已瘫痪，媒体、通信和交通运输系统也陷入瘫痪之中，直接影响了格军的作战调动。最后是心理认知领域。信息化战争中，由于信息传媒技术的发展，"攻心夺气"的手段大大增加，地位也更加重要。美军通过近几场局部战争的经验认为："一个心理战'画面'的效果可能超过一千辆坦克的威力。"可以预见，心理战在未来将成为一种重要的战略手段。

（2）新领域的较量空前激烈。信息化战争中，主动权的争夺在军事上直接体现为对战场空间的控制，形成了包括制天权、制海权、制空权、制电磁权、制网络权等在内的制权体系。每一种制权夺控与其他制权夺控都紧密相关，相互影响，其中夺取制信息权是重中之重。从时间上讲，双方在战前就会在太空领域、电磁空间乃至心理空间展开激烈较量，对敌方进行情报侦察、目标定位、电磁压制，特别是对敌方民众进行战略心理战，以夺取宣传舆论优势，争取己方民心。美俄等国对太空、网络、电磁、心理等新型作战领域极为重视，大力发展相应领域的新型作战力量。美军已分别建立太空部队司令部和网络空间司令部，下辖有专门的太空及网络战部队，并准备进一步扩编；俄罗斯于 2001 年正式成立"天军"，印度也积极酝酿将空军转变为"空天军"。可以预见，未来争夺多维全域战场空间控制权的斗争将空前激烈。

5. 非对称、非接触、非线式作战成为作战行动的主要样式

随着科学技术的迅猛发展和大量高新技术在军事领域的应用，武器装备在打击距离、命中精度、毁伤威力、机动性能等方面有了极大提高，使传统的作战行动方式发生了深刻变化。从近期几场局部战争来看，由于交战双方在装备水平上具有较为明显的"代差"，作战行动呈现出典型的"非对称"特点。同时，军事强国还往往发挥远程精确打击和战场机动的优势，实行非接触作战和非线式作战，企图以较小的代价迅速达成作战目的。从发展趋势来看，"三非"作战正日益成为现代战场上一体化联合作战的主要样式。

（1）非对称作战，亦称不对称作战，是指交战双方使用不同类型的部队、不同的作战手

段和方法进行的作战。其实质是"以己之长，击敌之短"，充分发挥己方优势，寻找和扩大敌人的弱点，最终以较小的代价获取较大的战果。从战争发展史来看，非对称作战早已有之，如在作战方法上"以能击不能"，"你打你的，我打我的"，都是非对称作战的具体表现。在现代战争中，由于"技术差"的存在，非对称作战的特征更为突出。科索沃战争中，北约集团主要以空中力量对南联盟的地面部队和重要目标进行了 78 天的猛烈空袭，南联盟由于缺少有效的对抗手段，最终只好俯首称臣，按照北约的条件结束战争。另外，实力处于劣势的一方也可以对优势之敌采取非对称作战。"基地组织"出其不意地发动"9·11"恐怖袭击，使美国本土遭受自"珍珠港事件"以来最沉重的一次打击。阿富汗战争中，塔利班武装利用复杂地形不断以游击战的方式对美军频繁采取袭击行动，都显示了非对称作战的巨大威力。

（2）非接触作战，是指在敌主战兵器有效还击范围之外对其实施打击的作战。其实质是剥夺对手的有效还击能力，以最小甚至零伤亡的代价迅速实现作战企图。非接触作战是武器装备信息化的产物，超视距精确制导武器系统、陆海空天一体化的监视侦察系统和信息化指挥控制系统是实施非接触作战的三大支柱。非接触作战具有快速机动、精确打击、全纵深作战、易攻难守、速战速决、伤亡代价小等优点，极易陷对手于被动，宜于在战争初期采用。伊拉克战争中，美军地面部队的主要战斗行动既有短兵相接的接触作战，也有以远程精确打击为特征的非接触作战，而消灭伊军的主要形式是非接触作战。俄罗斯学者斯里普琴科认为，美军以接触的形式包围了敌人，却把敌人限制在不利于进行近战的距离内。接着进行了高精度的打击，从而彻底消灭了被包围的敌人。实施非接触作战，强调己方的作战部署位于对手的作战能力之外，打击区锁定在对手的作战能力范围内，要求在整个对抗过程中塑造"我看得见你，你看不见我""我打得着你，你打不着我"的战场态势，使对手始终处于被动挨打的状态。

（3）非线式作战，是根据统一的意图，在战场全纵深不规则地展开作战力量，实施作战方向、地点不固定的作战。非线式作战的特点是：战场流动性大，兵力密度小，结构不规则，作战行动十分灵活，交战双方的前后方界限模糊，没有完整、稳定的作战线，很少在某一地区反复争夺；没有严格的前方、纵深、后方之分，前沿的意义下降，战役战斗将在全纵深同时展开。在海湾战争、科索沃战争和阿富汗战争中，美军都实施了非线式作战。阿富汗战争中，美军特种部队在空中力量的掩护下，向阿富汗境内多个战略要地发起突袭行动，作战行动在多个城市同时展开，多个战线相互交错。这种作战样式，彻底打破了传统的前后方概念，使塔利班的军队防不胜防，很快就丧失抵抗能力。

（三）新的军事理论层出不穷

军事理论创新，既是世界新军事革命的重要内容，也是这场革命深入发展的内在推动力。通过理论创新牵引军队发展、指导战争实践，已成为军事强国的普遍做法。在世界新军事革命的大潮中，军事强国一方面根据武器装备性能的变化特别是战争实践，不断提出新的战争理论和作战理论，另一方面又用创新的军事理论牵引武器装备发展和军队信息化建设，引领战争形态向更高阶段迈进。

新军事革命

【军武大讲坛】

1. 以信息化为特征的战争与战略理论

信息化战争与战略理论,既是信息时代军事理论的基石,又处于军事理论创新发展的最高层次,对各国军队建设有强大的牵引和导向作用。伴随着新军事革命的蓬勃开展,世界各主要国家掀起军事理论创新热潮,以信息化为特征的战争和战略新理论层出不穷。其中,在世界范围内影响较大、具有一定代表性的主要有美军的"战略瘫痪"理论、"混合战争"理论和俄军的"第六代战争"理论。

(1)"战略瘫痪"理论。这一理论于 20 世纪七八十年代由美国退役空军上校约翰·博伊德和约翰·沃登等人系统阐述,为美国政府所吸纳并用于实战。1986 年,约翰·博伊德在其《冲突的样式》一书中,系统阐述了以 OODA(观察、判断、决定和行动)循环理论为核心内容的"瘫痪战"思想。这一思想认为,通过多个目标和欺骗行动造成敌人的恐慌和混乱,使美军在自己选择的合适时间和地点投入交战,使敌人在不能选择的不合适的时间和地点被迫投入交战,造成其在心理上和精神上的完全不能适应,从而导致心理和精神上的崩溃与瘫痪。此后,约翰·沃登作为博伊德的学生,在 1988 年出版了《空中战役》一书,提出了"五环目标理论",即把敌方看作一个系统,依据敌方军政系统各个组成部分的不同地位与作用,由内至外地打击敌方五个战略环:第一环为领导层,第二环为系统关键要素,第三环为基础设施,第四环为民众,第五环为军队。作战时围绕五环结构,选择打击目标,重点打击领导层这个靶心。沃登认为,在作战过程中,通过不断微分这些环,就可以使各环之中和之间的重心显露出来,一旦对这些显露出来的重心进行攻击,就会使敌人的作战系统全部或部分陷入瘫痪状态。

"战略瘫痪"理论的主要着眼点有三个。一是突破歼灭战、消耗战传统思维模式,追求以小的代价达成战略速胜;二是突破传统的作战模式,将敌人看作一个系统,追求打重心、打关节来使对方瘫痪;三是突破以消灭敌人有生力量为主的制胜模式,注重削弱敌人的抵抗意志,以最小的军事代价获取最大的政治效益。这一理论已经在海湾战争、阿富汗战争、伊拉克战争等局部战争中得到运用。海湾战争中,美军制定的"迅雷"作战预案就是旨在打击伊拉克的重心,将战略目标划分为领导机构、关键生产设施、基础设施、野战部队等四类。在作战中,美军始终将伊军的领导机构作为首要打击目标,空袭之初就对包括巴格达在内的伊军指挥控制机构实施了综合火力突击。伊拉克战争中,美军视萨达姆本人及其官邸为高价值目标,进行"斩首"行动,这是战略瘫痪理论的一次成功实践。

(2)"混合战争"理论。2007 年 12 月,美国海军陆战队退役中校弗兰克·霍夫曼在其《21世纪冲突:混合战争的兴起》一书中首次提出"混合战争"理论。该理论认为,由于全球化的影响和技术扩散等原因,美军正面临由常规军事能力、非常规军事能力、恐怖袭击以及犯罪活动交织而成的"混合威胁"。相应地,未来战争也不再是单一模式,而是多种模式结合、界限更加模糊、作战样式更趋融合的混合战争。"混合战争"结合了传统战争的致命性和非常规战争的长期性,是传统战争和非常规战争的高度混合体。

"混合战争"理论的主要内容,既包含对美国安全环境的新判断,又有对传统战争理论的反思。在阿富汗战争和伊拉克战争中,美军凭借自身在技术、信息、资金、装备等方面的绝对优势,轻松取得了初期的胜利,但在战后制止冲突、扶植政权、维护稳定的行动中,却在塔利班和伊拉克反美武装的打击下伤亡惨重。在付出了沉重的物质代价、承受了巨大的战争伤亡之后,美国并未得到其想要的效果,反而出现了恐怖分子"越打越多"、反恐战争"越反越恐"的局面。美军的传统战争理论在混合威胁面前束手无策，迫使美军反思其传统的战争指导理论。"混合战争"理论强调战争的复杂性，认为以往美军战争理念中的"技术制胜论"干扰了正确的战略思维。霍夫曼认为，美国的信息优势无法消除"战争迷雾"，因而必须由依靠"技术制胜"转到依靠"综合应对"，这样才能打赢混合威胁的战争。同时，霍夫曼强调，美军以往遵循的"基于效果作战"理论只注重消除敌方战斗力、打击敌人的抵抗意志，而不是从物理上将其摧毁，消灭其有生力量，这就使敌方力量得以保存。因此，在指导作战时应当由"基于效果"转变为"基于目标"，根据战争的最终目标筹划战争行动，这样才能有效地消除各种混合威胁。

"混合战争"理论一经提出，便引起了外界的极大关注，美国军方对其高度重视，并逐步接受了这一理论。2009年美国参联会发布的《联合作战顶层概念》3.0版中，明确把"混合战争"作为美军未来战争的主要样式。在2010年版的《四年防务评估报告》中，将"混合战争"理论正式作为应对多元化安全威胁的战略指导。

（3）"第六代战争"理论。从20世纪90年代后期开始，俄罗斯推出多部有关战争理论的重要著作，包括加列耶夫的《假如明天战争来临》，斯里普琴科的《超越核战争》《非接触战争》《第六代战争》，特列季亚科夫的《21世纪战争》等。其中，斯里普琴科提出的"第六代战争"理论影响最大，代表了俄军研究当代战争的主要理论成果。

斯里普琴科认为，人类历史上已经发生和尚未发生的战争可划分为六代。从20世纪末开始，由于高精度武器的大量出现，第六代战争的雏形也随之形成，这就是海湾战争和科索沃战争。他对第六代战争的定义是：使用高精度突击武器和防御武器以及新的物理原理制造的武器，以粉碎敌方经济潜力为主要目的，以非接触方式进行的战略规模的战争。斯里普琴科认为，第六代战争的基本特点是"非接触"；远距离、高精度常规武器和新物理原理武器将起决定性作用；信息战、电子战、太空战将扮演重要角色；战争持续时间缩短，战争初期对战争结局将起极其重要的作用；各军种的地位和作用将发生根本性的变化。

以斯里普琴科为代表的俄军事理论家提出的"第六代战争"理论，受到世界各国的高度关注。总的来讲，这一理论一定程度上反映了当前世界新军事革命的发展趋势，反映了信息化战争主要特点，对于当代战争理论的发展具有重要借鉴意义。

2. 以联合作战为核心的作战理论

作战理论的发展创新是新军事革命的重要内容。自20世纪90年代开始，随着新军事革命的逐步深入，为夺取21世纪的战略优势，世界各国尤其是军事强国一方面加紧军队的转型，另一方面积极探索适应未来信息化战争需求的作战理论，使这一领域的理论创新空前活跃。这个时期作战理论的创新主要是围绕联合作战进行的。其中，最有代表性的作战理论有以下几种。

（1）网络中心战理论。1997年4月，美海军作战部长杰伊·约翰逊上将最早提出网络中心战概念，随后美国学术界围绕这一概念进行了理论探讨。2001年7月，美国国防部向国会提交了长达1000多页的《网络中心战》报告，正式将这一概念提升为适应信息时代战争要求的面向三军的作战理论。网络中心战的基本含义是：利用通信系统和计算机系统组成的信息栅网，将分布在陆、海、空、天的各种侦察探测系统、指挥控制系统和打击武器系统有机结合，形成统一、高效的作战体系，通过信息优势达成决策优势和行动优势，实现战场态势高度共享、部队协调自我同步、作战行动近乎实时、作战效能极大提高。

网络中心战是相对于平台中心战而言的。平台中心战以投入大量的舰艇、飞机、坦克等武器装备为标志，以施放大量的弹药为特征，以消灭敌方有生力量为目标。在平台中心战方式下，武器平台集态势感知、对敌攻击能力于一身，但在利用其他传感器和武器平台的信息方面却相当有限，作战体系的战斗力难以充分发挥。而网络中心战则是以信息网络为核心，以作战行动的实时性为特征，以发挥整体作战效能、削弱或瘫痪敌作战系统为目标。在网络中心战方式下，态势感知、指挥控制和软硬打击等能力通过网络可靠地连接起来，获取信息优势进而形成决策优势和行动优势。与平台中心战相比，网络中心战有三个优势：一是战场感知能力更强。指挥员可比对手更清楚地了解战场，作战部队也能及时了解指挥员的作战意图，准确判断战场态势，并能较好地实施"自我协同行动"。二是部队整体作战能力更强。由于侦察探测距离和武器射程的增加，信息传输速率的提高，以及战场信息的互联互通，可使分散的作战部队形成整体作战能力。三是信息服务功能更强。通过灵活、快速配置的网络服务可使各作战单元连为一体，并提供高质量、多样式的信息服务，这些服务将使指挥手段更加灵活，部队整体作战能力极大提高。

网络中心战的提出和实践，是战争形态由机械化战争向信息化战争转变的重要标志之一，不仅对美军的作战理论和部队建设产生了深刻的影响，而且对其他国家的军事转型也产生了较大影响。

（2）"空海一体战"理论。为应对某些国家（主要指中国）的所谓"反介入"和"区域拒止"战略，美军 2009 年提出了"空海一体战"理论。"反介入"指的是阻止美军进入某一战区，"区域拒止"指的是通过直接控制某个区域而限制美军行动自由。美军推出"空海一体战"理论的主要目的，是抵消中国不断发展的"反介入"和"区域拒止"能力，遏制中国不断增强的军事实力。

"空海一体战"理论的要义在于构建以天基系统为核心，由天基平台、空基平台和海基平台等构成多层次立体作战体系，在全维空间内加速实现各种作战力量的有效融合和作战综合集成，与作战对手进行全维空间的全面交战。"空海一体战"的核心兵器是航母战斗群、战略轰炸机、太空情报监视系统、航空情报监视系统以及情报处理和指挥中枢。这一理论设想能否有效发挥作用，关键取决于远距离发现、识别并定位正在靠近的敌军目标的能力。在这一理论设想中，交战双方都将致力于实施"致盲行动"，即通过摧毁或破坏敌方指挥和控制系统及传感器网络，剥夺敌方获取信息的能力，并保护己方的信息系统。同时，"空海一体战"能否成功实施也依赖于美国空、海军的密切配合，以及日、澳等美国的传统盟国提供物资、情报、设施、人员等方面的支援与配合。

"空海一体战"理论反映了美国军事战略重心的变化。在 20 世纪冷战背景下，美国提出的"空地一体战"概念针对的是苏联，而现在提出的"空海一体战"概念则针对的是亚太地区，特别是针对中国。美国前国防部长盖茨称，与 20 世纪美军的"空地一体战"概念一样，"空海一体战"概念将使美军在 21 世纪初具有同样的威慑力量。

由于"空海一体战"理论过于强调海军和空军的作用，在美军内部引起较大争论。为了进一步促进美军各军种的联合，2015 年 1 月 8 日，美国国防部签发备忘录，正式将"空海一体战"作战概念更名为"全球公域介入与机动联合"概念，将陆军、海军陆战队和特种作战部队等纳入这一作战概念。美军将进一步发展和完善这一新的作战概念，并以此牵引武器装备和军队建设的全面发展。

（3）"全球一体化作战"概念。2012年9月，美军参谋长联席会议主席邓普西签署《联合作战顶层概念：联合部队2020》，提出"全球一体化作战"概念，美军将以此概念为指南，全力推进未来联合部队建设，以实现"维持美国全球领导力"的国家安全战略目标。"全球一体化作战"概念强调高度依赖太空和网络空间，主要采取全球机动战、全球特种战、全球火力战和全球网络战四种作战样式，同时对美军建设提出了更高要求。

为实现"全球一体化作战"，美军从作战指挥的角度提出八大关键要素。一是优先运用"任务指挥"。这一指挥方式授权下级指挥员和士兵对如何完成任务做出自己的判断，采取最有效的行动方法以实现上级意图。实现任务指挥，需要利用新一代数字技术以及移动网络设备，实现分散部署下的网络互联互通。二是推进"跨领域快速决策"。美军认为，控制作战节奏是保持军事优势的关键，必须先敌夺取决策优势和主动权，尤其是在跨越多个领域谋划作战行动时，必须做出比敌人更快的决策。三是实现"全球敏捷能力"。美军必须改变以往的建设大规模集成部队的思路，转向建设一支能够分解的军队，仅在需要时将其集合，以实现更灵活的快速反应，可以敏捷顺畅地在全球范围内调配资源。四是重视"任务合作伙伴"。未来联合部队必须能够有效集成美国政府机构、军事合作伙伴以及当地力量。五是倡导"横向协同中的相互支持指挥"。未来联合部队将越来越多地在全球范围内围绕特定安全威胁进行部署，利用信息系统的互操作能力，在联合任务中实现横向协同中的相互支持指挥，部队指挥关系在作战过程中可以灵活转变。六是实现较低级别部队的"跨域协同"。未来联合部队将具有更高的集成度，在越来越低的级别上实现跨域协同、联合部署，充分利用在某领域的优势，以增强在其他领域中的优势，形成整体优势直到压倒敌方。七是重视利用"低特征信号"或"低痕迹"的能力。未来联合作战中，将对发现和利用低特征信号或低痕迹的能力进行一体化整合，这将增强战略灵活性、全球反应能力和部队战斗力。八是使作战行动的"非预期结果"最小化。未来战场环境日益透明，数字化设备无处不在，联合作战的辨别能力日益增强，需要尽可能精确地使用力量。作战行动不仅要考虑外科手术式的精确打击，还要辨别真正的目标，避免不必要的打击和误伤，使对美国不利的政治影响降至最低。

"全球一体化作战"概念的提出，是美军联合作战思想的继承和延续，是在美国军费预算削减、军队规模缩小、战略重心东移大背景下，通过使用特种作战力量、无人作战力量、网空作战力量、快速打击力量等新质作战力量，通过新的作战概念以最大限度发挥其技术优势和联盟优势，维持其全球霸主地位。

（4）"战略性空天战役"理论。2005年，俄军总参军事战略研究中心研究员库普里扬诺夫中将在撰文探讨空天领域军事斗争特点时，提出了"战略性空天战役"理论。该理论是指为达成战略目的，按照统一企图和计划，以空军（空天部队）为主联合其他各军兵种军团（兵团）共同实施的，在目标、任务、地点和时间上协调一致及相互关联的一系列战役和战斗行动的总和。这一理论认为，未来战争中，空中与太空之间的界限日益模糊，两者逐渐融为一体，构成一个统一的空天领域。在这一领域中，各种作战行动呈现一体化趋势。战略性空天战役包括：击退敌人的空天袭击；摧毁空天领域、地面和海上敌主要兵力集团；破坏敌国家和军队指挥系统，使其军事经济潜力遭受战略损失；创造有利态势，迫使敌寻求和谈。战略性空天战役的主要特点是，最大限度地综合运用航空兵、导弹部队等突击力量、防空、反导等防御力量，以及侦察、电子战、通信等保障力量，形成整体作战能力；不仅要消灭敌战略战役预备队，摧毁敌重要军事经济目标，破坏敌国家和军队指挥系统，而且要保护本国军队集团、民众和军事经济潜力；战役中，要求攻防兼备，协调实施。这一理论在俄罗斯军事理论界尚处于探讨阶段，但它有针对性地回答了以何种战役样式应对可能面临的西方军事强国或军事联盟的空天袭击问题，因此对俄军建设特别是航天兵与空军的一体化发展将产生重要推动作用。

（四）组织形态发生深刻变化

军队组织形态，是指在一定历史条件下，对构成军队的各类人员、武器装备和建制单位等物质要素进行编组配置所采用的结构形式，通常与一定的战争形态、作战方式相适应。军队组织形态转型是世界新军事革命的重要内容。世界新军事革命的实质，是把工业时代的机械化军队转变为信息时代的信息化军队。围绕这一核心目标，世界主要国家大力推进军队改革和转型，不断优化领导管理体制、联合作战体制和作战力量结构，使军队组织形态发生深刻变化。

1.军队规模结构日趋精干高效

随着世界新军事革命的深入发展，越来越多的国家认识到，在未来广泛使用信息化武器装备的战场上，军队的数量、质量与战斗力之间的关系将发生根本变化。信息化战争中，决定军队战斗力水平高低的主要因素不是军队的数量，而是军队的质量，拥有技术优势的一方往往能够将优势转化为胜势。在这种情况下，继续保持和发展规模庞大的军队，不仅在经济上是一种沉重的负担，而且没有必要。因此，压缩军队规模，优化军兵种比例结构，成为军队组织形态转型的主要趋势。

（1）压缩军队规模。通过压缩军队规模，将有限的经费用于研制和装备新型武器装备，提高军队的技术含量，已经成为各国军队建设的共同做法。目前，世界各国尤其是主要军事强国，正在不断压缩军队的总体规模。美国自冷战结束以来，依据国家军事战略和战争实践的需要，为建设更加快速、轻便、灵活的军队以有效实施海外作战，对其军队员额进行了多次调整和裁减。美军现役部队总员额已从冷战结束时的200余万人，压缩到目前的130余万人；俄军也由1992年的280余万人压缩到目前的约100万人；德军、法军、英军的现役部队员额也都压缩了1/3以上。

（2）优化军队力量结构。各国在压缩军队规模的过程中，注重对各军兵种比例结构的调整，增加高技术军兵种的比重，同时大力加强适应信息化战争需要的新型部队，特别是太空作战、网络作战、特种作战和军用机器人部队等新型作战力量。在太空力量方面，美国以空军为主组建了太空作战部队，俄罗斯以航天兵为基础组建了空天防御兵，日本制定的《宇宙基本法》允许将太空用于军事目的。在反导力量方面，美军不断推进全球反导体系建设，其导弹防御系统已经进行了近80余次拦截试验；俄罗斯也多次进行反导试验，加快发展反导力量；日本在美国的支持下，初步具备了陆基和海基反导能力。在网络战力量方面，美军已经建立和完善了网络战指挥体系，制定了网络战的交战规则和条令条例，组建了世界上规模最大的网络战力量，并着力打造网络空间军事同盟。俄罗斯、英国、韩国、日本等国也纷纷加快网络空间作战力量建设的步伐，建立网络战指挥机构，专业化网络战力量不断加强。从总体上看，世界各主要国家都在加快太空、反导、网络等新型作战力量建设，努力构建新型军事力量体系。

2. 部队编成向一体化、小型化、多能化、模块化方向发展

信息化战争，战场空间向全维多域延伸，作战时间大大缩短，指挥重心进一步下沉，导致战略、战役、战术的界限趋于模糊。这些新特点，要求各种作战力量进一步融合，使军队编成朝着一体化、小型化、多能化、模块化方向发展。

（1）建立一体化联合部队。近年来几场局部战争的实践表明，一体化联合作战已成为信息化战争的主要作战样式。在作战力量编成上，强调实现各作战单元、作战要素的高度融合已成为主要趋势。因此，发达国家军队非常重视作战体系建设，把综合集成看成是优化军队结构和作战力量的基本手段，强调实现各作战单元、作战要素的高度融合。在战争实践中，打破军种体制的壁垒，建立一体化联合部队，由传统的以作战平台类别为主进行兵力编成，转向以作战任务为主进行一体化编成。美国防部 2010 年版《四年防务评估报告》强调，美军将遂行更加广泛的作战任务，既能击败地区强国，又能执行战后重建、维稳与安全培训等多种任务，因此需要对部队编组方式进行调整改革。美军设想要建立五种"一体化部队"：由装甲兵、炮兵、机械化步兵、导弹兵和直升机分队等陆军各兵种组成的一体化地面部队，如营特遣队；由侦察机、攻击机、战斗机等组成的空军混编联队；由陆军部队和空军部队联合编组的陆空机械化部队；由陆军旅特遣队、空军战斗机中队、海军舰艇部队和陆战分队联合编组的陆海空联合特遣部队；由现役部队与国民警卫队联合编组的"一体化师"等。加拿大军队已取消军种体制，实行按区域任务编组部队的体制。

（2）打造多能化、模块化部队。为了更好地适应一体化联合作战的需要，世界主要军事强国在军队转型中着力打造多能化、模块化部队，在战时采取"积木式"组合的方式，从现有军兵种部队中抽调合适的成建制"模块化"部队，用拼"积木"的方式，迅速组建新的能适应具体作战需要的高度合成的多能化部队，以遂行不同地区、不同强度、不同规模的作战任务。以美国陆军为例，其在 2001 年和 2008 年的《作战纲要》中，明确提出了组建模块化部队的构想，并正式实施模块化计划。美陆军合成旅战斗队采用模块化结构，建制单位包括营级规模的机动、火力、侦察以及保障单位，具备多种作战能力，可适应各种类型的冲突。美军模块化部队的实际效果，已经在伊拉克、阿富汗战场的战后维稳和重建行动以及全球反恐应急作战行动中得到了检验，在缓解其战备作战、休整和训练压力，增强灵活性和整体作战能力等方面发挥了较好的作用。按照计划，美国陆军将完成全部 6 个战区陆军司令部、3 个军司令部和 18 个师司令部的模块化整合，最终拥有 76 个模块化战斗旅、97 个模块化支援旅和 130 个模块化职能旅。据估计，美国陆军全部实现模块化编组后，战斗力将提升 30% 以上，随时可轮换的部队数量将增加 50%。

俄军目前也正在建设模块化常备旅、空天防御旅、航空兵基地等。特别是"新面貌"改革后，俄陆军作战力量几乎全部转变为各种摩步、坦克、山地、空降突击等常备化的"新面貌旅"，彻底解决了以往陆军作战力量数量规模庞大、常备力量比例低等问题，整体战备水平得到大幅度提高，适应了现代战争快速机动、多兵种联动的要求。

3. 指挥体制趋向扁平化

信息技术的发展，不仅使军队的作战样式有了新的特点，战场上的指挥方式也发生了革命性变化，传统的"树状"指挥体制被"扁平化"的指挥体制所代替。

（1）减少指挥层次。"扁平"结构最大的特点，就是减少了指挥层次，有利于信息上传下

达，指挥流程大大加快。目前，美陆军已经将"战区陆军—军—师—旅"四级指挥机构调整为"战役运用司令部—战术运用司令部—旅司令部"三级指挥机构；将现有战区陆军军种司令部、2个集团军和4个军司令部改组为战役和战术运用司令部，有效地减少了作战指挥层次。美空军则取消师级建制，实行航空队、联队和中队三级体制。俄军为了减少战略和战役指挥的层次，已经把四大军种改为三大军种，国防部机关人员数量也已大幅裁减。日本已将陆上自卫队的编制结构改为师、团、连三级。法国陆军已决定取消军、师两级建制，组建若干作战旅。指挥体系的"扁平化"，使指挥重心进一步下沉，一场战争的最高指挥员可以指挥到具体的战斗行动，甚至指挥到单兵。2011年5月1日，美军实施了击毙本·拉登的"海王星之矛"行动，引起了全世界的关注。这次行动虽然从规模上看只是一场战斗，但由于本·拉登的特殊身份，战略意义重大，因此由奥巴马亲自决策并下令实施。在行动过程中，美国海豹突击队员用随身携带的摄像头，将现场情况传回白宫，奥巴马和幕僚们在作战指挥室里，通过大屏幕进行实时监控。

（2）建立联合指挥机构。未来战争是诸军兵种联合作战，联合作战需要联合指挥，联合指挥需要战区联合作战指挥机构。为适应信息化战争需要，世界主要国家着眼提高指挥效率，逐步取消军种指挥职能，强化以总参谋部为龙头，以战区为重点的联合作战指挥体制。美军通过强化参联会职能，进一步明确依托战区总部实施全员指挥的原则，在多个战区总部设立"常设联合部队司令部"，进一步强化了诸军兵种的联合指挥体制。同时，赋予战区更大的自主权，使其能根据战场变化实时决策、实时指挥。美军进行的海湾战争、阿富汗战争、伊拉克战争，都是依托中央战区这个联合司令部来指挥实施的。同时，美俄等国还不断优化联合作战指挥机构布局。美军分别于2002年4月和2007年10月成立了北方司令部和非洲司令部，明确划分了各大司令部的任务职责，反恐作战的指挥权划归特种作战司令部。2002年10月，把原有的战略司令部和航天司令部合并为新的战略司令部，统一指挥战略威慑力量和航天力量，负责太空作战、信息作战、一体化导弹防御、全球指挥控制、监视和侦察、网络战、全球打击、战略威慑、反大规模杀伤性武器等。俄罗斯把六大军区调整为四个联合司令部，为实现联合作战指挥奠定了基础。

（五）新型军事人才培养力度不断加大

信息技术的迅猛发展和广泛应用，不仅改变了人类的生产生活方式，也改变了军队的作战方式，更对驾驭新装备、适应战争新形态的军事人才提出了新要求。世界主要国家为了打造适应信息化战争需要的军事人才，纷纷制定人才战略，积极改革教育训练体系，创新人才培养模式，不断加大人才培养力度，以抢占未来战争的制高点。

1. 着力提高信息素养

提高信息素养是新军事革命背景下人才培养的首要目标。信息素养包括信息意识和信息技能两个方面。美军认为，信息意识是思想领域的问题，人只有具备了信息意识，才能对信息产生强烈的敏感性和洞察力，从而自觉而有效地获取和利用信息。为此，美军各级院校都相继开设了信息素养课程。美国国防大学信息资源管理学院专门成立了信息战与战略系，设置了"信息战与战略课程"，力求通过向将级军官传授信息战知识，提高他们对信息和信息技术重要性的认识。美国陆军、海军、空军指挥与参谋学院等增设了"联合信息作战课程"，着重培养各军种尉级和校级军官的联合信息素养。在部队训练领域，美军近年也推出了诸多培训计划，如陆军的"陆地勇士"培训计划，海军的"卓越特遣部队"培训计划，空军的"航空航天领导者"培训计划等。其他国家军队也非常注重信息化人才培养。印军近年来重新组建和扩建了部分军事技术院校，陆续建立了电子与机械工程学院、防空导弹学院，将原通信学校扩展为军事电信工程学院。印军还在海德拉巴专门组建了军事信息技术学院，该学院除研究信息技术外，主要负责军官的培训，以提高信息素养和信息作战能力。

2. 大力强化联合作战能力

一体化联合作战是信息化战争的基本作战样式。世界主要国家军队普遍强调，各军种、各部队要把提高官兵的联合作战能力放在优先位置，着重培养指挥员跨军种、跨部门的协同意识和能力，强调从基础的单兵训练开始，就向士兵灌输"本能的联合思维"。美军认为，要想在战时实现联合行动，就必须在平时培养联合思维，建设联合能力。为此，美军提出了开发"联合知识发展与传播能力"（JKDDC）、"联合国家训练能力"（JNTC）和"联合评估与赋能能力"（AEC），推进联合训练转型的构想，目的是强化官兵对联合知识、联合技能和联合战法的熟练掌握能力。法军在推进军事转型中，也确立了提高院校学员"跨军种、跨部门、跨国"联合意识的培养目标。法国"诸军种防务学院"要求来自各军种各专业方向的学员，通过学习战略、战役、兵种知识等课程，使其能广泛地涉猎诸军兵种知识，以塑造联合作战的思维，提升联合作战能力。

3. 注重培养战略思维

近年来几场局部战争的实践证明，信息化战争面临日益复杂的政治环境，战略战术行动密切关联，体现出"小行动、大背景，小战斗、大战略"的特点。因此，世界主要国家在人才培养特别是高级指挥员培养方面，都十分注重提高战略思维。美国防部通过调查发现，美军军官战役战术领导能力的培养机制是完备的，但提升军官战略领导才能的手段严重不足，几乎没有培养尉级和校级军官战略素质的专门课程，许多中高级军官都缺乏战略意识，未跳出战术思维的圈子。因此，美军在军事转型中，把提高战略思维作为院校培养目标中的重要内容，要求不论是初级院校还是中高级院校，都要注重培养军官的战略意识和战略思维能力，并且将这一培养目标贯穿其任职生涯的各个阶段，以此造就一支具有战略素养的军官队伍。

第三节　信息化战争

一、信息化战争概述

（一）基本内涵

今天，正当我们走过工业时代而迈入信息时代之时，一种全新的、与信息时代相适应的战争形态——信息化战争已经展现在我们面前。如果说海湾战争标志着机械化战争向信息化战争的转折，科索沃战争是信息化战争的初露端倪，那么新世纪的第一场战争——阿富汗战争则预示着信息化战争得到进一步发展，而伊拉克战争则让我们看到了信息化战争的雏形。

　　所谓信息化战争，是指信息化军队在陆、海、空、天、电磁、信息、认知、心理等多维空间，运用信息、信息系统和信息化武器装备进行的战争。它是人类步入信息时代后，以信息和知识为核心资源，以大量运用信息技术而形成的一体化信息系统和信息化武器装备为基础，以信息化战场为依托，以信息化军队为主体，以争夺制信息权为基本目标，以信息战为基本作战形式而进行的战争。由于政治、经济、科技、军事等发展的不平衡性，在人类社会进入信息时代的初始阶段，信息化战争也指交战双方或一方以信息化军队为主要作战力量，以信息化武器为主要作战工具，以信息战为主要作战形式进行的战争。

　　信息化战争，是信息时代的基本战争形态。其内涵主要包括五个方面：一是信息化战争是信息时代的产物，是这一时期生产力和生产关系在战争领域的客观反映；二是信息化战争的主体力量是信息化军队，战争双方至少有一方拥有信息化军队，机械化或半机械化军队之间进行的战争不能称为信息化战争；三是信息化战争的主要作战工具是信息化、智能化和综合化的武器装备平台，诸作战单元实现网络化、一体化；四是在物质、能量和信息等作战要素中，信息要素起主导作用，即信息化战争的核心资源是信息，战争首选的打击目标是信息获取、信息控制和信息使用的系统及其基础，作战以剥夺敌方信息控制权、建立己方的信息优势为主要目的；五是战争在空前广阔的多维空间进行，尤以信息空间、航天空间、认知空间为主。

（二）主要形态

　　目前信息战所出现的主要形式有以下九种。

1. 指挥控制战

　　伊拉克战争中的"斩首行动"和对伊拉克指挥通信及防空系统的打击就是典型的指挥控制战。指挥控制战的实质是在保护己方指挥控制能力的同时，削弱或破坏敌方的指挥控制能力，以便最终夺取制信息权。指挥控制攻击的目的是：通过攻击敌信息系统，特别是信息系统的薄弱环节和关键相关设施，破坏敌指挥控制能力，使敌指挥官无法了解战场情况，最终因得不到信息，患"信息饥饿症"而就范。由于己方信息情报系统不可避免地存在着易受攻击的弱点，因而要使己方保持有效的指挥控制能力，就必须严密地组织与实施指挥控制防护。

2. 情报战

　　情报战在信息化战争中无处不在。今天，战场上的各种传感器，能对电磁波、声波及化学气味等多种信源，进行全方位、全天候、全时空的探测。指挥员们不仅可以看到"山那边"，而且可以看到山里边、树丛中、地底下、水中间。这使得指挥员所面临的问题已不再是信息够不够用，而是如何更好地选择信息，判断信息的真伪，并尽可能地不让敌方获取己方的信息。在信息化的战场上，这种围绕着情报的获取与反获取而展开的争斗，将更加激烈。

3. 电子战

　　贯穿信息化战争始末并渗透到和平时期的电子战，如伊拉克战争中太空中的百余颗卫星、空中的几十架电子战飞机。

4. 信息经济战

　　以摧毁别国经济为目的的信息经济战。电子战已有百年历史，它是作战双方在无线电通信、雷达等电磁波领域展开的侦察、干扰、压制及火力摧毁等对抗行动。信息时代的电子战则赋予了新内容，其目的就是通过电磁波对抗，充分获取敌方信息，保障己方信息畅通；同时摧毁敌方信息兵器，杀伤敌方指挥人员，阻断敌方获取己方信息的一切渠道。二战中日本海军大将山本五十六的毙命；1996 年 4 月，俄车臣反政府武装力量头子杜达耶夫被俄军成功击毙；萨达姆的成功被捉，都离不开电子战的功劳。

5. 虚拟现实战

"虚拟现实"战是利用"虚拟现实"技术创造的逼真作战环境与敌方进行的模拟演习式的作战行动。其目的是不动一兵一枪，便使敌人就范。如 1994 年美军对海地的占领就是通过大军压境加上电视中播放的虚拟美军进入海地后的场景，而使海地军政府不战而降，美军达到"不战而屈人之兵"。下面三种情况都属于"虚拟现实"战：一是在战争进行过程中，用虚拟现实和计算机成像技术制出敌国最高统帅的影像，让他发表不利于战争继续进行的言论，如让其通过本国电视系统宣布，鉴于某种原因，与敌方休战，军队全部撤回。二是用虚拟现实技术创造"虚拟部队"或"虚拟机群"，让敌方从卫星或雷达上观察到的这支作战力量来自东方，而实际上来自西方的一支真实部队正准备发起攻击，即用技术手段实施"声东击西"。三是创造宗教全息圣像，动摇敌方军心。例如，如果将来伊朗核危机演变成一场战争的话，美军可能会在空中显示伊斯兰教真主的全息图像，让活灵活现的"真主"劝伊朗士兵投降。1993年，美陆军的心理战部队在索马里维和时已经进行过这方面的试验。当时的情形是这样的：那年 2 月 1 日，在索马里摩加迪沙以西 15 千米处，突然刮起一阵沙暴，随即便在沙尘飞扬的昏暗的空中，出现了一幅高 150～200 米的耶稣基督的全息圣像。见此情景，许多美军维和士兵都纷纷跪下祈祷。

6. 计算机空间战

遍布全球的计算机空间战，包括信息恐怖活动、"语义攻击"、"朋客盯梢"等。信息恐怖活动是恐怖分子利用计算机网络系统进行的活动。信息恐怖分子既可能是一般计算机爱好者，也可能是敌方的计算机专家。在通常情况下，这些恐怖分子攻击的不是群体，而是个人，特别是敌国的军政首脑。其做法是：查询进入网络的攻击对象的档案材料，以公布其档案相威胁进行讹诈，或篡改档案内容。实施"语义攻击"的目的是"使系统给出的答案与实际不符"，办法是向计算机系统的探测器输送假数据或假信号。"朋客盯梢"是指计算机"朋客"利用信息系统对有关人员，其中包括对重要军政人物的活动进行跟踪。

7. "黑客"战

渗透进电脑网络的"黑客"战，如 1991 年海湾战争时，美军情报人员偷偷更换了伊拉克进口的电脑和打印机芯片，使开战后其电脑网络瞬间瘫痪。"黑客"泛指进入计算机网络，违章操作造成不良后果的计算机使用者。实施"黑客"战的作用是：全面瘫痪敌电子信息系统；迫使敌信息系统周期性关闭；大规模偷窃敌方信息数据；使随机数据出现差错；以输入假电文和提取数据进行讹诈。通常使用的手段是计算机病毒、逻辑炸弹、特洛伊木马和"截取程序"等。目前，危害最大的是计算机病毒多达 1.2 万多种。实施计算机病毒攻击的主要方式有三种：一是空间注入，即利用计算机病毒武器将带有病毒的电磁辐射信号，向敌方电子对抗系统进行辐射，使其接收辐射后能将病毒植入；二是网络节点注入，即通过敌方电子系统或 C4I 系统中某些薄弱的网络节点，将病毒直接注入；三是设备研制期注入，主要指在电子装备研制期间，通过一定的途径将病毒植入计算机硬件、操作系统、维修工具或诊断程序中，长期潜伏，待设备交付使用后，病毒由某些特定的条件激活而起作用。

8.心理战

洗脑式的心理战，如伊拉克战争中美军向伊拉克高官们发送大量电子邮件，向伊拉克民众空投的大量收音机只能接收美军用的阿拉伯语广播等。其形式主要有新闻报道战、宣传鼓动战以及瞒天过海等。而阿富汗战争中，美军空投到阿富汗的大量印有"USA"字样的大米和面粉，也是一种心理攻势。

9.网络战

触手可及的网络战。所谓网络战是指敌对双方针对战争可利用的信息和网络环境，围绕"制信息权"的争夺，通过计算机网络在保证己方信息和网络系统安全的同时，扰乱、破坏与威胁对方的信息和网络系统。从本质上讲，网络战是信息战的一种特殊形式，是在网络空间上进行的一种作战行动。与传统战争相比，网络战具有突然性、隐蔽性、不对称性和代价低、参与性强等特点。网络中心战，其英文名称为"Network Centric Warfare"，是相对于传统的平台中心战而提出的一种新作战概念。所谓平台中心战，是指各平台主要依靠自身探测器和武器进行作战，其主要特点是平台之间的信息共享非常有限。而网络中心战是通过各作战单元的网络化，把信息优势变为作战行动优势，使各分散配置的部队共同感知战场态势，从而自主地协调行动，发挥出最大整体作战效能的作战样式，它使作战重心由过去的平台转向网络。不言而喻，网络中心战能够帮助作战部队创造和利用信息优势并大幅度提高战斗力。它具有战场态势全维感知能力，作战力量一体化，作战行动实时性，部队协调同步性等特点。

二、主要特征

（一）武器装备信息化

信息化战争是以信息化武器装备为主要作战手段的战争形态。所谓武器装备信息化，是指利用信息技术和计算机技术，使武器装备在预警探测、情报侦察、精确制导、火力打击、指挥控制、通信联络、战场管理等方面实现信息采集、融合、处理、传输、显示的网络化、自动化和实时化。信息化武器装备的出现，是信息技术、计算机技术、空间技术及新材料技术等高新技术，作用于传统武器平台的必然结果。当今世界，军事科技以多学科、边缘性、尖端性、多样性和复杂性为特点迅猛向前推进，一大批信息化武器装备如雨后春笋般不断涌现，主要包括信息攻防武器系统、单兵数字化装备和自动化指挥系统（C^4ISR）。

（二）作战空间全维一体

随着科学技术和武器装备的发展，作战空间逐渐呈现出日益拓展的趋向，陆、海、空、天战高度一体化，军兵种间作战界限难以区分，战区作战行动联为一体，战略级、战役级、战术级作战界限趋于模糊不清等方面。冷兵器战争和热兵器战争中，作战空间都是在平面单维空间内。机械化战争中，作战空间由陆、海平面战场发展为陆、海、空三维立体战场。航天技术的发展，使得作战空间又发生了一次革命性变化，战场物理空间由陆海空三维空间扩展到太空，形成了陆、海、空、天四维物理战场空间。随着以电子技术和计算机技术为核心的信息技术的发展和应用，作战空间发生了更为深刻的革命性变化，出现了联结陆、海、空、天四维物理空间的信息空间。在这个全维一体的作战空间内，战场是流动的，信息是实时的，时间、空间和力量等诸要素是融合的，力量的运用将非常灵活而且可调、可控。

(三)作战力量多元一体

信息技术的广泛应用，使各种武器装备平台、各种作战保障系统、各种参战力量间的联系、战场力量构成的系统性大大增强。在信息化战争中，任何单一的武器装备都不可能主宰战场，有生力量的多寡已不是作战力量对比的主要标志，作战力量构成已发展为有生力量与自动化、智能化武器装备系统的有机结合。系统与系统、体系与体系的对抗和较量，成为信息化战争的突出特征。随着以信息技术为核心的高新技术的发展和应用，武器装备的信息化，以及信息军和天军等新军种的出现，机械化战争条件下程式化的合同作战逐渐发展为多维作战力量联合作战的组织形式。诸军种在信息化的多维战场空间中一体化作战是联合作战组织形式的本质特征。高度信息化武器系统为实施一体化联合作战提供了物质基础，这些信息化武器分属各个军种，在作战过程中将达成多元一体的作战力量。任何单一军种在信息化的战场空间都必须依靠与其他军种的联合作战，才能实现战斗力量的整合。因此，作战力量多元一体是信息化战争区别于机械化战争的一个重要特征。

(四)战争进程快速可控

信息化战争节奏明显加快，战场情况更加纷繁复杂，战斗的不可预测性更强，战机稍纵即逝。在这样的作战环境中，就必须谋取作战体系上的最大优势、实施"快速决定性作战"。信息化战争大量使用高技术信息化武器装备，使军队的信息获取与利用能力、快速反应能力、火力杀伤能力和机动能力得到极大提高；指挥自动化系统使决策时间大大缩短，从而使战争进程快速可控。自动化指挥系统使所有传统的"烟筒式"系统无缝隙地连接成一个有机的整体，将分配散置的各种信息化武器装备形成合力，从而消除各类武器装备运动时的距离差和时间差，大大提高"快速决定性作战"和火力打击的灵活性、准确性和快捷性，以实现真正意义上的"发现即摧毁"。

(五)信息战贯穿始终

信息战，是指敌对双方在信息领域的斗争和对抗活动。其主要是通过争夺信息资源，掌握信息的生产、传递、处理等的主动权，破坏敌方信息传输，为遏制或打赢战争创造有利的条件。具体说来，就是以数字化部队为基本力量，以争夺、控制和使用信息为主要内容，以各种信息化武器装备为主要手段而进行的对抗和斗争，具有战场透明、行动实时、打击精确、整体协调和智能化程度高等特征。信息战的主要作战任务是保护我方信息和信息系统的安全，破坏和削弱敌方获取、处理、传递和使用信息的能力，即在确保己方获取信息和信息系统正常运转的同时，能够使敌方的作战平台变成瞎子、瘫子、聋子。信息战往往先于其他作战行动展开并贯穿于战争始终，成为夺取制空权、制海权、制天权、制陆权的前提，有时可能成为独立的作战阶段，是信息化战争的一种重要作战行动。

(六)非接触、非线式作战成为基本作战方式

非接触作战是敌对双方在不接触的情况下使用信息系统和远程作战武器实施防区外打击

的作战行动样式。从几场局部战争实践看，非接触作战已走上战争舞台，成为信息化战争的基本作战样式。非接触作战是美军首先提出来的一种作战思想，并在海湾战争、科索沃战争、阿富汗战争中付诸实践，美军依靠其拥有的一体化远距离侦察信息系统和远程作战武器系统，对武器装备处于劣势的一方实施超视距精确制导打击，实现了"我以火力有效打击对方，而敌方不能有效还击的目的"。战争实践证明，非接触作战能有效地发挥信息化武器装备的威力，在敌防区之外，聚合多维空间作战力量对敌主要战略经济目标、国家首脑指挥系统、高技术作战集团实施精确打击，迅速达成有限战争目的，可避免陷入战争泥潭，减少战争风险性和人员伤亡，并可大大提高战争的效费比，将成为未来信息化战争中强敌对弱国作战的主要作战样式。

信息化战争中，为巩固非接触作战的效果，最终摧毁敌人的军事力量体系，往往还需要投入一定数量的地面部队，实施双方"面对面近距离"的直接交战。海湾战争中，多国部队尽管对伊拉克进行了长达 38 天的非接触性远距离联合精确打击行动，但最终促成伊军从科威特撤出的，还是 4 天的地面作战。但信息化战争中的这种"面对面近距离"作战与机械化战争中的近距离作战已不是同一概念，而是一种在目视距离之外的、非接触的电子火力交锋，只不过它与非接触作战的远距离精确打击相比，属于"近距离"范围。这种"近距离"作战的行动主体将是数字化部队，作战的基本样式是非线式作战。

非线式作战是指运用自动化指挥系统和快速兵力投送平台，随机编组战斗部队，快速敏捷地机动，实时聚合信息化作战部队，实施一体化的作战行动的一种作战样式。在伊拉克战争中，美军对伊实施的地面进攻作战，具有非线式作战的一些特点。美军凭借高技术武器装备优势，战前向科威特和土耳其实施远距离兵力投送，地面作战行动与非接触远距离精确打击行动同时展开。地面部队以闪击战术直插伊军核心要害目标——首都巴格达，身后却留下激战尚酣的巴士拉等多个城镇，并在战争后期开辟了从土耳其方向进攻的北方战线，形成了南北对攻巴格达的合围之势，在 4 周时间内攻克了巴格达，并控制了伊拉克整个局势。整个地面进攻作战行动几乎是在伊拉克整个作战空间同时展开，作战的前沿和纵深的界线很模糊，体现了非线式、一体化作战的特点。

三、代表性战例

2003 年初，美国列克星敦研究所军事专家洛伦·汤普森在伊拉克战争开战前曾预言，"这不会是一场传统意义上的战争""这场战争将以一种崭新的作战面貌出现在人们面前，它融合了近 10 年来最新的科技成果，作战部队将具备更加灵活的特点"。研究海湾战争以来的局部战争，特别是伊拉克战争中的

信息化战争
代表战例

【军武大讲坛】

信息作战理念、作战样式、作战行动等，将有助于我们对信息化战争特点的理解和认识，对加速我军信息化建设具有十分重要的意义。

（一）信息化战争新的制高点

古人言，"擒贼先擒王"，擒王可以使敌方"群龙无首"，纵使你拥有千军万马，也只能是一个摆设。而从擒王开始，从心灵深处打击敌方的斗志，在开战之初就夺取"制信息权"，则

是信息化战争中每一个指挥员所追求的目标,这是信息化战争的最明显的特征之一。

1.斩首为先

伊拉克战争中,美军设计了一个出人意料的开局:巴格达时间2003年3月20日5时35分,美军对伊拉克首都巴格达进行了第一轮空袭,在1个小时内进行了高强度的三次轰炸,总共向巴格达的3个地点发射了40余枚巡航导弹和数十枚精确制导炸弹,随后美国的空袭暂时中止。很多分析家对美军第一轮的攻击行动感到意外:首先,人们本来预期美军会在"月黑风高"时夜袭伊拉克,但美军对伊拉克首都巴格达的第一轮轰炸始于破晓时刻;其次,攻击行动的规模不大,并未像所预料的,"美军会在72小时内向伊拉克发射或投掷3000枚导弹和智能炸弹"。

美军将第一轮空袭特别命名为"斩首行动",即直接将打击伊拉克核心首脑人物作为第一轮空袭的目标。这和美军在海湾战争、阿富汗战争及科索沃战争中首先打击对方的指挥系统、通信系统及防空系统有明显区别。按照美军信息作战的"斩首"原则,"斩首"是一种以敌方指挥控制系统为首要攻击目标的打击行动。美军认为,要把战争对手作为一个大系统对待,该系统由五环组成,包括指挥领导环、有机必需品环、基础结构环、个体群环、野战部队环。相对来说,指挥领导环在五环中作战能力和自我保护能力最弱,但是在整个作战系统中智力、技术和信息最为密集。因此,指挥领导环是美军信息作战打击的首选目标。

美军相信通过实施"斩首行动"可以迅速瓦解伊拉克部队。在战争过程中锁定、打击敌方首脑人物,将是美军今天的战争中不变的追求和明确的战争目标之一,是美军信息作战的新特点,反映了美军在新军事变革成果基础上的新打法,凸显信息化战争的新理念。

2.攻心为上

中国自古就有"心战为上,兵战为下"的用兵之道。自1991年以来的四场以美军为主或美军单独进行的局部战争中,心理战作为首选作战方案,以多种样式展现得淋漓尽致。

在伊拉克战争开战前,美英联军从全球多方向调集数量高达到26万的精锐部队,形成大兵压境之势。在发动"斩首行动"之后仅仅10多个小时,美军就发起了代号为"震慑行动"的大规模空袭。据不完全统计,美军共向巴格达、巴士拉及摩苏尔等几个大城市发射了上千枚精确制导导弹和"战斧"巡航导弹,对伊拉克实施了连续、立体的全方位震慑战。在陆上,美第3机械化步兵师凭借高速的机动性,长驱直入,直逼伊首府巴格达;在海上,美英6个大型航母编队,云集地中海和波斯湾,形成合围之势,各式战机几乎倾巢出动,刺耳的空袭警报声、巨大的爆炸声和救护车尖叫的警笛声给伊拉克民众造成了极大的震慑。

3.争夺制信息权成为新的制高点

制信息权是指运用以信息技术为核心的战场认识系统、通联系统和指挥控制系统等,在能够有效地阻止敌方了解、掌握己方主要情况的同时,实时准确地掌握敌方情况,夺取战场信息的获取权、使用权和控制权。在信息化战场上,信息争夺贯穿作战全过程,渗透于战争各领域,争夺信息优势成为战争的焦点,围绕"制信息权"的争斗更加激烈。美国军事理论家约翰·阿奎拉指出:"制信息权的最简单、最准确的定义是,在了解敌方的一切情况的同时,阻止敌方了解己方的情况。"他还说,制信息权将成为影响战争进程和战争结局的主要因素。在信息化战争中,大多数参战人员在大多数情况下所处理的将是信息,因为信息已取代物质和能量成了制胜的关键因素。部队战斗力的形成和发挥,以及有效地作战指挥,主要依赖于信息的采集、处理、传递、控制和使用。优势之旅，一旦失去了制信息权，将成为瞎子、聋子和靶子，陷入被动挨打的困境；劣势之军如果掌握了信息优势，就有可能夺取战场主动权。由于未来的战略、战役、战术级作战行动，都是围绕信息展开的，因此争夺制信息权的斗争将异常尖锐、激烈，并贯穿于战争的全过程。

(二)战争呈现"全民化"特征

在工业时代，战争的根本动因是政治斗争掩盖下的经济利益之争，主要是为了谋求领土、资源等经济利益，往往以占领或收复领土及获得资源而告终。在信息时代，经济利益之争仍然是导致战争爆发的重要原因。但除此以外，由于各国之间、国际国内各派政治力量之间交往与联系增多，这就必然导致各个国家、民族、集团之间，由于政治、外交、精神、文化等方面的摩擦和差异而引发的冲突增多，使宗教、民族矛盾上升，使恐怖活动、暴力行动、走私贩毒国际化。这些矛盾与冲突错综复杂，并且由于信息化和全球化而传播得更快，从而导致冲突和战争爆发更加频繁。

1.战争内涵的扩大

信息时代的战争概念将出现新的变化，战争的内涵将有明显的扩大。其一，打赢战争的要求更高。在农业时代，只要打败敌国军队，就可打赢战争，使敌国就范。在工业时代，不仅要打败敌国的军队，还要摧毁其军事设施和工业基础，使其丧失支持战争的能力。而在信息时代要取得战争胜利，首先是要破坏或控制敌信息系统，然后才是消灭敌国军队和摧毁其支持战争的物质基础。其二，战争的发动者增多。战争的发动者除了国家和政治集团外，还包括恐怖组织、贩毒集团、工商企业、宗教团体、犯罪团伙等群体，因为它们同样可获取进行信息化战争的各种手段，如计算机病毒、大众传播媒介、大规模杀伤性武器等，典型的就是"9·11"恐怖行动。其三，作战样式更新。信息取代物质和能量在战争中占主导地位后，将导致许多新作战样式的出现，如"虚拟现实"战、隐形战、计算机战、媒体战、精确战、瘫痪战、心理战、电子战等。

2."全民化"的特征

随着战争动因的复杂和内涵的扩大，特别是网络技术的发展和普及，信息化战争开始呈现出"全民化"的特征。从表面上看，信息时代使战争由掠夺财物和土地转为抢占信息空间和争夺信息资源，战争的方式由流血变为很少流血，特定条件下甚至不流血，决定胜负的主要因素由物资及人力的拥有量转为信息的拥有量，取决于制信息权和信息化战争能力。战争似乎变得比以前"文明"了，容易了。实际上，信息化战争的到来、信息武器的出现，将给人类带来更大的危害，信息化战争的危害有时甚至比核武器还大。

例如，卫星是军事上和现实生活中获得信息、传递信息的主要工具。据悉，当今世界军事大国有70%的战略情报来自卫星，因此，卫星必将成为信息化战争中攻防的目标之一。信息时代的战争中，太空战极有可能发生，而一旦发生太空战，其危害将相当严重。一颗卫星的失效造成的损害程度，可以从1998年5月"银河四号"卫星失控发生故障中窥见一斑，当时控制这颗卫星的计算机瘫痪了，结果美国80%的寻呼台不能工作，3700万用户受到影响。一些电台和电视台无法发射信号，而煤气站和零售店也不能使用信用卡进行交易，可见信息化战争对民众的危害将会超过以往。

信息时代的战争不只是两国军队的交战，而是两个国家在交战。战场不只限于前线和军用目标，而是存在于两个国家整个国土上，存在于军用及民用的各个领域。在信息时代，先进的计算机系统把军队乃至整个社会联结在一起，军队和社会肌体的各个部分的组合运转，都要依靠芯片；军用装备和民用设施联系紧密，相互兼容。在这样一个网络化世界里，每个芯片都是一种潜在的武器，每台计算机都有可能成为一个有效的作战单元。任何社会团体和个人，只要掌握计算机通信技术，拥有一台计算机和入网的电话线，就可以攻击与网络相连的装备，利用网络来发动一场"特殊战争"。信息作战人员既可以是正规军人，也可以是十几岁的少年。信息化战争的非杀伤性武器装备，不再为军人所独有，而主要是在民间开发和生产的；作战不仅仅在传统武力战场，而且分布于整个社会，是真正意义上的"人民战争"。

（三）战争目的、进程的变化

1. 对战争进程和战争目的严加限制

在信息化战争中，一般不以追求占领敌国、全歼敌军或使敌方"彻底"投降等作为"终极目标"。其原因是如果追求"终极目标"往往会导致进攻一方陷入敌方的游击战泥潭而遭受难以承受的重大伤亡，从而引发民众的强烈反战情绪。20世纪的苏联军队入侵阿富汗的九年战争以及美军入侵越南的十多年战争的遭遇，使得任何一支军队都会望而止步。另外，信息时代的通信、电视、广播系统遍布全球，各国的侦察与监视卫星时时在战场上空飞过。战场上的情况，特别是伤亡情况将实时得到视频报道而受到广大民众的密切关注，这使得战争指导者不得不对战争进程和战争目的严加限制。

海湾战争从伊拉克入侵科威特到布什出兵海湾，前后仅5天时间。在总统决策后24小时之内，第82空降师和空军2个中队即刻到达海湾战场。美军入侵巴拿马，从1名美国军人被杀到总统决定出兵总共24小时，总统决策后，在不到24小时内美国的空降部队已在巴拿马着陆。而伊拉克战争中，从美国总统布什接到萨达姆在某地开会到美军导弹飞抵巴格达，前后不到6个小时。

2. 促进战争进程节奏加快

信息化战争使战争进程的节奏变得非常快，其原因主要有五：第一，部队机动能力更强。以地面进攻为例，第二次世界大战期间美军巴顿将军率领的部队以进攻快速而闻名于世，其日推进速度只有13千米。20世纪70年代后，苏军每日推进速度可达70～80千米。到90年代，"沙漠盾牌"行动计划实施后48小时内，美军第82空降师的先头部队即抵达沙特。在伊拉克战争中，美军由于进攻速度太快，后勤保障不能及时跟上而不得不暂停进攻、原地待命。第二，武器运行速度更快。1903年第一架飞机飞行速度是每秒40米，现代飞机达3个马赫以上，提高有25倍之多，美军甚至已研制了高达8倍音速的飞机；1814年美国制造的第一艘蒸汽舰的航速只有10节，现达33节以上，水翼艇、气垫船速度高达100节，最大达150节；履带式车辆战场运行时速已达85千米，轮式车辆高达120千米。第三，信息利用效率更高，作战反应时间更短。第四，武器的毁伤破坏度高。第五，可实现全天时连续作战。

3. 非直接目标的毁伤破坏减小

信息技术还使得战争中非直接目标的毁伤破坏逐步减小。战争毁伤分为两类：一类是有效毁伤，另一类是附带毁伤。有效毁伤是与达成战争目标直接有关的必要破坏，附带毁伤是与达成战争目标无直接关系或根本无关的不必要破坏。在工业时代的战争中，这种附带毁伤非常大，这主要是由于当时军事技术的发展水平所决定的。在信息化战争中，可将附带毁伤破坏减少到最低限度。其原因一是战场透明度大，交战双方都拥有大量信息，因此不仅能避免因遭受突然袭击而出现的重大伤亡，还可减少实施不必要的、会造成重大破坏的间瞄火力战；二是出于双方只攻击那些为完成任务而必须攻击的目标，所以双方部队暴露于战斗空间的时间短，受到的伤亡少；三是信息化战争强调"精确战"，而精确战要求探测目标精确、攻击目标精确、摧毁目标精确、毁伤评估精确，因而绝不会像工业时代的地毯式轰炸那样造成数十倍甚至数百倍于"必要破坏"的附带损伤；四是信息化战争目的有限，不是置敌于死地的全面战争，因此敌对双方一般不进行重兵集团之间的殊死决战。

（四）作战空间和战场变化

1.战场空间呈现逐步扩大的态势

信息化战争正呈现作战空间扩大化和兵力密度缩小化的趋势，全新的立体多维和高度透明的战场环境已经出现。实际上，立体战的作战样式很早就形成了，但随着武器装备的信息化，立体战的样式出现了飞跃，战争的立体性大为扩展，陆、海、空、天一体战，多维性立体战，纵横交错的战场结构，把战争样式推向了一个新的发展阶段。信息化战争中，战场分布从外层空间、高空、中空、低空、超低空、地面、海面直至地下、水下，从近距离、中距离直至远距离，形成了陆、海、空、天紧密结合的立体作战。特别是以军用卫星为代表的信息探测系统的大量使用，能够全天候遂行侦察、通信、预警、气象和战场监视等多种任务，成为立体战的一个新的重要组成部分。在可以预见的将来，随着天基定向能等武器系统投入实战，立体战将向更广阔的空间发展。

战场兵力密度逐渐变小，是战争发展的必然趋势之一。以每平方千米部署兵力计算，第一次世界大战时多达404人，第二次世界大战期间为36人，1973年的阿以战争中降到25人，到1991年海湾战争时只有2.34人，伊拉克战争中为1~2人。在未来的数字化战场上，兵力密度将更小。这也与武器装备性能的提高、因战场透明而力图避免遭受重大伤亡以及大量使用机器人密切相关。"战争迷雾"一直是困扰战场指挥官的一大难题，但对实施信息化战争的数字化部队来说，战场却是透明的。

美军前陆军参谋长沙利文曾预言，数字化战场的透明度将比海湾战争中提高一个数量级。在信息化战争中，前线的传感器、太空的卫星将不停地把各种情报传输给计算机，并把这些情报信息图像画面实时地显示在指挥所的显示屏上。所有己方战斗人员均可同时获得这些图像，从而对敌我双方的位置、态势，以及集结、运动等情况都了解得一清二楚。

目前，美军正在大力建设数字化战场，其目的就是使战场透明。实现战场数字化后，可把情报从战区、军、师司令部等单位以数字的形式传输给旅、营、连乃至单个战斗车辆，使各级指挥官实现信息共享；每辆战车可在运动中报告所在方位，己方所有战车的计算机显示屏上随时显示敌我双方位置的参数。导致战场透明的数字压缩技术可扩大对敌探测距离，提高信息处理能力，悄然无声地把战场情报以一种图文并茂的方式，实时准确地传输给用户。

近期局部战争的实践表明，太空日益成为重要的作战空间，对战争进程和结局具有决定性影响。有资料统计，美国在海湾战争中动用卫星70余颗，科索沃战争和阿富汗战争也多达50余颗，为空中、海上和地面突击系统提供全方位的信息支援和保障。太空已经成为新的战略制高点，一场争夺太空军事优势的竞争已经开始。

目前，美俄等军事大国大力发展军用航天航空技术和空间战武器系统，加强太空战场建设，推动太空军事力量向空天一体、攻防兼备的方向发展。据军事专家预测，未来的非接触战争将很可能以航天系统为核心，组建能够在空天领域有效执行任务的战略性全球侦察打击作战系统，以引导陆、海、空军各种作战平台实施远距离精确打击，运用天基武器系统对地面、海上、空中目标直接实施打击，还可以利用反卫星武器和空间作战飞行器来干扰、破坏、摧毁敌方天基系统，争夺制天权，限制敌方在太空的行动自由。

2. 众多新战法登场

(1)"点穴"式打击将成为主要的作战样式。

由于精确打击兵器长上了"眼睛、耳朵和大脑"，不但能弹无虚发、百发百中地命中目标，甚至能击中目标的特定部位，并且具有"发现即可摧毁"的能力，为"点穴"式打击提供了有效的手段。战场上谁先能"看到"或"听到"对方，谁就能打掉对方，战场将成为"发现者"与"隐蔽者"之间的斗争，一切没有良好隐蔽的目标都会被发现、被击中、被摧毁。因此，"先敌发现目标、先敌做出决策和行动"将成为首要的作战原则。

(2)"精确战"的作战样式。

"精确战"是对敌目标实施精确打击、所造成的附带毁伤很小的一种作战样式。它的主要特点是：第一，在这种作战中使用的武器装备的信息技术含量高；第二，实施这种作战依赖于透明度很高的战场。使用信息技术含量高的武器系统，可在很远的距离、以很高的精度攻击和摧毁敌目标。战场透明后，己方部队可以更快地获取信息，加快"查明情况—下定决心—采取行动"这一周期性活动的进程，更迅速、更准确地抓住战机，从而使作战行动比以前更加精确，更具致命性。

3. "特种作战"锋芒毕露

伊拉克战争，作为特种信息作战力量，美军投入的特种部队超过了1万人，是越南战争以来规模最大的一次行动，并且取得了辉煌的战果。其做法一是培植"倒萨"力量。早在伊拉克战争打响的半年前，大约100名美特种部队士兵和50名中央情报局特工秘密进入伊拉克，潜入伊位克北部库尔德人控制区，搜集有关库尔德人的情报，培植"倒萨"力量；二是弄清萨达姆和其他高级领导人的行踪；三是潜入伊位克的西部沙漠或东部农村地区搜寻导弹发射架和生化武器隐藏地点；四是进行特种侦察，引导战机打击临时目标；五是抢占机场和保护油田。由于担心伊拉克点燃油田阻止美军前进，开战第3天，美陆军特种部队"绿色贝雷帽"攻占了巴格达以西沙漠中的两个机场和伊拉克北部的两个机场，美海军特种部队"海豹"小队偷袭并抢占了两个重要的石油天然气枢纽站和一些油井。

(五)作战空间呈空天一体化

在伊拉克战争中，美军在空间部署了50多颗军用卫星，并租用了多颗商业卫星，在空中部署了 U-2 侦察机，E-3、E-8 预警机，"全球鹰"和"捕食者"等多种无人侦察机，从而形成了空天一体的信息技术优势，并在对伊拉克的空中打击中发挥了重要作用。

1. 实现了战场信息的实时传输

由于美军各型飞机都安装了"快速战术图像系统"，在每一位特种部队士兵的电脑上安装了"漫游者"软件，参战的美陆、海、空三军指挥系统也都实现了联网，从而使卫星、侦察机和无人机获得的信息能够通过 LINK16 和其他数据链技术进行实时传输。每一个战斗机和轰炸机的飞行员都能随时了解到战场信息的变化情况。

2. 实现了信息技术向作战能力的迅速转化

在这次伊拉克战争中，大部分参加对伊轰炸的战斗机和轰炸机都安装了目标数据实时接收和修正系统，可在赴目标区的飞行途中通过卫星直接接收情报中心发出的实时数据，并对导弹的制导数据进行适时的修正和更新，从而提高了目标打击的灵活性和随机选择性，战斗效果明显提高。伊拉克战争中，在每天赴伊拉克执行轰炸任务的战斗机和轰炸机中，只有约三分之一的飞机是按起飞前的轰炸计划赴目标区进行轰炸的，另外三分之二的飞机都是在升空之后根据随机收到的目标指令去执行轰炸任务的。例如，3 月 24 日，美军共出动了 1500 架次的飞机对伊拉克进行空袭，其中 800 架次是执行打击任务。在 800 架次的打击任务中，有 200 架次是事先计划的，其余架次为临时起飞打击伊拉克的"紧急目标"。

3. 集中优势兵力的原则发生质的变化

集中优势兵力这一古老的军事原则，其实质是将由过去的集中兵力兵器变为集中火力。因为，信息化远程打击兵器，不需要集中配置，就能对打击目标实施集中突击。兵力配置的分散和火力的集中，将有利于战场上保存自己消灭敌人。近距离接触式思想将不再实用。在信息作战中，由于远程、高精度、大威力武器系统的使用，大大提高了远战的地位。如果一支军队没有远战能力，很可能在对方超视距的侦察和打击下，很快就会被消灭。美军早在 20世纪 70 年代末期就提出了"圈外发射"的武器系统理论，即各种武器系统要能在对方武器系统射程之外发射，也就是在对方火力圈外发射。经过 20 多年的努力，美军的武器系统已达到其"圈外发射"理论的要求：美军认为"远战将取代近战成为胜负的主导因素，超视距火力战将成为未来作战的主要样式"；"在陆军减少兵力的情况下，只要有准确而猛烈的火力战支持就能战胜优势兵力之敌"。从海湾战争和科索沃战争中，可以很清楚地看出美军是如何贯彻"圈外发射"作战思想和发挥远战兵器作用的，发展远战兵器、实施灵活机动的火力战，已成为当今各国军队追求的目标和作战原则。

4. 作战指挥的难度进一步加大

由于信息化战争中使用的武器装备种类繁多，战场情况瞬息万变，作战节奏加快，信息量急剧增加，所以对作战指挥的要求不是降低了，而是更高了、更难了。这主要体现在以下四个方面。一是指挥要实时或近实时，否则，就会贻误战机，陷入被动。实时指挥的着眼点是"夺取和控制作战空间"，在速度、时间和灵敏性等方面制约敌军，从而使己方的行动总是比敌方快半拍到一拍。二是在运动中指挥。这是因为，未来战场流动性大，部队总处于运动之中，指挥官很难开设固定的指挥所。三是要采用纵横指挥法。在上下级之间逐级传递信息，实施纵向指挥；在行军控制、防空预警等活动中，同级间直接传递信息，进行横向指挥；在火力支援等活动中，则采用纵横结合指挥法。四是协调复杂。协调是指挥职能之一，在信息化战争中，参战军兵种多、作战空间大，横向协调的任务十分繁重。

五、战争形态发展趋势

研究战争形态，既要把握战争的基本形态，又要把握处于其下的战争阶段性形态，且后者更具实践意义。信息化战争是信息时代战争的基本形态，随着世界新军事革命的深入发展，科学划分信息化战争的发展阶段并揭示其阶段性特征，有着越来越迫切的意义。笔者结合现代战争实践，尝试将信息化战争的发展划分为初、中、高级三个阶段，并从物质基础、技术主题、组织形态、基本作战形式、支配机理等方面加以表征描述。

(一)初级阶段

信息化战争初级阶段萌芽于20世纪六七十年代，以海湾战争为标志，在科索沃战争中趋于成熟，在阿富汗战争、伊拉克战争中得到进一步的发展，一定程度上也可视作信息化主导下的新型机械化战争。这一阶段的战争物质基础是具有一定信息技术含量的机械化平台、相对分立的传感器、以树状拓扑为主的C3I系统、精确制导弹药、电子战装备以及隐身飞机等少量新概念武器；军队技术变革主题是"连点成链"，即运用信息技术改造传统军事体系，建立"侦—控—打—评"等重点链路、形成简单闭环并快速向网络化方向生长。以2003年伊拉克战争为例，当时美英联军已拥有了较强大的战场信息化网络，能够将侦察、监视、指挥、控制、通信等系统联成一个有机的整体，确保实时共享各类信息资源。但客观地讲，这一阶段栅格化信息基础设施尚未充分建立，实现网络链接的手段相对有限，信息系统还不能充分支持大量作战信息与指令的实时互联互通，系统间互操作性不强。这一阶段，作战力量结构开始由机械化战争时期的"金字塔"型迅速向"扁平网状"结构过渡，指挥层级大幅压缩，建设数字化、模块化部队成为各国适应信息化战争趋势调整改革军事力量的基本共识。由于美军在其担当"领头羊"的世界新军事革命中占据了先机，迅速拉开了与传统军事强国的代差，致使这一阶段的作战形成了以强凌弱"一边倒"的局面，以远程精确打击为典型战法的非线式非对称非接触的"三非"战争成为对应的阶段性战争形态。受军事信息系统发展水平的制约，这一阶段的基本作战形式以信息化条件下的诸军兵种协同式联合作战为主，各军兵种分队间自主协同的能力还较低下，计划协同在联合作战组织与实施过程中仍居于主导地位。这一阶段的作战支配机理主要是以控制论为主体的"老三论"，OODA(观察—判断—决定—行动)链式循环理论开始为各国军队所普遍接受。

(二)中级阶段

信息化战争中级阶段是初级阶段的自然扩张和平滑过渡，这一阶段起始于21世纪第一个十年前后，预计将延续至未来20年左右。这一阶段的战争物质基础主要是信息化主战装备与弹药、综合化战场传感体系、栅格化信息传输网络、网电一体化的信息战装备和具有辅助决策能力的指挥控制系统等。与初级阶段相比，这一阶段装备体系的概念与构成发生较大变化但未发生根本性颠覆，大中型装备在主战装备体系中仍占据着绝对的支配地位。这一阶段军队技术变革主题是"结链成网"，即建立并依托栅格化一体化的信息网络基础设施和门类繁多的数据链族，将战场上各作战要素结链成一个有机整体，进一步打破军兵种"烟囱"、打通层级阻隔、消除业务壁垒，实现信息实时共享，增强互联互通互操作能力，体系对抗潜能得到进一步释放。类似美军"全球信息栅格（GIG）"的网络化基础设施将广泛建立起来，天基互联网将在军事领域发挥重大作用，而各种新原理战术通信手段将得到蓬勃发展；这一阶段作战力量结构呈现出相对固定的无尺度网络结构，少数的关键节点仍支配着大多数的作战资源，机械化战争时期的层级结构仍得到一定程度的保留，但信息横向流动不断加强，跨军兵种的旅、团部队甚至营、连分队间的自组织自适应自协同渐成常态。这一阶段主要强国先后建立起以网络信息体系为基础的信息化军队，技术差距得以缩小，对应的阶段性战争形态是基于相对固定拓扑的"网络中心战争"；相应地，信息主导、精打要害、体系破击的诸军兵种一体化联合作战成为基本作战形式，战场空间由多维走向全维全域，作战力量由协作、合作开始走向功能耦合、融合，作战行动体现出整体联动、自主协同、并行作战的特点，作战控制更加集约精确。这一阶段的作战支配机理是网络科学、复杂系统理论和大数据决策理论等。

（三）高级阶段

信息化战争高级阶段是对中级阶段的深度扬弃与颠覆性发展，其大致起点是未来 20 年左右，终点尚难以预测。这一阶段的战争物质基础是新质机械化与新质信息化深度融合发展造就的"军事物理信息融合系统"，包括泛在化智慧化的战场传感体系、智能化超能化的主战装备体系及弹药、实时化分权化的协同任务规划体系、分布式自主化的作战编队与集群等。作为战争形态主要标志的主战装备体系，无论是概念还是结构均发生了根本性的变化，新一代核武器、空间攻防作战平台、天基战略打击武器、临近空间高超声速武器、跨界飞行器、洲际战略轰炸机、空天防御系统、网络战武器和战略电子战武器等将构成战略威慑与打击的中坚力量，而各类智能化的无人机、无人车辆、无人舰艇、外层空间机器人、水下自主航行器、纳米仿生机器以及电磁轨道炮、激光武器、高功率微波武器和新一代网络电子战武器等将集中取代传统的战役战术武器成为战场新宠。这一阶段军队技术变革主题是"集网成云"：一方面，泛在化、微型化的传感器和战场物联网将实现"万物感知""万物互联"，可穿戴设备、移动互联网和脑机耦合等技术使每个有生力量都能成为战场信息节点，信息触角拓展至微观，延伸至战场各个角落，总体数目和体系能力指标跨数量级甚至量度级增长，自然环境、人化环境和虚拟环境被有机地纳入军事系统；另一方面，分布式的网络信息体系，将性质、功用、层级、结构各不相同的人联网、机联网、物联网、弹联网等子网"集网成云"，形成贯通物理域、信息域、认知域和社会域的跨域集成、动态不居的"超网"，以此凝聚全体系作战能力，释放最大作战潜能。这一阶段的作战力量结构也将发生重大变化，战略战役层面将呈现出动态的无尺度网络结构，关键性节点的数量大幅减少且相互支撑、备份、接替，指挥关系动态变化，"死穴"越来越少；在战术层面则可能更多是无中心网络结构，各作战节点"民主协商"作战，作战组织因需即时建构、即时解构，组织形态呈现出高度流动的"云态化"特征。这一阶段对应的阶段性战争形态是云态化体系与云态化体系之间自主对抗的"云战争"，基本作战形式将是基于模块化力量体系和诸多小编队、小集群的跨军兵种的融合作战，其特征是智慧、智能；作战支配机理在中级信息化战争基础上更强调超循环理论、脑与认知科学、新的决策科学甚至仿生学，以及未来数学和科技哲学的最新发展成果。"云战争"预计将于 21 世纪中叶前后成为主导性战争形态。

第四节　信息化作战平台

一、陆上作战平台

【军武大讲坛】

陆军作战力量在机械化战争中一直占据着十分重要的地位。信息化战争的到来，既为陆军的建设和发展提供了战略机遇，又使陆军发展建设面临着历史性的抉择与挑战。21世纪上半叶，战争形态将急速向信息化演进，陆战场、陆战和陆军存在形式及主体内容将发生根本性变化。根据信息化战争需要，陆上作战平台建设应具备多方式快速机动部署、全频谱信息作战、全时空整体防护、远距离战场感知、各军种战地通联、网络化实时指挥、一体化联合作战和全过程综合保障等8种作战能力，以确保陆军作战力量实现各种支援保障的综合化，能够在复杂地形和多种情况下对陆军作战力量实施作战保障、后勤补给和装备技术维修等，实现及时、高效、综合一体化保障。

（一）陆上作战平台的现状

当前，世界主要国家的陆上作战平台以第三代为主，并呈现多代并存的局面。20世纪80年代服役的陆上作战平台仍是主要国家陆军装备的主体；90年代初研制的新一代陆军装备逐步投入实战使用，并代表着21世纪初军事装备的先进水平，从而构成了多代并存、高中低档相结合的陆上主战装备体系。

1.自行火炮

由于火炮可以在任何地形、全天候地提供猛烈而持久的火力，所以在数百年的发展历史中火炮一直备受青睐，陆军炮兵也成为影响战争进程和结局的极其重要的技术兵种，在传统的地面战争中被称为"战争之神"。现代火炮已经基本实现自行化，在未来信息化战争中，作为地面进攻和防御火力的基本手段仍将占有重要的地位，并继续发挥重要作用。目前世界上典型的自行火炮系统主要有美国的M109自行榴弹炮、俄罗斯2S19 152毫米自行火炮、法国"凯撒"155毫米轮式自行火炮等。近年来，我国的自行火炮技术发展迅速，已经研制了出口型的PLZ45型155毫米自行火炮以及自用型的05A式155毫米自行火炮，并且也发展了SH15型155毫米轮式自行火炮等。

（1）M109自行榴弹炮是一种美制155毫米口径自行火炮，于1963年开始进入美国陆军服役，提供师和旅级部队所需的非直射火力支援。为持续满足未来战场的作战需求，M109持续进行性能提升与改良计划，使其始终保持着先进的水平。同时，M109型自行榴弹炮是世界上装备数量和国家最多、服役期最长的自行榴弹炮之一。作为一位服役超过40年的"老兵"，M109自行榴弹炮一直在进行着更新换代，美军装备的是最新的M109 A6型。

（2）PLZ45型155毫米自行火炮是20世纪80年代中国北方工业公司研制的一种具有高度机动性和远程精确打击能力的履带式自行加农榴弹炮，也是中国首款数字化压制性火炮武器。由于该自行火炮系统配套了指挥车、雷达车、弹药补给车和工程抢救车等多种辅助车辆，作为集成系统具有很强的实战能力。

2. 坦克

坦克是一种被人们称为"矛"与"盾"相结合、作战平台与杀伤性武器相结合的技术兵器，自1916年诞生以来，一直就以其强大的直射火力、高度的越野机动力和坚固的防护力而立于技术兵器之林。在现代战争中，坦克占有重要的地位，其数量和质量已经成为各国陆军实力的重要标志。坦克仍然是今天战场上最有效率和最理想的进攻性武器。在现代条件下，坦克虽然受到各种"坦克克星"的严重威胁，但坦克仍然是陆上战场的主要突击力量，尚没有其他陆战兵器能够取代坦克的地位。目前，世界上先进的坦克主要包括美国的 M1A2 主战坦克、俄罗斯的 T - 90 主战坦克、英国的"挑战者 - 2"主战坦克、中国的 99A 主战坦克等。近年来，俄罗斯还开发了新一代的 T - 14 主战坦克。

(1)M1A2 主战坦克是 M1A1 主战坦克的第二阶段改进产品，现为美国陆军装备的主战坦克，也是美军现役最先进的数字化坦克。M1A2 主战坦克配备了先进的车际信息系统和战场管理系统，能自动地提供双方部队位置、后勤信息、目标数据和命令等。该坦克还装有自主式地面导航系统，可在极端恶劣的环境和自然条件下快速、准确地确定坦克所在位置，不会在大沙漠和错综复杂的地域环境迷失方向。底盘也进行了若干改进，发动机加装了数字电子控制装置，提高了省油性和可靠性。

(2)99A 主战坦克是我军最先进且完全信息化的主战坦克，实现了火力、机动力、防护力和信息力的有效融合，体现了陆战装备的新水平。99A 主战坦克主要用于压制、消灭反坦克武器，摧毁野战和坚固防御工事，歼灭敌有生力量。99A 主战坦克奠定了我国第一代陆军装备信息采集、传输、处理、显示与综合的基础，实现了战场态势共享、协同攻防、状态监测、系统重构等功能，而且软件、元器件全部自主可控，是我国真正意义上的首台信息化坦克。

3. 装甲车

在现代地面战场上，坦克发起高速进攻，必须有步兵迅速及时地支援和配合，以便扫除障碍，夺取阵地。装甲车的主要任务就是搭载步兵协同坦克作战，与坦克协同进攻。目前地面装甲车大都采用自行式车辆且以履带式为主，少数采用轮式车。装甲车优秀的机动能力，有利于各作战平台相互之间进行协同作战。

(1)"斯特里克"装甲车是美国21世纪装甲部队的中坚力量之一。它和 M1 主战坦克、M2 步兵战车构成了美国装甲部队的三大主力战车。"斯特里克"装甲车的重量仅17吨，可以通过运输机进行空中运输，具有比 M2 步兵战车更强的运兵能力(可以同时送9人)，其机动火炮系统具备摧毁地下工事的杀伤能力，并且装有现代数字信息化作战控制系统，能够达到战场信息一体化和同步化，满足联合作战的需要。

(2)M1117 装甲车是美国在 LAV - 150 系列 4×4 轻型装甲车的基础上研制发展的全轮驱动轻型装甲车。主要装备美军宪兵部队，遂行常规冲突中的治安和战斗支援任务，以及在担任特定巡逻任务中应对突发事件、维护治安和调解事端。因其较高的机动性、防护性能、作战灵活性以及良好的操纵性，成为反恐防暴、维和维稳的装备之一。

(二)陆上作战平台的作战应用

伊拉克战争中，美军对巴格达的快速闪击战是一个突出亮点。这是美陆军的网络中心战转型的一次积极尝试，让见惯了美军完全或主要依靠空袭制胜的人们耳目一新。美军推进的速度之快令人吃惊：第 3 机步师先头部队 7000 人在开战后绕过伊拉克南部各城市，长驱直入日夜兼程穿越沙漠地带，目标直指巴格达，在开战第 5 天，该部队就到达距离巴格达约 80 千米的南部战略重镇卡尔巴拉附近，并与伊军防守部队交战。

美军在纳西里耶、纳杰夫、卡尔巴拉、巴格达等地与伊军发生过许多次交战。存在着技术代差的两支军队在信息化条件下进行传统形式的阵地战，其惨烈程度对于这两支部队而言当然不可同日而语。美军在进军巴格达的一场 3 小时激战中，拥有信息化武器装备的第 3 机步师击毙了至少 2000 名伊军士兵，而美军仅阵亡 1 人。巨大的伤亡代价和悬殊战果表明了这种阵地战的不对称性。

（三）陆上作战平台的发展趋势

21 世纪，陆上作战平台的发展重点是提高信息力、火力、生存能力和战场机动能力，实现标准化、通用化和系列化。其主要发展趋势如下。

1. 全面应用先进信息技术

近年来，美、英、法等发达国家都在先期概念验证的基础上开始研究下一代主战武器系统。美军新的主战系统将贯彻网络中心战思想，将侦察车辆、指挥控制平台、独立的火力压制系统、地面战斗与人员输送车辆以及支援作战的无人机等功能平台构成大系统，集侦察、监视、目标搜索、打击、保障等功能于一体。

2. 进一步提高机动性能

提高机动性能的重点是提高陆上作战平台越野机动性、加速性和转向性。这些性能与平台的动力传动装置操纵与悬挂系统的性能水平、单位功率、履带接地压力以及负重轮行程和发动机的加速性等有关。其中，动力装置的发展趋向是除继续改进增压、中冷柴油发动机外，燃气轮机的采用将逐步增多，功率有可能增至 1500 kW。还将进一步研究陶瓷绝热发动机，其与同功率的柴油机相比体积与重量将减少 40%，节约燃料 30%。而传动装置的发展重点是设计先进的综合推进系统，采用电子操纵，增大功率密度，达到结构紧凑、传递功率大、操纵维修方便等目的。

3. 进一步提高生存能力

较强的生存能力是保持战斗力必不可少的条件。由于现代探测技术的长足进步和精确制导技术的飞速发展，来自空中的威胁越来越大，这对陆上作战平台的战场生存构成了严重威胁。因此，未来陆上作战平台将通过多种途径，全面系统地提高平台的防护性能。主要包括以下几个方面：一是采用隐身技术来提高防护能力；二是大量采用复合装甲提高车体的防护能力，重点是研究新型复合装甲、反作用装甲和主动防护系统；三是陆上作战平台的总体结构设计将有新的突破，主要是探索顶置火炮式坦克方案与遥控车组方案。

4. 发展系列化、通用化作战平台

系列化是根据某类产品或装备的使用需求和发展规律，按一定序列排列其主要性能参数和结构形式，有计划地指导产品的发展，以满足广泛需求的一种标准化方法。如美陆军的 M 系列的坦克装甲车、俄罗斯的 T 系列坦克等都是系列化的地面主战装备。通用化是将现有的或正在研制的具有互换性特征的通用单元用于新研制武器系统的一种标准化方法。

二、海上作战平台

在信息化战争中，海上作战平台的主要任务是独立或协同
其他军种遂行消灭敌方舰艇部队，袭击敌方基地、港口和陆上
重要目标，保护己方海上交通线，破坏敌方交通线，遂行封锁、
反封锁，登陆、反登陆，保卫领海主权，维护海洋权益等。为适
应信息化战争夺取制海权和海上其他作战的需要，海上作战平
台应具备信息作战能力、机动破袭作战能力、保卫海上交通线的作战能力、综合支援保障能
力和强大的海基核威慑与核反击能力。

海上作战平台

【军武大讲坛】

（一）海上作战平台的现状

21世纪，以海弹道导弹核潜艇为核心的海基战略核打击装备、以航母为核心的远洋作战
装备、以两栖攻击舰为核心的两栖作战装备、以舰载机为核心的航空装备是世界主要国家海
军装备发展的重点，构成了当前海上作战平台的主体。

1.航空母舰

航空母舰，以其突出的制海、制空和对岸攻击能力，被视为海军水面作战力量的核心。
全世界现役的各型航空母舰一共有20艘。其中美国的"尼米兹"级核动力航空母舰是世界上
较为先进的大型航母。主要特点是适于远洋和长期海上作战，具有突出的攻防作战能力，制
造和维护费用极为可观，需组织大量其他舰艇掩护作战。

"尼米兹"级航母是美国海军隶下的一型现役核动力多用途航空母舰，亦是美国海军远洋
战斗群的核心力量，搭载多种不同用途的舰载机对敌方飞机、船只、潜艇和陆地目标发动攻
击，并保护美国海上舰队和海洋利益。

2.巡洋舰、驱逐舰、护卫舰

巡洋舰、驱逐舰、护卫舰为现代水面作战舰艇的主要力量，也是各国海军装备数量最多
的水面舰艇。巡洋舰是一种大型战舰，自给力、续航力较大，火力强，能在恶劣气象条件下
进行较长时间的远洋机动作战。世界上较先进的巡洋舰有美国的"提康德罗加"级、俄罗斯的
"基洛夫"级和"光荣"级。驱逐舰是一种具有多种作战能力的中型舰艇。护卫舰是一种以反
潜、护航为主要任务的轻型舰艇。驱逐舰和护卫舰具有较高的航速和较好的武器装备。世界
上较先进的驱逐舰有美国的"阿利·伯克"级、俄国的"现代"级、英国的"谢菲尔德"级等；护
卫舰有美国的"佩里"级、俄国的"克里瓦"级、英国的"23"型等。

（1）"提康德罗加"级导弹巡洋舰是美国海军下属的第一种正式使用"宙斯盾"作战系统
的主战舰艇，配备以AN/SPY-1相控阵雷达为核心的整合式水面作战系统。"提康德罗加"
级导弹巡洋舰是航空母舰战斗群和两栖攻击战斗群的主要指挥中心。身为航空母舰战斗群的
头号护卫兵力，配备"宙斯盾"作战系统的"提康德罗加"级导弹巡洋舰提供了极佳的防空战
力，使得航空母舰战斗群有充足的力量抵抗来自水面、空中、水下兵力的导弹攻击。此外，
"宙斯盾"作战系统也具有极佳的反潜能力。

（2）"阿利·伯克"级导弹驱逐舰，是美国海军现役的最新型以防空为主的多用途驱逐

舰，其作战使命和作战能力接近"提康德罗加"级导弹巡洋舰。"阿利·伯克"级导弹驱逐舰是世界上最先配备四面相控阵雷达的驱逐舰，其掀起了世界防空驱逐舰发展的新篇章，尔后世界各国发展的新锐防空驱逐舰无一例外都借鉴了它的设计思想。"阿利·伯克"级导弹驱逐舰也是目前世界上建造数量最多的现役驱逐舰。

（3）"23"型护卫舰是英国海军隶下的大型远洋多用途护卫舰。"23"型护卫舰在设计之初虽然被定位为廉价的反潜护卫舰，但是在设计阶段逐步扩充，演变成一种多功能舰艇。除了具备优异的反潜能力，"23"型护卫舰的防空能力也相当出色。因此在"冷战"结束后北约各国作战需求剧变的情况下，"23"型护卫舰仍能成为英国海军倚重的多功能舰艇，伴随着英国海军特遣武力在冲突地区出没。

3. 潜艇

潜艇主要包括弹道导弹核潜艇、攻击型核潜艇和常规动力攻击潜艇，是海上作战平台的重要组成部分，具有隐蔽性好、突击威力大的特点。攻击型核潜艇，主要用于反潜和攻击水面舰艇，同时也具有对地攻击能力，较为先进的攻击型核潜艇有美国的"洛杉矶"级攻击型核潜艇、"弗吉尼亚"级攻击型核潜艇，英国的"特拉法加"级攻击型核潜艇，俄罗斯的"M"级攻击型核潜艇。

（1）"弗吉尼亚"级攻击型核潜艇，是美国海军隶下的一型核动力快速攻击潜艇，从美国攻击型核潜艇发展时间和级别来看，它是第七代攻击核潜艇；但从发展研制的技术特征和用途来看，它属于第四代攻击核潜艇。"弗吉尼亚"级攻击型核潜艇是一种先进的安静型多用途攻击型核潜艇，装有巡航导弹和鱼雷，适于深海反潜战和近海作战。"弗吉尼亚"级攻击型核潜艇装有最先进的 C^4ISR 自动化指挥系统，可以提供给指挥官充分的信息并帮助其判断与决策，是美军 21 世纪近海作战的主要力量。

（2）"洛杉矶"级攻击型核潜艇，是美国海军的一型快速攻击型核潜艇，从美国核潜艇发展时间和级别来看，它是第五代攻击核潜艇；从美国核潜艇发展研制技术特征和用途来看，它应属第三代攻击型核潜艇中的主力。它是当前美国海军攻击核潜艇的中坚力量，是美国海军也是世界上有史以来建造数量最多的核潜艇，主要任务是反舰、反潜以及为航空母舰战斗群护航。

（二）战例应用

海湾战争中，由于伊拉克海军十分弱小，海上作战显得微不足道，无法与大规模空中作战、快节奏的地面作战相提并论。但多国部队海军仍然投入了大量的海上力量，部署 230 余艘舰艇，美海军投入了 6 个航母战斗群、4000 多架舰载机和 240 多架海军陆战队飞机以及大量的直升机。这些武器装备不仅直接用于海上作战，而且在空中作战和地面作战中发挥了重要作用，也对海上力量的运用方式产生了重大影响。

伊拉克战争中，为了摧毁伊海军全部水面作战舰艇和布雷艇，将伊海军赶回到波斯湾北部，以防其进攻或威胁多国部队，美国、英国、沙特阿拉伯和科威特海军承担了主要的反舰作战任务，阿根廷、澳大利亚、加拿大、丹麦、法国、意大利、荷兰、挪威、西班牙等国海军参加或支援了反舰作战。美军 A-6E，F/A-18、F-14 和 S-3AB 等舰载机，P3C 和英国"猎迷"海上巡逻机、美海军 SH-60B，英国的"山猫"也直接参战。把在波斯湾北部的伊海军舰艇与巴士拉、乌姆盖斯尔的港口设施和海军基地隔离开来，将更多的伊军舰艇封锁在港内，并最终掌握了波斯湾北部海域的制海权。在整个反舰作战中，多国部队击毁或击伤伊军143艘舰船，伊拉克所有海军基地和港口被严重毁坏，基本上全军覆没，未对多国部队海军发动过任何攻击。

（三）发展趋势

近年来，以美国为首的国家启动了一系列海军重大技术研究，孕育了一批新装备，它们将推动海上信息化作战平台产生质的跃升，影响世界各国海上信息化作战平台的发展趋势。

1. 大力发展各类无人系统

各国发展并装备的无人水面艇多为集反水雷战、反潜战、信息/电子战等多种能力于一体的多功能无人水面艇。美国正式服役的无人水面艇主要有遥控猎雷系统（RMS）、"海狐"和"斯巴达侦察兵"。其共同特点是充分借鉴无人机技术，并采用模块化设计，可在保障有人舰艇安全的情况下大范围实施反水雷作战和大范围长航时的反潜作战。

2. 积极发展水下通信、水下网络等水下装备

2012年，美国海军水面战中心提出了"先进水下武器系统"概念，利用大直径无人潜航器携带8部被动声呐和4枚轻型鱼雷，在作战区域部署水声传感器形成探测网络，发现潜艇或水面舰后即可利用轻型鱼雷发起攻击。这将使局部海域水下透明度大幅提高，消除水下力量对美军的威胁，其他国家将从此失去通过水下非对称力量制约美军的可能，美国将对其他国家形成前所未有的压倒性优势。美国还在同步发展"海德拉"系统，该系统是一艘体积较大的无人潜艇，可以长时间潜伏在敌方领域，最长可在水下连续潜伏数月之久。一旦发现目标，立即会对海面或水卜目标实施攻击。

3. 动力与能源技术将引发未来舰船动力的重大变革

动力与能源技术方向之一是燃料电池；兆瓦级燃料电池有能力取代现役主机及发电机，将引发舰船动力甚至全军种动力体系的一场革命。美国海军正在大力研发兆瓦级燃料电池，以燃油为原料，通过重整器将化学能直接转化成电能。燃料电池效率高达60%，是现役燃气轮机、柴油机的1.5倍；此外，燃料电池还具有噪声低、隐身性好的优点。美国海军目前正在研发10 MW质子交换膜燃料电池和固态氧化物燃料电池，高于目前单机功率最大的MTU8000舰船高速柴油机，未来还可能将电池功率提高到23 MW，相当于LM-2500舰船燃气轮机功率等级。

三、空中作战平台

在信息化战争中，空中作战平台的主要任务是实施国土防空；实施相对独立的空中进攻作战；协同、配合或支援陆、海军及导弹作战力量作战；实施空降作战、空中威胁、电子对抗；进行空中指挥、空运和航空侦察等。空中作战平台是夺取信息化战争制信息权的主要力量，目前也是陆、海、空三军作战平台中最强的。

空中作战平台

【军武大讲坛】

（一）空中作战平台现状

21世纪，随着空中作战范围大纵深、高立体化、作战行动隐匿化等特点的日益突出，世界各主要军事强国提出了"战略空军"的概念，要求空中作战平台具备空天一体、攻防兼备、信息火力一体作战的能力，能够以空制空、以空制海、以空制地，全面参与各种作战形式，能够实施远程反应。

1. 作战飞机

作战飞机是空中作战平台中最主要、最基本的武器装备，能以机载武器、特种装备对空中、地面、水上、水下目标进行攻击和担负其他作战任务。作战飞机的机动性能好、突防能力强，能出敌不意发起攻击，给敌以歼灭性的打击，并有效地支援地面和海上作战。

（1）战斗机，其主要作战对象是对方的空中目标、主要对手是敌方的歼击机。歼击机是各国航空兵器中的重点之一，竞争性最强，更新发展最快。20世纪90年代以来，发达国家战斗机，通过新研制飞机的高低档次搭配、多阶段发展计划、一专多能的多用途设计及老式飞机不断现代化翻新改造等措施，已经形成了一个以第3代为主体、第4代为骨干的空战装备体系。第3代战斗机具有全天候、全方向、全高度和超视距空战的性能。其典型机型有美国的F-14、F-15、F-16、F-18；俄罗斯的米格-29、苏-27、米格-31；法国的幻影2000等。第4代战斗机具有超强的隐形性能、超强的机动性和良好的操控性、超声速巡航能力、较大的有效载荷以及短距起降等能力。其典型机型有美国的F-22、俄罗斯的苏-33、中国的歼-16等。

（2）歼击轰炸机是用于突击敌战役战术纵深内目标并具有空战能力的飞机，又叫战斗轰炸机。它能携带普通炸弹、制导炸弹、反坦克子母弹和战术空地导弹，有的能携带核弹；还可以带空空导弹用以自卫，投掉外挂武器后，可遂行空战。现役歼击轰炸机有两种类型，一种是专门设计的歼击轰炸机，如美国的F-117A。F-117A采用独特的多面体外形，飞机表面涂有多种吸波材料，是一种非常先进的隐形轰炸机。还有一种由歼击机改型而主要用于攻击地面目标的歼击轰炸机，也称为多用途战斗机，其典型机型是美国的F-15和俄罗斯的苏-34。F-15的航程远，具有高精度攻击、夜间低空突防等功能，不仅对地攻击能力强，空战性能也很好。

2. 武装直升机

武装直升机又称攻击直升机，是一种超低空火力平台，其强大火力与特殊机动能力的有机结合，最适应现代战争"主动、纵深、灵敏、协调"的作战原则，可有效地对各种地面目标和超低空目标实施精确打击，使之成为继火炮、坦克、飞机和导弹之后又一种重要的常规武器，在现代战争中具有不可取代的地位与作用。武装直升机主要用于为地面部队提供火力支援；摧毁坦克和其他装甲目标；压制敌军的防空兵器；掩护其他直升机的战斗行动等。当前，世界主要国家陆军航空兵部队装备和即将装备的比较先进的武装直升机有美国的AH-64、俄罗斯的米-28、德国与法国联合研制的"虎"式武装直升机等。

（1）米-28武装直升机是苏联米里设计局研制的单旋翼带尾桨的全天候专用武装直升机，北大西洋公约组织称其为"浩劫"。米-28武装直升机主要是用来攻击地面坦克，攻击近距支援攻击机和直升机，拦截和下射低空飞行的巡航导弹，攻击地面活动目标和进行战场侦察。

（2）AH－64武装直升机有另一个广为人知的名字"阿帕奇"，它由美国波音公司研制，是美国陆军主力武装直升机。AH－64武装直升机现已被世界上13个国家和地区使用，包括日本和以色列。AH－64武装直升机以其卓越的性能、优异的实战表现，自诞生之日起，一直是世界上武装直升机综合排行榜第一名。

（3）"虎"式武装直升机由法国的航宇公司和德国的MBB公司联合研制，分为两个主要型别，即火力支援型和反坦克型；三个型号，即法国的火力支援型HAP、反坦克型EHAC和德国的反坦克型PAH—2。反坦克型的"虎"式武装直升机主要用于攻击敌人坦克和阻止敌人坦克的大规模攻击；火力支援型"虎"式武装直升机，只供法国陆军使用，主要作为空中轻骑兵执行快速反应任务。

（二）战例应用

在伊拉克战争中，美英联军的空中作战平台发挥了关键作用，特别是大量精确制导弹药的使用，极大地提高了空中作战的效率，并从根本上改变了空中作战的面貌。

1.防区外精确打击

伊拉克战争中，美英联军实施防区外精确打击的目标主要有以下两类。一是固定的点目标和面目标。伊拉克高官住宅、政府大楼、军队指挥中心、雷达站、地空导弹阵地、高炮阵地以及机场等大型目标始终是美英联军持续打击的重点。萨达姆及其两个儿子的官邸从开战之日到战争结束，反复遭到美英联军的轰炸。战争中，美军的猛烈轰炸使伊军指挥体系陷入瘫痪，分散部署的作战部队都变成了"瞎子"和"聋子"：雷达被摧毁、电台联络不通、指挥命令无法下达。伊军不得不采取类似于阿富汗战争中塔利班部队所采取的原始办法，利用摩托车送信等方法下达作战命令，其时效性和可靠性就可想而知了。二是定点打击单个目标的"斩首"行动。这类似于以色列军队对巴勒斯坦激进组织成员采取的"定点清除"行动，区别在于以军一般以直升机作为发射平台，而美军则以战斗机作为发射平台。其作战流程：作战中心收到"可靠情报"后标示目标位置，然后马上向在空中巡逻的战机发布作战命令和目标信息，战机接到命令后即赶赴目标空域进行精确打击。

2.战斗空域临空轰炸

战斗空域临空轰炸是伊拉克战争中的重头戏，其基础是美军占有信息优势和制空权。如果没制空权，伊军防空导弹和高炮会对美军战机形成巨大的威胁，临空轰炸就不可能进行。美军掌握了战场信息优势，伊军一举一动尽在其掌握之中。尽管伊军没有像海湾战争那样把坦克埋在沙堆下，而是分散部署和进行城市防御，但只要一出动，被发现进而被摧毁的命运就无法避免。例如，美军B－52向巴格达伊军坦克部队投下6枚CBU－105集束炸弹，每枚装有10个BLU－108"斯基特"灵巧反坦克子弹头，可以同时攻击多个目标，使暴露的伊军坦克部队遭受了灭顶之灾。

（三）发展趋势

为了谋求21世纪的军事优势，美国、俄罗斯、欧盟等国家和地区都非常注重空中信息化作战平台的发展，在新技术、新材料和新理论的共同作用下，空中信息化作战平台的性能和作战能力有望取得新的突破，将向着体系化、智能化、高速化的方向发展。

1. 体系化

体系化，是由相互关联、相互依赖的子系统组合而成的复杂大系统。体系能提供的能力远大于其子系统能力之和，并且可以涌现出一些新的作战能力。美国空军发布的《2030 年空中优势飞行规划》指出，未来没有任何一种战斗机可以单独地躲避和对抗敌方由地空武器、空空武器、反卫星武器、电子战武器构成的装备体系，只有依靠由战斗机、无人机、卫星、先进机载武器等装备组成的体系，才能有效地夺取制空权。空中信息化作战平台之所以能向体系化的方向发展，主要是得益于信息技术的进步以及基于体系化作战的军事理论、战术和支撑技术的快速发展。在未来战争中，作战平台之间的体系化协同作战能力将不断增强，单靠几种先进的航空装备将很难与紧密协同的航空装备体系进行作战。

2. 智能化

随着计算机技术、大数据技术和深度学习技术的发展，人工智能技术正在从孕育期转入爆发期。人工智能技术在航空领域的应用越来越广。目前，人工智能技术在飞机设计、制造、使用、维护的全过程中得到初步应用。人工智能技术在无人机自主编队、自主起降、自主空中加油、自主后勤补给等方面的应用也在不断拓展。2015 年 4 月，美国诺期罗普·格鲁公司研制的 X−47B 无人机成功进行了自主空中加油、在航空母舰上进行自主起降等实验。2016 年 4 月，美海军研究局与佐治亚理工学院联合完成连续发射 30 架无人机并使之在空中自主编队飞行的试验。2017 年 4 月，洛马公司验证了可提升作战效率和效能的有人和无人编队技术。2018 年 5 月 15 日，中国电子科技集团完成了 200 架定翼无人机集群飞行试验，刷新固定翼无人机集群世界纪录。试验中，200 架小型固定翼无人机成功演示了密集弹射起飞、空中集结、多目标分组、编队合围、集群行动等动作。以上进展表明，基于人工智能的集群作战和协同作战技术正在日趋成熟，并将对各类空中作战平台的发展和作战样式产生深远的影响。

3. 高速化

随着对抗的加剧，未来空中作战的节奏和速度将越来越快。为了捕捉稍纵即逝的战机、防范敌人先发制人的突袭，空中信息化作战平台的快速反应能力正变得越来越重要。2015 年 9 月，美国空军发布了《空军未来作战概念》，这份文件将作战敏捷性放到了非常高的重要位置，并且明确提出，美国空军将利用其作战敏捷性迅速适应任何情况或任何敌人。无论是指挥控制、情报侦察、全球打击兵力机动还是一体化联合作战，美国空军都将提高敏捷性作为一个重要的发展方向。为了适应未来战争快节奏的需要，不但高超音速飞机、高速直升机、高速空空导弹、激光武器等将登上战争的舞台，而且在高速通信、数据决策和人工智能等技术的支持下，发现目标任务规划、作战指挥、效果评估等各个作战环节的速度都会显著提高。

四、自动化指挥系统

军队的自动化指挥系统（C^4ISR）是指，在军队指挥机构中，采用自动化的硬设备及相应的软设备等现代化工具，实施指挥与控制的"人—机"系统，它是军队实现指挥自动化的手段和工具。目前西方发达国家称之为 C^4ISR 系统，即指挥（command）、控制（control）、通信

（communication）、计算机（computer）和情报（intelligence）、监视（surveillance）、侦察（reconnaissance）的简称。

- C⁴ISR系统

【军武大讲坛】

（一）自动化指挥系统的构成

自动化指挥控制系统通常可分成若干个分系统，从不同的角度看，各分系统的组成也各不相同。从信息在 C⁴ISR 系统中的流程角度来看，C⁴ISR 系统通常可看成由信息获取、信息传输、信息处理、信息显示、决策监控和执行等分系统所组成。

1. 信息收集分系统

也称情报获取系统，主要由各种自动化侦察探测设备，如侦察卫星、侦察飞机、雷达、声呐、遥感器等所组成，它能及时收集敌我双方的兵力部署、作战行动及战场地形、气象等情况，为指挥员定下决心提供实时准确的情报。

2. 信息传递分系统

主要由通信信道、交换设备和通信终端设备三部分组成。通信信道主要有短波、超短波、有线载波、微波接力、散射、卫星通信及光纤通信等。交换设备主要有电话自动交换机、电报和数据自动交换机等。通信终端设备主要包括电传机、传真机、汉字终端机和数字式电话机等，通常由这些设备组成具有各种功能的通信网，从而迅速、准确、保密和不间断地自动传输各种信息。

3. 信息处理分系统

用来进行信息处理的电子计算机及其输入输出设备。电子计算机是自动化指挥控制系统各种技术设备的核心，用来进行文字、图形和数据处理；输入输出设备除通用的磁盘机、磁带机、光电输入机、鼠标、触摸屏、键盘、打印机等外，还有多媒体系统中的视频、音频输入输出设备，如扫描仪、CD – ROM 光盘、数字录像机、话筒、激光唱盘等。

该系统能对输入计算机的各种格式化信息自动进行综合、分类、存贮、更新、检索、复制和计算等，并能进行军事运筹，协助指挥人员拟制作战方案，对各种方案进行模拟、比较、选优等。

4. 信息显示分系统

主要由各类显示设备如大屏幕显示器、信号显示板、光学投影仪等组成。以文字、符号、表格以及图形图像等多种形式，为指挥员提供形象、直观、清晰的态势情报和战场实况，供指挥员直观了解情况。

5. 决策监控分系统

由辅助决策设备和监控设备组成。包括协助指挥员定下决心的人工智能电子计算机、各种功能的监控工作台以及地面、海上、空中、空间的监视系统等，有些系统则需指挥员或操作员进行决策监控，如作战指挥系统。

6. 执行分系统

主要由自动把指令信息变成行动的执行设备和人员组成，如导弹武器系统的发射控制和制导装置、火炮的发射控制装置以及各种遥控设备和执行机构等。执行分系统与信息获取分系统具有反馈关系。执行分系统的当前情况可由信息获取分系统反馈给指挥员，从而进一步修订计划，更加有效地指导执行分系统的动作和行动。

以上六个分系统有机结合，形成一个统一的整体，便组成完整的 C⁴ISR 系统。

（二）自动化指挥控制系统在现代战争中的运用

指挥自动化系统在现代战争中的运用，主要体现在作战指挥方面即指挥和控制过程中，包括收集情报、传递情报、处理情报、显示情报、定下决心和实施指挥几个阶段。

1. 收集情报

情报获取是系统工作的首要步骤，及时可靠的情报，是指挥员定下决心的依据。由于指挥自动化系统便于和现代化的各种探测、侦察设备相连接，或者使其作为一个终端，故能使无论采用何种途径、何种手段获取的情报直接、及时地汇集。如将声呐和计算机联在一起，不仅能测出目标的方位、距离，而且还能测出目标的类型，甚至能立即指出是敌人的哪一艘舰艇。因为计算机的数据库里可存储敌人所有舰船的噪声资料，供鉴别使用。

2. 传递情报

迅速、准确、保密和不间断地传递情报，是保证适时、连续和隐蔽指挥的前提。军队指挥自动化系统，除了拥有高质量的通信网和各种功能的终端设备，为迅速、准确传递信息创造有利条件外，更重要的是，它采用数字通信方式，运用计算机等自动化设备，使多种通信业务高速自动完成。通信交换中心的电子计算机，不仅能记住各用户的直达线路和迂回线路，而且能对所有线路不间断地进行监测，掌握每条线路的性能及其工作状况。当每条直达线路发生故障或者占线时，它能按最好、次好的顺序自动选择和接通迂回线路，保证信息不间断地传递。由于交换中心的计算机具有存储信息的功能，所以可对信息进行分组交换，即先将信息存储起来，然后，自动分成若干组，通过多手段、多渠道传到对方，再按原来顺序予以还原，因而大大提高了通信的保密性。

3. 处理情报

处理情报是指对原始情报进行分类、研究、分析和综合。为了全面、及时地了解战场情况，指挥员及司令部总是希望增加收集情报的手段，加快情报处理的速度。但大量情报涌来，如果处理不及时，势必造成积压，不能发挥应有的作用。据美军统计，美集团军司令部用常规手段只能处理所获情报的30%。利用电子计算机处理情报，不但自动化，而且简单化：对于数字情报，如雷达、声呐、传感器以及其他数据获取设备传来的数字信号，无须任何交换，直接输入计算机即可进行处理或存储；对于已经格式化或较易格式化的情报，如电报、图表、报告等，通过预先规范化并予以编码，变成数字信号，尔后利用计算机处理。

4. 显示情报

情报信息只有显示出来才便于了解和使用。军队指挥自动化系统的情报显示系统可以采用多种形式，可在大屏幕或显示器上显示出文字、图形、图像，可以用快速打印设备打印出文字、图表、符号。除了对情报实时显示外，当指挥员判断情况，定下决心需要从积累的大量情报资料中寻找有关情报并加以显示时，借助计算机检索，可以很快从大量资料中找出所需要的情报。如存有数十万条情报资料的信息系统，指挥人员利用身边的信息指令设备，便可以向数据库或缩微系统检索情报，从键盘查找信息到显示所需的情报，只需要一分钟左右。

5. 定下决心

通过上述各个环节，指挥员获得了大量的情报，为及时定下决心创造了有利条件。在定下决心时，仍然要靠指挥员精心运筹施谋定计，对此指挥自动化系统不能代替。但是系统可以帮助指挥员选择方案，通过计算机可以对各个方案进行逼真的推演，进行优劣对比，从而权衡各个方案的利与弊，从中选出最佳方案。

6. 实施指挥

实施指挥是指挥员的决心付诸实施的过程。是指挥周期中最后一个环节。在过去的战争中，指挥员的谋略虽然很高明，但由于指挥渠道不畅，常常不能很好地贯彻执行。而以电子计算机为核心的指挥自动化系统，可以使指挥员的决心及时准确地下达，而且十分保密。这对下级及时了解上级意图，更好地遂行作战任务，具有非常重要的意义。同时，指挥自动化系统及时监督决心的执行情况，并准确、及时地反馈给指挥员，确保指挥员决心的落实，以实施不间断的作战指挥。

（三）中外军队自动化指挥控制系统简介

目前世界各国和地区的军队都建有各种类型的 C^4ISR 系统。这些 C^4ISR 系统，按作战任务的性质和规模的大小可分为战略级 C^4ISR 系统、战役（战区）级 C^4ISR 系统、战术级 C^4ISR 系统。按不同的控制对象可分为军队自动化指挥控制系统、信息自动化指挥控制系统和武器自动化指挥控制系统。

1. 美军自动化指挥控制系统概况

美国军队指挥自动化系统的建设从 1953 年开始，分为三个阶段：第一阶段，即初创时期，各军种建立各自的指挥自动化系统；第二阶段，即发展与繁荣时期，在已建立的指挥自动化系统之间实现信息沟通；第三阶段，即成熟与完善时期，将各军种指挥自动化系统联成一体，实现军队的"全盘自动化"。下面着重叙述一下美国的全球自动化指挥控制系统（WWMCCS）。

该系统是美国在 1962 年古巴导弹危机时为适应其"灵活反应战略"而开始筹建的。自 1968 年初步建立直至今日，一直在进行改进和完善。通过该系统，美国总统逐级向一线部队下达命令只需 3~6 分钟，越级指挥最快只用 1~3 分钟。这是一个规模庞大的多层次系统，部署在全球各地，并延伸到外层空间和海洋深处。该系统的任务是供美国国家军事当局在平时、危机时和全面战争时的各个阶段，不间断地指挥控制美国在全球各地部署的战略导弹、轰炸机和战略核潜艇部队，完成战略任务。为此，WWMCCS 系统具有情报收集、情报分析和评估、威胁判断及攻击预警、制定作战方案和作战计划、命令部队做出快速反应等功能。

WWMCCS 包括 10 多个探测预警系统、30 多个国家和战区级指挥中心和 60 多个通信系统，以及安装在这些指挥中心里的自动数据处理系统。通过战略 C^4ISR 系统，当敌国实施核袭击时，可为美国指挥当局提供 15~30 分钟的预警时间；可在几分钟内为国家指挥当局提供进行全面核战争或应付突发事件的详细计划和所需要的全部资料，并可在 1~3 分钟内使美军全球的战略部队进入临战状态。

美军战术 C^4ISR 系统目前已进入第三代，它包括五个功能领域：机动、火力支援、防空、情报与电子战、战斗勤务支援，每个功能领域都有自己的指挥控制分系统，即机动控制分系统、高级野战炮兵战术数据系统、前方地域防空指挥控制与情报系统、全信息源分析系统、战斗勤务支援控制系统。这些分系统组成陆军第三代战术自动化指挥控制系统（ATCCS）。该系统研制共耗资 200 亿美元，是功能完善并负有盛名的典型战术 C⁴ISR 系统。该系统根据 1982 年陆军新版《作战纲要》中提出的空地一体战理论而设计，旨在使战场重要功能领域的指挥控制实现自动化和一体化，主要用于军以下部队。其主要功能是：处理大量数据；快速传递信息；在信息源处理信息；为各级指挥人员提供自动化决策支援。

美国其他军种也装备了许多自成体系的战术 C⁴ISR 系统，如美空军和陆军共同研制的联合监视和目标攻击雷达系统（JSTARS），该系统的两架试制飞机（E—8A）在海湾战争中同 E－3 空中预警机以及第三代战场指挥控制中心飞机被称为美军在海湾上空的 C⁴ISR 三大支柱。

现役的军队战役战术 C⁴ISR 系统中，美空军装备的 E－3 型空中预警机最具代表性，该机具有预警与指挥双重功能，由雷达、敌我识别、数据处理、数据显示、通信、导航等六个分系统组成，能以脉冲和脉冲多普勒两种体制探测和监视目标。飞机巡航执勤时，通常离起飞基地 970～1600 千米，在交战线己方一侧约 240 千米的 9000 米高度的空域，可发现 650 千米远的高空目标，450 千米远的低空目标和 270 千米远的巡航导弹；能同时跟踪 600 批目标，识别 200 批目标，处理 300～400 批目标。预警飞机又被称为升空的 C⁴ISR 中心，海湾冲突期间，预警机控制着每天多达 3000 架次飞机的出击。

2. 中国自动化指挥控制系统的发展

我军在指挥自动化系统建设方面起步较晚。尽管早在 1956 年，我国就组织几百位专家，制定了一个科学技术发展长期规划，强调对六个方面的新兴技术采取紧急措施加以发展，其中包括：核技术、喷气技术（即宇航技术）、无线电技术、计算机技术、自动化技术和半导体技术。周恩来总理还科学地预言："由于电子学和其他科学技术的进步，而产生了自动控制机器，已经可以开始有条件地代替一部分特定的脑力劳动，就像其他机器代替体力劳动一样，从而大大提高了自动化技术水平，这些最新的成就，使人类面临着一个新的科学技术和工业革命的前夕。"1959 年我国开始"防空自动化系统"的研究，但由于种种原因，进展缓慢，直到 1975 年，我军才真正开始做这方面的工作。

从 1975 年开始，我国在空军着手组织建设雷达团半自动化情报传递处理系统。到了 1978 年 1 月，经中央军委批准，成立了专门的机构，负责统一管理和组织全军指挥自动化的建设，并在某些大单位进行试点。在总体方案论证、信息传递、文电与图形处理、情报资料检索、静态电视传输等方面取得初步成绩之后，指挥自动化系统的建设遂全面展开。

1984 年，总部和各大军区、军兵种、科工委建立了远程汉字联机系统，该系统能自动加密脱密，参谋人员可以像打电话一样用汉字终端直接拍发电文，在全军范围内，第一次把通信技术、保密技术与计算机有机地结合在一起。但这个系统只是个终端网，功能较弱，应用范围有限，信息源少，利用率也低。

从 1985 年开始，远程汉字终端联机系统逐步向计算机网过渡，以总部和各军兵种、各大军区的数台小型计算机为节点机，把配置到全军各集团军级单位的数百台汉字终端联成计算机网络，为总部—大军区—集团军（少数单位到师）提供自动化指挥手段。

到了 1986 年，我国在指挥自动化建设方面有了一个新的飞跃。会听写汉字的计算机系统、手写汉字联机识别系统、能听懂汉语的计算机系统、语音输入式汉字输入计算机系统以及拼音汉字编码技术相继问世；计算机卫星通信，在我国实验成功，并建立了国内卫星通信网；全军计算机联网，并进入实用阶段；我炮兵指挥接近于全程自动化，有些集团军已将微机网络模拟系统及专家系统正式应用于战役演习；全军多数院校都已将微机用于辅助教学。以上这些成果充分说明，我国全军指挥自动化建设，已经由科研试验走向独立应用，由独立应用走向联网。

目前，我军已建成了集作战、通信、机要为一体，覆盖总部、军区、军兵种主要业务部门和集团军、省军区及部分作战师的自动化指挥网，并投入全时值勤，实现了军用文书、报表传递用户化，为全军作战指挥信息的快速传递和处理创造了良好的条件。经过短短几年的时间，我军在指挥自动化建设上就取得了这样的成就，无疑是可喜可贺的。但比起世界上先进的国家，我们还存在着较大差距。

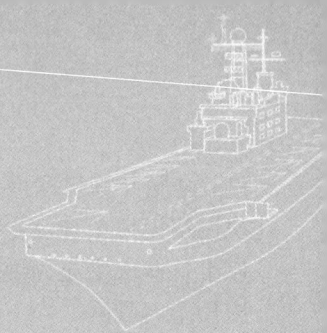

第五章
共同条令教育与训练

第一节　共同条令教育

一、《内务条令》

(一)概念和作用

《内务条令》是以法规的形式规定军人职责、军队内部关系、日常制度、管理和勤务规则的条令，是全军行政管理工作和军事生活的基本准则。目的在于建立和维护良好的内部关系、正规的生活秩序，培养严整的军容、优良的作风、自觉而严格的组织纪律，巩固和提高战斗力。

2018年4月，中央军委主席习近平签署命令，发布新修订的《中国人民解放军内务条令(试行)》，自2018年5月1日起施行。新修订的《内务条令(试行)》生动地体现了我军新时期建军方针、原则，进一步强调了坚持党对军队的绝对领导，坚持依法治军、从严治军的方针，继承和发扬我军优良传统，反映了我军内务制度建设的新情况、新问题，是我军多年来部队管理实践的理论概括和内务建设经验的科学总结，是我军在新的历史条件下，行政管理工作和军事生活的准则。它为军队建设正规的生活、工作、训练和战备秩序提供了重要依据，为军人的行为规定了准则，是我军正规化建设的一项重要法规，在我军建设中具有极为重要的地位和作用。认真贯彻《内务条令(试行)》，必将有力地推动我军正规化建设，促进我军革命化、现代化建设。

(二)主要内容

新修订的《内务条令(试行)》，由原来的21章420条，调整为现在的15章325条，包括总则，军人宣誓，军人职责，内部关系，礼节，军人着装，军容风纪，与军外人员的交往，作息，日常制度，日常战备，军事训练和野营管理，日常管理，国旗、军旗、军徽的使用管理和国歌、军歌的奏唱，附则等内容。明确了内务建设的指导思想和原则，坚持政治建军、改革强军、科技兴军、依法治军，聚焦备战打仗，着眼新体制新要求，调整规范军队单位称谓和军人职责，充实日常战备、实战化军事训练管理内容要求；着眼从严管理科学管理，修改移动电话和互联网使用管理、公车使用、军容风纪、军旗使用管理、人员管理等方面规定，新增军人网络购物、新媒体使用等行为规范；着眼保障官兵权益，调整休假安排、人员外出比例和留营住宿等规定，新增训练伤防护、军人疗养、心理咨询等方面要求。

二、《纪律条令》

（一）概念和作用

军队纪律，是由军队最高领导机关制定的要求全军所有成员共同遵守的行为规则。《纪律条令》是以法规形式规定军队纪律的条令，是军人的行为准则和军队维护纪律、实施奖惩的基本依据。它是维护部队高度稳定和集中统一、巩固和提高战斗力的强有力的武器，是保障我军其他条令、条例、规章制度贯彻落实的一个保障性法规，对于依法治军和军队正规化建设具有十分重要的作用。

2018 年 4 月，中央军委主席习近平签署命令，发布新修订的《中国人民解放军纪律条令（试行）》，自 2018 年 5 月 1 日起施行。新修订的《纪律条令（试行）》继承了我军维护和巩固纪律的优良传统，反映了我军纪律建设的新发展，贯彻了从严治军、依法治军的方针，体现了党的路线、方针、政策和宪法精神，它的贯彻执行使我军纪律建设提高到一个新水平。

（二）主要内容

新修订的《纪律条令（试行）》，由原来的 7 章 179 条，调整为 10 章 262 条，围绕听党指挥、备战打仗和全面从严治军，提出了政治纪律、组织纪律、作战纪律、训练纪律、工作纪律、保密纪律、廉洁纪律、财经纪律、群众纪律、生活纪律等 10 个方面纪律的内容要求；充实思想政治建设、实战化训练、执行重大任务、科技创新等奖励条件；新增表彰管理规范，对表彰项目、审批权限、时机等作出规范，同时取消表彰与奖励挂钩的相应条款；充实违反政治纪律、违规选人用人、降低战备质量标准、训风演风考风不正、重大决策失误、监督执纪不力等处分条件；调整奖惩项目设置、奖惩权限和承办部门，增加奖惩特殊情形的处理原则和规定。

三、队列条令

（一）概念和作用

队列是军队士气、精神面貌和战斗力的体现，队列训练是加强军队正规化、现代化建设的一种必要形式和手段。搞好队列训练对培养良好的军人仪表、严整的军容、协调一致的动作、优良的战斗作风，以及加强部队的组织纪律性，巩固和提高部队战斗力，具有不可低估的作用。《队列条令》是规范全军队列动作、队列队形、队列指挥的军事法规，是全军官兵必须共同遵循的行为规范。

2018年4月，中央军委主席习近平签署命令，发布新修订的《中国人民解放军队列条令（试行）》，自2018年5月1日起施行。新修订的《队列条令（试行）》是我军队列生活的准则和队列训练的基本依据，严格执行《队列条令（试行）》，加强队列训练，对培养良好的军姿、严整的军容、过硬的作风、严格的纪律性和协调一致的动作，落实全面从严治军要求，促进军队正规化建设，巩固和提高战斗力有着十分重要的意义。

（二）主要内容

新修订的《队列条令（试行）》共10章89条，包括总则，队列指挥，队列队形，单个军人的队列动作，分队、部队的队列动作，分队乘坐交通工具，国旗的掌持、升降和军旗的掌持、授予与迎送，阅兵，仪式，附则等内容。新的《队列条令（试行）》主要对三个方面内容进行修订。第一，充实完善仪式规范。按照聚焦实战、立足实际、注重实效的原则，条令将现有3种仪式（晋衔、授枪、纪念）整合增加至17种，包括：升国旗、誓师大会、码头送行和迎接任务舰艇、凯旋、组建、转隶交接、授装、晋衔、首次单飞、停飞、授奖授称授勋、军人退役、纪念、迎接烈士、军人葬礼、迎外仪仗。条令规范了组织各类仪式的时机、场合、程序和要求，将进一步激励官兵士气，展示我军良好形象，激发爱国爱军热情。在纪念仪式、军人葬礼仪式等活动中设置鸣枪礼环节。第二，调整队列活动的基准单位属性。主要以不体现军兵种属性的班、排、连、营、旅级建制单位，代替陆军属性的摩托化（装甲）步兵建制单位为基准，规范日常队列活动。第三，增加营门卫兵执勤动作规范。明确了营门卫兵查验证件、交接班、武器操持等执勤动作规范，为部队卫兵正规化执勤提供依据。

第二节　单个军人的队列动作

一、立正、跨立、稍息

队列训练

【军训第一课】

（一）立正

立正是军人的基本姿势，是队列动作的基础。军人在宣誓、接受命令、进见首长和向首长报告、回答首长问话、升降国旗、奏国歌等严肃庄重的时机和场合，均应当自行立正。

【口令】立正。

【要领】两脚跟靠拢并齐，两脚尖向外分开约60度；两腿挺直；小腹微收，自然挺胸；上体正直，微向前倾；两肩要平，稍向后张；两臂自然下垂，手指并拢自然微屈，拇指尖贴于食指的第二节，中指贴于裤缝；头要正，颈要直，口要闭，下颌微收，两眼向前平视（图5-1）。

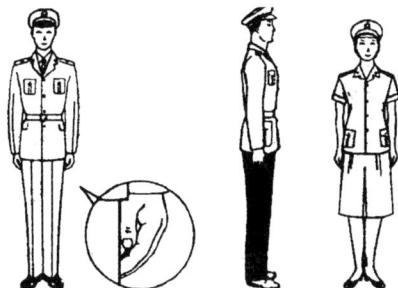

图 5 - 1　立正

(二)跨立

跨立主要用于军体操、执勤等场合。可与立正互换。

【口令】跨立。

【要领】左脚向左跨出约一脚之长,两腿挺直,上体保持立正姿势,身体重心落于两脚之间。两手后背,左手握右手腕,拇指根部与外腰带下沿(内腰带上沿)同高;右手手指并拢自然弯曲,手心向后(图 5 - 2)。携枪时不背手。

(三)稍息

主要用于长时间站立。

【口令】稍息。

【要领】左脚顺脚尖方向伸出约全脚的三分之二,两腿自然伸直,上体保持立正姿势,身体重心大部分落于右脚。稍息过久,可自行换脚。

图 5 - 2　跨立

二、停止间转法

停止间转法,是停止间变换方向的方法。

(一)向右(左)转

【口令】向右(左)——转。

【要领】以右(左)脚跟为轴,右(左)脚跟和左(右)脚掌前部同时用力,使身体和脚一致

141

向右(左)转90度,身体重心落在右(左)脚,左(右)脚取捷径迅速靠拢右(左)脚,成立正姿势。转动和靠脚时,两脚挺直,上体保持立正姿势。

(二)向后转

【口令】向后——转。

【要领】按向右转的要领向后转180度。

(三)半面向右(左)转

【口令】半面向右(左)——转。

【要领】按向右(左)转要领半面向右(左)转45度。

三、行进

行进的基本步法分为齐步、正步和跑步,辅助步法分为便步、踏步和移步。

(一)齐步

齐步是军人行进的常用步法。

【口令】齐步——走。

【要领】左脚向正前方迈出约75厘米着地,身体重心前移,右脚照此法动作;上体正直,微向前倾;手指轻轻握拢,拇指贴于食指第二节;两臂前后自然摆动,向前摆臂时,肘部弯曲,小臂自然向里合,手心向内稍向下,拇指根部对正衣扣线,并与最下方衣扣同高(着夏季作训服时,与第四衣扣同高),离身体约25厘米;向后摆臂时,手臂自然伸直,手腕前侧距裤缝线约30厘米。行进速度每分钟116~122步。

(二)正步

正步主要用于分列式和其他礼节性场合。

【口令】正步——走。

【要领】左脚向正前方踢出(腿要绷直,脚尖下压,脚掌与地面平行)约75厘米,适当用力使全脚掌着地,同时身体重心前移,右脚照此法动作;上体正直,微向前倾;手指轻轻握拢,拇指贴于食指第二节;向前摆臂时,肘部弯曲,小臂略成水平,手心向内稍向下,手腕下沿摆到高于最下方衣扣约10厘米处(着作训服时,约与第三衣扣同高),离身体约10厘米;向后摆臂时(左手心向右,右手心向左),手腕前侧距裤缝线约30厘米。行进速度每分钟110~116步。

(三)跑步

跑步主要用于快速行进。

【口令】跑步——走。

【要领】听到预令,两手迅速握拳(四指蜷握,拇指贴在食指第一关节和中指第二关节上),提到腰际,约与腰带同高,拳心向内,肘部稍向里合(图5-3)。听到动令,上体微向前倾，两腿微弯，同时左脚利用右脚掌的蹬力跃出约 80 厘米，前脚掌先着地，身体重心前移，右脚照此法动作；两臂前后自然摆动，向前摆臂时，大臂略直，肘部贴于腰际，小臂略平，稍向里合，两拳内侧各距衣扣线约 5 厘米；后摆臂时，拳贴于腰际(图 5 - 4)。行进速度每分钟170 ~ 180步。

图 5 - 3 　跑步预备姿势

图 5 - 4 　跑步姿势

(四)便步

便步用于行军、操练后恢复体力及其他场合。

【口令】便步——走。

【要领】用适当的步速、步幅行进，两臂自然摆动，上体保持良好姿态。

(五)踏步

踏步用于调整步伐和整齐。

【停止间口令】踏步——走。

【行进间口令】踏步。

【要领】两脚在原地上下起落(抬起时，脚尖自然下垂，离地面约 15 厘米；落下时，前脚掌先着地)，上体保持正直，两臂按齐步或跑步摆臂的要领摆动(图 5 -5)。

踏步时，听到"前进"的口令，继续踏两步再换齐步或跑步。

(六)立定

【口令】立——定。

图 5 - 5 　踏步

【要领】齐步和正步时，听到口令，左脚再向前大半步着地，两腿挺直，右脚取捷径迅速靠拢左脚，成立正姿势。跑步时，听到口令，再跑两步，然后左脚向前大半步(两拳收于腰际，停止摆动)着地，右脚靠拢左脚，同时将手放下，成立正姿势。踏步时，听到口令，左脚踏一步，右脚靠拢左脚，原地成立正姿势(跑步的踏步，听到口令，继续踏两步，再按上述要领进行)。

持枪立定时，在右脚靠拢左脚后，迅速将托底钣轻轻着地。其余要领同徒手。

143

四、步法变换

（一）齐步、正步互换

【口令】同齐步、正步。

【要领】齐步行进中，听到"正步——走"的口令，右脚再向前一步，即从左脚开始按正步要领进行；正步行进中，听到"齐步——走"的口令，右脚再向前一步，即从左脚开始按齐步要领行进。

（二）齐步、跑步互换

【口令】同齐步、跑步。

【要领】齐步行进中，听到"跑步"的预令，两手迅速握拳提到腰际，两臂前后自然摆动；听到"走"的口令，即从左脚开始按跑步要领行进。跑步行进中，听到"齐步——走"的口令，继续跑两步，从左脚开始按齐步的要领行进。

（三）齐步或跑步与踏步互换

【口令】踏步，前进。

【要领】齐步或跑步换踏步时，听到"踏步"的口令，即从左脚开始换踏步；踏步换齐步或跑步时，听到"前进"的口令，继续踏两步，再从左脚开始换齐步或跑步前进。

五、坐下、蹲下、起立

（一）坐下、起立

坐下、起立主要用于集会、休息等场合。

【口令】坐下、起立。

【要领】听到"坐下"的口令，左小腿在右小腿后交叉，迅速坐下，两手自然放在两膝上，上体保持正直。听到"起立"的口令，全身协力迅速起立，成立正姿势。

（二）蹲下、起立

【口令】蹲下、起立。

【要领】听到"蹲下"的口令，右脚后退半步，前脚掌着地，臀部坐在右脚跟上（膝盖不着地），两腿分开约60度，两手自然放在两膝上，上体保持正直（图5-6）。蹲下过久，可自行换脚。听到"起立"的口令，全身协力迅速起立，成立正姿势。

图5-6 蹲姿

六、敬礼

敬礼表示军人之间相互团结友爱，表示部属与首长、下级与上级的互相尊重。敬礼分为举手礼、注目礼和举枪礼。

(一)举手礼

1. 停止间徒手敬礼

【口令】敬礼、礼毕。

【要领】听到"敬礼"的口令，上体正直，右手取捷径迅速抬起，五指并拢，自然伸直，中指微接帽檐右角前约2厘米处(戴无檐帽或不戴军帽时微接太阳穴，与眉同高)。手心向下，微向外张(约20度)，手腕不得弯曲，右大臂略平，与两肩略成一线，同时注视受礼者(图5-7)。听到"礼毕"的口令，将手放下。

2. 行进间徒手敬礼

图5-7 举手礼

【口令】敬礼、礼毕。

【要领】在距受礼者5~7步处转头向受礼者行举手礼(图5-8)，并继续前进，待受礼者还礼后，将手放下。

(二)注目礼

【口令】敬礼、礼毕。

【要领】携枪或未戴军帽等不便行举手礼时，面向受礼者成立正姿势，同时注视受礼者，并目迎目送(右、左转头不超过45度)，待受礼者还礼后礼毕携手枪或背枪时行举手礼。

(三)举枪礼

【口令】敬礼、礼毕。

【要领】右手举枪提到胸前，枪身垂直对正衣扣线，枪面向后，离身体约10厘米，枪口与眼同高，大臂轻贴右肋；左手接握表尺上方，小臂略平，大臂轻贴左肋；转头向右注视受礼者，并目迎目送(转头不超过45度)(图5-9)。

图5-8 行进间徒手敬礼

图5-9 举枪礼

第三节　分队的队列动作

一、集合、离散

(一)集合

集合,是单个军人、分队、部队按照规范队形聚集起来的一种队列动作。

集合时,指挥员应当先发出预告或者信号,如"×连(或者×排)注意",然后,站在预定队列中央前,面向预定队形成立正姿势,下达"成××队——集合"的口令。所属人员听到预告或者信号,原地面向指挥员成立正姿势;听到口令,跑步到指定位置面向指挥员集合(在指挥员后侧的人员,应当从指挥员右侧绕过),自行对正、看齐,成立正姿势。

1. 班集合

【口令】成班横队(二列横队)——集合。

【要领】基准兵迅速到班长左前方适当位置,成立正姿势;其他士兵以基准兵为准,依次向左排列,自行看齐(图5-10)。

成班二列横队时,单数士兵在前,双数士兵在后。

【口令】成班纵队(二路纵队)——集合。

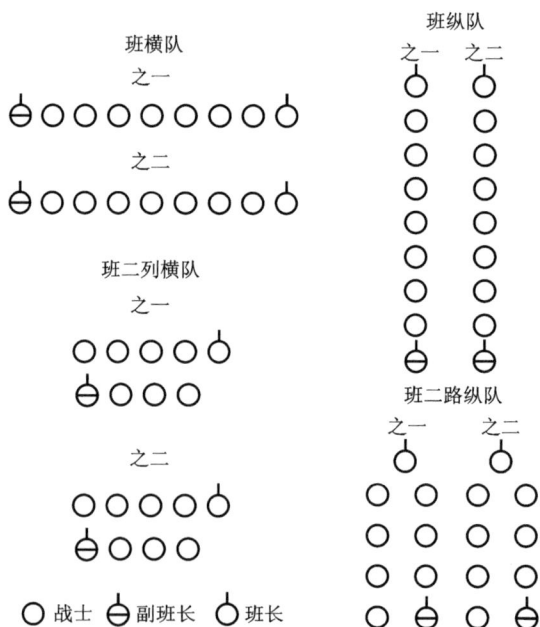

图5-10　班的队形

【要领】基准兵迅速到班长前方适当位置，成立正姿势；其他士兵以基准兵为准，依次向后排列，自行对正(图5–10)。

成班二路纵队时，单数士兵在左，双数士兵在右。

2. 排集合

【口令】成排横队——集合。

【要领】基准班在指挥员前方适当位置，成班横队迅速站好；其他班成班横队，以基准班为准，依次向后排列，自行对正、看齐(图5–11)。

【口令】成排纵队——集合。

【要领】基准班在指挥员右前方适当位置，成班纵队迅速站好；其他班成班纵队，以基准班为准，依次向右排列，自行对正、看齐(图5–11)。

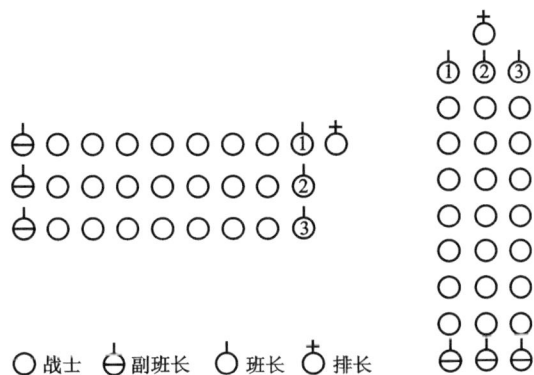

○战士 ⊖副班长 ○班长 ○排长

图5–11 步兵排的队形

3. 连集合

【口令】成连横队——集合。

【要领】队列内的连指挥员或者基准排，在指挥员左前方适当位置，成横队迅速站好；各排和连部成横队，以连指挥员或者基准排为准，依次向左排列，自行对正、看齐(图5–12)。

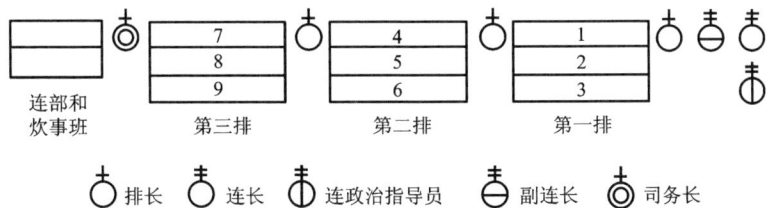

○排长 ○连长 ○连政治指导员 ○副连长 ◎司务长

图5–12 步兵连的队形(横队)

【口令】成连纵队——集合。

【要领】队列内的连指挥员或者基准排，在指挥员前方适当位置，成纵队迅速站好；各排和连部成纵队，以连指挥员或者基准排为准，依次向后排列，自行对正、看齐。

【口令】成连并列纵队——集合。

【要领】队列内的连指挥员或者基准排，在指挥员左前方适当位置，成纵队迅速站好；各排和连部成纵队，以连指挥员或者基准排为准，依次向左排列，自行对正、看齐（图5－13）。

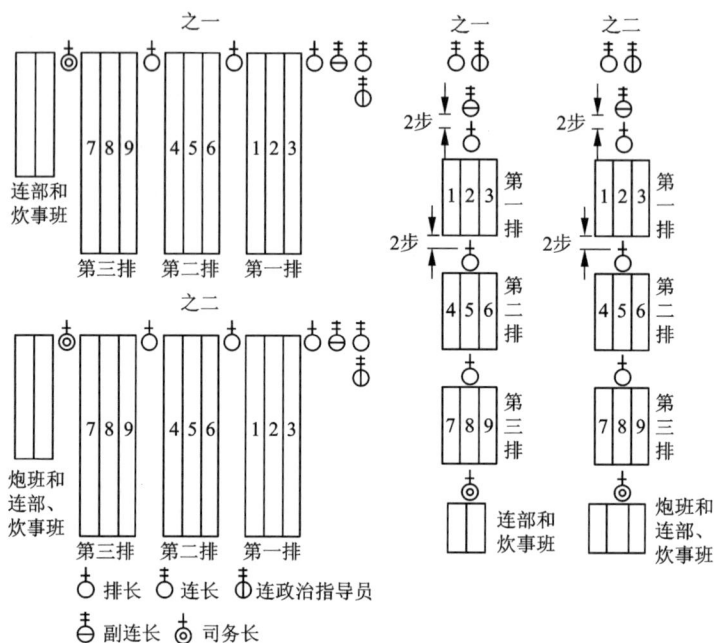

图5－13　步兵连的队形（并列纵队）

（二）离散

离散，是使队列的单个军人、分队、部队各自离开原队列位置的一种队列动作。

1. 离开

【口令】各营（连、排、班）带开（带回）。

【要领】队列中的各营（连、排、班）指挥员带领本队迅速离开原列队位置。

2. 解散

【口令】解散。

【要领】队列人员迅速离开原列队位置。

二、整齐、报数

（一）整齐

整齐，是使列队人员按照规定的间隔、距离保持行、列齐整的一种队列动作。整齐分为向右（左）看齐和向中看齐。

【口令】向右（左）看——齐。

向前——看。

【要领】基准兵不动，其他士兵向右（左）转头（持枪时，听到预令，迅速将枪稍提起，看齐后自行放下），眼睛看右（左）邻士兵腮部，前四名能通视基准兵，自第五名起，以能通视到本人以右(左)第三人为度。后列人员，先向前对正，后向右(左)看齐。听到"向前——看"的口令，迅速将头转正，恢复立正姿势。

【口令】以×××为准，向中看——齐。

向前——看。

【要领】当指挥员指定"以×××为准(或者以第×名为准)"时，基准兵答"到"，同时左手握拳高举，大臂前伸与肩略平，小臂垂直举起，拳心向右。听到"向中看——齐"的口令后，其他士兵按照向左(右)看齐的要领实施。听到"向前——看"的口令后，基准兵迅速将手放下，其他士兵迅速将头转正，恢复立正姿势。

一路纵队看齐时，可以下达"向前——对正"的口令。

(二)报数

【口令】报数。

【要领】横队从右至左(纵队由前向后)依次以短促洪亮的声音转头(纵队向左转头)报数，最后一名不转头。数列横队时，后列最后一名报"满伍"或者"缺×名"。连集合时，由指挥员下达"各排报数"的口令，各排长在队列内向指挥员报告人数，如"第×排到齐"或者"第×排实到××名"。

必要时，连也可以统一报数。

【要领】连实施统一报数时，各排不留间隔，要补齐，成临时编组的横队队形。报数前，连指挥员先发出"看齐时，以一排长为准，全连补齐"的预告，而后下达"向右看——齐"口令，待全连看齐后，再下达"向前——看"和"报数"的口令，报数从一排长开始，后列最后一名报"满伍"或者"缺×名"。

三、出列、入列

单个军人和分队出列、入列通常用跑步(五步以内用齐步，一步用正步)，或者按照指挥员指定的步法执行；接着，进到指挥员右前侧适当位置或者指定位置，面向指挥员成立正姿势。

(一)单个军人出列、入列

1.出列

【口令】×××(或者第×名)，出列。

【要领】出列军人听到呼点自己姓名或者序号后应当答"到"，听到"出列"的口令后，应当答"是"。

位于第一列(左路)的军人，按照本条上述规定，取捷径出列。

位于中列(路)的军人，向后(左)转，待后列(左路)同序号的军人向右后退一步(左后退一步)让出缺口后，按照本条的上述规定从队尾(纵队时从左侧)出列；位于"缺口"位置的军人，待出列军人出列后，即复原位。

位于最后一列(右路)的军人出列，先退一步(右跨一步)，然后，按照本条有关规定从队尾出列。

2.入列

【口令】入列。

【要领】听到"入列"口令后，应当答"是"，然后，按照出列的相反程序入列。

（二）班（排）出列、入列

1.出列

【口令】第×班（排），出列。

【要领】听到"第×班（排）"的口令后，由出列班（排）的指挥员答"到"，听到"出列"的口令后，由出列班（排）的指挥员答"是"，并用口令指挥本班（排），按照本条的有关规定，以纵队形式从队尾（位于第一列的班取捷径）出列。

2.入列

【口令】入列。

【要领】听到"入列"的口令后，由入列班（排）指挥员答"是"，并用口令指挥本班（排），以纵队形式从队尾（位于第一列的班取捷径）入列。

四、行进、停止

横队和并列纵队行进以右翼为基准，纵队行进以左翼为基准（一路纵队行进以先头为基准）。

（一）行进

指挥员应当下达"×步——走"的口令。听到口令，基准兵向正前方前进，其他士兵向基准翼标齐，保持规定的间隔、距离行进。纵队行进时，排、连通常成三路纵队，也可以成一、二路纵队。行进中，需要时，用"一二一"（调整步伐的口令）、"一二三四"（呼号）或者唱队列歌曲，以保持步伐的整齐和振奋士气。

（二）停止

指挥员应当下达"立——定"的口令。听到口令，按照立定的要领实施，分队的动作要整齐一致。停止后，听到"稍息"的口令，先自行对正、看齐，再稍息。

五、队形变换

队形变换，是由一种队形变为另一种队形的队列动作。

（一）横队和纵队的互换

1.横队变纵队

【停止间口令】向右——转。

【行进间口令】向右转——走。

2. 纵队变横队

停止间口令：向左——转。

行进间口令：向左转——走。

要领：停止间，按照单个军人向右（左）转的要领实施。行进间，按照单个军人向右（左）转走的要领实施。分队动作要整齐一致。队形变换后，排以上指挥员应当进到规定的列队位置。

（二）停止间班横队和班二列横队，班纵队和班二路纵队互换

1. 班横队变班二列横队

口令：成班二列横队——走。

要领：变换前，先报数。听到口令，双数士兵左脚后退一步，右脚（不靠拢左脚）向右跨一步，左脚向右脚靠拢，站到单数士兵之后，自行对正、看齐。

2. 班二列横队变班横队

口令：间隔一步，向左离开。

成班横队——走。

要领：听到"间隔一步，向左离开"的口令，确定间隔；听到"成班横队——走"的口令，双数士兵左脚左跨一步，右脚（不靠拢左脚）向前一步，左脚向右脚靠拢，站到单数士兵左侧，自行看齐。

3. 班纵队变班二路纵队

口令：成班二路纵队——走。

要领：变换前，先报数。听到口令，双数士兵右脚右跨一步，左脚（不靠拢右脚）向前一步，右脚向左脚靠拢，站到单数士兵右侧，自行对正、看齐。

4. 班二路纵队变班纵队

口令：距离两步，向后离开。

成班纵队——走。

要领：听到"距离两步，向后离开"的口令，确定距离；听到"成班纵队——走"的口令，双数士兵右脚后退一步，左脚（不靠拢右脚）站到单数士兵之后，自行对正。

（三）连纵队和连并列纵队的互换

1. 连纵队变连并列纵队

停止间口令：成连并列纵队，齐步——走。

行进间口令：成连并列纵队——走。

要领：连指挥员或者基准排踏步，其他排和连部逐次进到连指挥员或者基准排左侧踏步并取齐，然后，听口令前进或者停止。

连、排指挥员位置的变换方法：听到口令，连长左脚继续踏一步，右脚向右前一步，进到政治指导员前方仍踏步，政治指导员继续踏步，副连长向前两步（未编有副政治指导员时，副连长向左前两步），进到连长左侧，副政治指导员向左前一步，进到政治指导员左侧，排长、司务长进到预定列队位置，继续踏步并取齐。

2.连并列纵队变连纵队

停止间口令：成连纵队，齐步——走。

行进间口令：成连纵队——走。

要领：连指挥员或者基准排照直前进，其他排和连部停止间和行进间均踏步，待连指挥员或者基准排离开原位后，各排按照排长、连部和炊事班按照司务长的口令依次跟进。

连、排指挥员位置的变换方法：听到口令，连长向左前一步，进到副连长前方踏步，政治指导员向前两步，进到连长右侧继续踏步，副政治指导员向右前一步，进到副连长右侧继续踏步（未编有副政治指导员时，副连长右跨半步并踏步），排长、司务长进到预定列队位置继续踏步，取齐后照直前进。

六、方向变换

方向变换，是改变队列面对的方向的一种队列动作。

（一）横队和并列纵队方向变换

停止间，通常是左（右）转弯或者左（右）后转弯，必要时可以向后转。

停止间口令：左（右）转弯，齐（跑）步——走，或者左（右）后转弯，齐（跑）步——走；向后——转，齐（跑）步——走（当需要向后转走时，应当先下"向后——转"的口令，待方向变换后，再下"齐步——走"或者"跑步——走"的口令）。

行进间口令：左（右）转弯——走，或者左（右）后转弯——走。

要领：一列横队方向变换时，轴翼士兵踏步，并逐渐向左（右）转动；外翼第一名士兵用大步行进并同相邻士兵动作协调，逐步变换方向（愈接近轴翼者，其步幅愈小），其他士兵用眼睛的余光向外翼取齐，并保持规定的间隔和排面整齐，转到90度或者180度时踏步并取齐，听口令前进或者停止。

数列横队和并列纵队方向变换时，第一列轴翼士兵停止间用踏步、行进间用小步，外翼士兵用大步行进，保持排面整齐，边行进边变换方向，转到90度或者180度后，听口令前进或者停止；后续各列按照上述要领，保持间隔、距离，取捷径进到前一列转弯处，转向新方向跟进。

（二）纵队方向变换

停止间，通常是左（右）转弯，或者左（右）后转弯，必要时可以向后转。

停止间口令：左（右）转弯，齐（跑）步——走，或者左（右）后转弯，齐（跑）步——走；向后——转，齐（跑）步——走（按照横队和并列纵队向后转走的方法实施）。

行进间口令：左（右）转弯——走，或者左（右）后转弯——走。

要领：一路纵队方向变换，基准兵在左（右）转弯时，按照单个军人行进间转法（停止间，左转弯走时，左脚先向前1步）的要领实施，在左（右）后转弯时，用小步边行进边变换方向，转到90度或者180度后，照直前进；其他士兵则逐次进到基准兵的转弯处，转向新方向跟进。

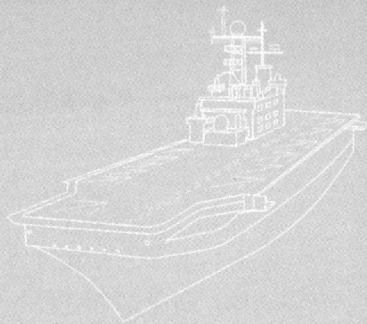

第六章

射击与战术训练

第一节　轻武器射击

一、轻武器构造、性能与保养

　　轻武器的主体是枪械,一个国家枪械(尤其是步枪)的发展水平,可以看作是其轻武器发展水平的标志。枪械通常包括手枪、冲锋枪、步枪、机枪和特种枪(霰弹枪、防暴枪、救生枪、信号枪)等。手榴弹的基本弹种是杀伤手榴弹,另外还有反坦克、燃烧、烟幕等弹种。枪榴弹主要有杀伤、破甲、烟幕、燃烧和照明等类型。榴弹发射器可分为枪械型和迫击炮型两大类。枪械型又有结合在步枪枪管下面的枪挂式榴弹发射器、步枪式肩射榴弹发射器(也称榴弹枪)和机枪式架射自动榴弹发射器(也称榴弹机枪)之分;迫击炮型可抵地发射,主要包括掷弹筒和弹射榴弹发射器。火箭发射器包括各类火箭筒、枪发大威力攻坚火箭弹和其他小型火箭发射装置。无坐力发射器有后喷火药燃气式和平衡抛射式两种。轻型燃烧武器包括便携式喷火器及其他一些专用燃烧器材。便携式喷火器是一种单兵使用的喷射火焰射流的近距火攻武器,主要用于消灭依托工事据守的有生力量,抗击冲击的集群步兵,特别适于攻击坑道、洞穴和火力点等坚固工事。单兵导弹为一种单兵可以携行使用的导弹,主要用于反坦克或防低空飞行目标作战。

　　英文"small arms"最初仅指可供单兵携带的枪械,如手枪、冲锋枪、步枪等,后经发展才包括了各种大小口径的机枪、榴弹发射器、火箭发射器和无坐力发射器等。中国现代的轻武器主要包括枪械和手榴弹、枪榴弹、榴弹发射器、火箭发射器和无坐力发射器,此外还有轻型燃烧武器和单兵导弹等。中国学术界习惯上将上述各种轻武器概括分为两大类,但有两种观点:一种观点认为轻武器可分为枪械和近战武器;另一种观点认为轻武器应当分为枪械、榴弹武器和其他类型轻武器。两种观点都可见于某些轻武器专著、文件、标准或辞书中。

- 枪械的构造

【军武大讲坛】

（一）枪械的组成部件

枪械主要由闭锁机构、供弹机构、击发机构、发射机构、退壳机构和瞄准装置等部分组成，每个部分有着各自的功能和特点。

1. 闭锁机构

闭锁机构是为了保证自动武器可靠地发射弹丸，并使其获得规定的初速，应当在推弹之后关闭弹膛并顶住弹壳，以防止弹壳在高膛压时因后移量过大而发生横断和火药燃气的早期向后逸出；在弹头出枪口之后能及时打开枪膛，以完成后继的自动循环动作。闭锁机构一般由枪机（或机头）、枪机框（或节套）与枪管等组成。

闭锁机构按闭锁时后枪管与枪机的连接性质可以分为惯性闭锁和刚性闭锁两大类。惯性闭锁在闭锁时枪管和枪机没有扣合，或虽然有扣合但是在壳机力作用下能自行开锁的闭锁方式。惯性闭锁机构有三种：枪机纵动式、楔闩式和滚柱式。刚性闭锁在闭锁时枪管与枪机有牢固的扣合，射击时壳机力不能直接使枪机开锁，必须在主动件（枪机框或枪机体）强制作用下才能开锁的一种闭锁方式。这类闭锁机构工作可靠，可根据武器的设计要求安排结构尺寸与质量，所以被广泛采用在管退式和导气式武器中。主要有四种形式：回转式、偏转式、枪管偏移式和横动式。

2. 供弹机构

供弹机构一般包括容弹具、输弹机构和进弹机构三部分。输弹机构的作用是把容弹具中的弹药输送到进弹口；进弹机构的作用是把进弹口的弹药送入弹膛。弹仓包括弹匣、弹鼓和弹箱。弹仓供弹的输弹能源常是外能源，所谓外能源就是非火药燃气能源；弹链供弹机构的能源可以是火药燃气，也可以是外能源，或部分是外能源。

3. 击发机构

击发机构一般由击针、击锤（或击铁）、击针（锤）簧等组成。其作用是产生机械冲量，并把该机械冲量传给枪弹底火的一种机构。根据击发机构的结构特点和受力件的运动形式以及所受外力作用的特点和能量来源的不同，可以分为击针式和击锤式两大类。击针式击发机构的击发能量由击针簧或复进簧提供。它又可以分为击针簧击针式击发机构和复进簧击针式击发机构。

击针簧式击发机构的优点是：由解脱击针到击发的时间短，撞击小，对提高武器的射击精度有利，特别是单发射击和第一发射击时，效果颇为显著。其缺点是：击针的尺寸大，因而影响枪机的强度或使枪机的尺寸增大。同时，复进时待击会影响武器的可靠性；而后坐时待击，在许多闭锁机构中又不易实现，或者使结构复杂。

复式簧击针式击发机构常用在连发武器上。它的优点是：结构简单，击发可靠。其缺点是：第一发射击时解脱枪机至击发的时间长，对快速运动目标的射击不利，并且撞击大，因而影响首发精度。

54式7.62毫米冲锋枪，击针装在枪闩上，当枪闩靠复进簧的能量复进到位时，使击针撞击底火而击发。53式7.62毫米轻机枪，击针为活动形式，击针不固定在枪机上，与机体之间有相对运动。比如勃朗宁手枪复进簧式击针击发机构，击针就是可以活动的。

4. 发射机构

发射机构是控制击发机构进行击发或呈待发的机构。发射机构中还包含有保险机构。有些武器还利用发射机构作为降低射击频率的减速机构。发射机构一般由扳机、扳机簧，阻铁、阻铁簧和保险杆等零件以及发射机座等组成。发射机构可以分为连发发射机构、单发发射机构、单连发发射机构、点射发射机构、双动发射机构和电控发射机构。56式7.62毫米半自动步枪的击发机构如图6-1所示：利用击锤的回转运动来完成强制分离，使扳机与阻铁自行滑脱，以实现单发。

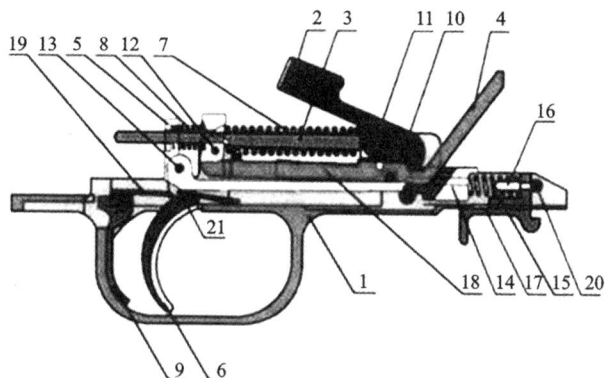

图6-1 56式半自动步枪击发机构

1—发射机支架；2—击锤；3—击锤簧杆；4—自动击发杆；5—击发连杆；6—扳机；7—击锤簧；8—扳机簧；
9—扳机保险；10—击锤轴；11—击锤簧；12—自动击发杆轴；13—击发连杆轴；14—阻铁；15—阻铁簧；
16—阻铁簧杆；17—弹仓盖卡笋；18—单发杠杆；19—保险簧；20—发射机支架销；21—扳机轴

5. 退壳机构

在射击过程中，把击发过的弹壳从膛内抽出，并把它抛出武器之外，这一工作过程称为退壳。退壳机构除了担当退壳任务外，还应当具有退弹能力，所以退壳机构应既能可靠地将击发过的弹壳从膛内抽出，并抛出武器之外；又能顺利地把处于待发位置的枪弹从膛内抽出，并抛出武器之外。为了完成退壳与退弹任务，退壳机构应具有抽壳和抛壳两种功能，相应由抽壳机构和抛壳机构两部分组成。其中，抽壳机构主要包括抽壳钩和抽壳钩簧；抛壳机构主要是抛壳挺。如枪机是纵向运动的武器，枪机带动拉壳钩从膛内抽出弹壳，后退一段距离后，退壳挺顶弹底缘的另一边形成力偶，使弹壳从抛壳窗抛出，这种方式称为顶壳式。这种退壳机构由抽壳机构和抛壳机构两部分组成。

抽壳机构的作用，是把击发过的弹壳或处于待发位置的枪弹从膛内可靠地抽出。为此，要求抽壳钩齿在推弹进膛后，能顺利地跳过弹壳底缘，并以一定抱弹力将弹壳从膛内抽出，而又不会滑落。抛壳时弹壳能绕钩齿回转，并朝一定方向将弹壳抛出。

抛壳机构主要是抛壳挺，按抛壳动作有无弹簧缓冲，可分为刚性抛壳挺和弹性抛壳挺。

6. 瞄准装置

赋予枪管射向的操作称为瞄准，瞄准装置的作用是使枪膛轴线形成射击命中目标所需的瞄准角和提前角。按照瞄准装置的观测系统不同可分为简易机械瞄准装置和光学瞄准装置。

其中简易机械瞄准装置主要是由准星和带照门的表尺组成,瞄准角和提前角的装定是靠移动表尺照门实现。而光学瞄准装置是由光学元件组成,瞄准角和提前角由分划板上的分划实现,或由分划与机械传动部分共同组成。按射击对象的不同又可以分为对地面目标瞄准装置和对空目标瞄准装置。另外还有在光线暗淡和夜间用的夜视瞄具,如主动式红外瞄具、被动式红外瞄具、微光瞄具、激光瞄具和热成像仪等。

7. 枪械射击

在每一次射击循环中,枪械一般要完成 7 个动作,即击发:手扣扳机后,击针打击枪管弹膛内的枪弹底火,引燃发射药发射弹头;开锁:枪管和枪机解脱连锁,打开枪管弹膛;后坐:枪机向后运动并压缩复进簧;退壳:枪机后坐时从膛内抽出弹壳,将其抛出机匣;复进:在复进簧的推动下枪机向前运动;进弹:枪机在复进中推弹入膛;闭锁:枪机与枪管连锁,关闭枪管弹膛。

8. 自动方式

自动方式,是自动机利用火药燃气能量完成自动循环的方法和形式。自动武器发射时完成自动动作的各机构的总称叫作自动机。包括自动机原动件(自动机中直接承受火药燃气能量,并带动其他机构或构件运动的部件)、闭锁机构、供弹机构、击发机构、发射机构、退壳机构、复进装置和保险机构等。发射时,自动机中的各机构按规定的顺序协调配合,分别进行各自的动作,完成自动循环。根据利用火药燃气能量的方法不同,自动机的自动方式也不同。枪机后坐式是利用膛内火药燃气压力直接推动枪机后坐的自动方式。武器自动循环动作的全部能量,来自枪机的后坐运动,根据枪机在运动时有无制动措施,分为自由枪机式和半自由枪机式。枪管后坐式,又称管退式,是利用火药燃气的膛底压力,推动枪机并带动枪管后坐的自动方式。根据枪管与枪机分离时枪管的不同行程,可以分为枪管长后坐式和枪管短后坐式两大类型。导气式是利用导出的膛内火药燃气,使枪机后坐的自动方式。根据导气装置的不同结构,可以分为活塞式和导气管式。混合式是数种自动方式组合而成的自动方式。85 式 12.7 毫米高射机枪是导气与枪机后坐混合式。击发后,火药燃气推动机体向后运动,当机体走完自由行程后,此时膛内还有较高的压力,机头在弹壳底部火药燃气压力作用下滑脱开锁加速后坐(占后坐能量 30%)和机体被火药燃气推动向后(占后坐能量 70%)共同作用下完成自动动作。

(二)枪械性能要求

一般可以分为五个方面的要求:射击威力的要求、机动性的要求、工作可靠性的要求、勤务性的要求和生产经济性的要求。

1. 射击威力的要求

武器的射击威力是指武器对目标的杀伤和破坏的能力。枪械射击威力的大小,决定于射击距离的远近、弹头是否命中目标、弹头命中目标后对目标的作用效果以及单位时间内命中目标的弹头数量的多少。简单地说就是武器的射程、射击精度、弹头对目标的作用效果和武器的射速。

2. 机动性的要求

枪械的机动性是指在各种条件下使用灵活、开火与转移迅速的程度,包括运动灵活性、火力机动性以及使用适应性三者。运动灵活性是指武器携带和运行方便，能到山地、水沼、森林、沙漠等任何地方进行战斗。火力机动性是指武器能迅速开火及转移火力。使用适应性是指武器在各种条件下都能发挥其作用。

3. 工作可靠性的要求

武器的工作可靠性的要求包括安全，动作灵活可靠，使用寿命长，对外界条件抵抗性强等。武器必须使用安全，以保证战士集中精力杀伤敌人。武器动作必须灵活可靠，保证动作确实和连续，没有故障或极少故障，在出现故障时易于排除。武器的使用寿命是指武器所能承受的而不失去主要战斗性能的最大发射弹数。另外武器在使用过程中，经常可能遇到不利的环境，如河流、风雪、尘土、泥沙、严寒和酷暑等，通过障碍地区时、搬运时或空投时遇到碰撞，行军途中经受剧烈的颠簸，战斗中还可能被弹片击中。对于这些外界不利条件，武器要有较强的抵抗性能，以保证能随时投入战斗。

4. 勤务性的要求

武器勤务性的要求包括供应简便、分解结合保管保养简便、射击准备简便、训练简便等。

5. 生产经济性的要求

经济性是指在保证枪械预定功能的条件下，使设计、生产、使用、修理、维护及储存成本低。

(三)枪械的保养

要保养好武器装备，必须做到"两勤四不"，即勤检查、勤擦拭，不碰摔、不生锈、不损坏、不丢失。

1. 检查

检查武器外部是否有污垢、锈痕和碰伤，尤其是准星和表尺是否弯曲和松动；检查枪膛内是否有污垢、生锈和损伤；检查各机件运行是否灵活，有无锈痕和损坏，要特别检查击针；检查附品是否齐全完好，子弹有无锈蚀、凹陷、裂缝和松动。

2. 擦拭

正常情况下，每周至少擦拭一次。实弹射击后应用油布将武器认真擦拭干净并上油，在以后的三四天内应每天擦拭一次。训练、演习后，应用干布和油布进行擦拭。擦拭后，可将武器放在通风干燥处晾干，严禁火烤和暴晒。

擦拭前，应分解武器。分解前必须验枪。按顺序和要领进行，不要强敲硬卸；分解下来的机件应按次序放在干净的物体上；除所规定的分解内容外，不准分解其他机件。

二、常见轻武器

常见轻武器

【军武大讲坛】

(一)56式半自动步枪

56式半自动步枪(图6-2)，生产于1956年，是苏联SKS半自动步枪的仿制品，为中国人民解放军第一支制式列装的半自动步枪，和 56 式轻机枪、56 式自动步枪统称 56 式枪族。1985 年，56 式半自动步枪正式撤装，由 81 式步枪或 56 式冲锋枪取代，但 56 式半自动步枪仍装备民兵部队。目前，我国军队中仅保留了少数 56 式步枪作仪仗队的礼仪用枪。

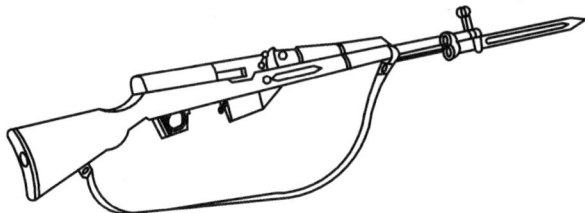

图 6-2　56 式半自动步枪

56 式半自动步枪是步兵使用的单人武器，它以火力、刺刀及枪托杀伤敌人。56 式半自动步枪是步兵分队在近战中消灭敌人有生力量的主要武器。它对 400 米内的单个目标射击效果最好，集中火力可射击 500 米内的飞机、伞兵和杀伤 800 米内的集团目标，弹头飞行到 1500 米仍有杀伤力。战斗射速每分钟 35~40 发。使用 56 式普通弹，在 100 米距离上能射穿 6 毫米厚的钢板、15 厘米厚的砖墙、30 厘米厚的土层和 40 厘米厚的木板。

(二)81 式自动步枪

81 式枪族 1979 年开始研制，于 1981 年设计定型，在 1983 年正式投入大量生产。其研制目标是要用一个班用枪族取代正在装备的 56 式半自动步枪、56 式冲锋枪和 56 式轻机枪，但仍采用 56 式 7.62 毫米枪弹。由于在 1978 年已经正式决定我国将来会采用 5.8 毫米口径的小口径自动步枪，所以研制 81 式枪族的目的是在装备小口径步枪之前提供一种过渡型武器。但通过实战证明，81 式枪族是一种性能优良的武器，精度好、动作可靠、操作维护简便，在实战中表现良好。

81 式自动步枪(图 6-3)采用短行程活塞式导气系统，枪机回转式闭锁，是一种近距离作战的自动武器，既可对 400 米距离内的单个人员目标实施有效射击，也可集中火力射击 500 米距离内的集团目标，弹头飞行至 1500 米处仍有杀伤力。该枪使用 7.62 毫米的子弹，既可进行半自动射击(打单发)，又可进行自动射击(打连发)，还可发射枪榴弹。弹匣可装 30 发子弹，当弹匣的最后一发子弹发射出去时，滑机退回到后面挂机。该武器在 100 米距离上，使用 56 式普通子弹，可穿透 6 毫米的钢板、15 厘米厚的砖墙、30 厘米厚的土层或 40 厘米厚的木板。

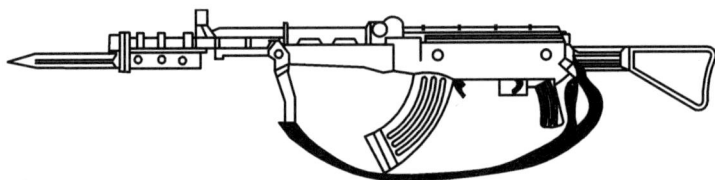

图 6-3　81 式自动步枪

【拓展阅读】81 式自动步枪和 56 式冲锋枪的拆装

1. 分解

　　分解结合是为了擦拭、上油、检查和排除故障。分解前必须验枪,分解结合应按次序和要领进行,不要强敲硬卸。分解下来的机件应按次序放在干净的物体上(图 6 - 4)。结合后,应拉送枪机几次,检查机件结合是否正确。

56 式冲锋枪的拆装

【军武大讲坛】

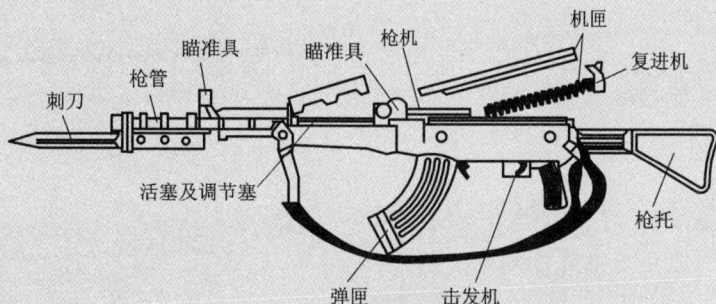

图 6 - 4　81 式自动步枪 10 大部件

　　(1)卸下弹匣:左手握护木,枪面稍向左,右手握弹匣,拇指按压弹匣卡笋(也可右手掌心向上握弹匣,以手掌肉厚部分推压卡笋),前推取下弹匣。

　　(2)拔出通条和取出附件盒:左手握护木,右手向外向上拔出通条。然后,用中、食指顶压附件盒底部,使卡笋脱离圆孔,取出附件盒,并从附件盒内取出附件。

　　(3)卸下机匣盖:左手握住枪托前部,以拇指按机匣盖卡笋,右手将机匣盖上提取下。

　　(4)抽出复进机:左手握住枪托前部,右手向前推导管座,使其脱离凹槽,向后抽出复进机。

　　(5)取出枪机:左手握住枪托前部,右手拉枪机向后到定位,向上向后取出,左手转压机体向后,使导笋脱离导笋槽,再向前取出机体。

　　(6)卸下护盖:右手握上护木,左手将表尺转轮定到"1"上,再向左拉转轮装定在"0"上,然后左手握下护木,右手向上向后卸下护盖。

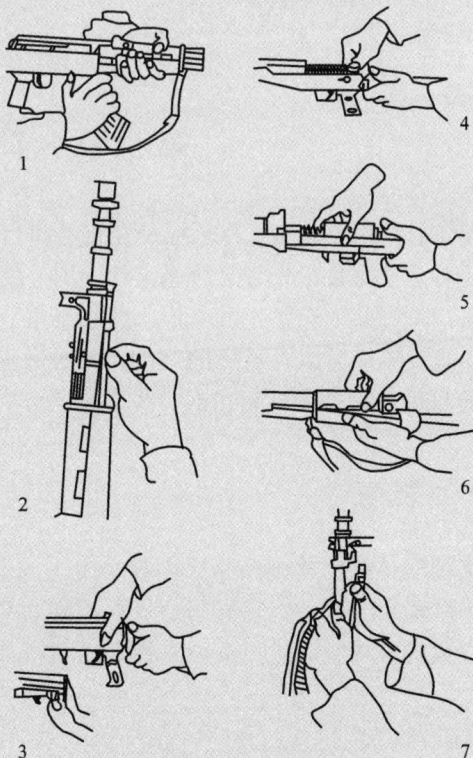

图 6 - 5　81 式自动步枪分解

（7）卸下活塞及调节塞：左手握下护木，右手将活塞向右（左）转动到定位，压缩活塞杆簧，使调节塞前端脱离导气箍，向前卸下活塞及调节塞，并将活塞及调节塞分开。

2. 结合

（1）装上活塞及调节塞：将调节塞、活塞簧套在活塞上，左手握下护木，右手将活塞杆插入表尺座的圆孔内，压缩活塞簧，使调节塞前端进入导气箍，并向左转动调节塞，使下凸起进入导气箍限制槽。

（2）装上护盖：左手握下护木，右手将护盖前端两侧卡在导气箍上，按压护盖后部到定位。左手转动表尺转轮使分划"3"对正定位点。

（3）装上枪机：右手握枪机，使导笋槽向上；左手将机体结合在机栓上，使导笋进入导笋槽并转到定位。左手握住枪托前部，右手将枪机从机匣后部装入机匣，前推到定位。

（4）装上复进机：左手握住枪托前部，右手将复进机插入复进机巢内，向前推压，使导管座进入凹槽内。

（5）装上机匣盖：左手握住枪托前部，右手将机匣盖前端对正半圆槽，使后部的方孔对正机匣盖卡笋，向前下方推压机匣盖，使卡笋进入方孔内。

（6）装上附件盒和通条：将附件装入附件盒内，左手握护木，右手将附件盒装入附件盒巢内，用中、食指顶压附件盒底部，使附件盒卡笋进入圆孔。然后，将通条插入通条孔内，并使通条头进入通条头槽。此时，拉送枪机数次检查机件结合是否正确，扣扳机，关保险。

（7）装上弹匣：左手握护木，枪面稍向左，右手握弹匣并将弹匣口前端插入结合口内，扳弹匣向后，听到响声为止。

第二节 简易射击学理

射击，简单点来说，就是标尺、准星和目标三点一线。标尺和准星所确定的直线，基本上就是弹道，而目标处于这个基准线上时，就可以射击了，这样就形成了三点一线。不过实际射击当中，并不会真正的三点一线去瞄准，这是因为标尺虽然可以修正一定距离上的子弹高度，但对于横风以及目标的运动，无法做出修正。在射击时，是要根据目标的运动，做出相应的身位修正。实际射击时，并不是三点一线，而是经过了左右修正。

一、发射

火药气体压力将弹头从膛内推送出去的现象，叫发射。发射的过程是：击针撞击子弹底火，使弹壳底缘内的起爆药发火，火焰通过导火孔引燃发射药，产生大量火药气体，在膛内形成很大的压力，迫使弹头脱离弹壳沿膛线旋转加速前进，直至推出枪口。

（一）发射过程

发射过程可分为四个阶段。

1. 第一阶段（准备阶段）

由发射药开始燃烧起在弹头开始运动时为止。击针撞击子弹底火，使起爆药发火，火焰通过传火孔引燃发射药。发射药燃烧，产生大量火药气体，在膛内形成很大压力，作用于弹头底部的压力迫使弹头嵌入膛线。开始发射药在等容积条件下燃烧，气体压力不断增加。当气体压力足以克服弹头的运动阻力时，弹头即从静止转入运动。弹头完全嵌入膛线所需要的气体压力，称为起动压力。各种枪的起动压力为 250 ~ 500 千克/平方厘米（81 式自动步枪的起动压力为 300 千克/平方厘米）。

2. 第二阶段（基本阶段）

自弹头开始运动到发射药燃烧完为止。此阶段，膛内压力随着火药气体的增加迅速增加，弹头开始运动并逐渐加速。当弹头在膛内前进 6 ~ 8 厘米时，膛内压力最大，此时的压力称为最大膛压。各种枪的最大膛压为 1400 ~ 3400 千克/平方厘米（81 式自动步枪的最大膛压为 2800 千克/平方厘米）。随着弹头速度的增加，弹头后部的容积逐渐增大，当容积增大的速度超过了发射药燃烧产生火药气体的速度时，膛压开始下降。发射药燃烧完毕时，火药气体对弹头仍保持一定的压力，弹头随火药气体作用时间的增长继续加速前进。

3. 第三阶段（气体膨胀阶段）

自发射药燃烧完到弹头底部脱离枪口前切面时止。这一阶段中，虽然发射药燃烧完毕，新的火药气体不再生成。但由于火药气体的压力还很高，仍能膨胀做功，弹头速度继续增加，火药气体压力不断降低，直至弹头脱离枪口。弹头飞离枪口时的压力称为枪口压力。各种枪的枪口压力为 200 ~ 600 千克/平方厘米。

在枪械中，发射药燃烧的结束位置接近枪口前切面；在短枪管武器中，发射药燃烧的结束位置几乎在枪口以外，所以在短身管的武器中有时在膛内不存在发射的第三阶段。严格地讲，各种枪械的发射药在膛内都是未燃烧尽的。

4. 第四阶段（火药气体作用的最后阶段）

自弹头从底部脱离枪口前切面时起到火药气体停止对弹头作用时止。弹头飞离枪口时，火药气体形成一股气流，从膛内喷出，其速度大于弹头的速度。因此，在距枪口一定距离内（各种枪为 5 ~ 50 厘米），火药气体仍然能继续对弹头施加压力，加大弹头的速度，直至火药气体压力与空气阻力相等时为止。此时，弹头达到最大速度。这一阶段亦称为武器的后效阶段。

从发射的四个阶段可知，膛压的变化规律是：从小急剧增大，而后逐渐下降；弹头速度的变化规律是：由静到动，由慢到快，始终是加速运动。

（二）枪管的堪抗力和寿命

1. 枪管的堪抗力

膛壁承受枪膛内一定火药气体压力而不变形的能力，称为枪管的堪抗力。枪管都具有一

• AK47的击发原理

【军武大讲坛】

定的备用堪抗力，使它能承受最大膛压半倍到一倍的压力。射击时，枪管内如塞有杂物（布条、沙子、泥土、弹头等），就会影响弹头的运动，使膛压超过枪管的堪抗力，枪管就会产生膨胀或炸裂现象。

2. 枪管寿命

枪管能正常发射一定数量子弹的能力，称为枪管的寿命。一般轻武器规定的枪管寿命为：54 式手枪、64 式手枪、77 式手枪 1500 发，自动步枪 15000 发，56 式冲锋枪 1500 发，81 式轻机枪 20000 发，56－1 式轻机枪 25000 发。

衡量枪管寿命的标准：散布特征量的增大到新枪的 2.5 倍；在规定的射程上，小口径枪弹的椭圆孔或横弹达到 20％，大口径枪弹达到 50％；初速下降 15％。

（三）子弹的初速

1. 初速

弹头脱离枪口前切面瞬间运动的速度，称为初速。初速单位以米/秒表示。

54 式手枪的初速为 420 米/秒，64 式手枪、77 式手枪的初速为 310 米/秒，81 式自动步枪的初速为 710 米/秒，81 式班用轻机枪的初速为 735 米/秒，88 式狙击步枪初速为 910 米/秒，95 式自动步枪初速为 915 米/秒，95 式班用轻机枪初速为 945 米/秒。

计算表明，56 式普通弹发射药释放的能量全部用来推动弹头飞行，其理论速度可达 1235 米/秒，但实际上 56 式普通弹用 81 式自动步枪发射，其实际速度仅为 710 米/秒。因为火药气体的能量除了推动弹头前进外，还要克服枪膛阻力、加热膛壁并使其膨胀、武器后坐、带动自动机工作等因素的影响。因此，只有很少一部分能量被变成了有用功。

弹头要杀伤目标，必须具有相当的能量，这个能量一般以枪口动能来表示。衡量一支武器的杀伤力和侵彻力都是以弹头命中目标时所具有的活力来判定的，通常规定弹头通过枪口前切面时所具有的能量称为枪口活力，常用千克·米来表示，而运动物体的动能可以表示为：

$$E = 1/2mv$$

公式中：E 为能量；m 为物体质量，以千克为单位；v 为速度，以米/秒为单位。

公式表明，运动物体的能量主要取决于飞行物体的质量及其飞行的速度。对于子弹来讲，弹头质量是一定的，因此，弹头的速度就成了衡量其动能的唯一因素。弹头在后效作用结束后是依靠惯性飞行的，其初速越大，飞行距离就越远，弹头动能就越大。因此，提高初速就可以增大弹头的飞行距离，提高杀伤力和侵彻力，同时弹道更加低伸。

2. 决定初速大小的条件

（1）弹头的重量。

在其他条件都相同的情况下，弹头轻，初速大；弹头重，初速小。如 7.62 毫米弹和 5.8 毫米枪弹。

（2）装药的重量。

在其他条件都相同的情况下，装药量多，所产生的火药气体多，压力大，弹头的初速也就大；相反，如果装药量少，其初速也小。

（3）枪管的长度。

在其他条件都相同的情况下，用同样的子弹，在一定限度内加大枪管的长度，则初速提高。因为枪管长，能延长火药气体对弹头的作用时间，使火药气体做更多的有用功。例如，发射 56 式普通弹，81 式班用轻机枪枪管长 520 毫米，初速为 735 米/秒；81 式自动步枪枪管长 440 毫米，初速为 710 米/秒。但是，过分增长枪管反而会降低弹头的初速，并使武器重量增加，影响枪的其他使用性能。

（4）发射药燃烧的速度。

在其他条件都相同的情况下，发射药燃烧的速度越快，火药气体对弹头的压力增加也就越快，从而使弹头在膛内运动的速度加快，初速也就越大。一般短身管武器适宜选用速燃火药，以使发射药尽可能在膛内燃完，有利于提高弹头的射击精度，而长身管的武器则尽可能选用缓燃火药。

3. 初速的实用意义

初速大小是判定武器战斗性能的重要因素之一。在弹头相同的条件下，初速大的实用意义有以下四点。

（1）能增加弹头的飞行距离。

（2）弹道更为低伸。

（3）能减少外界条件对弹头飞行的影响。

（4）能加大弹头的侵彻力和杀伤力。

二、后坐

发射时，武器向后运动的现象，称为后坐。

从力学观点看，力是一个物体对另一个物体的作用。所以，只要有力的作用，就一定有两个物体同时存在，也就是作用力和反作用力同时存在，并且它们的大小相等、方向相反。发射时，子弹以一定的速度飞出，其反作用力作用于武器，因此使武器向后运动，这样就形成了后坐。

（一）形成后坐的原因

发射药燃烧时，产生气体同时作用于各个方向，作用于膛壁周围的压力为膛壁所抵消；向前作用于弹头后部的压力推送弹头前进；向后作用于弹壳底部的压力经过枪机传给整个武器，使武器向后运动，形成后坐。武器的后坐和弹头的运动是同时开始的。在弹头脱离枪口的瞬间，大量的火药气体随弹头后部从膛内向外喷出，形成了反作用力，使武器后坐更加明显。

（二）后坐对命中的影响

后坐对单发（连发首发）射击的命中影响极小。因为弹头在膛内运动的时间极短，约千分之一秒，并且枪身比弹头重得多，所以弹头在脱离枪口前，枪的后坐距离只有一毫米左右，而且是正直向后运动的，加之衣服和肌肉的缓冲，射手是感觉不出来的。射手感觉到的后

枪的后坐原理

【军武大讲坛】

坐，主要是弹头在脱离枪口的瞬间，火药气体猛烈向枪口外喷出形成的反作用力造成的。此时，弹头已脱离枪口。因此，后坐对单发（连发首发）射击的命中影响极小。

后坐对连发射击的命中有一定的影响。因为连发射击时，第一发子弹发射后，由于枪的明显后坐改变了原来的瞄准线，所以对第二发以后的命中有一定的影响。但只要射手据枪要领正确，适应连发武器射击的后坐规律，就能减小后坐对连发命中的影响，提高射击精度。现代新式武器多采用枪口制退器，它对减小武器后坐也有一定的作用。

（三）减小后坐对命中影响的方法

身体与射向的角度尽量要小，概略在一线上，以适应后坐规律。

射手抵肩要确实。使枪托和身体结为一体，两手用力协调一致方向正直向后，力量不宜过大，使枪在射击时，不发生角度摆动。

轻、重机枪架枪位置的土质软硬要适当。架枪时，枪架要在一线上，同时要在一个水平面上。利用依托时，枪的重心尽量放在依托物上。

射手在击发时，要不加外力，保持姿势、力量不变，不耸肩，不松臂。

三、瞄准

武器的瞄准具（镜），根据射击对象的不同，可分为对地面目标射击的普通瞄准具（镜）和对空中运动目标射击的高射瞄准具（镜）；根据构造的不同，又可分为机械瞄准具和光学瞄准镜。尽管现有的瞄准具（镜）千姿百态，形状各异，但其作用是相同的。

（一）瞄准原理

根据弹头在膛外运动的规律，对一定距离上的目标射击，要使弹头准确地命中目标，必须赋予枪身一定的射角和射向。射角的大小可由各种枪械的基本射表查出。射角的大小，是根据射弹在不同距离上的降落量来确定的。距离越远，降落量越大，所需要的射角也就越大；距离越近，降落量越小，所需要的射角也就越小。

瞄准具（镜）就是根据上述原理设计成的。由于缺口上沿到火身轴线的高度大于准星尖到火身轴线的高度，射击时，是通过缺口上沿中央和准星尖的平正关系对目标进行瞄准的。因此，要抬高枪口，使火身轴线与火身口水平面之间构成一定的射角。表尺位置高，射角就大，相应的射击距离就远；表尺位置低，射角就小，相应的射击距离就近。各种枪械的表尺钣上都刻有不同的表尺分划。装定表尺分划，就是改变表尺的高低位置，实际上也就是装定射角。

由此可见，瞄准具的作用，就是对一定距离上的目标射击时赋予武器相应的瞄准角和射向。射击时，只要按照目标的距离装定相应的表尺分划瞄准射击就能命中目标。因此，正确地选定表尺分划，对准确命中目标有着决定性的意义。

（二）瞄准具及瞄准要素

1.机械瞄准具

机械瞄准具由表尺、缺口和准星组成，其特点有：结构简单，体积小，坚固耐用，制造简便，成本低廉，勤务性好，操作使用方便。

2.光学瞄准镜

光学瞄准镜精度高，功能范围广，使用方便，有一定的夜间使用能力。

3.瞄准要素

瞄准基线：缺口的上沿中央（觇孔中央）到准星尖的直线。

瞄准线：视线通过缺口上沿中央（觇孔中央）和准星尖的延长线。

瞄准点：瞄准线所指向的一点。

瞄准角：射线与瞄准线的夹角。

高低角：瞄准线与火身口水平面的夹角（目标高于火身口水平面时，高低角为"＋"；目标低于火身口水平面时，高低角为"－"）。

瞄准线上的弹道高：弹道上任何一点到瞄准线的垂直距离。

落点：弹道降弧与瞄准线的交点。

弹着点：弹道与目标表面或地面的交点。

命中角：弹着点的弹道切线与目标表面或地面所夹的角。命中角通常以小于90度的角计算。

表尺距离：起点到落点的距离。

（三）瞄准技术

1.选定表尺分划和瞄准点

为了使射弹更准确地命中目标，射击时，射手应根据目标距离、目标大小和武器的弹道高，正确地选定表尺分划和瞄准点。其方法（图6-6）：定实距离表尺分划，瞄目标中央。目标距离为百米整数时，可根据目标的距离，装定相应的表尺分划，瞄准点选在目标中央。

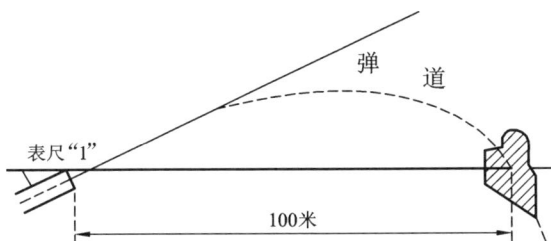

图6-6 100米距离射击

2. 定大于或小于实距离表尺划, 适当降低或提高瞄准点

目标距离不是百米整数时, 通常选定大于实距离表尺分划, 根据武器在该距离上的弹道高, 相应降低瞄准点射击; 也可选定小于实距离的表尺分划, 根据武器在该距离上的负弹道高相应提高瞄准点射击。

如81式班用机枪在250米距离上对人胸目标射击时, 定表尺"3", 在250米处的弹道高为21厘米, 这时, 瞄准目标下沿中央射击, 即可命中目标中央。(图6-7)

也可选定小于实距离的表尺分划, 根据武器在该距离上的负弹道高, 相应提高瞄准点射击。和81式自动步枪对250米距离上的人头目标射击时, 定表尺"2", 在250米处的弹道高为负18厘米。此时, 瞄准目标头顶中央射击, 即可命中。

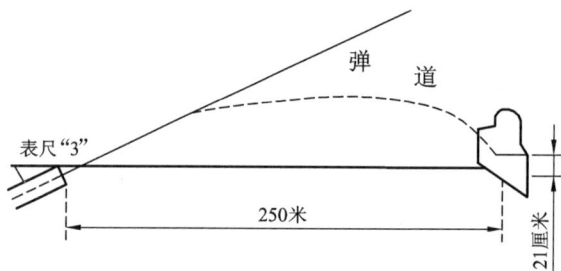

图 6-7 250米距离射击

3. 常用表尺分划, 小目标瞄下沿中央, 大目标瞄下部中央

步机枪对常见目标射击时, 如果直射距离为300米, 那么, 定表尺"3"。对300米距离以内的目标射击时, 大目标瞄下部中央、小目标瞄下沿中央射击, 即可命中目标(图6-8)。如81式自动步枪定表尺"3", 对300米以内的人胸(高50厘米)目标射击, 瞄目标下沿中央, 则整个瞄准线上的弹道高不超过35厘米, 没有超过目标高, 目标在300米以内, 都会被杀伤。

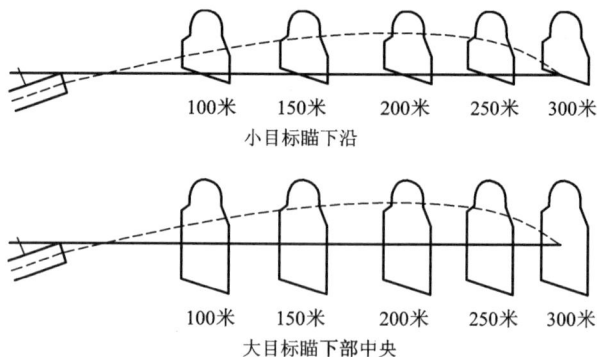

图 6-8 300米以内射击修正

在战场上, 目标出现突然, 大小不一, 且距离不断变化。用此种方法, 对300米以内的目标不需要变更表尺分划即可实施射击。这样可以争取时间, 提高战斗射速, 增大射击效

果。因此，这种方法在实战中有着重要的实用意义，是战斗中经常使用的一种方法。

四、射击修正

(一)阳光对瞄准的影响及克服方法

1.阳光对瞄准的影响

阳光对瞄准的影响主要表现在使用机械瞄准具的武器上。在阳光下瞄准时，由于阳光的照射，缺口部分产生虚光，形成三层缺口(图6－9)：虚光部分、真实缺口、黑实部分。如果不能辨明真实缺口的位置，就容易产生误差，使射弹产生偏差。

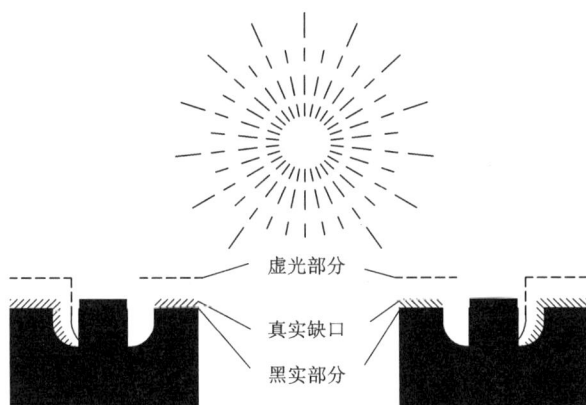

图6－9　阳光下射击修正

若用虚光瞄准，射弹就偏向阳光照来的方向。阳光从右上方照来时，缺口左边和上沿产生虚光，用虚光部分瞄准，准星实际上偏右上，因此，射弹偏右上。

若用黑实部分瞄准，射弹就偏向阳光照来的相反方向。阳光从右上方照来时，用黑实部分瞄准，准星实际上偏左下，因此，射弹偏左下。阳光从左上方照来，射弹则偏右下。

在阳光照射下，缺口和准星尖同时产生虚光时，若用虚光部分瞄准，射弹偏低；若用黑实部分瞄准，射弹偏高。

2.克服的方法

平时要保护好瞄准具，使其磨亮反光。武器的准星和缺口均有珐琅层保护，一般不反光。但是，由于使用不当或保护不好，会使珐琅层脱落，造成瞄准具反光，如果不能克服阳光对瞄准的影响，射弹就会产生偏差。

正确辨清真实缺口。可在不同的阳光照射下练习瞄准，采用不遮光瞄准，遮光检查；遮光瞄准和不遮光检查的方法，反复练习，直到能熟练地辨清真实缺口的位置和正确瞄准的景况。

注意合理地保护视力。瞄准时间不宜过长，否则，容易造成视神经疲劳、视力模糊，从而产生偏差。

(二)气温对射弹的影响及修正

1. 气温对射弹的影响

气温升高时，空气密度减小(稀薄)，射弹在飞行中受到的空气阻力就小，射弹就打得远(高)。

气温降低时，空气密度增大(稠密)，射弹在飞行中受到的空气阻力就大，射弹就打得近(低)。

2. 修正方法

气温修正可用公式求得：

距离(高低)修正量 = (气温差/10) × 气温每增减 10 摄氏度时的距离(高低)修正量。

(三)高低角对射弹的影响修正

1. 高低角对射弹的影响

射击时，当目标高于或低于火身口水平面时，就产生了高低角。在有高低角的条件下射击时，射弹会打远(高)。

当高低角变化时，地心引力的方向与弹道切线所成的角度起了变化，从而使地心引力对射弹的作用也起了变化。随着高低角的逐渐增大，地心引力的方向与弹道切线之间的角度就逐渐减小。

2. 修正方法

各种枪在高低角不超过正(负)20 度的条件下射击时，弹道形状变化很小，用同一瞄准角射击，其斜距离约与水平射程相等。因此，不必修正。高低角超过正(负)25 度射击时，可根据高低角对射弹影响的大小，适当地减小表尺分划或降低瞄准点。

(四)风对射弹的影响及修正

1. 风向、风力的判定

按风向与射向所成角度可分为横风、斜风、纵风(顺风和逆风)，按风力大小可分为强风、和风、弱风。

强风风速 8~12 米/秒，相当于 5~6 级风。现象：旗帜刮成水平并哗哗响，草倒于地面，粗树枝摇动，烟被吹成水平并很快散开。

和风风速 4~7 米/秒，相当于 3~4 级风。现象：旗帜展开并飘动，草不停地摆动，细树枝晃动，烟被吹斜但未散开。

弱风风速 2~3 米/秒，相当于 2 级风。现象：旗帜微微飘动，草微动，细枝树微动，烟稍斜上升。

2. 横(斜)风对射弹的影响及修正

横风会使射弹产生方向偏差，风力越大，距离越远，射弹偏差就越大。射击时，为了准确地命中目标，必须将瞄准点或横表尺向风吹来的方向修正。修正时，以横方向的和风修正量(图 6－10)为准，强风加一倍，弱风减一半。斜方向的强(和)风，应按横方向的强(和)风修正量减一半。修正量从目标中央算起。横表尺修正后瞄准点不变。

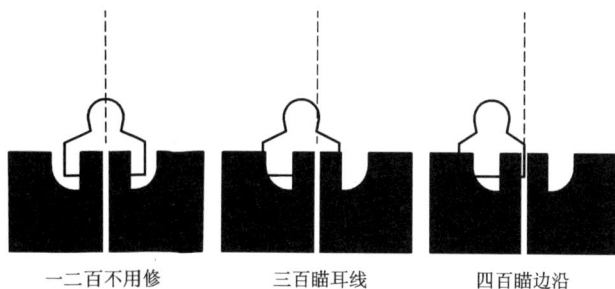

一二百不用修　　　三百瞄耳线　　　四百瞄边沿

图6－10　横(斜)风射击的修正

3.纵风对射弹的影响及修正

纵风会使射弹打高或打低,但风速小于10米/秒时,影响就较小,在400米内不必修正。如对远距离射击时,可稍降低或提高瞄准点。修正时,应注意风向风力的不断变化,灵活加以运用。

第三节　实弹射击

一、操枪

操枪是指士兵携带枪支的动作和方法。就自动步枪、冲锋枪和半自动步枪而言,通常分为持枪、肩枪、挂枪和背枪。

● 实弹射击

【军训第一课】

(一)持枪

持枪时,右臂自然下垂,左手将背带挑起、拉直,由右手拇指在内压住,余指并拢在外将枪握住(半自动步枪握上护木),同时左手放下,托底板在右脚外侧全部着地,托后踵同脚尖齐。95式自动步枪通常不持枪。

(二)肩枪

肩枪一般由持枪换成。听到"肩枪"的口令,右手握护木将枪向前送出,左手反方向(掌心向外)接握护木,并将枪倒置于胸前,弹匣向右(半自动步枪肩枪时,右手将枪提起置于胸前,左手接握下护木);右手移握背带(拇指由内顶住),以两手的合力将枪送到右肩上,右大臂轻贴右肋,成肩枪立正姿势。

(三)挂枪

挂枪通常由肩枪换成。听到"挂枪"的口令,右手移握护木将枪口转向前,左手掌心向下在右肩前握背带；两手协力将背带从头上套过，落在左肩，使枪身在胸前成45度；右手移握枪颈（枪把折叠时，握复进机盖后端），左手放下（也可握护木），成挂枪立正姿势（图6-11）。半自动步枪通常不挂枪。

挂枪恢复成肩枪时，右手移握护木，左手移握背带，两手协力将背带从头上套过，落在右肩，枪口向下，枪身垂直；右手移握背带（拇指由内顶住），左手放下，成肩枪立正姿势。

图6-11　挂枪

(四)背枪

1.挂枪换背枪

听到"背枪"的口令，右手握准星座，稍向上提；左手在左肩前握背带；两手协力将枪转到背后；两手放下，成背枪立正姿势（图6-12）。

背枪恢复成挂枪时，右手掌心向前移握准星座，稍向上提；左手在右肋前握背带；两手协力将枪转到胸前；右手移握枪颈（枪把折叠时，握复进机盖后端），左手放下或握护木，成挂枪立正姿势。

2.肩枪换背枪

听到"背枪"的口令，左手在右手上方握背带，右手掌心向后移握准星座（半自动步枪，右手提下背带环）；两手协力将枪上提，左手将背带从头上套过，落在左肩；两手放下成背枪立正姿势。

背枪恢复成肩枪时，右手掌心向后握准星座（半自动步枪，右手握下背带环），左手在左后前握背带，两手协力将背带从头上套过，落在右肩；右手握背带（拇指由内顶住），左手放下，成肩枪立正姿势。

图6-12　背枪

二、验枪、射击准备

(一)验枪

听到"验枪"口令后，以右脚掌为轴，身体半面右转，左脚顺势向前迈出一步（两脚约与肩同宽），同时右手将枪向前送出，左手接握下托木，左大臂紧靠左肋，枪托贴于胯骨，枪刺尖略与眼同高，右手打开保险和弹仓盖，移握机柄。

指挥员检查时，拉枪机向后。验过后，自行送回枪机，关上弹仓盖，扣扳机，关保险，移握枪颈。听到"验枪完毕"口令后，右手移握上护木，同时身体半面左转，右脚靠拢左脚，恢复持枪姿势。

(二)射击准备

听到"卧姿——装子弹"口令后，右手将枪提起稍向前倾，左脚向右脚尖前迈出一大步（也可以右脚顺脚尖方向迈出一大步），左手在左(右)脚尖前支地，顺势卧倒，以身体左侧、左肋支持全身，右手将枪向目标方向送出，左手接握表尺下方，枪托着地，右手拉枪机到定位(图 6 - 13)。

解开弹袋扣，取出一夹子弹，插入弹夹槽，以食指或拇指将子弹压入弹仓，取出弹夹，送弹上膛。在右手拇指和食指按压游标卡笋，移动游标，使游标前切面对正所需的表尺分划。然后，右手移握枪颈，全身伏地，两脚分开约与肩同宽，身体与射向约成 30 度角，枪刺离地，目视前方，准备射击。

图 6 - 13　卧姿装子弹

听到"退子弹——起立"口令后，稍向左侧身，右手打开弹仓盖，接住落下的子弹，装入弹袋，拇指拉机柄向后，余指接住从膛内退出的子弹(图 6 - 14)，松回枪机，将子弹装入弹袋并扣好，关上弹仓盖，打开保险，扣扳机，关保险，复表尺，

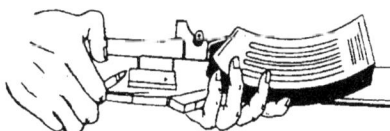

图 6 - 14　退子弹

移握上护木，将枪收回，同时左小臂向里合，屈小腿于右腿下。

以左手和两脚撑起身体，右脚向前一大步，左脚再向前一步，右脚靠拢左脚，恢复持枪姿势。

三、据枪、瞄准、击发

据枪、瞄准、击发是互相联系着和互相影响的动作。稳固的据枪、正确的瞄准、均匀正直的击发，三者正确地结合，是准确射击的关键。因此，必须刻苦练习，熟悉掌握。

(一)据枪

1.卧姿有依托据枪

卧姿据枪时(图 6 - 15)，下护木放在依托物上，左手托握表尺下方，手背紧靠依托物，也可将手背垫在依托物上，枪身要正，身体右侧与枪身略成一线。右手握枪颈，食指第一节靠在扳机上，大臂略成垂直。两手协同将枪确实抵于肩窝，头稍前倾，自然贴腮。

图 6 - 15　卧姿有依托据枪

2.跪、立姿无依托据枪

在战场上不可能时时处处都有依托物可利用，尤其是便于跪、立姿据枪的依托物更少，因此，我们还应掌握跪、立姿无依托据枪的动作。跪姿无依托据枪时，左手移握下护木或弹匣，左肘放于左膝盖上，使枪、左小臂和左小腿略在同一垂直面上；右手握握把（半自动步枪握枪颈），大臂自然下垂，上体稍向前倾，两手正直向后用力，使枪托确实抵于肩窝（图6-16）。

立姿无依托据枪时，左手移握弹匣（56式半自动步枪握下护木或弹仓），大臂紧靠左肋，小臂尽量里合于枪身下方，也可左手托下护木，大臂不靠左肋。右手握握把（半自动步枪握枪颈），大臂自然抬起，两手正直向后用力，使枪托确实抵于肩窝（图6-17）。

图6-16　跪姿无依托据枪

图6-17　立姿无依托据枪

（二）瞄准

1.瞄准的方法

瞄准时，应首先使瞄准线自然指向目标。若未指向目标，不可迁就而强扭枪身，必须调整姿势。需要修正方向时，卧姿可左右移动身体或两胁，跪、立姿可左右移动膝或脚。需要修正离低时，可前后移动整个身体或两肘里合、外张，也可适当移动左手托枪的位置。

2.准星与缺口

准星与缺口的正确关系：右眼通视缺口和准星，使准星位于缺口中央，准星尖与缺口上沿平齐（图6-18），指向瞄准点。此时，正确瞄准的景况是准星与缺口的平正关系看得清楚，而目标看得较模糊（图6-19）。

图6-18　准星与缺口的正确关系

图6-19　正确的瞄准景况

如果准星与缺口的关系不正确,对射弹命中目标影响很大,准星偏哪边,弹着点就偏哪边(图6－20)。如准星尖在缺口内偏差1毫米,自动步枪弹着点在100米距离上的偏差为32厘米。距离增加几倍,偏差量就增大几倍。

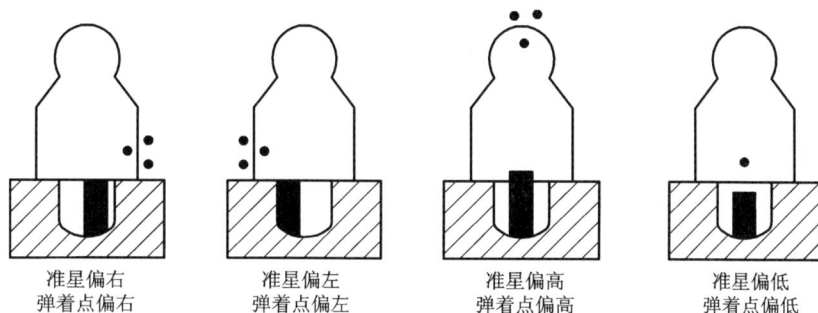

准星偏右　　　　　准星偏左　　　　　准星偏高　　　　　准星偏低
弹着点偏右　　　　弹着点偏左　　　　弹着点偏高　　　　弹着点偏低

图6－20　准星与缺口关系不正确对命中的影响

(三)击发

击发时,用右手食指第一节均匀正直向后扣压扳机(食指内侧与扳机应有不大的空隙),余指力量不变。当瞄准线接近瞄准点时,开始预压扳机,并减缓呼吸。当瞄准线指向瞄准点或在瞄准点附近轻微晃动时,应停止呼吸,果断地继续增加对扳机的压力,直至击发。击发瞬间应保持正确一致的瞄准。若瞄准线偏离瞄准点较远或不能继续停止呼吸时,则应既不松开也不增加对扳机的压力,待修正瞄准或换气后,再继续扣压扳机。

四、实弹射击训练

(一)实弹射击训练准备

为确保新生军训实弹射击训练工作做到安全、有序,应做好充分准备工作,制定实施方案,实施方案包括的内容如下。

1. 成立实弹训练总指挥部

总指挥:一般由军训部队副团长、参谋长担任;副总指挥:由承训教官总领队及学校有关负责人担任;成员:各承训教官领队、各学院党总支副书记。

2. 确定实弹射击训练时间和地点

实弹射击时间最好一天或两天之内能够完成,以方便借还枪支弹药。地点一般应选取部队的正规靶场,或当地军分区的训练靶场。

3. 组织工作

组织工作一般由指挥部会同学校相关处室和各教学院部共同完成,一般分工如下。

(1)学生工作处:负责组织各二级学院、副书记、辅导员和新生班班主任;负责新生从各校区至射击场安全区之间的上、下车站点的组织、引导工作;按照学生运送批次的时间安排,协同连、排长一起组织本连队的学生按指定的站点有序上、下车并带到射击场安全区等候；射击完后随本连学生一起返校。

（2）武装部或保卫处：负责提供靶场分区和靶位设立用材料（包括石灰粉、射击靶、靶号牌、沙包、彩旗、帐篷等），并配合承训部队做好相关工作；负责安排换弹员收发弹夹；负责靶场外围安全警戒工作（承训部队根据靶场周围情况，提出警戒点设置建议）。

（3）后勤处或总务处：协同指挥部按运送学生批次安排及射击训练用车情况，做好车辆的保障工作；负责射击现场的医疗保障工作；根据指挥部的射击训练计划，做好射击场工作人员中午工作餐供应和射击后返校的师生、教官的就餐供应，中午各食堂要安排人员值班，保障射击返校师生、教官随时就餐；负责提供靶场工作人员饮用水。

（4）宣传部、实训中心：负责做好射击训练的录像、拍照、宣传工作。

4.实弹射击训练分工

（1）军训部队：

①按规定提供军训所需的枪支、子弹。

②瞄准训练用枪由学校武装部或保卫处派人当天借取，当天归还。

③实弹射击当天的枪支、子弹由军训部队派人运送和保管。

④压弹员由军训部队派人担任，并做好射击时的安全工作。

（2）承训教官：

①负责对射击训练场进行规划，划分并标明安全区、待命区、装弹区、射击区和靶位的设立（军训指挥部派学生配合，提供分区用材料，包括石灰粉、射击靶、靶号牌、沙包等）。

②负责安排教官担任靶场内安全警戒员。

③负责安排教官担任靶位安全员（每个靶位1名安全员，共设25个靶位）。

④指定教官将安全区的学生编组（每组25人），分批整队有序带入待射区。

⑤指定射击发令指挥官，统一指挥在待射区的学生对号进入靶位、卧倒、射击，射击完后，整队跑步由撤离线路带出射击区。

（二）实弹射击程序与注意事项

1.实弹射击程序

（1）将安全区学生按25人为一组编组整队，由指定教官带入待射区；

（2）发令指挥官对待射区学生整队调整对准靶位；

（3）发令官指挥学生对号进入靶位；

（4）各靶位安全员以举手为信号报告本靶位准备就绪（验枪、装弹夹、关保险），发令官下达"卧倒"口令；

（5）发令官下达"瞄准""射击"口令（安全员将保险打至单发位置，同时手按住枪护木位置，防止学生因过度紧张和因枪后坐力过大导致枪口左偏或右偏或上扬）；

（6）学生射击完毕后，以举手为信号，报告××靶位射击完毕。安全员卸下弹夹、验枪、关好保险（注意，不准学生提枪）；

（7）一组学生全部射击完毕，发令官下达"停止射击，起立"口令，并将学生整队跑步撤离射击区（此间，换弹员迅速跑步收发弹夹）。

2.实弹射击注意事项

（1）参加射击训练的全体人员，必须服从现场指挥官的指挥，坚守岗位，在没有接到指挥员下达的"进入射击预备地线"命令前，不得擅自进入；

（2）射击训练过程中，各警戒点、各靶位安全员遇到非正常情况，要及时向指挥官报告，不得擅自处理；

（3）进入"射击预备地线"后，要按口令统一验枪，领取子弹，按照要求装入弹匣；

（4）听到进入"射击地线"的口令后，按规定进入射击位置，然后再按口令装弹；

（5）装弹后，应按规定关上"保险"，等候指挥员下达射击命令，再打开"保险"进行射击；

（6）射击过程中，如发现意外情况，要立即中止射击并将武器关上"保险"放置在射击位置后，及时向指挥员报告；

（7）射击中，要尽量使用手中的武器，不应借用他人武器；射击完成后，要向指挥员报告，听到"起立"的口令后再起来；

（8）使用武器前和武器使用完毕后，都要验枪；

（9）无论在什么情况下，都严禁枪口对人，或者用武器开玩笑，这一点必须引起高度重视。

第四节　战术

一、单兵战术基本动作

单兵通常在班（组）内行动，主要任务是以手中武器消灭敌步兵。在战斗中，单兵必须发扬优良的战斗作风，巧妙地利用地形，以灵活机动的战斗动作，坚决完成战斗任务。

单兵战术基本动作

【军训第一课】

（一）持枪

持枪是士兵在战斗中为了运动、观察、便于射击，而携带武器的方法。在不同的地形和距离条件下，根据敌情和任务应采用不同的持枪动作。其内容包括单手持枪、单手擎枪、双手持枪、双手擎枪。

1.单手

（1）单手持枪

通常在肩枪的基础上进行，听到持枪的口令后，右手迅速握提把，背带自然下落。右臂微屈，右手虎口向前抓握提把，背带顺肩自然下落，用五指的握力将枪身固定，枪身轴线与地面略成45度，枪身距身体约10厘米。左臂自然下垂，运动时自然摆动。

单手持枪分为三步：一是右手迅速移握上提把，背带自然脱落；二是右手将枪向前送出、左手接握下护盖或小握把、右手将背带上挑；三是右手抓握提把将枪收回，左手迅速放下。

【要领】单手持枪时，右手抓握提把的位置和枪身轴线与地面成45度。

（2）单手擎枪

右手正握握把，食指微接扳机，将枪置于身体的右侧，枪口向上，提把末端贴于肩窝，枪身微向前倾，枪面向后，右大臂里合，枪托贴于右肋，背带自然下垂，目视前方，左手自然下垂或攀扶，运动时自然摆动。

单手擎枪分为两步：一是两手协力将枪向上向后送；二是左手迅速放下。

【要领】单手擎枪时，左手向右后上推枪的路线和右小臂自然上移。

2. 双手

（1）双手持枪

左手托握下护盖或小握把，右手握握把，食指微接扳机，将枪身置于胸前，枪口向前，枪身略成水平，背带自然下垂或挂在后颈上。

双手持枪分为两步：一是右手将枪向前送出，左手接握下护盖或小握把；二是右手移握大握把。

【要领】双手持枪时，枪的运动路线和左手接握下护盖或小握把的位置。

（2）双手擎枪

在单手擎枪基础上，左手托握下护盖或小握把，枪身略低，枪口对向前上方，背带自然下垂或压于左手下，身体射向略成30度。

双手擎枪分为两步，这两步通常是连贯进行：一是身体半面向右转；二是左手托握下护盖或小握把。

【要领】双手擎枪时，左手托握下护盖和小握把使枪身略低、身体与射向成30度。

3. 易犯错误及纠正方法

重点掌握单手持枪和双手持枪的动作，动作迅速、协调、连贯。

（1）单手持枪时，枪身不正。

【纠正方法】首先是在肩枪换持枪时，右手自然握提把，不要有意识地向后抓握；其次是将枪收回时，手腕稍微向左转。

（2）单手持枪换双手持枪时，动作不连贯，出枪不稳。

【纠正方法】一是右手出枪的同时跨左步，二是左手接握护盖动作要快，左大臂夹紧，右大臂里合。

（3）双手持枪换单手擎枪时，枪下沉，枪身不能微向前倾。

【纠正方法】左大臂自然里合将枪向右后上托枪至略感不适为止，右大臂夹紧，小臂随枪身的运动自然上移。

（4）单手擎枪换双手擎枪时，动作不连贯，枪身不能略低。

【纠正方法】首先是转体、跨步、抓握下护盖或小握把要同时进行；其次是在左手抓握下护盖或小握把时，左大臂要自然下垂夹紧，同时枪身下落，右小臂随枪身运动。

（二）卧倒、起立

卧倒是在原地或跃进过程中，有情况出现时所采取的一种动作。起立是在卧倒的基础上需跃起时所采取的一种动作。在战场上，士兵如突遭敌火力射击，应迅速卧倒。卧倒可分为三种基本动作：双手持枪卧倒、单手持枪卧倒和徒手卧倒。

1. 卧倒

（1）双手持枪卧倒

双手持枪卧倒时，左脚向前一步，上体前倾，重心前移，按左膝、左肘、左小臂的顺序着地，然后转体，在全身伏地的同时，两手协力将枪向目标方向送出（图6-21）。地面松软时也可按双膝、双肘、腹部的顺序扑地卧倒。

【要领】左脚上步体前曲，左膝着地左肘移，全身伏地把枪向目标方向送出。

（2）单手持枪卧倒

单手持枪卧倒时，左脚（也可右脚）向前迈出一大步，同时身体前倾，按膝、手、肘的顺序着地，右手同时将枪向目标方向送出，左手接握下护盖或小握把，全身伏地据枪射击。

【要领】持枪上左步，同时臂伸出，膝、手、肘着地，转体把枪出。

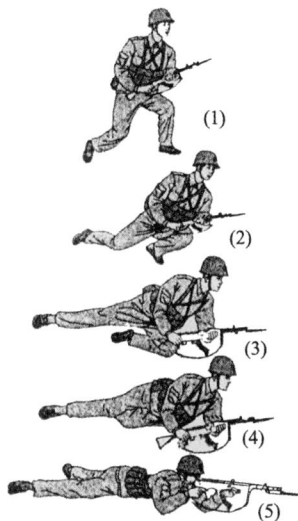

图6-21 双手持枪卧倒

（3）徒手卧倒

徒手卧倒时的动作与单手持枪卧倒动作基本相同，只是卧倒后，两手掌心向下放置于头部的两侧或交叉于胸前，两腿自然伸直，分开约与肩同宽。

2. 起立

（1）双手持枪起立

双手持枪起立时，应首先观察前方情况，而后迅速收腹、提臀，用肘、膝支起身体，左脚先上步，右脚顺势跟进，双手持枪继续前进。

【要领】收腹提臀曲身体，右脚上步往前移。

（2）单手持枪起立

单手持枪起立时，右手移握提把收枪，同时左小臂曲回、曲左腿于右腿下并侧身，而后用臂、腿的协力撑起身体，右脚向前一大步，左脚顺势跟进，继续携枪前进。

【要领】三收一提起，臂腿支撑起，上步快前移。

（3）徒手起立

徒手起立时，按单手持枪的动作进行。也可双手撑起身体，同时左（右）脚向前迈步起立，而后继续前进。

3. 动作训练

重点掌握单手持枪卧倒、起立的动作：动作迅速，迈步要大，姿势要低，出枪要快。

（1）单手持枪和徒手卧倒、起立

【口令】卧倒分解动作"一、二、三"。

【要领】当听到"一"的口令，右手持枪，左脚向右脚前迈出一大步，同时，左臂伸出；当听到"二"的口令，按照膝、手、肘的顺序着地；当听到"三"的口令，转体出枪，据枪射击，徒手时两手交叉或放于头的两侧。

【口令】起立分解动作"一、二、三"。

【要领】当听到起立"一"的口令,收枪、收手、曲左腿于右腿下(徒手时右臂自然收回伸直);当听到起立"二"的口令,利用臂、腿的撑力支撑身体;当听到"三"的口令,右脚向前一大步左脚顺势跟进。

(2)双手持枪卧倒、起立

【口令】卧倒分解动作"一、二、三"。

【要领】当听到"一"的口令,左脚向前一步,上体前倾,当听到"二"的口令,按左膝、左肘、左小臂的顺序着地;当听到"三"的口令,全身伏地,据枪射击。

【口令】起立分解动作"一、二"。

【要领】当听到起立"一"的口令,收腹、提臀;当听到起立"二"的口令,左脚先上一步,右脚顺势跟进。

4.易犯错误及纠正方法

(1)单手持枪和徒手卧倒时,姿势太高,有左手蹭地和胯部坐地的现象。

【纠正方法】注意左脚迈一大步,左手前伸,上体尽量前倾。

(2)单手持枪卧倒时出枪不稳。

【纠正方法】要用右手虎口的压力和四指的握力将枪旋转着向目标方向送出,右臂打直将枪紧贴右臂内侧。

(3)双手持枪卧倒时身体向左偏

【纠正方法】在强调快速的同时,身体向右下(内)扣。

(4)单手持枪和徒手起立时,收手和收枪动作不快,右手不能将枪提起。

【纠正方法】应反复练习右臂、左手、左腿的协调性,右臂加大对枪的力量。

(5)双手持枪起立时,收腹提臀不够迅速。

【纠正方法】起立时,腰部用力,使两肘、两膝协调支撑身体。

(三)前进

前进分屈身前进和匍匐前进两种。

1.屈身前进

屈身前进是战场上接敌最常用的一种运动动作,可分为屈身慢进和屈身快进两种姿势。

(1)屈身慢进

屈身慢进,通常是在距敌较远,有超过人身高或超过大部人体高的遮蔽物,以及敌情不明或敌火威胁不大的情况下采用。运动时,通常是双手持枪(也可单手持枪),上体前倾,两腿弯曲,屈身程度视遮蔽物的遮蔽程度而定,头部一般不可高出遮蔽物。前进时,注意观察敌情,保持正常速度前进。

(2)屈身快进

屈身快进(图6-22),也可称为跃进,通常是在距敌较近,通过开阔地或敌火力控制区时采用。快进前,应先观察敌情和地形,选择好路线和暂停位置,

图6-22　屈身快进

而后起立快速前进。运动中，通常是单手持枪（也可双手持枪），枪口朝向前上方，并注意继续观察敌情。前进的距离以 15 ~ 30 米为宜。当进至暂停位置或运动中遇敌火力威胁时，应迅速就地隐蔽或卧倒，做好射击或继续前进的准备。

由于动作较简单，通常不进行分解。特殊情况可分为两步进行：一是停止间的屈身持枪；二是选择运动姿势后向前移动。

【要领】两眼视敌，姿势略低；合理携枪，大步（快步）前移。

2．匍匐前进

士兵在敌火力威胁较大、自身处于卧倒状态下，如发现近处（10 米以内）有地形和遮蔽物可利用时，可采用匍匐前进的运动姿势向其靠近。根据地形和遮蔽物的高低，匍匐前进又分为低姿匍匐、侧身匍匐、高姿匍匐三种姿势。

（1）低姿匍匐

低姿匍匐是身体平趴于地面并降低至最低程度的运动方式，一般是在前方遮蔽物高约 40 厘米时采用。

持枪前进时，右手掌心向上，虎口向前，拇指在机柄后 10 厘米处，余指在大握把后侧握枪身和背带，将枪置于右小臂内侧

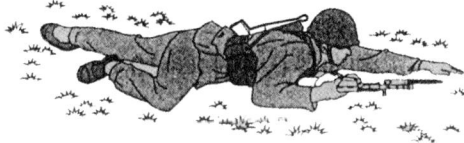

图 6 – 23 低姿匍匐

（图 6 – 23）；行进时，身体正面紧贴地面，头稍微抬起，屈回右腿，伸出左手，用右脚的蹬力和左手的扒力使身体前移，然后再屈回左腿，伸出右手，用左脚的蹬力和右手的扒力使身体继续前移，依次交替前进。徒手低姿匍匐动作与持枪低姿匍匐动作基本相同。

低姿匍匐可分为两步：一是屈回右腿，伸出左手，用右脚的蹬力和左手的扒力使身体前移；二是屈回左腿，伸出右手，用左脚的蹬力和右手的扒力使身体交替前移。

【要领】手扒脚蹬腹着地，手脚交替向前移；注视敌方要隐蔽，动作迅速姿势低。

（2）侧身匍匐

侧身匍匐是在前方的遮蔽物高约 60 厘米时所采用的一种运动方式。其特点是运动的速度稍快，但姿势偏高。

持枪前进时，右手前伸移握护盖将枪收回，同时侧身，使身体左侧着地，左小臂前伸着地，左大臂支撑身体，左腿弯曲，右脚收回靠近臀部着地，以左大臂的扒力和右脚的蹬力带动身体前移（图 6 – 24）。

如果前方遮蔽物高约 80 ~ 100 厘米时，也可采取高姿侧身匍匐。动作是：左手和左小腿外侧着地，以左手的支撑力和右脚的蹬力使身体前移。

徒手侧身匍匐动作与持枪侧身匍匐动作大体相同。

图 6 – 24 侧身匍匐

【要领】侧身匍匐时，身体左侧要着地，右臂要低枪提起；左脚回收右脚蹬，左臂前扒向前移。高姿侧身匍匐时，应侧身高姿，左臂撑身，左膝着地，手膝并用，快速前移。

（3）高姿匍匐

高姿匍匐一般是在前方的遮蔽物高约 80 厘米时采用。

持枪前进时，左手握护盖，右手握枪托，将枪横托于胸前，枪口离地，用两肘和两膝支撑身体，然后，依次前移左肘和右膝、右肘和左膝，如此交替前移。有时也可采用右手掌心向上，虎口向前握护盖携枪的方法（图 6 - 25）。徒手的高姿匍匐动作与持枪高姿匍匐动作基本相同。

高姿匍匐可分为两步：一是屈回右膝，伸出左肘；二是屈回左膝，伸出右肘，依次交替使身体前移。

【要领】两眼目视敌，肘膝撑身体；肘扒膝又蹬，交替向前移。

图 6 - 25　高姿侧身与高姿匍匐

3.易犯错误及纠正方法

（1）低姿匍匐时，臀部抬高，腹部不能紧贴地面。

【纠正方法】一是向前移动时，臀部下沉；二是稍做挺腹。

（2）低姿匍匐时，向前运动的速度太慢。

【纠正方法】一是屈腿时要尽量往前收；二是手要借助脚的蹬力尽量往前伸，交替要快。

（3）侧身匍匐时，前移速度受限。

【纠正方法】一是右手尽量将枪提起；二是尽是让右脚跟靠近臀部。

（4）高姿匍匐时，前移速度受限。

【纠正方法】加快肘、膝运动的频率。

（四）利用地形地物

地形是地物和地貌的总称。地物是分布在地面上的固定物体，如房屋、树木等。地貌是指地面上高低起伏的状态，如高山、平原。地形对战斗和行动有直接影响，灵活巧妙地利用地形地物在于隐蔽身体，发扬火力，捕捉消灭敌人，查明情况。利用地形地物应做到"三便于三不要一避开"。"三便于"：便于观察射击；便于隐蔽身体；便于接近和离开。"三不要"：不要妨碍班（组）长的指挥和邻兵的动作；不要几个人拥挤在一起；不要在一点上停留过久。"一避开"：避开独立、明显、易燃、易倒塌的物体和较难以通行的地段。利用地形地物一般分三个环节：接近、占领、离开。以下是对常见地形地物的利用方法。

1.对土包、坟包的利用

土包分为单包、双包、集团包。单包通常利用其右侧，右侧不便于观察、射击或受敌威胁时可利用其左侧或顶端。双包一般利用其鞍部。

（1）接近

在卧倒的基础上，听到"跃进"口令后，迅速跃进。当听到"敌火射击"的口令后，左脚向前一大步，迅速卧倒。根据前方遮蔽物的高低和实际敌情，采取适当姿势和方法迅速接近。当前方土包高约为60厘米时，通常采用侧身匍匐或高姿匍匐接近。

图6-26 利用土包

（2）占领

到达土包后，应由下而上地占领，周密细致地观察，隐蔽迅速地出枪（图6-26）。

【拓展阅读】观察和出枪的方法

观察的方法是由左至右，由近至远，细致周密地观察敌情。

出枪的方法有两种：一是单手出枪，要领是右手握护木，以四指的顶力，虎口的压力，小臂的推力，将枪向目标方向送出，同时左手接握弹匣，右手移握握把，准备射击。二是双手出枪，要领是左手握护木，右手握握把，两手协力，将枪向目标方向送出，同时枪面向上，左手握弹匣。出枪时应做到：快、稳、准、正。

（3）离开

当听到"敌火转移"的口令后，应迅速选择好路线，以适当的方法离开。

【拓展阅读】离开的方法

离开的方法有三种：一是跨步离开，是在敌火力威胁不大时采用。其要领是迅速隐蔽地收枪，同时身体下塌，左腿屈于右腿下，用两脚和左手支撑身体，迅速跃起，向右或向左迅速前进。二是移动离开，是在敌火力威胁较大时采用。其要领是收枪的同时身体下塌，左腿屈于右腿下成侧卧，然后以小臂，臀部左侧和右脚协力向预定方向移动，突然跃起，迅速离开。三是滚动离开，是在直接受敌火力威胁时采用。其要领是迅速收枪关上保险，按照滚进动作要领向左或向右滚动，当滚动到预定位置时，身体左侧着地，右脚向前，将身体撑起，迅速前进。离开动作应做到：迅速、突然、出其不意。

2. 对土坎的利用

土坎有横向、纵向和高低之分。横向坎要利用背敌面隐蔽身体，纵向坎要利用弯曲部、残缺部或顶端的一侧隐蔽身体，以其上沿做射击依托（图6-27）。根据土坎的高低可采取立、跪、卧等姿势射击。

接近土坎时，通常应采用跃进的方法进至土坎的最大遮蔽界，然后迅速卧倒，再匍匐至坎的底部，视情况可左右移动，选择好利用的部位。

图6-27 利用土坎

（1）接近

在卧倒的基础上，听到"跃进"的口令后迅速跃进。当听到"敌火射击"的口令后，迅速卧倒。根据前方土坎的高低和实际敌情，采取适当姿势接近。当前方土坎高80厘米时，可采用高姿侧身匍匐接近。

（2）占领

到达土坎后，应由下而上地占领，周密细致地观察，不失时机出枪。如前方土坎高80厘米，应采用跪姿射击。

（3）离开

当听到"敌火转移"的口令后，应迅速离开。

3. 对土坑、沟渠的利用

对土坑通常利用其前切面隐蔽身体，利用其上沿作射击依托（图6－28），按其深浅、大小，以跳、跨、匍匐等方法进入，取立、跪、卧等姿势射击。跳入通常是在进入较深的坑时采用。其要领是右手持枪，左手撑坑沿顺势跳入坑内。跨入通常是在进入较浅的坑时采用。其要领是接近坑沿时，左脚迅速跨入，顺势侧卧于坑内。滚入的要领是卧倒后迅速以滚到坑沿，观察后再进入。转移时，应根据坑的深浅，采取不同的方法，突然跃起前进。

图6－28 利用土坑、沟渠

对沟渠通常利用其渠壁或拐弯处隐蔽身体，利用其上沿或拐角作射击依托。进入沟渠的方法：跳、滚、匍匐进入。跳入时，应根据沟渠的深浅，采取不同方法：较浅时，右脚踏沟渠沿，左脚迈出的同时收枪，以右脚掌的弹力，顺势跳入沟渠内，两脚着地的同时（或下落中）劈枪；较深时，右手持枪紧贴右侧，左手扶渠沿，左脚踏渠沿，以左手的撑力和左脚的蹬力，顺势跳入沟渠内。在沟渠内运动时，根据深浅，通常采取直身或屈身前进。其要领是右手持枪紧贴身体右侧，左手扶装具，目视前方，隐蔽地前进。运动中要做到：姿势低，速度快，不断地观察敌情和前进路线，同时，防止枪托碰撞渠壁。

（1）接近

在卧倒的基础上，听到"跃进"的口令后，迅速跃进。当听到"敌火射击"的口令后，迅速卧倒。根据前方坑（渠）的深度，采取适当的方法迅速进入。当坑（渠）深50厘米时，应滚入坑（渠）内。

（2）占领

到达坑（渠）后应观察、占领后出枪。坑（渠）深50厘米时，应采取卧姿射击。

（3）离开

当听到"敌火转移"的口令后，迅速离开。

4.对树木的利用

对树木通常利用其背敌面隐蔽身体，依其右后侧作射击依托（图6－29）。利用大树时，可取立、跪、卧等姿势；利用小树时，通常采取卧姿。对高苗地、丛林地通常应尽量利用靠近敌方的边缘内侧，以便观察和射击。接近时，右手持枪，左手分开高苗侧身前进。对树木通常利用其右后侧。

图6－29　利用树木

（1）接近

在卧倒的基础上，听到"跃进"的口令后，迅速跃进。当听到"敌火射击"的口令后，应迅速卧倒，然后根据树木的粗细和实际敌情，采取不同姿势迅速接近。当前方树木粗60厘米时，可直接接近。

（2）占领

到达树木后，应仔细观察敌情，迅速出枪射击。如采用立姿射击，应尽量将身体左侧、左大臂（左小臂）、左膝紧靠树木，右腿稍向后跳蹬。如采用卧姿射击，应将左小臂紧靠树木或以树的根部为依托，两脚自然并拢，身体尽量隐蔽在树后侧。

（3）离开

当听到"敌火转移"的口令后，迅速离开。

5.对墙和门窗的利用

利用墙壁时，根据其高度取适当姿势。对矮墙可利用其顶端或残缺部作射击依托。墙高于人体时，可将脚垫高或挖射击孔。转移时，可绕过或跃过。利用墙角时，通常利用其右侧作射击依托。射击时，左小臂外侧紧靠墙角，取适当姿势。利用门时，通常利用其左侧，右臂依靠门框进行射击，利用窗时，通常利用其左下角，也可利用其左侧下角，也可利用其左侧或下窗框射击（图6－30）。

（1）接近

在卧倒的基础上，听到"跃进"的口令后，迅速跃进。

当听到"敌火射击"的口令后，迅速接近墙角，通常以跃进方式接近。

（2）占领

到达墙角后，利用其右侧，左小臂紧靠墙角，取适当姿势，通常采用跪姿和立姿射击。

图 6 - 30 利用墙角和门窗

（3）离开

听到"敌火转移"的口令后，迅速离开。

二、分队战术

分队战术是指营以下战术单元的作战方法。研究对象是营以下分队战斗，是战斗的最基本的组织形式。下面重点介绍步兵班战术的基本知识。

（一）班进攻战斗

战斗班在进攻战斗中，通常在排的编成内担负突击班，有时担任连（排）预备队，根据情况还可担任侦察战斗队、障碍扫残队，以及渗透袭击和指示目标等任务。

1. 战斗队形

班的基本战斗队形通常有一字队形、一路队形、三角队形、梯形队形、楔形队形、环形队形六种。应根据敌情、地形和任务灵活运用，合理组合，适时变换。班长通常位于先头组之后的适当位置，班配属的火器组位于班长的侧翼，便于指挥和发扬火力的适当位置。

（1）一字队形，通常在通过敌火控制的开阔地或冲击时采用。

图 6 - 31 一字队形

（2）一路队形，通常在距敌较远、地形较隐蔽、敌火对我威胁不大或通过狭窄地段时采用(图 6 – 32)。

(3)三角队形,通常在通过开阔地、密集火力控制区或向敌冲击时采用(图 6 – 33)。

图 6 – 32 一路队形

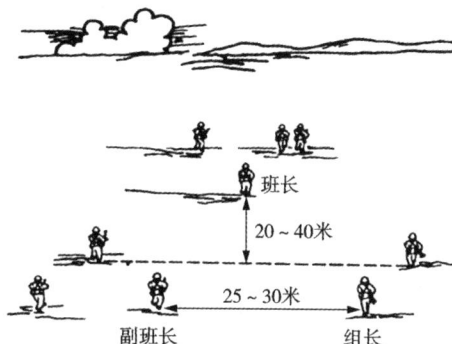

图 6 – 33 三角队形

(4)梯形队形,通常在翼侧有敌情顾虑或斜方向利用地形时采用(图 6 – 34)。

(5)楔形队形就是班成箭头形状,班长或中间一名士兵在前,其余士兵向左后和右后成斜方向散开,取适当间隔依次排列而成的队形(图 6 – 35)。

图 6 – 34 梯形队形

图 6 – 35 楔形队形

2. 组织实施步骤和主要行动

下面以步兵班对阵地防御之敌进攻战斗为例,分析进攻战斗的一般组织实施步骤和战斗行动。

(1)传达任务,做好战斗准备。

班长受领任务后,应迅速向所属人员传达任务。其内容包括敌情、上级意图、本班的任务等。

传达任务后,要简要地进行动员。同时,要开展军事民主,研究完成任务的方法,而后,督促全班迅速检查武器、弹药、装具器材及伪装,在上级规定的时间内做好战斗准备并向排长报告。

(2)迅速隐蔽接敌。

在接敌时,要善于利用有利地形和敌火力中断、减弱、转移和被我火力压制烟幕迷盲等有利时机，采取欺骗、迷惑敌的方法，迅速前进或交替掩护前进。应当根据敌情、地形和任务，确定战斗队形。

班在敌火力下通常采取跃进的方法接敌。根据地形、敌火力威胁程度，班通常可以采取以下方法实施跃进：全班跃进、分组跃进、各个跃进。

接敌过程中，如遇敌机轰炸扫射时，应利用地形，加大间隔距离，迅速前进；如遇敌炮火拦阻时，应加大间隔距离，乘敌炮火减弱、中断，跑步通过，或利用弹坑等地形跃进通过。

（3）冲击准备和冲击。

班占领冲击出发阵地后，班长应立即派出观察、警戒，下达口述战斗命令，做好冲击准备。

冲击是进攻战斗中最紧张、最激烈、最困难的阶段，也是实现近战歼敌、取得胜利的关键所在。班长应位于队形的先头，不断地观察冲击路线和冲击目标。通过通路时，应快速收拢队形，充分利用火力突击和烟幕掩护的效果，以疏散的队形、灵活的方法、最快的速度通过。

（4）在敌阵地内战斗。

班突入敌前沿阵地后，班长应迅速查明情况，及时给各组规定任务，采取壕内壕外密切协同的方法，指挥逐段肃清壕内壕外残敌。

当完成歼敌任务之后，班长应迅速派出警戒、观察，及时明确任务，调整部署，组织火力，救护伤员，构筑或加修工事，设置障碍，进行伪装，防敌火力报复，做好抗敌冲击的准备。

（二）班防御战斗

步兵班在防御战斗中，通常在排的编成内，防守排或连支撑点的一段阵地，有时也可单独防守一个阵地。根据情况还可担任连的预备队，防御阵地前方或翼侧的直接警戒、袭扰任务，或防御纵深内打敌机降等任务。

1.战斗队形

防御战斗中，当班防守排或连支撑点的一段阵地时，通常成一线配置，有时也可成三角或梯次队形配置（图6-36）。

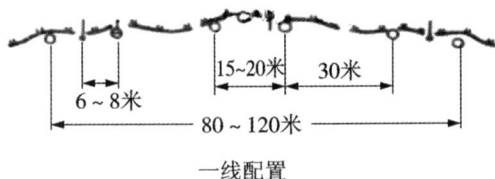

一线配置

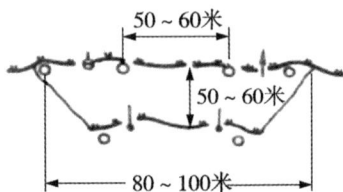

图6-36 三角配置

轻机枪应配置在便于发扬火力、便于机动、便于支援各组战斗、便于对阵地前和翼侧的主要地段进行侧射的地点；火箭筒、单兵反坦克火箭应配置在便于机动、便于敌坦克、步战车接近冲击、便于侧射和形成交叉火力的地点；配属的喷火器应配置在步兵班的战斗队形内；以反坦克火器组成的障碍区战斗小组，配置在反坦克障碍物附近的有利地点；担任机动战斗任务的小组，配置在便于向前沿、翼侧运动的位置。

当独立防守一个阵地时，应当形成环形防御。根据地形特点，可成后三角配置，也可成前三角配置。翼侧暴露时，还可成左(右)梯形配置。成后三角配置时，以两个组配置在第一线，占领第一道堑壕；以一个组配置在第二线，占领第二道堑壕，并作为班的机动力量。班配属的火器通常由班长直接指挥，榴弹发射器通常配置在第二线的侧翼便于射击和隐蔽的位置；反坦克火器应当配属在阵地内便于侧射和机动、隐蔽的位置；重机枪应当配置在阵地内便于阻击敌步兵冲击的位置。喷火器通常配置在各战斗小组阵地内。

2.组织实施步骤和主要行动

(1)传达任务，做好战斗准备。

班长在了解任务的基础上，应迅速向所属人员传达任务，安排工作。传达任务时，应简明扼要，重点传达敌情、上级、本级、友邻、时限五个方面的内容。安排工作时，应按照先后、轻重、缓急合理分配时间，明确分工，规定完成时限。

(2)抗敌攻击和冲击。

占领阵地后，班长应严密组织观察，密切监视敌情，做好抗击准备。步兵班在防御战斗中，要充分利用工事、地形和障碍，防敌各种侦察和火力袭击，打击开辟通路之敌，抗击敌人步兵、坦克和步兵战斗车的连续冲击，迟滞、消耗、歼灭敌人。

当敌人发起冲击时，班长应指挥全班迅速占领阵地，充分利用地形，依托工事，结合障碍，在上级火力支援下，充分发挥火器和爆破器材的威力，灵活运用防、抗、阻、打、反等战术手段，粉碎敌方冲击行动。

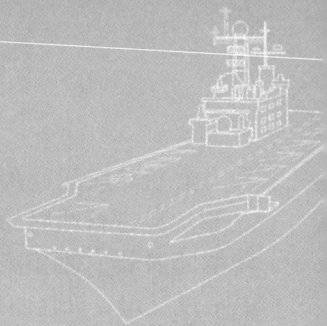

第七章
防卫技能与战时防护训练

第一节　格斗基础

一、格斗常识

格斗是以克敌制胜为目的，以技击动作为主要内容，以套路和搏击为基本形式的军事体育项目。格斗是与敌近距离接触时快速制敌的有效手段，主要包括踢、打、摔、拿、击、刺等技击动作。

（一）格斗的分类

我军格斗训练主要以《中国人民解放军体育训练教材》规定的内容为基础，加上部分自选内容，按其运动形式分为套路运动和搏击运动两类。

1. 套路运动

套路运动是以技击动作为素材，以攻守进退、动静疾徐、刚柔虚实等矛盾运动的变化规律编成的整套练习形式。套路运动包括拳术和器械。拳术有军体拳、捕俘拳、擒敌拳、防暴拳等；器械有捕俘刀、短棍术、腰带术和刺杀操等。

2. 搏击运动

搏击运动包括擒敌技术和散打等。擒敌技术又分为徒手擒敌术、徒手夺器械擒敌术和持械擒敌术。

（二）格斗的特点

格斗术是在与敌人的实际格斗过程中不断发展和总结而成的。我军格斗术的最大特点是一招制胜、置敌于死。

1.动作简练,实战性强

我军格斗术的每一个技术动作都是从实战出发,以克敌制胜为目的,动作结构简单明了,一招一式都有一定的目的和作用,讲究攻守兼备、动无虚发。

2.击打要害,一招制胜

我军格斗术遵循系统性、科学性的原则,每一招都是按照人体要害部位的弱点及其受外力击打后机制机能的变化而定的。因此,我军格斗术的技术动作一般都是选用击打人体要害部位的招法,一拳或一脚击中就能使敌人暂时甚至永久地丧失战斗能力,从而束手就擒。

3.以攻为主,攻防兼备

我军格斗术融中外技击技法精华于一体,刚柔相济,攻防兼备。进攻时,疾进猛打,连续攻击要害部位,使敌人胆怯畏惧,丧失抵抗能力;防守时,以静制动,耗其体力,防中有攻,使敌打不准、击不中。

4.动作隐蔽,突然性大

我军格斗技术合理简化了击打动作,缩短了拳打脚踢的运动路线,动作预兆小,攻击频率快,既突然迅速,又刚劲有力。

二、格斗基本功

(一)手型和步型

1.手型

(1)拳:四指并拢握紧,拇指扣在食指的第二节上。通常分为立拳、反拳、平拳三种(图7-1)。

【要求】拳握紧、拳面平、直腕。

立拳   反拳   平拳

图7-1 拳

(2)掌:四指并拢伸直,拇指弯曲紧扣于虎口处。通常分为立掌、横掌、插掌、八字掌四种(图7-2)。

【要求】掌心开展,竖指。

(3)勾:五指第一节捏拢在一起,屈腕(图7-3)。

【要求】五指捏拢,屈腕。

立掌　　　　横掌　　　　插掌　　　　八字掌

图 7-2　掌

图 7-3　勾

2. 步型

（1）马步：两脚平行拉开（约本人脚长的 3 倍），脚尖正对前方，屈膝半蹲，膝部不超过脚尖，大腿接近水平，全脚掌着地，身体重心落于两腿之间，挺胸、塌腰，两拳握于腰间，拳心向上（图 7-4）。

【要求】挺胸、塌腰、脚跟外蹬。

（2）弓步：两拳抱于腰间，拳心向上，左（右）脚向前上步，左（右）腿屈膝半蹲，右（左）腿在后挺直，脚尖里扣（图 7-4）。

【要求】前腿弓，后腿绷；挺胸、塌腰、沉髋；前脚同后脚成一直线。

（3）虚步：两脚前后分开（约本人脚长的 2.5 倍），前脚掌着地，腿微曲。后腿屈膝半蹲，脚尖外撇 45 度，全脚掌着地，体重大部分落于后脚。左脚在前为左虚步，右脚在前为右虚步（图 7-4）。

【要求】挺胸、塌腰、虚实分明。

马步　　　　　　弓步　　　　　　虚步

图 7-4　步型

（二）实战姿势

实战姿势又称格斗势，是实施攻防动作的准备姿势。听到"准备——格斗"的口令后，在立正的基础上，身体稍向左转，同时右脚稍向右前撤一步，两脚略成"八"字形，屈膝，体重大都落于右脚，同时两手握拳，前后拉开，屈肘，左拳略高于肩，拳眼向内上，右拳置于腹前约10厘米处,拳眼向上,自然挺胸,目视对方(图7-5)。

【要求】重心在两脚中间;臀部、肩部与后脚须成一角度,含胸收腹提臀;颌微收,闭嘴合齿,目视对方双肩,用余光环视对方全身。

(三)步法

1.前进步

后脚蹬地,前脚先向前进半步,后腿紧接着跟进半步(图7-6)。

【要求】进步幅度不宜过大,前脚和后脚进步时衔接得越快越好,后脚跟进后的身体姿势不变;前脚进步和后脚跟步的距离要相等,以保持身体的平衡稳定。

2.后退步

前脚蹬地,后脚先后退半步,前脚再回收半步(图7-7)。

【要求】后退时,前脚掌用力向前下方蹬地,前脚与后脚后退距离相等。

图7-5　实战姿势

图7-6　前进步

图7-7　后退步

3.侧跨步

此步法在格斗中,多用于侧闪防守。左(右)脚向左(右)侧跨半步,右(左)脚随即向左(右)移动,两膝弯曲(图7-8)。

【要求】跨步后身体重心下降,以利于反击。两腿要一虚一实,两臂分别上、下防守,形成较大的防守面。

图7-8　侧跨步

4. 垫步

后脚蹬地向前脚内侧并拢，同时前腿屈膝提起（图7-9）。

【要求】后脚向前脚并拢要迅速、突然，垫步与提膝不要脱节、停顿，身体向前平衡移动，不要向上腾空或上体向后倾倒。

图7-9　垫步

图7-10　直拳

（四）拳法

1. 直拳

以右直拳为例：由实战姿势的正架势开始，右脚微蹬地，重心微向前脚移动，同时向左转髋、拧腰、送肩，右臂用力内旋，右拳直线向前击出，左拳收于左下颌旁（图7-10）。

【要求】蹬转、拧腰、送肩要快速连贯；发力于腰，力达拳面。

2. 摆拳

以右摆拳为例：由实战姿势的正架势开始，右脚微蹬地并以前脚掌向内转，转胯并向左拧腰，右拳向前、由外至内（约45度）成平面弧形横击（图7-11）。

【要求】注意转腰发力，蹬地、转胯、拧腰与摆击要协调一致，在击中目标的瞬间身体制动，力达拳面。

3. 勾拳

以左勾拳为例：由实战姿势的正架势开始，上体微左转，重心略下沉，腰迅速向右转，发力于腰，左拳由下向前上方勾击，上臂与前臂夹角为90~100度，拳心朝里，力达拳面（图7-12）。

图7-11　摆拳

【要求】注意转腰发力，蹬地、转胯、拧腰与勾击要协调一致。

图 7 - 12 勾拳

图 7 - 13 顶肘

（五）肘法

1. 顶肘

由实战姿势的正架势开始，右脚向后撤一大步，身体后转成右弓步同时左手抱推右拳，右肘向右水平顶击，肘与肩平，眼看右肘（图 7 - 13）。

【要求】肩部要松沉；借助腰腿的力量进行顶击。

2. 砸肘

由实战姿势的正架势开始，右脚蹬地向左转体时，右肘抬起，由上向下砸击，力达肘尖，肘稍低于肩，眼看右肘，击中目标后向右转体，回到原来位置，恢复成实战姿势（图 7 - 14）。

【要求】转体砸肘注意结合身体的重量。

3. 挑肘

由实战姿势的正架势开始，右臂屈肘握拳，随即以蹬腿、拧腰、送胯之合力，由下向上猛力挑击，力达肘尖或肘前部（图 7 - 15）。

【要求】挑击时要借助腰胯转动之力；大小臂折叠要紧。

图 7 - 14 砸肘

图 7 - 15 挑肘

(六)腿法

1.蹬腿

以左蹬腿为例:实战姿势站立,右腿微屈支撑,左腿提膝抬起,脚尖回勾,当膝稍高于髋时,以脚领先向前蹬出,髋微前送,力达脚掌(图7－16)。

【要求】提膝须过腰,蹬腿时挺髋并稍前送。

2.勾腿

以左勾腿为例:实战姿势站立,右腿弯曲,膝稍外展,上体稍右转,收腹合胯;左腿以大腿带动小腿,直腿向前、向右画弧线擦地勾踢,挺膝勾脚,力达脚弓内侧(图7－17)。

【要求】转体时,收腹合胯;勾踢要猛,着力点在脚的内侧,重心要稳。

图7－16　蹬腿　　　　　　　　　　　　　　图7－17　勾腿

3.弹腿

以左弹腿为例:实战姿势站立,重心移至右腿,右腿微屈支撑身体,左腿提膝上抬,大腿带动小腿向前上方弹踢,脚背绷直,着力点在脚背(图7－18)。

【要领】弹踢要猛弹快收,着力点在脚背,重心要稳。

图7－18　弹腿

（七）膝法

1. 正顶膝

实战姿势站立，身体重心移至前腿，收腹含胸的同时，两手成拳向后下回拉，右膝向前上方冲顶，力达膝部，两手与膝同高，眼看右膝。击中目标后右脚向后落地，恢复成实战姿势（图7－19）。

【要求】大小腿折叠要紧，提膝要迅速。

2. 侧顶膝

实战姿势站立，身体重心移至前腿，收腹含胸的同时，两手成拳向右后下回斜拉，右膝由向左前上方冲顶，力达膝部，两手与膝同高，眼看右膝。击中目标后右脚向后落地，恢复成实战姿势（图7－20）。

【要求】大小腿折叠要紧，顶膝动作要迅猛。

图7－19　正顶膝

图7－20　侧顶膝

（八）倒法

1. 预备姿势

在立正的基础上，右脚向右分开约与肩同宽，屈膝半蹲，两臂后摆，掌心相对，上体前倾（图7－21）。

2. 前倒

在立正的基础上，身体挺直自然前倒至约45度时，挥臂上举，而后屈肘于胸前，两掌成杯状，掌心向前，在身体接触地面的同时，手掌扣拍地面，与小臂同时着地，两腿挺直，以手、小臂、脚尖将身体撑起（图7－22）。

【要求】倒地时身体要挺直，膝、腹、胸不着地。

3. 前扑

在预备姿势的基础上，两脚蹬地，向前上方跃起，同时挥臂上举展腹，两腿挺直后摆，倒地的同时，两掌成杯状，扣拍地面，以两掌、小臂及两脚前脚掌内侧将身体撑起（图7－23）。

【要求】倒地时膝、腹、胸不着地。

图7－21　倒法预备势

图 7 - 22　前倒

图 7 - 23　前扑

4.侧倒

在预备姿势的基础上,左脚向前半步,右脚向前一步,同时,向右拧腰、挥臂(左臂在前上,右臂在后下),左脚顺势前扫上摆,两臂向左上挥摆,身体向左后猛转,右脚经体前,向左摆动,以右脚掌、左手臂和体侧着地,右臂上架护头,两腿成剪刀状(图 7 - 24)。

【要求】转体要迅速协调。

图 7 - 24　侧倒

5.后倒

在预备姿势的基础上,两臂前摆击掌,上体微向前倾,随即上体后仰、髋部前送,两臂同时外展仰身,猛向后挥臂,左(右)脚蹬地,使手臂、双肩后侧同时着地,右(左)脚前上摆(图 7 - 25)。

【要求】倒地时,勾头、挺腹、憋气。

图 7 - 25　后倒

三、捕俘拳

1. 预备姿势

当听到"捕俘拳——格斗准备"的口令后，在立正的基础上，两脚尖迅速并拢，同时两手握拳，两臂微屈，拳眼向里，距身体约 10 厘米，头向左摆，目视左方（图 7 - 26）。

● 捕俘拳

【军训第一课】

图 7 - 26 预备姿势

2. 挡击冲拳

起右脚原地猛力下踏，左脚向左侧跨出一步，右拳提至腰际，拳心向上，在左转身的同时，左臂里格上挡，拳心向前，右拳从腰际旋转冲出，拳心向下，左拳位于额前约 20 厘米，成左弓步（图 7 - 27）。

【要求】踏脚时要全脚掌着地。

图 7 - 27 挡击冲拳

3. 拧臂绊腿

左拳变掌切击右拳背，右拳收回腰际，右脚前扫；左手挡、抓、拧、拉，收回腰际，同时右脚后绊，右拳猛力旋转冲出（图 7 - 28）。

【要求】前扫后绊要协调有力，重心要稳。

图 7 – 28　拧臂绊腿

4.叉掌踢裆

上右脚成右弓步，同时两拳变掌沿小腹向上架掌，掌与眉同高；两掌变勾猛向后击，同时起左脚，大腿抬平，脚尖绷直，猛力向前弹踢，迅速收回(图 7 – 29)。

【要求】两大臂夹紧，猛力后击；猛踢快收，重心要稳。

图 7 – 29　叉掌踢裆

5.下砸上挑

两手变拳，左拳由上猛力下砸，与膝同高，同时左脚向前跨步，成左弓步；右拳由裆前上挑护头，拳心向前，起右脚大腿抬平，脚尖绷直，头向左甩(图 7 – 30)。

【要求】起身要快，重心要稳。

图 7 – 30　下砸上挑

6. 下蹲侧踹

上体正直下蹲，右脚猛力下踏，两小臂上下置于胸前，左臂在上，拳心向下，右臂在下，拳心向上；迅速起身，两拳交错外格，起左脚大腿抬平，脚尖里勾，向左猛踹，迅速收回（图7－31）。

【要求】踏脚要有爆发力，下蹲，起身要快。

图7－31　下蹲侧踹

7. 顺手牵羊

左脚向前方落地屈膝，两拳变掌在左前方成抓拉姿势，两手向右后回拉，同时右脚前扫（图7－32）。

【要求】后拉、前扫要协调有力，重心要稳。

图7－32　顺手牵羊

8. 上步抱膝

右脚向前落地的同时，两手变拳，左小臂上挡；左转身屈膝下蹲，两拳变掌合力后抱，掌心相对，与膝同高，右肩前顶，成右弓步（图7－33）。

【要求】转体、合抱要协调一致。

9. 插裆扛摔

左转身左手上挡，右手前插，掌心向上；左手向右下拧拉，大臂贴肋，小臂略平，拳心向上，同时右臂上挑，右肩上扛，身体稍向右转，右拳与头同高，拳心向前，重心大部分落于右脚，成右弓步（图7－34）。

图 7 - 33　上步抱膝

【要求】下拉、上挑、转体要协调一致。

图 7 - 34　插裆扛摔

10. 下拨勾拳

左拳下拨后摆,左转身的同时,右拳由后向前猛力上击,拳心向内,与下颌同高,同时右脚向右自然移动,成左弓步(图 7 - 35)。

【要求】转身要快,勾拳要猛。

图 7 - 35　下拨勾拳

11. 卡脖掼耳

右脚踮步，左脚抬起，脚掌与地面平行，在左脚落地的同时，右脚上步成右弓步，左拳变八字掌置于胸前，右拳后摆；向左转体成左弓步的同时左手下按，右拳由后向前下猛力横击（图7-36）。

【要求】踮步有力，转体、卡脖、拳击要协调一致。

图7-36 卡脖掼耳

12. 内外挂腿

在起身的同时，左脚向右垫步，右脚前扫，两手合掌于右肩前，两手猛力向左肩前拧拉，上体稍向左转，同时右脚后绊，成左弓步（图7-37）。

【要求】垫步、合掌、前扫要协调一致，重心要稳。

图7-37 内外挂腿

13. 踹腿锁喉

右脚向右前方踮步，左脚向右跃步，然后起右脚，大腿抬平，脚尖里勾，两臂弯曲，置于胸前，右掌在前，左掌在后，掌心向下；右脚侧踹，在落地的同时右手沿敌脖横插，左手抓握敌右手腕，右手变拳，猛力后拉，下压，成右弓步（图7-38）。

【要求】踹、锁要协调一致，重心要稳。

14. 内拨冲拳

左脚右转身成右弓步，左臂顺势内拨护于腹前，右拳收于腰际，拳心向上；左臂里拨后

图 7 - 38　踹腿锁喉

摆，右拳以蹬地、转腰、送胯之合力旋转冲出，成左弓步(图 7 - 39)。

【要求】冲拳要有爆发力。

15.抓手缠腕

两拳变掌，左手抓握敌右手腕；右掌上挑外拨，身体稍向右转，两臂用力后拉并扣压于腰际，成右弓步(图 7 - 40)。

【要求】抓手回收上挑，转身别压，抓握要快而有力。

图 7 - 39　内拨冲拳

图 7 - 40　抓手缠腕

16.砍脖提裆

左手砍脖，右手抓裆，在右手后拉上提的同时左手猛力向前下推拉，成左弓步(图 7 - 41)。

【要求】左砍、右抓、下压、上拉要协调一致。

图 7 - 41　砍脖提裆

第二节 战场医疗救护

一、救护基本知识

战场医疗救护，是战时减少伤亡，迅速恢复战斗力，保持战争实力而必须采取的一项重要措施。

（一）战场医疗救护的基本原则

实施战场医疗救护，要最大限度地减少伤员的痛苦，降低致残率，减少死亡率，为后续抢救打下良好基础。战场救护应当遵循六条基本原则，即"先复苏后固定，先止血后包扎，先重伤后轻伤，先救治后运送，急救与呼救并重，搬运与医护同步"。

1.先复苏后固定

对有心搏、呼吸骤停又有骨折的伤员，应首先用口对口呼吸、胸外按压等急救方法使心肺复苏，直至心跳、呼吸恢复后，再进行骨折固定。

2.先止血后包扎

对大出血又有创口的伤员，应首先用指压、止血带或药物等止血方法止血，再进行创口消毒、包扎。

3.先重创后轻伤

当有多个伤员时，应优先抢救危重伤员，后抢救较轻的伤员。

4.先救治后运送

对各类伤员，要先按战伤救治原则分类处理，待伤情稳定后再送往医院。

5.急救与呼救并重

对成批的伤员，又有多人在现场的情况下，救护者应当分工合作，同时进行急救和呼救，尽快争取专业的医护外援。

6.搬运和医护同步

搬运与医护应当协调配合、同步一致，要做到任务要求一致、协调步调一致、完成任务的指标一致。运送途中，应减少颠簸，注意保暖，最大限度地减少伤员痛苦，减少死亡率，安全到达目的地。

（二）战场医疗救护的基本要求

救护伤员时，不准用手和脏物触摸伤口，不准用水冲洗伤口（化学伤除外），不准轻易取出伤口内的异物，不准送回脱出体腔的内脏，不准用消毒剂或消毒粉上伤口。

1.救护头面伤部

伤员头面部受伤时，应保证其呼吸道畅通，清除口内的异物，将伤员衣领解开，采取侧卧或俯卧姿势，防止吸入呕吐物，并妥善包扎伤口和止血。

2.救护胸（背）部伤

伤员胸（背）部受伤时，出现胸（背）部伤往往伴有多根肋骨骨折，除用敷料包扎外，还应用绷带环绕胸背部包扎固定。

3.救护腰（腹）部伤

伤员腹（腰）部受伤时，腹壁伤要立即用大块敷料和三角巾包扎。伴有内脏伤时，不能喝水、吃东西、吃药，应尽快送往医院。

4.救护四肢伤

伤员四肢受伤时，除了手指或脚趾伤必须包扎外，包扎其他四肢伤时，要把手指或脚趾露出，以便随时观察血液循环情况，采取相应措施。

【拓展阅读】个人卫生的总要求

个人卫生是集体卫生的基础。讲究个人卫生可以防止疾病传播，提高士兵的健康水平。为圆满完成战备训练、施工生产等各项任务，适应未来复杂、艰苦的战争环境，军人必须注重健康，养成良好的卫生习惯。

军人这一特殊职业要求士兵必须有强健的体魄。为此，我军《内务条令（试行）》对个人卫生提出了总的要求：应"做到饭前便后洗手，不吃（喝）不洁净的食物（水），不暴饮暴食；勤洗澡，勤理发，勤剪指甲，勤洗晒衣服被褥；不随地吐痰和便溺，不乱扔果皮、烟头、纸屑等废弃物；保持室内和公共场所的清洁卫生"。

二、意外伤的救护

意外伤的急救

【微课学堂】

（一）常见军事训练伤的种类及防治

1.擦伤

【损伤原因】擦伤是皮肤表面被粗糙物擦破，出血或有组织液渗出，主要是在运动中摔倒、相互碰撞或器械伤害导致的。最常见的是手掌、肘部、膝盖、小腿的皮肤擦伤。

【症状】局部皮肤或黏膜破裂，伤口与外界相通，有血液自创口流出。由于真皮含有丰富的神经末梢，损伤后往往十分疼痛。

【处理方法】

（1）清创。由于擦伤表面常常沾有一些泥灰及其他脏物，所以清洗创面是防止伤口感染的关键步骤。可用淡盐水（1000 毫升凉开水中加食盐 9 克，浓度约 0.9%）边冲边用干净棉球擦洗，将泥灰等脏物洗去。

（2）消毒。有条件者可用碘酒、酒精棉球消毒伤口周围，沿伤口边缘向外擦拭，注意不要把碘酒涂入伤口内，否则会引起强烈的刺痛感。

（3）上药。可在创面上涂一点红药水（红汞），此药有防腐作用且刺激性较小（汞过敏者忌用)。但要注意不宜与碘酊同用,因两者可生成碘化汞,对皮肤有腐蚀作用。新鲜伤口不宜涂紫药水(甲紫),此药虽杀菌力较强,但有较强的收敛作用,涂后创面易形成硬痂,而痂下组织渗出液存积,反而易引起感染。

(4)包扎。用消毒纱布包扎伤口,小伤口也可不包扎,但都要注意保持创面清洁干燥,创面结痂前尽可能不要沾水。

(5)若创口较深、污染较重,应注射破伤风抗毒素,并使用抗菌素治疗。

2.挫伤

【损伤原因】外力直接作用于身体的某些部位而引起的闭合性软组织损伤。运动中相互冲撞、被踢打或身体某部位碰撞在器械上,都可能引起局部或深层组织的挫伤。

【症状】局部疼痛、肿胀、青紫,引起肢体功能或肢体活动的障碍,严重的会伴有内部器官的损伤,从而导致休克。

【处理方法】

(1)早期(伤后24小时内):此时的处理应以制动、止血、防止肿胀、镇痛、减轻炎症为主。局部可采取冷敷、加压包扎、抬高伤肢等措施,视情况配合外敷伤药治疗,以止血消肿止痛;还可以通过指掐穴位、向心脏位置轻轻推摩来辅助治疗。

(2)中期(伤后24~48小时):此时的处理应以活血化瘀,防止粘连,促进淋巴、血液循环为主。局部可采取热敷、理疗、药敷等方法治疗;视伤情可安排进行功能锻炼,以加快康复速度。

(3)后期(伤后5~6天):此时的处理应以软化疤痕、分离粘连、促进功能恢复为主。治疗的方法主要是按摩、药敷和功能锻炼等。

3.膝关节侧副韧带损伤

【损伤原因】膝关节侧副韧带损伤以内侧损伤为常见,多发生在膝关节处于屈位130~150度时,此时小腿突然外旋,或足部固定大腿突然内收内旋,都可使内侧副韧带损伤,关节外侧受暴力撞击也可造成损伤。

【症状】伤部疼痛、肿胀、皮下淤血、走路跛行。

【处理方法】

(1)自我按摩。用手掌相对揉搓膝关节内侧30次,用拇指搓按伤处的疼点20~30次,缓慢活动膝关节20~30次。用以上手法每天早、晚各一次,每种手法重复一次。

(2)热敷。每晚用热水袋或热毛巾敷于患处。

4.急性腰扭伤

【损伤原因】活动超过了脊柱的功能范围。当动作不正确时,易发生腰扭伤。

【症状】伤后身体一侧或两侧当即发生疼痛。轻微扭伤当时无明显疼痛感,第二天会感觉腰部疼痛,不能前屈,腰部用不上劲,损伤部位有明显的压痛点。

【处理方法】

(1)按摩。可用推摩、揉、揉捏、叩击、抖动等方法进行自我按摩。一是推摩:患者坐位、站立均可,四指并拢,与拇指分开,两手叉腰,拇指在前,四指在后,从上到下推摩,用力在四指上,由轻到重推摩20~30次。二是揉:四指并拢,与拇指分开,拇指在前,四指在后,从上到下揉动,手指不能离开皮肤,使该处的皮下组织随手指的揉动而滑动,由轻到重揉20～30次。三是揉捏：方法基本同"揉"，但捏时，除小指外都要用力。四是叩击：两手半握拳，交替叩击疼点。五是抖动：四指并拢，与拇指分开，四指在后，拇指在前，两手叉腰，轻轻抖动20～30次。

（2）功能锻炼。一是前后屈体：两脚左右开立比肩稍宽，两手叉腰按疼点，向前屈体4次，向后伸体4次（4×8拍）。二是体绕环：两脚开立比肩宽，两手叉腰按疼点，向左绕环连续4次，再向右绕环连续4次（4×8拍）。

5. 踝关节扭伤

【损伤原因】踝关节扭伤多见于球类或短跑项目中，这些项目中，脚尤其是踝关节承受压力过大，有时完全需要靠踝关节的韧带来控制身体的平衡，因此极易造成踝关节韧带的损伤。体育运动时错误动作、运动场地不平、碰撞或因跳起落地时失去平衡，使踝关节过度内翻或外翻，是造成踝关节韧带扭伤的主要原因。准备活动不充分、疲劳或动作的协调性不好，也常引起扭伤。

【症状】伤部疼痛、肿胀、皮下瘀血、走路跛行。

【处理方法】

（1）外踝部扭伤处理方法。一是拔顺筋：双手握足部，轻轻拔顺足踝部，以顺理筋脉，松缓痉挛。二是捋顺筋：双手轻轻按抚痛处，向下顺捋，以疏通气血，反复数次，能缓解疼痛。三是归舍法：一手托足跟，一手握足，轻轻归合，使筋回槽，气血归经，经气疏通。四是摩揉法：救护人员将伤者的足部放在自己的膝部，以保持功能位，双手反向摩揉足踝部，反复数次。

（2）内踝部扭伤处理方法。外踝部扭伤为多见，但在一定条件下也可造成踝外翻引起踝内侧韧带的损伤。一是拔牵踝：双手握住踝部，轻轻拔牵，以舒缓痉挛。二是推归踝：双手按压内侧韧带部，然后一手托足跟，向上轻推，使之归合对位。三是分理筋：双手握足踝部两侧，拇指沿内踝下缘部轻轻分理捋顺。四是搓揉踝：用手掌抚按内踝部，并用手掌根部搓揉踝部，反复数次。五是拔腿筋：用手按抚踝上小腿处，沿内踝上缘，用拇指轻轻拔筋，以疏通经络，使之上、下气血流通。

6. 掌指和指关节运动拉伤

【损伤原因】准备活动不合理；技术动作不正确、局部过度疲劳；寒冷导致手指僵硬，失去协调性；场地不平，摔倒时手指触及地面等，都可造成掌指和指关节的损伤。

【症状】轻者，受伤关节疼痛肿胀，关节活动受限伸展不灵活。重者，韧带断裂、关节脱位或骨折，不能做伸直运动，造成终生关节畸形。

【处理方法】

（1）冷敷。掌指和指关节受伤后，应立即进行冷敷。切忌当即不停地揉搓，以防造成毛细血管破裂，从而引起充血肿胀，加重伤势而不利治疗。严重者，冷敷后应用布带将伤指固定于邻近手指上。

（2）理疗。12小时之后，方可做轻度按摩牵引，每日外擦红花油，以及药洗、熏洗等。

（3）2～3周后视恢复情况进行相应功能锻炼。

（二）预防军事训练伤的措施

1.严格操作规则

要严格按照规定的动作要领和操作规范进行训练，既要有勇猛顽强的作风，做到动作快捷准确，又要注意遵守训练纪律，保证训练场秩序。

2.遵循训练规律

要按照循序渐进的原则确定训练强度和难度，克服争强好胜或信心不足等不良心理，既不急于求成，又不畏首缩脚。

3.做好准备活动

训练前的身体准备活动要充分并具有针对性，一般不少于10分钟，切不可敷衍了事，不然就会因肌肉僵硬、身体的灵活性和协调性差而造成训练损伤。训练结束后应做好整理活动。

4.掌握保护方法

要学会自我保护和互相保护的方法，特别是在一些难度高、危险性大、动作复杂、不易掌握的科目训练中，更要注意做好保护，以防意外事故。

5.坚持训前检查

训练前，要主动认真地检查器械、设备有无损坏，安装是否稳固。训练场地内如有石块、砖瓦等容易造成人员受伤的物体，要及时予以清除。

三、战场救护

战场救护是指战时参战人员在战场上负伤，对负伤者进行及时的止血、包扎等，使伤亡人数减少到最低。战场救护对于及时挽救各类参战人员的生命，保证部队的战斗力，赢得战斗胜利具有重要意义。战伤救护包括自救和互救两个方面。救护技术主要包括心肺复苏、止血、包扎、固定、搬运五项。

战场救护
【军训第一课】

（一）心肺复苏术

心肺复苏术是对猝死者（呼吸、心跳停止）所采取的现场的、最基本的抢救技术，即以人工呼吸代替病员的自主呼吸，以胸外心脏按压形成暂时的人工循环，诱导心脏恢复自主搏动，因此，临床上将以上二者合称为心肺复苏术。

心肺复苏术
【微课学堂】

1.心肺复苏术的启动工作

（1）检查病员反应。抢救者轻拍或呼叫病员"喂！您怎么了？"，以此来判断病员意识是否清醒。同时注意观察病员有无脊柱（颈、胸、腰椎）损伤，对怀疑有脊柱损伤患者，不可随意搬动以免造成截瘫。

（2）呼叫他人协助或请他人拨打急救电话，寻求医务人员及时救治。

（3）调整患者体位，使其就地水平位仰卧，如患者处于侧卧或俯卧位，则应缓慢使病员头、肩、躯干同步沿身体纵轴翻转为仰卧位，其间要保护好病员颈部，以防颈椎损伤。

（4）病员昏迷时要迅速通畅呼吸气道，保持病员气道通畅。病员呼吸、心跳停止后，全身肌肉呈松弛状态，口腔内舌肌、会厌也会出现松弛而后坠，堵塞呼吸道。此时，要采用仰头、抬颌等方式开放呼吸道。首先，清除病员口腔内的异物，如假牙、呕吐物或液体分泌物等。然后，抢救者用手掌将病员额头向后推，使头部后仰，另一手置于下颌骨的下方，将颏部向前抬起，使头部后仰，将气道伸直、通畅。

2.人工呼吸

肺脏位于富有弹性的胸廓内，当胸廓扩大时，肺也随着扩张，于是肺的容积扩大，外界空气进入肺内，即为吸气。当胸廓缩小时，肺也随之回缩，肺内空气排出体外，即为呼气。对呼吸停止的伤病员，可根据以上原理用人工的方法重新让气体进出肺脏，以实现气体交换，这就是人工呼吸法。人工呼吸的方法很多，最有效的是口对口人工呼吸法（图7-42）。如病员在清理呼吸道后，仍无自主呼吸，则应马上实施口对口人工呼吸。

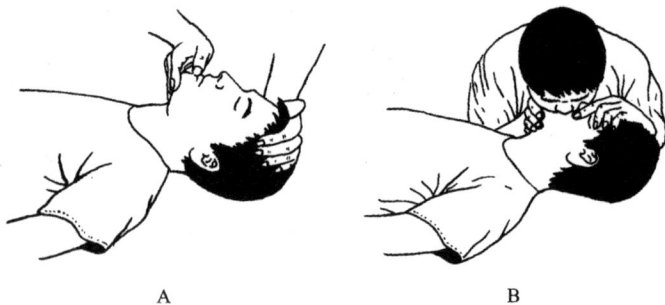

A   B

图7-42 人工呼吸

（1）操作前，先判断病员有无自主呼吸，可观察病员胸部有无呼吸起伏动作；可将耳贴近病员口鼻处倾听有无呼吸气流声音；感受有无气流进出。

（2）操作时伤员必须仰卧，头部置于极度后仰位，把口打开并盖上一块纱布。救护者一手托起患者下颌，掌根轻压住环状软骨，使其压迫食道，以防止空气进入胃内；另一手捏住鼻孔，深吸一口气后用双唇包严病员口唇，缓慢吹入，吹完气后，松开捏住鼻孔的手。如此反复进行，频率为16～18次/分钟，直至患者恢复呼吸为止。

（3）对于牙关紧闭的病员，可采用口对鼻吹气法，抢救者一手闭住病员的口，以口对鼻进行吹气，其他操作与口对口人工呼吸法相同。

3.心脏按压

心脏位于胸腔纵隔的前下部，前邻胸骨下段，后为脊柱，其左右移动受到限制。胸廓具有一定的弹性，能够多做少量的被动活动，加之昏迷伤病员的胸壁较松软，因此，挤压胸骨下段，可间接压迫心脏，使心脏内的血液排出；放松挤压时胸廓恢复原状，此时胸内压力下降，静脉血液回流到心脏（图7-43）。反复挤压和放松胸骨，即可恢复心跳和血液循环。

（1）操作前先判断病员有无心跳，多用触摸病员有无颈动脉搏动来确定。颈动脉位于颈部正中气管和侧面胸锁乳突肌之间的凹陷处。抢救者可用一手的食指、中指并拢，自颈部正中气管（或喉结）处，滑向颈部一侧的胸锁乳突肌前缘凹陷处，寻找、触摸颈动脉搏动。此项检查要求熟练、迅速、准确，要求在 5 ~ 10 秒内完成。如无搏动，则应立即施行胸外心脏按压。

（2）操作时患者必须仰卧在木板或平地上。救护者将双手掌重叠，掌根放在患者胸骨体的下半段，肘关节伸直，借助于自身体重和肩臂部肌肉的力量，适度用力下压，使胸骨下段及相连的肋软骨下降 4 ~ 5 厘米，随后立即将手放松，如此反复进行。按压频率成人为 100 次/分钟。

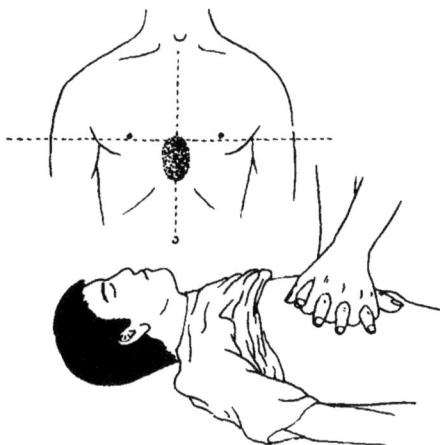

图 7 - 43　心脏按压

（3）操作中应注意救护者掌根压迫的部位必须在患者的胸骨体下段，接触胸骨应只限于掌根部，不可将手平放，手指应向上稍翘与肋骨保持一定距离。下压时应带有一定的冲击力量，而不是缓慢地按压，但用力不可过猛，以免引起肋骨骨折，压迫的方向应垂直对准脊柱，每次下压力量应平稳有规律。

4. 人工呼吸与心脏按压的有效配合

心肺复苏术最好由两人配合进行，按压与吹气之间的频率之比约为 5∶1 或 4∶1。如果是一个人单独进行心肺复苏术，可先进行两次人工呼吸后，进行 15 次胸外心脏按压，即吹气和挤压的比例为 2∶15，以此反复进行，直至病员恢复或医生赶到现场救治。

【拓展阅读】心肺复苏术的有效指标

（1）每挤压一次，可触到颈动脉一次搏动。经过一段时间挤压，停止挤压后脉搏仍存在，说明病员已恢复心脏自主搏动。

（2）心脏复苏术有效时，病员面色渐渐转为红润，并可出现自主呼吸，甚至眼球活动，四肢抽动。

现场心肺复苏术应坚持不懈地进行，直至病员恢复有效呼吸和循环；或持续抢救 30 分钟以上，经医生诊治病员已死亡，方可停止抢救。

（二）止血

大量战伤出血，往往是导致伤员休克或死亡的主要原因。若急性大量出血达全身血液总量 20% 左右，人即会出现乏力、头晕、口渴、面色苍白、心跳加快等全身急性贫血症状。若出血量达全身血量的 30%，即会出现休克，危及生命。及时、准确、有效地止血将大大减少战场伤亡。因此，对有出血的伤员，尤其是大动脉出血，必须立即急救，早期给予止血。

1. 判断出血的种类

判定出血种类是正确实施止血的首要工作，方法是根据出血的特征加以判断。如果是动脉出血,颜色鲜红,呈喷射状,有搏动,出血速度快且量多;如果是静脉出血,则颜色暗红,呈涌出状或徐徐外流,出血速度不如动脉出血快;如果是毛细血管出血,则血色鲜红,从伤口向外渗出,出血点不容易判明。

2. 止血方法

(1)药物止血法:遇外伤出血时,可根据伤情适当清洁伤口后,撒上云南白药,并适当地加压包扎。

(2)加压止血法:直接对出血的血管上端加压以阻止血流,或用数块较大于伤口的纱布盖在伤口上(如现场无消毒纱布可用清洁的手帕或清洁布片代替),然后用手指或手掌用力加压,再用三角巾或绷带用力包扎。加压10~30分钟后,一般都能止血。此法适宜用于急救,压迫时间不宜过长。

(3)指压动脉止血法:用任何方法止血都需要一定的时间,哪怕是多耽误一秒的时间也会使伤者失去很多宝贵的血液。在刚发现出血时,指压动脉止血法是最快、最简单的方法,一般应第一时间采用。图7-44、图7-45为人体动脉主要止血点和几种常见的指压动脉止血方法。

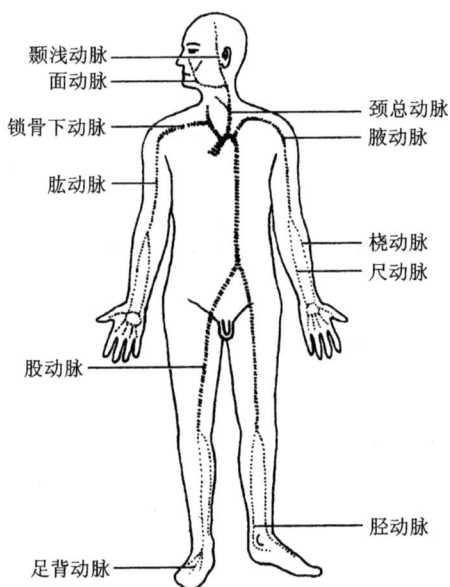

图7-44 人体动脉主要止血点

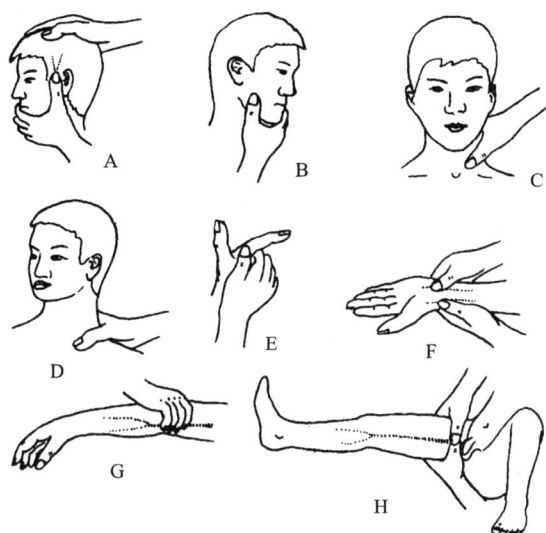

图 7 - 45 指压动脉止血法

A. 头顶部出血，压迫颞浅动脉。用拇指压迫同侧耳前方搏动点，即可有效止血。

B. 面部出血，压迫面动脉。用拇指压迫下颌角前 3 厘米凹陷处搏动的面动脉，即可止血。

C. 颈部出血，指压颈总动脉。在颈部大出血时使用，但颈总动脉是向脑部供血的主要动脉，除非颈部大量出血，一般不能用这种压迫方法。严禁同时压迫两侧颈动脉，两侧同时加压就完全阻断了脑部的血液供应，将会引起严重的后果。

D. 肩部出血，压迫锁骨下动脉。用拇指在锁骨下凹陷处、胸锁乳突肌的外侧向后对准第一肋骨，压迫锁骨下动脉，即可止血。

E. 手指出血，压迫手指两侧，即可止血。

F. 手掌出血，压迫尺、桡动脉，即可止血。

G. 上肢出血，压迫肱动脉。用拇指和其他四指压迫上臂内侧肱二头肌与肱骨之间的搏动点（肱动脉），即可止血。

H. 下肢出血，压迫股动脉。股动脉比较粗壮，可用双手拇指重叠用力压迫大腿根部中间跳动处止血。

（4）屈肢加压止血法：前臂、手和小腿、足出血时，如果没有骨折和关节损伤，可将棉垫或绷带卷放在肘或膝关节上，曲前臂或小腿，再用绷带绕 8 字缠好（图 7 - 46）。

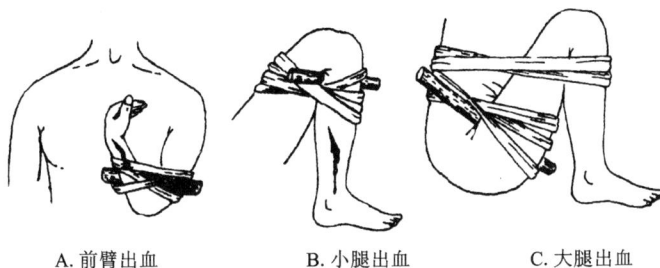

A. 前臂出血　　　　B. 小腿出血　　　　C. 大腿出血

图 7 - 46 屈肢加压止血法

（三）包扎

包扎是急救中最常用的技术之一。包扎伤口的目的是保护伤口，压迫止血，固定敷料和夹板，减轻疼痛，防止感染。

包扎时应注意伤口要包全，打结时要避开伤口，动作要轻巧、迅速、准确，包扎要牢靠，松紧适宜。包扎最常用的材料是三角巾和绷带，也可就地取材，用毛巾、手帕、衣服、被单等替代。用三角巾包扎的应用范围最广，可用于身体的各个部位。限于篇幅，本书仅介绍几种常用的三角巾包扎法，具体步骤和方法如图 7-47 所示。

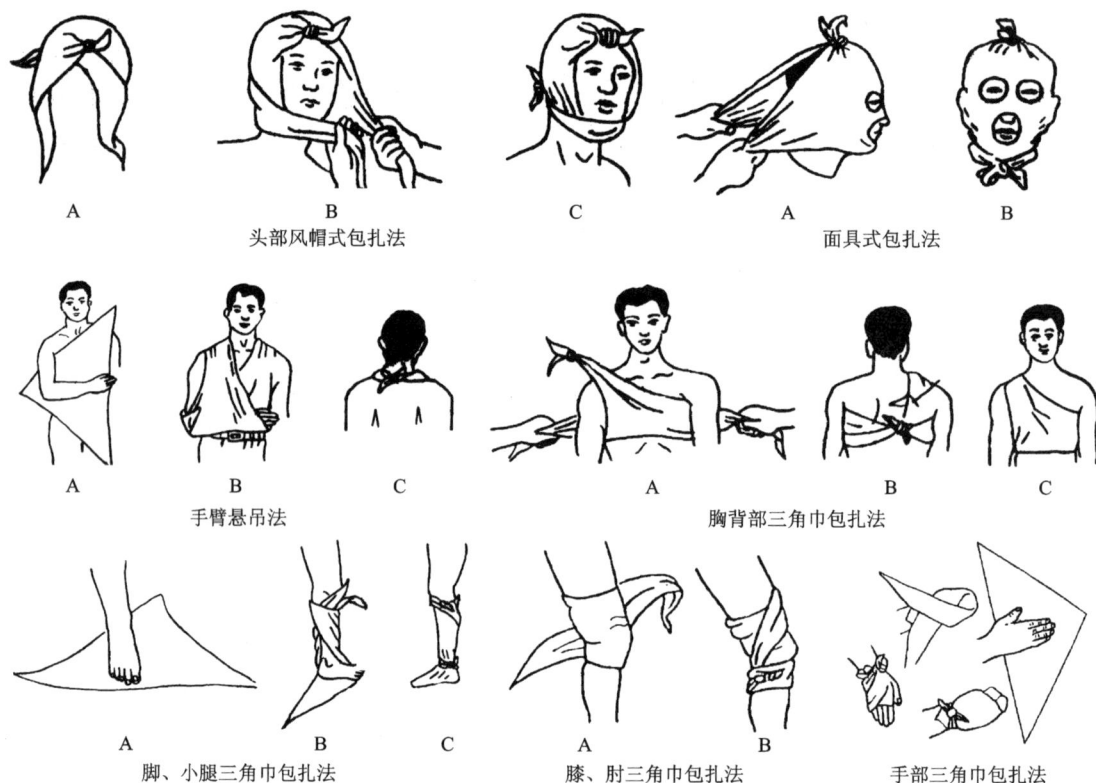

| A | B | C | A | B |

头部风帽式包扎法　　　　面具式包扎法

手臂悬吊法　　　　胸背部三角巾包扎法

脚、小腿三角巾包扎法　　膝、肘三角巾包扎法　　手部三角巾包扎法

图 7-47　三角巾包扎法

（四）固定

对于发生骨折的伤者，在搬运前，必须先进行固定，以防止骨骼碎片损伤周围组织，也可以缓解疼痛、方便运输。固定的材料，在野外可以就地取材，用树枝、木棒、步枪、草捆、纸卷等。实在找不到固定材料时，也可以把伤肢和健康的肢体固定在一起（注意要用软布或毛巾作垫物）。下面介绍骨折的急救方法和几种不同部位骨折的临时固定方法。

1. 判断骨折

首先要辨明伤者受伤的原因；其次要看一下伤者的情况，如伤肢出现异常的变化，肿痛明显，则骨折的可能性很大；如骨折端已外露，则肯定已骨折。

2. 封闭伤口

对骨折伴有伤口的病人，应立即封闭伤口。最好用清洁的布片、衣物覆盖伤口，再用布带包扎。包扎时不宜过紧，也不宜过松，过紧会导致伤肢的缺血坏死；过松则起不到包扎作用，同时也起不到压迫止血的作用。如有骨折端外露，注意不要将骨折端放回原处，应继续保持外露，以免引起深部感染。

3. 止血

如出血量较大，应用手将出血处的上端压在邻近的骨突或骨干上。用清洁的纱布、布片压迫止血，再以宽的布带缠绕固定，要适当用力但又不能过紧。

4. 临时固定

尽可能保持伤肢于伤后位置，不要任意牵拉或搬运病人。固定器材最好使用夹板，如无夹板可就地取材，木棍、树枝均可；在一无所有的情况下，可利用自身固定，如上肢可固定在躯体上，下肢可利用对侧固定，手指可与邻指固定。临时固定须注意以下几点：

（1）夹板的长度应超过骨折部位的上下两个关节；

（2）夹板两端空隙处、骨突处要垫衬棉花、软布；

（3）绑缚松紧要适当，注意观察末端循环。

5. 不同部位骨折的临时固定方法

（1）锁骨骨折固定方法：锁骨不能直接固定，一般采用固定大臂的方法，因为大臂的活动会连带锁骨的活动。可采用束缚式、悬吊式方法固定。如果有条件，可制作"T"形板固定，效果更佳。具体步骤如图7-48所示。

（2）上肢骨折固定方法：用可以找到的材料固定，并把伤肢吊起来（用布带挎在脖子上，吊在胸前）。具体步骤如图7-49所示。

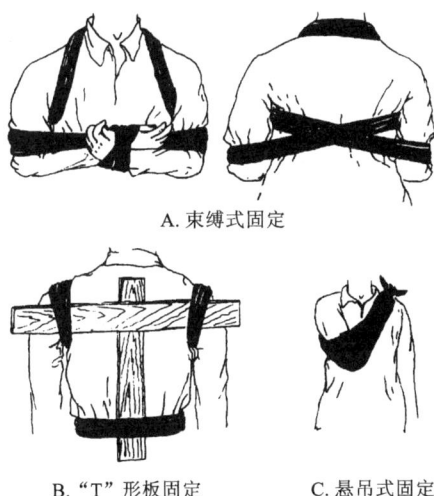

A. 束缚式固定

B. "T"形板固定　　　　C. 悬吊式固定

图7-48　锁骨骨折固定方法

A. 掌骨骨折　　　　　　B. 前臂骨折

C. 肱骨骨折　　　　　　D. 悬吊骨折

图7-49　上肢骨折固定方法

（3）下肢骨折固定方法：根据骨折的部位，可采用侧面和下面两种固定方法。如果找不到固定材料，可用健肢固定（两腿之间要放垫物）。具体步骤如图7－50所示。

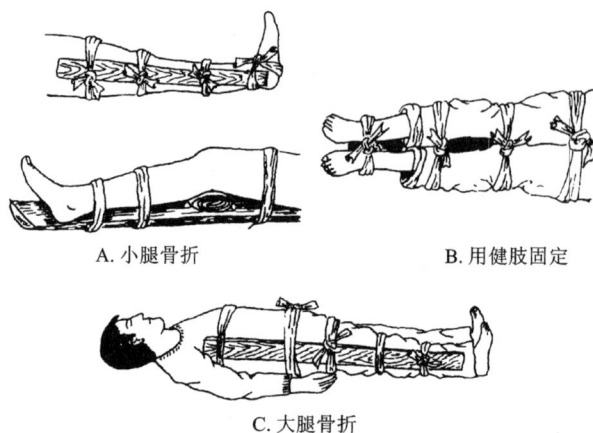

A.小腿骨折　　　　　　　　　　B.用健肢固定

C.大腿骨折

图7－50　下肢骨折固定方法

【拓展阅读】骨折固定注意事项

骨折固定时，应注意以下事项：①骨折固定要牢靠，松紧要适度，过松则失去固定作用，过紧会压迫神经血管。因此，固定肢体时应露出指（趾）甲，如发现手指或脚趾端发麻、发凉、疼痛，呈青紫色或苍白，应立即松解夹板，重新固定。②夹板的长短、宽窄要适宜，使骨折处上下两个关节都固定，方能达到固定的目的。如果仅固定一端，另一端的关节仍可活动，则未起到固定的作用。③夹板或就便器材不能直接接触皮肤，在固定时应取一些棉花、碎布、毛巾等物垫在夹板与肢体之间，并塞满夹板两端有空隙的地方，防止松动及引起压迫性损伤和皮肤损伤。④固定四肢时，应先捆绑骨折处的上端，后捆绑骨折处的下端，以免导致骨折端面的错位。

（五）搬运

伤病员经过初步的急救处理后，应该及时送到医院抢救和治疗。搬运转送伤病员时，要根据伤病员的具体情况，因地制宜地选择合适的搬运方法、搬运工具。一般来说，上肢骨折多能自己行走，下肢骨折须用担架，脊柱骨折须用硬板担架。现介绍几种常用的搬运方法。

1.担架搬运法

担架搬运法最适用，只要战况和条件许可，应尽量用此法。首先迅速展开担架，放于伤员伤侧，将其装备解除，坚硬物品要从口袋中取出。一人托住伤员头部和肩背部，另一人托住伤员腰臀部和下肢，协力将伤员平稳地轻放在担架上，根据伤情取合适体位，系好担架扣带以固定伤员，两人合力抬起担架前进。行进过程中要保持伤员头朝后、脚朝前，便于后边担架人员密切观察伤员伤情变化。如果遇到陡坡路段，要及时调整头部朝向前方。没有制式担架时，可利用就便器材如木棒、绳索、大衣、步枪等制作各种简易担架。

2.单人肩、背、抱法

当伤员周围无敌人火力威胁,伤员伤势较轻时,可采用单人肩、单人背或单人抱法进行搬运(图7-51)。

图7-51 单人肩、背、抱法

3.双人徒手搬运法

两个人搬运时,可以根据伤员的情况选择椅托式坐抬法、拉车式搬运法。双人徒手搬运法适用于头、胸、腹部受伤的重伤员搬运(图7-52)。

图7-52 双人徒手搬运法

4.侧身匍匐搬运法

救护者侧身在伤员背侧,将伤员腰部垫在大腿上,伤员两手放于胸前,救护者右手穿过伤员腋下抱肩,使伤员上体脱离地面并贴紧救助者,左前臂撑于地面,两眼目视前方,按照侧身匍匐的方法要领蹬足向前移动。其动作要领概括为"垫腰、抱肩、撑肘、蹬足"。注意伤员受伤部位应朝上,伤员头部和上肢不要着地。

第三节　核生化防护

一、核生化防护基本知识

核生化武器

【军武大讲坛】

对核生化武器的防护，是指军队对敌人核、生物、化学武器袭击而采取的防护措施。目的是最大限度地减少损伤，保持部队的战斗力和重要目标的生存能力。因此，必须了解核生化防护基础知识，学会利用地形、工事、器材等一切有利条件来进行有效防护，使自己免遭伤害，有效地保存自己和消灭敌人。

（一）核武器防护

核武器是利用核反应瞬间放出的巨大能量起杀伤破坏作用的武器。按结构原理，可分为原子弹、氢弹和特殊性能核武器；按作战使用范围，可分为战略核武器和战术核武器；按配用的武器，可分为核导弹、核炸弹、核炮弹、核地雷、核鱼雷和核深水炸弹。核武器包括核弹头、弹头运载工具和其他部分。一般说的原子弹、氢弹是指弹头部分。运载工具是用来发射或投射核弹头的工具，有导弹、火箭、飞机、火炮、潜艇、鱼雷等。核武器的射程和命中精度与运载工具有关。

核武器是迄今人类制造的杀伤破坏威力最大的武器。核武器的杀伤破坏作用是其爆炸瞬间释放的巨大能量转化出的多种杀伤破坏因素造成的。这些杀伤破坏因素分为两类：第一类作用时间仅数十秒，称为瞬时杀伤因素，包括光辐射、冲击波、早期核辐射、核电磁脉冲等4种；第二类作用时间可持续几天甚至更久，主要是指爆炸产物的放射性沾染。

遭遇核武器袭击时，室外、室内人员必须在杀伤破坏因素到达之前，迅速准确地完成防护动作，以求生存机会。

（1）核爆时，如果在室外，应迅速进入人防工程防护，且不要随意进出或走动，来不及进入人防工程时，要迅速利用附近的地形物就地卧倒。遇到较大的地形物时，横向卧倒；地形地物较小时，面向爆心卧倒；无地形地物可利用时，背向爆心卧倒。如果身边有江河、湖泊或池塘，应立即潜入水中防护。有条件的情况下，尽可能地利用浅色衣物覆盖身体，尤其是皮肤暴露部位。

（2）核爆时，如果在室内，应立即利用墙角卧倒，最好在靠近墙角的桌下或床下卧倒。应避开门窗和易燃易爆物，以免玻璃碎片击伤人员或造成其他间接伤害。冲击波过后，应立即抖落身上的尘土，迅速进入人防工程进行防护。若没有人防工程，也可以进入在冲击波袭击后未倒塌的建筑内，关闭门窗，防止放射性灰尘进入室内。

（二）生物武器防护

生物武器是以生物战剂杀伤有生力量和破坏植物生长的各种武器、器材的总称。生物战剂包括立克次体、病毒、毒素、衣原体、真菌等。生物战剂是军事行动中用以杀死人、牲畜和破坏农作物的致命微生物、毒素和其他生物活性物质的统称。

生物武器是大规模杀伤破坏性武器，具有极强的致病性和传染性，能造成大批人、畜受染发病，并且多数可以互相传染，大量使用时受染面积可达几百或几千平方千米。生物武器的危害作用持久，如细菌类生物战剂中的炭疽杆菌芽孢，在适应条件下能存活数十年之久，对人、畜造成长期危害。但生物战剂受自然条件影响大，在使用上受到限制。日光、风雨、气温均可影响其存活时间和效力。采取周密的防护措施，也能大大减少它的作用。

由于生物武器具有较强的致病性和传染性，前方和后方、军队和居民、人员和牲畜都可能受到袭击，因此在组织防护时，要做到军队、地方结合，军民兼顾；军队与防化、工程等有关勤务部门要密切配合。

（1）做好经常性的防疫工作。如进行防疫、防护的宣传教育，开展群众性卫生运动，贯彻各种防疫制度，有计划地接种各种疫苗等。

（2）组织观察、侦察和检验，及时发现敌生物武器袭击。各种观察哨均兼有观察生物武器袭击的任务，发现袭击征象，及时通知部队进行一般防护。专业防护人员进行现场侦察，采集标本进行检验，确定生物战剂种类，通报部队采取针对性的防护措施。

（3）做好个人防护和集体防护。接到防护指令后，立即戴上防毒面具或防菌口罩，扎紧裤脚、袖口，上衣塞入裤腰，颈部围上毛巾，战斗情况允许时，可进入人防工程，减少受染。受染后要抓紧时间，利用个人消毒包擦拭暴露的皮肤；利用战斗间隙，清洗服装、武器和车辆上的生物战剂；服用预防药物，补充接种疫苗，并定期接受医学观察。

（三）化学武器防护

装有化学战剂的各种炮弹、炸弹、火箭弹、导弹、毒烟罐、手榴弹等统称化学武器。化学武器素有"无声杀手"之称，是以化学战剂的毒害作用杀伤有生力量的武器，杀伤效果为高爆炸药的 2 ~ 3 倍。化学战剂有神经性毒剂、糜烂性毒剂、失能性毒剂、窒息性毒剂和刺激性毒剂。化学战剂的种类不同，其危害也不一样。化学战剂释放后，可形成气态、气溶胶态、液滴态、微粉态，人员接触或吸入后立即发生中毒，如果不及时防护和抢救，就会失去战斗力或在短时间内死亡。

化学武器虽然杀伤力大，破坏力强，但由于受气候、地形、战情等影响，具有很大的局限性。与核武器和生物武器一样，化学武器也是可以防护的。在遭受化学武器袭击时，应迅速按照当地应急协调人员的指令，有组织地进入人防工程。进入后不得随意进出，防止带入毒剂。为了减少人防工程内氧气的消耗，人员要减少活动。同时，个人应利用防护器材进行防护。个人防护时，应首先穿戴好防毒面具，保护呼吸道和眼睛，而后视情况穿着防毒衣，戴上防毒手套进行全身防护。如没有制式防护器材可利用时，应利用身边易得的无纺布口罩、风镜、雨衣、手套、塑料布、雨鞋等简易器材进行防护。如果认为自己沾染了危险化学剂，应迅速脱下衣物，尽快用大量肥皂和清水洗掉皮肤上的化学剂，最后把衣物放入塑料袋封好交给当地主管部门和应急人员处置。

二、防护装备使用

核生化防护装备与器材是用于防止核生化有毒有害物质对单个人员造成伤害的防护装备

或器材。可区分为呼吸道防护器材、皮肤防护器材和个人急救器材。

(一)呼吸道防护器材

呼吸道防护器材，是指用于保护人员的呼吸器官、眼睛及面部皮肤免受毒剂、细菌及放射性灰尘直接伤害的个人防护器材。防毒面具主要由面罩、滤毒罐和面具袋三部分组成。

1. 携带

制式防毒面具通常装于挎包内，背于身体右侧，面具袋上沿与腰带取齐。运动时，可将面具移至身体的右后方。

2. 检查

戴好面具后，用右手堵住进气口，同时用力吸气，若感到堵塞不透气，则说明面具气密性良好，若感觉漏气，应首先检查佩戴是否正确，然后检查呼气活门有无异物及面具有无损坏，根据情况处理后再重新检查。

3. 戴脱防毒面具

戴面具：当看到"化学警报"信号或听到"戴面具"的口令时，立即停止呼吸，闭嘴闭眼，迅速将面具袋移至身体右前方，打开袋盖，右手握住面具袋底，左手迅速取出面具，两手分别握住面具两侧的中、下头带，拇指在内撑开面罩；身体微向前倾，下颌微伸出，用面罩套住下颌，用拇指和食指夹住军帽帽檐，两手稍用力向上后方拉头带，迅速戴上面具；两手对称地调整头带，使面具与脸部密合；然后深呼一口气，睁开眼睛，戴好军帽(图7-53)。

图7-53 立姿戴防毒面具

脱面具：当看到"解除化学警报"信号或听到"脱面具"的口令后，左手脱下军帽，右手握住面具下部，向下向前脱下面具，戴上军帽，然后将过滤器朝外装入面具袋内。

注意：①戴面具时，停止呼吸和闭嘴是为了防止吸入染毒空气；闭眼是为了防止毒剂伤害眼睛；深呼一口气是为了排除面罩内的染毒气体。②持枪戴(脱)面具时，应先成肩枪或夹枪姿势，然后按立姿戴(脱)面具的要领戴好(脱下)面具，取枪成原来姿势。③卧姿戴面具时，应先将枪置地，身体转向右或用两肘支撑上体，左手脱帽，按立姿要领戴好面具。

（二）皮肤防护器材

皮肤防护器材，是指保护人员皮肤免受毒剂、生物战剂和放射性灰尘等通过皮肤引起伤害的个人防护器材。

为使防护器材最大限度地发挥作用，保存部队战斗力，使用皮肤防护器材应做到：良好的气密性，尤其要注意头、颈、袖口的气密性；良好的适应性，尤其要适应较强劳动条件下长期工作；良好的毒情观念，尤其要注意脱防护器材时不染毒、不沾染。

使用皮肤防护器材时，穿脱通常按照斗篷、靴套、手套的顺序进行。当听到"毒剂—斗篷"的口令后，应先戴好面具，而后迎风而立，背枪或挂枪，取出斗篷，手持罩帽部分使斗篷垂下；用双手撑开斗篷，身体微向前倾，将斗篷披在武器装备和身上；转向背风而立，束紧帽带扣好前襟；取出手套戴好（图7-54）。

脱下的器材经洗消、保养后装包备用，或统一销毁。

图7-54　穿戴防毒斗篷

（三）简易防护器材

在野战条件下如遭敌生化武器袭击，还可以利用雨衣、大衣、棉被、塑料布、油纸、毯子等作为简易皮肤防护器材对生化武器进行防护，这些器材可以有效地防止液滴毒剂和生物战剂对人员的伤害。

对双手的防护可用橡胶、皮革和帆布制作的简易手套进行防护；对下肢的防护可穿雨（胶）鞋、皮鞋，或用稻草、塑料布、油布、油纸、草席等包扎下肢，这些均能起到有效的防护作用。

（四）个人急救器材

个人急救器材主要有个人急救包和个人防护盒两种。

1. 个人急救包

个人急救包是个人在战场上的急救器材，包内装有85号预防片、85号神经毒剂急救针、抗氰胶囊、抗氰急救自动注射针、二巯基丙醇软膏、军用毒剂消毒手套等。

85号预防片：用于预防人员神经性毒剂中毒，人员应提前1小时左右或根据命令口服。

85号神经毒剂急救针：用于治疗神经性毒剂中毒者。轻度中毒注射1支，中度中毒注射

1～2支，重度中毒注射2～3支。

抗氰胶囊：该药适用于预防人员氢氰酸或氰类化合物中毒，有效预防时间4～6小时，服用后半小时生效，每天只服用一次。该药也可作为氰化物轻度或中度中毒人员口服治疗用药。

抗氰急救自动注射针：用于氰类化合物中毒者。

二巯基丙醇软膏：用于路易氏毒剂皮肤染毒的急救治疗。使用前，应用纱布等蘸吸毒剂液滴。而后从染毒边缘旋转向内涂，5分钟后用水洗掉。

军用毒剂消毒手套：用于供人员皮肤、服装及轻武器被液体毒剂污染后消毒时使用。

2. 个人防护盒

个人防护盒也是一种战场个人急救器材，盒内装有神经性毒剂预防片（复方70号防磷片）、11号注射针（80型急救针）、粉剂个人消毒手套、抗氰急救针剂（4-DMAP注射液）和85抗氰预防片。

神经性毒剂预防药片（复方70号防磷片）：用于预防人员神经性毒剂中毒，可减轻中毒症状。通常应提前1小时左右或根据命令口服1片。需要时，间隔10小时可再服1片，或一天一片连服三天，必要时可在最后一次服药48小时后再次服用。服用预防片不能代替防毒面具和皮肤防护器材。

11号注射针（80型急救针）：用于战时阵地急救、治疗神经性毒剂中毒者。轻度中毒注射1支，中度中毒1～2支，重度中毒2～3支。如肌颤、惊厥等中毒症状仍未控制，可重复注射1～2支，防止用药过量或误用。如出现药物反应，应立即停药。

粉剂个人消毒手套：供人员皮肤、服装及轻武器被液体毒剂沾染后消毒用，可以消除神经性毒剂和糜烂性毒剂等。消毒时，粉剂勿入伤口及眼内。

抗氰急救针（4-DMAP注射液）：供氢氰酸或氰化物中毒人员急救用。当人员氰类化合物中毒后，立即肌肉注射10%的4-DMAP注射液2毫升，中毒症状缓解后不再注射，如需重复给药可再注射半量（1毫升）即可。凡患遗传性高铁血红蛋白还原酶缺乏者禁用。

85抗氰预防片：用于预防人员氢氰酸或氰类化合物中毒。为急救氰类化合物患者争取治疗时间，减轻中毒症状。有效预防时间为4～6小时。

85抗氰预防片由4-DMAP片（100毫克）和PAPP（90毫克）两种片剂组成（分别瓶装）。口服时服4-DMAP和PAPP各一片，服用后半小时内生效，每日口服一次。该药还可作为氰化物轻度或中度中毒（无呕吐者）人员口服治疗用药。患遗传性高铁血红蛋白还原酶缺乏者禁用；抗氰预防药不宜连续服用，服药时必须两种片剂同时服用；药片保存需密封防潮，放置阴凉处。

（五）个人防护器材的保管

个人防护器材属于个人专用专管。保管时应注意：

（1）个人使用的面具，可在背带调节环处（或统一规定）注明姓名、号码，不准在面具上做记号。

（2）器材应统一放在干燥的专用柜内，不要堆压。

（3）器材用后应擦拭干净、晾干，禁止在阳光下暴晒或火烤。

（4）不常用的器材，橡皮部分应撒上一层薄而均匀的滑石粉，滤毒罐应拧下密封保管。

（5）面具不要随意拆卸、涂油和水洗，特别要注意保护通话膜和呼气活门。

（6）器材不得坐压或当枕头，袋内不得存放其他物品。

（7）避免与酸、碱、盐等物品混存堆放。

第八章
战备基础与应用

第一节 战备规定

战备工作是军队全局性、综合性、经常性的工作。做好战备工作，提高战备水平，是有效应对多种安全威胁、完成多样化军事任务的重要保证。战备规定的内容主要有日常战备、战备等级、战场建设等。大学生要重点掌握日常战备和战备等级的相关内容。

一、日常战备

日常战备的内容较多，要重点掌握战备教育、节日战备和"三分四定"三项内容。

（一）战备教育

战备教育由政治机关组织，通常每季度进行一次。节日、特殊时期和部队执行任务前，一般也要进行针对性战备教育。战备教育通常包括以下三项内容。

（1）马克思主义战争观、军队根本职能和新时代军队使命任务教育。大力培育当代革命军人核心价值观，使全体人员树立时刻准备打仗、时刻准备执行非战争军事行动任务的思想。

（2）形势、任务教育和反渗透、反心战、反策反、反窃密教育，以及战备工作法规制度教育。克服麻痹思想，增强战备意识，保持常备不懈。

（3）爱国主义、革命英雄主义教育。强化战斗精神，培养英勇顽强的战斗意志和战斗作风，坚定敢打必胜的信心。

（二）节日战备

各部队在元旦、春节、国庆等节日时要组织节日战备。

节日战备前，通常组织战备教育和战备检查，制订战备计划，调整加强值班兵力，完善应急行动方案，及时上报战备安排。

节日战备期间，要按规定保持人员在位率和装备完好率，加强战备值班、执勤、巡逻警戒和对重要目标的防卫。当士兵担负战备值班任务时，要做好随时出动执行任务的准备。

节日战备结束后，要及时向上级上报节日战备情况。

(三)"三分四定"

"三分四定"是陆军地面部队、海军陆战队、空降兵部队对战术储备物资存放与管理的基本要求，按照便于储备和使用的要求进行存放与管理。

"三分"指战备物资按规定分为携行、运行和后留三类。携行物资就是紧急情况时自己随身带的必备物资；运行物资就是有些物资个人很需要，但自己携带不了，需要上级单位帮助运走的物资；后留物资就是不需要带走的个人物资(自己买的，不是部队配发的东西)，留在营房里，由上级统一保管。

"四定"指战备物资在存放、保管和运输中做到定人、定物、定车、定位。定人，就是将携行、运行和后留物资明确到具体的个人并以标签进行标识；定物，就是将个人储备物资按照携行、运行和后留进行区分，明确各自的种类和数量；定车，就是明确个人携行和运行物资放置的具体车辆(几号车)；定位，就是明确个人携行和运行物资设置在车辆上的具体位置，后留物资放置在库室内的具体位置。

"三分四定"是战备工作的重要内容，每一个士兵平时都要严格按规定做好各项工作，保证一旦有紧急情况就可立即出动。

二、战备等级

战备等级是根据军队战备工作的轻、重、缓、急程度所进行的划分。

(一)战备等级分类

我军的战备等级，以平时的经常战备为基础，依次划分为四级战备、三级战备、二级战备和一级战备。

1.四级战备

此时部队呈戒备状态，收拢人员，控制外出，进行必要的战备教育，保持警惕性。

2.三级战备

部队进入部分作战准备状态，进行战备动员和物资器材的准备。

3.二级战备

部队进入全面准备状态，进行深入的战备动员，完成一切战斗行动准备。

4.一级战备

一级战备为最高级别的战备等级，此时部队呈待发状态，人员、车辆、物资器材全部准备就绪，武器不离身，并立即进行临战动员，一声令下，就可立即出动。

（二）战备等级转换

战备等级转换，是军队战备由一个等级向另一个等级的转变。战备等级转换是战备工作的一项重要内容，是军队为增强快速反应能力，应付可能发生的突然情况，保证部（分）队适时转入相应等级战备状态而采取的重要措施。通常情况下，部队根据命令由平时状态向四级、三级、二级、一级战备状态依次转换，有时也可根据命令越级转换。

实施战备等级转换的时机如下。

（1）四级战备，即国外发生重大突发事件或我国周边地区出现重大异常情况，有可能对我国安全和稳定带来影响时，部队所处的战备状态。

（2）三级战备，即局势紧张，周边地区出现重大异常，有可能对我国构成直接军事威胁时，部队所处的战备状态。

（3）二级战备，即局势恶化，对我国已构成直接军事威胁时，部队所处的战备状态。

（4）一级战备，即局势极度紧张，针对我国的战争征候十分明显时，部队所处的战备状态。

（三）进入等级战备时的工作

1.进入四级战备时的工作

传达上级的命令和指示，做好所属人员的思想工作，保持人员稳定；认真贯彻上级命令、指示，积极主动落实战备制度；检查武器装备，对损坏的武器装备要及时上报和送修；对携带的武器装备、装具、物资进行明确分工；根据安排组织好值班、执勤等工作，及时请示报告。

2.进入三级战备时的工作

传达上级的命令和指示，做好思想动员，保持人员稳定；检查战备制度落实情况，检查并保养好携带的武器装备、装具、物资；进一步区分任务，明确分工；担负值班任务的分队保持高度戒备，随时准备遂行任务；启封车辆，督促检修武器装备和器材，补充战备物资；熟悉本级行动方案，组织进行战备演练。

3.进入二级战备时的工作

传达上级的命令指示，进一步做好思想发动工作，完成人员补充的准备；补齐装备，发放战备物资，进行武器弹药准备与装载；向所属人员明确任务和职责；根据上级命令，带领分队占领阵地或执行其他任务；进行战备动员和临战训练。

4.进入一级战备时的工作

立即传达上级命令、指示，准确掌握所属人员思想情况，做好思想稳定工作，接收补充（配属）人员；根据上级命令，组织分队完成疏散隐蔽和伪装；清点、移交留守物资；完成临战准备，处于待命状态。

（四）进入战备等级时的要求

严格遵守保密规定，不泄露部队行动的秘密；外出探亲人员，接到上级的通知后要迅速归队，服从命令，听从指挥，按上级的命令完成各项工作；提高警惕，坚持在岗在位，保持良好的战备状态；进一步落实战备计划，时刻做好出动准备。

第二节　紧急集合

一、紧急集合的目的

紧急集合是部队或分队在紧急情况下，迅速聚集人员并按规定携带装备物资的应急行动。

《内务条令(试行)》第二百一十七条规定，部(分)队应当根据上级的紧急战备号令，或者在下列情况下实行紧急集合：发现和遭到敌人的突然袭击时；受到火灾、水灾、地震、台风等自然灾害威胁时；上级赋予紧急任务或发生重大意外情况时。

二、紧急集合的要领

紧急集合分为全副武装紧急集合和轻装紧急集合两种。全副武装紧急集合是根据当时部队所处的战备等级状态而确定的。此时，人员的负荷量、携行的装备和器材均按战备方案和上级的规定执行。轻装紧急集合是在执行临时性的紧急任务时所采取的一种方式。着装时，为减轻士兵的负荷量，通常不背背包(或携带单兵生活携行具)，以提高部队的快速机动能力。紧急集合的程序分四步：着装、整理携行生活器材、装具携带和集合。

(一)着装

着装时，要做到迅速、静肃、确实、完整、安全、便于行动。平时应按规定放置武器弹药和装备，便于拿取和穿着。着装分全副武装和轻装两种。

全副武装，是部队处于战备等级状态时实施的着装，其人员的负荷和部队的携行均按上级规定携带(图 8 - 1)。按帽子(冬季戴皮、棉帽时，佩装后再戴)、上衣、裤子、袜子、鞋子(双层床上层的士兵打完背包后再穿鞋子)的顺序进行。

轻装，通常是在部队执行紧急任务时实施的着装，不背背包(背囊)，以减轻人员负荷量，提高部队的机动能力。

(二)整理携行生活器材

全副武装紧急集合时，需要装备携行生活器材，应装备背包或背囊。背包宽 30～35 厘米，长 40～50 厘米，打法为竖捆两道，横压三道；米袋搁于背包上端或两侧；雨衣、大衣通常置于背包上端，大衣袖子捆于背包两侧，鞋子横插在背包背面中央或竖插两侧，锹(镐)竖插在背包背面中央，头朝上。装备有背囊的分队，应按规定将需带的被装、器材装入背囊，扣扎结实，便于行动和携带。放置的顺序为：垫被、被子(卷起)、大衣(冬季)、小包、雨衣、米袋、和制式挎包(内装弹夹一个，干粮数份)、脸盆(饭盒)。背囊左上侧装布鞋，左下侧装水壶，右上侧装牙具、碗筷，右下侧装防毒面具。

轻装紧急集合时，不背背包和背囊，将锹(镐)头朝下背于右肩，系绳绕过腰间与背绳系

图 8-1　全副武装的士兵

紧；米袋(右肩左肋)；雨衣(左肩右肋)，冬季带大衣时，将大衣袖子留在外面卷紧捆好，再将袖口对接扎紧(左肩右肋)，其他装具同全副武装。卸装时，按相反顺序进行。

(三)装具携带

自动步枪(狙击步枪)、班用机枪手：按背手榴弹袋(左肩右肋)，背挎包(右肩左肋)、扎腰带(机枪手先背弹盒)，佩弹袋，背防毒面具(左肩右肋)，背水壶(右肩左肋)、背背包，取枪和反坦克器材的顺序进行。

火箭筒手：按背手榴弹袋，背挎包，瞄准镜袋(右肩左肋)，扎腹带，背防毒面具(左肩右肋)，背水壶，背背包(副射手背背具)，取筒的顺序进行。

装备背囊、背具的分队，自动步枪(狙击步枪)手、火箭筒副射手佩带87式战斗携行具一套(内装3个弹匣、4枚手榴弹)；班用机枪正副射手、火箭筒手没有战斗携行具，自带挎包。背背囊时，背上背囊，将武器横置于背囊上，枪(筒)口向右，提携行包集合。火箭筒副射手将背具置于背囊后，背具的背带从背囊背带内侧穿过，其余装具携带同自动步枪手。

(四)集合

接到紧急集合的信号或命令时，应严格遵守紧急集合的有关规定，迅速而有秩序地准时到达指定位置，确实完成战斗或机动的准备。值班人员应立即报告首长，通知全体人员。担任警戒的士兵要坚守岗位，严加戒备。

当接到紧急集合的号令时，人员立即按规定着装，打背包(背囊)、佩带装具。夜间紧急集合时，立即起床，不喧哗，不开(点)灯，迅速着装，在班长的率领下，到指定地点集合，到达后检查武器、弹药，整理装具；如有士兵执勤，班长应指定专人将其未带装具、背包(背囊)带到集合场地，待执勤的士兵归队后，交给本人；各级指挥员到达集合场地后，应检查分队人员是否到齐及武器、弹药和装具的携带情况，同时按上级指示撤回警戒和执勤人员，并报告上级。

三、紧急集合训练

在战争不断向"高精尖"发展的当今时代,快速反应能力成了考验一支军队战斗力的重要指标,要求军队必须时刻有"战斗就在今夜打响"的思想准备,始终保持应对任何突发状况的反应能力。紧急集合训练对保持队伍的战斗力以及纪律性有着重大的意义。

紧急集合训练要求战士在接到紧急集合的信号或命令时,严格遵守紧急集合的有关规定,迅速而有秩序地准时到达指定位置,确实完成战斗或机动的准备。

(1)值班人员应立即报告首长,唤醒全体人员。担任警戒的战士要坚守岗位,严加戒备。

(2)战士应立即起床,不喧哗,不开灯,迅速着装,在班长的率领下,到指定地点集合,到达后检查武器、弹药,整理装具。

(3)如有战士执勤,班长应指定专人将其未带装具、背包(背囊)带到集合地点,待执勤的战士归队后,交给本人。

(4)各级指挥员到集合场后,应检查分队人员是否到齐及武器、弹药和装具携带情况,同时按上级指示撤回警戒和执勤人员,并报告上级。

第三节　行军拉练

一、徒步行军

行军是军队成纵队沿指定路线进行的有组织的移动,是军队机动的基本方法。行军的方式,有徒步行军、乘车行军和两者结合的行军;按行军的强度分,有常行军、强行军。作战时,善于行军对争取主动,形成有利态势,保障顺利完成任务具有重要意义。行军的方式和强度,根据任务、敌情、地形和部队行军能力而定。常行军,徒步日行程为 25~35 千米,时速为 4~5 千米/小时;乘车日行程为 150~250 千米,昼间时速为 20~25 千米/小时,夜间时速为 15~20 千米/小时。强行军,以加快行军速度和延长行军时间的方法实施。如 1947 年晋察冀野战军在清风店战役中,一昼夜走了 120 余千米,为抓住和歼灭敌人创造了有利条件。

(一)行军的组织与准备

大学生军训中的行军,应在完成所有训练任务的基础上在最后期安排。通常在昼间组织实施。根据行军人数、道路状况、天候季节,日程按 25~30 千米/天、时速 4~5 千米/小时为宜。充分做好行军的组织与准备,是完成行军任务的重要环节。行军的组织与准备通常应包括正确选择行军路线、周密制订行军计划、合理编成行军队形、做好充分的思想动员。

1.正确选择行军路线

选择行军路线时,要根据校区所在的位置和参加行军的人数以及天候、季节等特点合理选择行军路线,应尽量选择离市郊最近、路口和车辆最少的路线,以便使队伍尽快走出市区,保证正常的行军。同时,应考虑选择便于安排大、小休息点,便于行军保障车通行,便于选择返回路线和便于设置各种情况的路线。

2. 周密制订行军计划

选择好行军路线后，首先应组织有关人员实地行走，勘察已选定的行军路线，了解途经地形、路况、桥梁、路口、河流、坡度等有关情况，制订适合学生的行军计划。在制订行军计划时，要注意以下几个环节：一是要明确行军总里程，计算各不同路段的长度、宽度和坡度，以便合理掌握行军速度；二是要规定每段的行军队形、行军序列和行军速度，以便保证正常的行军；三是要明确大小休息点和具体时间，以保证大学生的休息和保持体力；四是要明确各级指挥员和医疗保障组的位置；五是要明确行军中各种联络方法和信号、记号的规定；六是要明确设置各种情况(炮火封锁区、雷区、染毒地段、防敌侦察等)的具体位置和范围；七是要明确遇到各种突然情况时的处置方法；等等。

3. 合理编成行军队形

行军队形，是指队伍在行军中所采用的各种队形。通常有一路纵队、二路纵队或三路纵队、四路纵队。行军队形的编成应根据行军人数、路况、地形、桥梁、路口等综合因素而定。在市区通过路口时可采取四路纵队或三路纵队快速通过。在一般乡村公路可采取二路纵队(左、右各一路)，在乡村小路可采取一路纵队。在编排行军队形时，应尽可能按原有的建制编排，各级指挥员位于本部(分)队最前，带队老师或班长位于本分队的最后，以便管理和指挥。编排行军队形时，应训练在行进间各种队形的变换方法。如，一路纵队变换成二路纵队、二路纵队变换成四路纵队，四路纵队变换成三路纵队、二路纵队，再从二路纵队变换成一路纵队等，以便在行军中根据需要随时变换行军队形。

4. 做好充分的思想动员

根据大学生的特点，集中进行专门的行军动员。通过动员，使大学生明确行军的目的、意义；树立吃苦耐劳、勇于克服困难的勇气和信心；加强集体主义、革命英雄主义精神；增强互相帮助、互相关心、互相爱护、助人为乐思想；提高遵守纪律的自觉性。同时应专门制订和宣布行军纪律和注意事项，使学生有充分的思想准备；要明确统一的着装、个人应携带的物品、各专业需要准备的物品、行军指挥组应准备的器材、后勤保障组需要保障的事项、医疗保障组应准备的各种药品；明确遇到各种突然情况时的报告和处置方法；明确各种信号、记号的规定；等等。行军动员应按全校、学院、专业、班级的顺序进行。

(二)行军的各种保障

为了顺利完成行军任务，防止各种事故的发生，必须做好行军的各种保障工作。

1. 通信保障

行军中，必须保障通信畅通，使指挥员随时了解行军中的所有情况，以保证正确的组织和指挥，一般可采用对讲机或其他移动通信器材。

2. 医疗保障

行军中因天气、饮食、体力等原因，可能会发生各种伤、病等情况。因此，必须安排医疗保障人员跟随，并配备各种常用药物，以保证及时处置临时的医疗问题。

3. 车辆保障

行军中，要安排指挥车、收容车和应急车。收容车和应急车应在行军队伍的后面跟进，负责收容掉队人员和及时送重病号到医院。

4.安全保障

行军中，各级都要组建安全组，负责车队的安全工作，随时清点人数，发现问题及时报告，妥善处理中暑、中毒、受伤、掉队等意外情况，保证整个行军过程安全无事故。

5.宣传保障

行军中，各级都要成立宣传组。利用标语、口号等多种形式进行宣传、鼓动，活跃气氛，消除疲劳，鼓励全体人员坚持到底不掉队。

(三)行军的管理与指挥

1.遵守行军规定

(1)遵守行军时间。

分队在上级的行军纵队编成内行军时，应准时到达出发点，加入上级规定的行军序列。应按上级要求准时出发，准时通过各调整点，准时到达目的地。

(2)保持规定的行军速度、距离和序列。

行军中，因一些特殊情况，延误了行军时间或不能保持平均时速时，应当适时调整行军速度，保证按时到达目的地。要加强前后联络，当与前面拉大距离时，不要急于追赶，要适当加快速度，逐步赶上，不得随意超越或停下，以保持规定的行军序列。

(3)严格遵守行军纪律和交通规则。

未经上级允许不得随意改变行军路线。在通过被堵塞的桥梁、渡口、隘口、岔路口等道路时，不得争先抢行，应按照上级规定的顺序和调整哨的指挥迅速通过。如无专人负责调整、指挥，分队指挥员应及时查明原因，妥善处理，尽快恢复正常的行军。

2.正确掌握行军路线

行军中，指挥员应用行军路线图(地图)，随时对照地形，不断查看沿途的标志点及路标，随时判明所到位置，正确掌握行军路线。当通过交叉路口时，应弄清所要前进的方向和道路。当对行军路线产生怀疑时，应当立即停止前进，利用地图仔细与现地对照或询问居民，待明确正确行军路线后继续前进，必要时可请向导带路行进，以防迷路。

3.适时组织休息

行军中的休息，应由行军总指挥员按行军计划统一掌握。小休息，一般在开始行军30分钟后进行，休息时间为15分钟，这时人员要抓紧时间检查，调整携带的装具和物品，以便转入正常的行军，以后约为50分钟休息一次，每次10分钟。大休息，通常在完成当日行程一半以上后进行，应离开道路，以营(连)为单位，进入指定地域疏散休息和用餐，使人员保持饱满的战斗情绪，做好迅速转入行军的准备。

休息时，人员不准随意离队。出发前，应清点人数、打扫卫生、消除痕迹。

4.果断处置各种情况

遇敌空袭时，指挥员应指挥队伍迅速向道路的一侧或两侧疏散隐蔽。如果空袭情况不严重或行军任务紧迫时，分队则应疏散队形，增大距离，加快速度前进。

遭敌核、化学武器袭击时，指挥员应指挥人员就近利用地形防护，人员应迅速穿戴防护衣(罩),就近隐蔽防护。

通过受染地段时,指挥员要指挥分队尽量绕过受染区。当时间紧迫又无法迂回时,应增大距离,以最快的速度通过。通过时,人员除穿戴好防护衣(罩)外,还应对武器和携带物品进行防护(可用毛巾、塑料布等就便器材进行防护)。通过后,应及时洗消检查,人员要口服抗辐射药物,喝足开水,排泄大小便。

【拓展阅读】山间行军技术

山间行军技术

【微课学堂】

山间行军技术是徒步行军最重要的基本技术。山区的地形是极其复杂多样的,如果使用平时行走的步法,将很容易疲劳。下面介绍两种在山区行进中常用的行军技术。

(1)上山步行法。没有登山经验的人,往往一开始登高就拉长步伐,将腿抬得很高,用脚尖急速行走,这正是加速疲劳的原因。正确的步行法是将脚适度抬起,尽量节省体力,再配合手臂的摆动及肩、腰的平衡,不急不慢地往上爬。开始登高时,需特别注意的是步伐不要太快。在面对崎岖不平的山路时,步幅要小,但速度则要保持和走平地时一样,不要因岩石或树根的阻碍而踌躇不前。登陡坡时,不要直线登高,如路够宽,可蛇行蜿蜒而上,山越高越陡,就越要如此。如果陡坡的山路太窄而无法蛇行时,就需渐渐降低速度,不慌不忙地以深呼吸调整步伐。通过草坡时,应注意不要攀抓草蔓,也不要乱抓小树,以免把草根或小树拔出,使人摔倒。在碎石坡上行进时,则应特别注意落脚要实,抬脚要轻,以免乱石滚动而碰伤人。

(2)下山步行法。山区的人们流传着这样一句话:"上山弯腰,下山凸肚。"上山时身体要前倾,下山时身体要后倾。在下坡度小于30°的山坡时,一般是两腿微微弯曲,膝关节放松,用脚跟先着地,身体重心先放在两脚跟上,再过渡到全脚掌,将整个身体的重量压在脚上,步子要小而有弹性。在下坡度大于30°的山坡时,则须采用"之"字形路线斜着下山。一般是内侧脚用脚掌和脚外侧蹬地,外侧脚用脚跟和脚内侧蹬地;身体向山坡方向倾斜以保持身体的平衡。另外,下山时越是陡坡越要慢行。下山时腿部肌肉会因发僵而造成疲劳,如果抬起臀部,以似站非站的姿势下山,则会造成重心后移,容易滑倒。

二、宿营

(一)宿营地的选择

宿营,是部队离开常驻地执行各种任务时的临时住宿,宿营可采取舍营、露营或两者结合的方式进行。在行军过程中,当一天的时间无法完成预期行程时,一般要考虑设置宿营地。大学生军训需在外住宿时,一般应采取舍营,即专用帐篷宿营,或住宿在居民家。舍营通常根据人数(包括男生人数、女生人数)预先联系安排。选择大学生行军拉练的宿营地通常应考虑下列条件:

(1)避开大的集镇、交通枢纽等明显目标;

(2)避开易发洪水、崩塌、泥石流等危险区域;

（3）避开疫区、传染病流行村落；

（4）方便生活，尽量靠近有水源的地方；

（5）有畅通的进出道，便于疏散、隐蔽、集结的区域。

（二）宿营的安排与管理

宿营地点选择好后，宿营负责组应提前到达宿营地与当地乡、镇、村和当地武装部、公安部门联系，得到他们的支持和帮助。根据各二级学院、各专业男、女生人数和当地老百姓分散居住的实际情况合理安排住宿，每户不得少于 5 人，并指定每户的负责人。负责人通常由部队教官、带队老师和学生干部担任。入住前应告知每个学生总指挥部、医疗保障组、各系部负责人所住的位置和通信联络方法，以及第二天集合的场所等相关事宜。

宿营安排结束后，各级指挥员应组织学生做好清理垃圾、打扫卫生、挑水等群众工作，同时深入各宿营点检查住宿、伤病等情况，及时妥善处理，并督促学生尽快休息。离开宿营地时要清扫住地，支付相关费用，征求群众意见，检查群众纪律，并向群众道谢。

第四节　野外生存

野外生存，就是人在食宿无着的山野丛林中的求生。无论是何种条件，任何人遇到任何困境时，掌握野外生存知识越多，生存概率就越大。因此，即使没有战争，学习和掌握一些野外生存的相关知识也是十分必要的。

一、野外生存基本技能

野外生存技能

【微课学堂】

（一）设置营地

所谓露营，就是指在无居民及农作物可利用的山区、丛林、沙漠、戈壁、草原、沼泽地等环境下的设营。我们主要介绍如何在山区环境设置营地。

1.选择露营地

选择露营地应以安全、避风、近水、环保为基本原则。

（1）安全。建营前必须对所处的环境仔细观察，营地应选择平坦的开阔地带，远离雪崩、冰崩、滚石、山洪等山间威胁。不要在孤立的高树下面建营，以避免雷击和野兽威胁；不要在低洼地和干涸的河道（水道）上建营，以避免遭受突然的暴雨侵害；不要在密林深处建营，以避免深林火灾、迷路等不确定威胁。

（2）避风。露营地最好选在自然屏障的避风处，如山丘或巨石的背后。山谷里的风一般与山谷的方向一致，所以帐篷门的方向应垂直于风向，避免风直接灌入帐内，帐篷四周应用风绳系牢或以石块、冰雪块压住边裙。

（3）近水。理想的露营地点应离水源较近。营地是活动人员过夜、生活的临时场所，接近水源会带来许多方便。但是，不能把帐篷搭建在离水源过近的地方，那样极易受到蚊虫的骚扰，而且流水声会干扰人们对周围事物的判断，如无法听到救援者的呼喊、难以察觉野兽的临近等。若在河流两岸建营，则必须充分考虑水流的涨落，以免涨水淹没帐篷。

（4）环保。要注意营地的功能分区，科学卫生地使用营地。不要随地丢弃垃圾，一定要用袋子将垃圾装走。一旦有垃圾掉在地上，可能会引来大量的蚂蚁。营地要挖厕所，不能随地大小便。厕所使用后要注意用土盖上，不要污染营区空气，更不要因此招来野兽。撤营时要打扫营地卫生，除了脚印什么都别留下。

2. 搭建帐篷

（1）"人"字形帐篷。"人"字形帐篷最大的优点是一个人就很容易架设。"人"字形帐篷的底部规格通常为200厘米×150厘米，高90～110厘米，可以容纳两个人休息。架设"人"字形帐篷首先要在地面打上地钉以固定主绳，如果地面较硬不好打入，可将绳拴系在附近的树木根部或用大石块固定。接着，将主绳拉紧，调整好长度。然后，将帐篷顶环套入撑杆，将杆拴好，用主绳固定，要保证受力平衡。最后，将帐篷的四个角用帐篷钉固定好。

（2）蒙古包形帐篷。蒙古包形帐篷底部多为正六边形，帐内空间很宽敞，但重量较重。蒙古包形帐篷的最大优点是可以随意搬迁。它就如同一个大纱罩，提起后可任意摆放，无须重新架设。一般来说，只要有一块4.5平方米的地面就可搭建一顶帐篷了。一个人要想架设起一顶蒙古包形帐篷是很困难的，通常需要两人合作。

不同类型帐篷的架设方法可能略有差异，但基本原理是一样的。帐篷搭好后，还应在帐篷四周挖一条深约20厘米的排水沟，为防蛇虫的入侵可在四周撒上点石灰、烟叶水或煤油，有条件的话还可在帐篷上喷一些防蚊药水。

3. 搭建野炊灶

搭建野炊灶是野营中很重要的一种技能，是野炊的基础和必备条件。搭建野炊灶时，通常要充分利用当地的地形、地物及所能寻找到的燃料来进行搭建。现在，野营时人们还可携带汽油炉、煤气炉等现代化设备。但在不具备这些条件时，需搭建简易、实用的炉灶，用以烧水、煮饭、烧烤等。通常搭建的野炊灶有以下2种（图8－2）。

（1）三石炉灶。三石炉灶是最简单、历史最悠久的一种炉灶。搭建三石炉灶时，要取三块高度基本相同的石块呈三角形摆放，将锅或壶架在其中。一般情况下，锅底或壶底须距地面20厘米左右，如用牛粪燃料，高度不宜超过20厘米，如用木柴则可适当加高。

（2）吊灶是将锅或壶吊挂着的一种灶。具体搭建方法是：找两根上方有权的树枝，将其平行地插在地上，在两根树枝的中间（即有权的部位）横架一根木棍或帐篷杆，将锅或壶吊在这根横架着的木棍上，在其下方生火。另外，还可用石块垒一道U形墙，在其上架一根木棍吊挂锅或壶。U形墙的开口应向吹风方向，以利于燃料燃烧。

4. 生火和保存火种

（1）准备好引火物。可选用森林中干燥的枯草、落叶、干裂叶、桦树皮、松针、松脂、细树枝、鸟巢、羽毛、苔藓、草屑等，实在找不到引火物时，可考虑撕下身上可有可无的布片、棉絮等作为引火物。

（2）生火。生火前一定要先把野炊灶附近的枯草和干柴清理好，使灶口向风，然后将引火物放在灶内，上面轻轻放上细松枝、细干柴等，将引火物点燃后，烧旺了再加上大根的木柴，但切记不要随意移动已着火的木柴，以防熄灭。

图 8 - 2　三石炉灶和吊灶

（3）保留火种。当不需要烧煮食物或过夜时，一定要注意保留火种。可先往灶内加层木柴，烧着后竖着立放，放满一灶，等底部烧着，便将灶的四周用湿泥封起来，在灶口留一个高3厘米、宽5厘米的小进气孔，在灶的后面扎两个小的出气孔。这种办法，既能保留火种又能取暖，炉内的柴烧完后都成了木炭，木炭还可供煮食和取暖用。

（二）获取饮用水

生命离不开水，水对人的生存至关重要。在野外获取饮用水时，要组织人员寻找水源或采集、处理用水，以弥补水的不足。

1. 寻找水源

寻找水源是野外大量取水的唯一方法。一旦找到充足的水源，不仅解决了野外所需的饮用水，而且解决了其他生活用水。所以，在野外应尽可能地寻找和利用大自然提供给我们的水源。寻找水源的方法很多，主要有根据地形找水源，根据植物生长特点寻找浅层水，根据动物生活习性寻找水源，等等。

（1）根据地形找水源。地形、地貌反映了地下水的储存场所和运动的特点，因而我们可以根据某一地区地形、地貌的特点，来判断该地区有无地下水以及发现地下水的位置。

（2）根据植物生长特点寻找浅层水。植物生长与水息息相关。因此，我们可以将某地区植物的生长和分布作为寻找地下水源的线索。通常植物生长茂盛之地往往有水源。另外，观察树木的生长状况也可判断有无地下水。树木生长得枝繁叶茂、正直良好，地下通常蕴含水源，埋藏深度一般在1~2米；树木生长得东倒西歪，除了树木本身有病外，大部分是因地下水忽多忽少所致；树木上部歪，这是由于缺水而根扎不下去的缘故；树生长时自然形成的倾斜，表明倾斜方向有水流。另外，与地下水串通的大裂隙、落水洞口的石头，其表面经常潮湿，常常长满苔藓。因此茂盛的苔藓也是寻找地下水的标志。同样，植物在季节变化过程中呈现出的与众不同的特点，也是寻找水源的依据。通常情况下，冬春交替之际，地下水出露或地下水埋藏浅的地方，积雪融化快，树芽早萌，树叶先绿，尤其柳树更为明显；夏天受旱时，则有水处草木耐旱，不易枯萎；秋末冬初，地下水丰富的地方，树叶落得迟，花草枯得晚。久旱时，"遍野一点绿"现象也是找水线索，在这样的地方是很容易找到地下水的。

（3）根据动物生活习惯寻找水源。在各个地区，除草木生长分布特征外，鸟兽虫等的出没活动，也常常可以给寻找浅层地下水提供一些线索。

昆虫聚集，找水有利。在地下水埋藏浅的地方，往往有以下特征：地面经常潮湿，蚂蚁

（尤其是黄蚂蚁）、蜗牛、螃蟹等喜欢在此做窝聚居；冬天，青蛙、蛇等动物喜欢在此冬眠；夏天晚上因潮湿凉爽，蚊虫喜欢在此盘旋。上述征候，可作为寻找地下水的线索。

大鱼出洞，水源丰富。大裂隙、溶洞及地下河都是鱼类生存活动的场所，尤其在我国南方，许多溶洞、地下河中都有鱼。常见到的有油鱼、连拐鱼、无鳞鱼、突尾鱼等，这些鱼往往从地下河出水口跳出溶洞，这说明此地有丰富的地下水源。

鸟兽停留地，必有露天水。各种鸟类经常停留或栖息的地方会有露天水，尤其是候鸟（雁、燕等）飞行时停留或栖身的地方，定会有丰富的水源。

动物足迹，指向水源。野生动物的生存，离不开水源。寻找野生动物的足迹，判断多数野生动物运动的方向，顺着方向寻找水源，定会有所收获。

2.取水方法

（1）提取植物中的水。砍断新鲜植物枝叶放在大塑料袋里，在太阳的照射下利用蒸腾作用从中提取水分。

（2）日光蒸馏法。蒸腾取水，在地面挖一适当大小的坑，坑底中央放一收集皿，坑上悬一块塑料膜。因光线作用产生水气，水气变成水珠，下滑至收集皿中。

（3）收集雨水。雨水通常可直接饮用。下雨时，可用雨布、塑料布大量收集雨水，也可用空罐头盒、杯子、钢盔等容器收接雨水，还可挖坑收集。

（4）冰雪化水。融冰、融雪可获取所需的用水。融冰比融雪容易，只需较少热量，可以更快、更多地化出水来。如果只能用雪，应先融化小块，然后逐渐加雪即可。

（5）应急措施。在实在无水的条件下，小便也可以应急解渴。实际上，小便并不污秽，只是因为心理作用，总觉得难以咽下。有条件者可以做一个过滤器，在竹筒的底部开一小孔，由上至下放入小石子、沙、土、碎木炭，将小便排泄于此，经过滤后就能得到干净的水。

3.饮用水的净化

（1）使用净化水药片。一般情况下，一片净化水药片足够净化一升清水，两片可净化一升浊水。净化后的水在使用前，要让其沉淀30分钟。

（2）使用漂白剂。可以在每升清水中滴 1～2 滴，浊水滴 4 滴，不能立即饮用，要把水摇动一会，沉淀30分钟后用。因为漂白剂含有亚氯酸盐钠，净化后的水会有很淡的亚氯酸盐钠味。

（3）使用碘酒。在每升清水中加 2～3 滴碘酒。如果是浊水，那就要加倍滴碘酒，加了碘酒后不能立即饮用，要把水摇晃一会等它沉淀30分钟后才能饮用。

（4）加炭煮沸。把水煮沸 3～5 分钟，能将水净化。在水中加一点炭，再加上一小撮盐，可在煮沸水的同时去掉异色。

（5）在野外，没有相应条件的情况下，也可以用一些含有黏液质的野生植物净化浑浊的饮用水。如榆树的皮、叶、根，木棉的枝和皮，仙人掌和霸王鞭的全株，水芙蓉的皮和叶，都含有黏液质，都含有糖类高分子化合物。这些植物与钙、铁、铅、镁等二价以上的金属盐溶液化合，形成絮状物，在沉淀过程中能吸附悬浮物质沉淀，起到净化浑水的作用。

(三)寻找食物

食物是体力的源泉。有了水,能维持生命,但没有食物则没有体力行动。一个人如果一周不进食,就会出现一系列的严重症状。因此,除了依靠随身携带的食品充饥外,还应积极寻找食物。困在野外,可以靠山吃山,靠水吃水。可食用的野生植物包括野果和野菜(图8-3)。野果主要有山葡萄、沙棘、火把果、野栗子、椰子、木瓜等;野菜主要有苦菜、蒲公英、荠菜、扫帚菜等。较好吃的野生植物还有蘑菇(香菇、草菇、口蘑、猴头菌等)。此外,许多昆虫外表虽然吓人,但是只要烹饪得当,均味美而富有营养,如蝉、金龟子、天牛幼虫、幼蜂、蛆、蝗虫、蟋蟀、螳螂、蚱蜢等。例如,可以把蜗牛先放在加了盐和醋的水中浸泡除涩,洗去黏液,用盐水煮开即可食用。青蛙、鼠、虾等用明火烧烤更是美味。

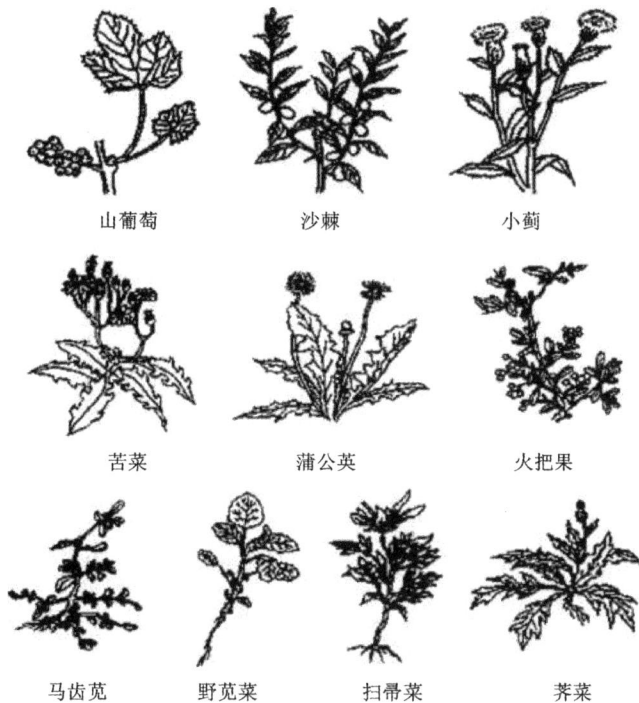

山葡萄	沙棘	小蓟
苦菜	蒲公英	火把果

马齿苋　　野苋菜　　扫帚菜　　荠菜

图8-3　可食用的野生植物

【拓展阅读】鉴别可食用野生植物的方法

采摘野生植物时应由有采摘经验的人带领进行采摘,以便有效地辨别有毒或无毒。通常鉴别野生植物有毒无毒的方法主要有以下几种。

(1)根据有关部门编制的可食野生植物的图谱进行认真鉴别。这是较可靠的一种办法。

(2)将采集到的植物割开一个口子,放进一小匙盐,然后仔细观察这个口子是否改变了原来的颜色,通常变色的植物是不能食用的。

（3）将采摘的植物的幼嫩部分取一点，在嘴里用前齿嚼碎后，用舌尖尝一下是否有苦涩、辛辣及其他异味，如异味很浓则可能有毒，应立即吐掉并漱口。

（4）将野生植物下锅煮，煮后的汤水加入浓茶，若有大量沉淀，或将煮后的汤水摇晃，产生大量的泡沫，则不可食用。

（5）在缺乏以上一切鉴别工具及手段时，可进行少量的尝试，若8～12小时内身体无头晕、恶心、头痛、腹泻等中毒症状，则可大量食用。

二、野外危机应对

如果因气候恶劣、意外受伤或迷路而脱离团队，身处危险境地，千万不要惊慌，一定要冷静下来，充分利用地形和现成材料维持生命，同时发出求救信号，尽早走出困境。

（一）藏身

无论被困在哪里，都应该先找到一个既能避风雨，又能防寒暑的临时栖身之地。夏日选择藏身之所，要选通风背阳处，但是夜间要注意防风寒和驱蚊虫。冬天则要选择向阳干燥的地方，比如向阳背风的岩石、洞穴、树林或矮树丛。如果是在雪地，可挖一个雪洞藏身，但人不能直接坐在上面，要做一个坐台，人坐在上面只能养神，千万不要睡着，否则可能会被冻坏；洞口要用雪封上，但要留通气孔，洞外要做出让人产生疑问或醒目的标记，以引起别人好奇从而达到获救的目的。

（二）发出求救信号

一般的求救信号应该包含这样的基本信息：求救者的处境、求救者的位置，至少你要让人知道你需要帮助。电话求救当然是最直接简单的方式，许多信息都可以在电话里表达清楚。但在野外，使用电话求救有时可能会遇到一些困难，说不定什么时候、什么地方手机没了电、没了信号。万一这样，可使用国际上通常普遍认可的几种求救信号。

（1）烟火信号：火光作为联络信号是非常有效的。将火堆摆成三角形，每堆之间的距离最好相等，白天可在火堆上放些青草、苔藓等使之产生浓烟，晚上可放些干柴使火烧旺，火焰升高。

（2）声音求救：旅游应急物品中，哨子也是理想的信号器，因为哨声传得远，容易引起人们的注意，可用"三声短，三声长，三声短，隔一分钟再重复"的标准求救信号。

（3）反光信号：白天可利用阳光配合镜子或能反光的物品，如金属信号镜、罐头皮、玻璃片、眼镜、回光仪等，晚上可利用手电筒作为光源发射信号。

（4）图形文字：在比较开阔的地面，如草地、海滩、雪地上想办法制作地面标志，包括文字和图形，其中国际上通用且家喻户晓的求救信号是用各种方法组成的三个英文字母"SOS"。

（5）其他求救信号：旗语也是常用的远距离交流方式，最简单的旗语求救方式是在显眼的地方挥舞出"8"字。在野外，可用衣服、毛巾、丝巾等绑在树枝上做成求生的旗子，颜色要尽量选择鲜艳的，并注意色彩的反差。风筝也可以作为求救信号，可在风筝上写上文字等。

（三）野外常见伤害防治

野外常见
伤害急救

【微课学堂】

1.蛇虫伤害

（1）毒蛇咬伤。在山野丛林活动时，一旦被毒蛇咬伤，应立即用绳子、布条等在伤口上方2~10厘米处结扎，以减少毒液回流（以后每隔15~20分钟放松1~2分钟，以免被扎肢体因血阻坏死）。随即挤出毒液，冲洗伤口，现场用药，而后马上送医院进一步治疗。（2）蚊虫叮咬。在野外应尽量采取各种措施防止蚊虫叮咬，当被蚊虫叮咬时，可用氨水、肥皂水、盐水、小苏打水、氧化锌软膏等涂抹患处止痒消毒。

（3）蚂蟥叮咬。遇到蚂蟥叮咬时不要硬拔，而是用手拍打或用肥皂液、盐水、烟油、酒精滴在其前吸盘处或用烧着的香烟烫，让其自动脱落，然后压迫伤口止血，并用碘酒洗净伤口，以防感染。

（4）蜇伤。被蝎子、蜈蚣、黄蜂等毒虫蜇伤时，要先挤出毒液，然后用肥皂水、氨水、烟油、醋等涂擦伤口，还可内服外用蛇药。

2.意外伤害

（1）昏厥。摔伤、疲劳过度、饥饿过度等都可能引起昏厥。遇到这种情况时，不要惊慌，一般过一会儿便会苏醒。醒来后，应喝些热水并注意休息。

（2）中毒。遇到中毒情况时，应快速喝下大量的水，用手指触咽部使其呕吐，进行洗胃。而后，继续喝水，加速排泄，必要时立即送往医院救治。

（3）中暑。当出现中暑情况时，应立即在阴凉通风处平躺，解开衣裤带，使全身放松，再服十滴水、人丹等。如昏迷不醒，可掐人中穴、合谷穴使其苏醒。苏醒后，要补充适量的盐水和休息。

（4）冻伤。遇到冻伤，应用手或干燥的绒布摩擦冻伤处，促进血液循环，以减轻伤情。轻度冻伤用辣椒泡酒，涂擦便可见效。

第五节　识图用图

一、地图基础知识

识图用图

【微课学堂】

（一）地图概念与分类

1.地图概念

地图就是依据一定的数学法则，使用制图语言，通过制图综合在一定的载体上，表达地球（或其他天体）上各种事物的空间分布、联系及时间中的发展变化状态的图形。地图表示的对象是地球表层上的事物。所谓地球表层，是指上至对流层，下至岩石圈的广大空间。在地球表层上的事物和现象，如可见的居民地、道路、水系、植被，还有深埋地下的矿藏、地质构造，可测不可见的气温、气压等气候现象，或明或隐的行政界线，以及人口、工农业产值等人文要素，已消逝的历史事件等，均可用地图表示。

2. 地图分类

按区域范围分为世界图、国家图、分区图、省图、市县图、乡镇图等。

按内容分为普通地图、专题地图。普通地图是表示地球表面上的自然地理和社会经济要素（基本要素包括居民地、交通网、水系、地貌、境界、土质植被等）的地图。其中详细表示各基本要素的叫地形图；内容比较概略，但主要目标很突出的地图称为地理图；介于两者之间的叫地形地理图。专题地图是以普通地图作为底图基础的，重点反映某一种或几种专门的要素，可分为自然地理图、社会经济地图和工程技术图。

按比例尺大小分为大、中、小比例尺地图。大比例尺地形图：1:5千~1:2.5万比例尺；中比例尺地形图：1:5万~1:25万比例尺；小比例尺地形图：1:50万~1:100万比例尺地形图。

按用途分为参考图、教学图、地形图、航空图、海图、海岸图、天文图、交通图、旅游图等。

按使用形式分为挂图、桌面图、地图集(册)等。

按表现形式分为缩微地图、数字地图、电子地图、影像地图等。

(二)地物符号

1. 地物符号图形和注记

地面上的物体，种类繁多，千姿百态，因受比例尺的限制，测图时不可能按照它们的形状全部描绘在图纸上，只能把有军事意义的重要地物表示出来，有些不需要的物体，还要舍弃。为了使地图简明、美观，便于识别物体、判定方位和图上量测计算，特制定了一些图形和注记，分别用来表示实地某种物体，这些图形和注记就叫地物符号(表8-1)。

表8-1 地物符号

类 别	特 点	符号及名称		
正形图形	与地物的平面形状相似	街区	河流、苗圃	公路、车行桥
侧形图形	与地物的侧面形状相近	突出阔叶树	烟囱	水 塔
象征图形	与地物的有关意义相应	变电所	矿井	气象台

2.地物符号的分类

符号要合理分类,要能反映地图内容的有机联系和区别,保证图面清晰,易于识别。

(1)依比例尺表示的符号。实地上面积较大的地物,如居民地、森林、江河、湖泊等,其外部轮廓都是按比例尺测绘的,叫作依比例尺表示的符号(图8-4)。这类符号,可以在图上量取其长、宽,计算其面积,了解其分布和形状。

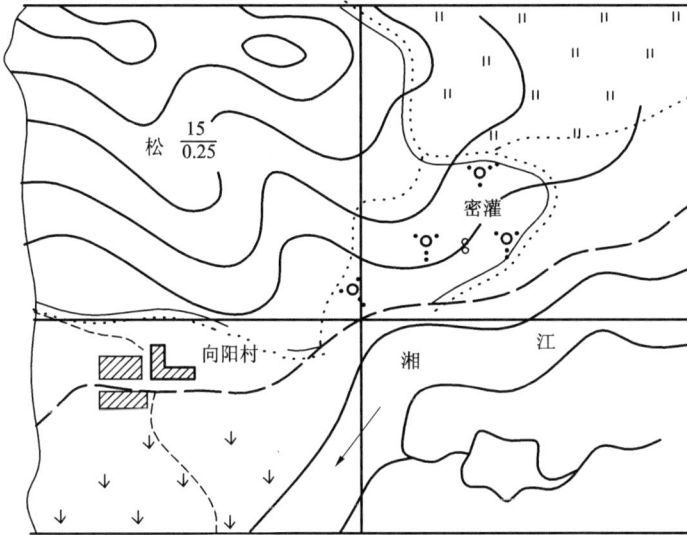

图8-4　依比例尺表示的符号

(2)半依比例尺表示的符号。对长度很长、宽度很窄的线状地物,如道路、长城、土堤、垣栅、小的河溪等,其长度是按比例尺测绘的,因宽度太窄,若按比例尺缩绘,就表示不出来,故只能放大描绘,所以叫作半依比例尺表示的符号(表8-2)。这类符号,在图上只能量取其相应实地的长度,而不能量取它们的宽度和面积。

表8-2　半依比例尺表示的符号

以符号的中心线表示其真实位置	以符号的底线表示其真实位置

(3)不依比例尺表示的符号。地面上很小的独立地物,如亭子、独立房、宝塔、纪念碑、路标、石油井等,这类地物若按比例尺缩绘到图上,就表示不出来;但在军事上,对判定方位、指示目标、炮兵联测战斗队形、实施射击、指挥作战等都有重要作用。因此,就采用规定的符号,在不同比例尺图上按不同的大小绘出。所以,叫作不依比例尺表示的符号(表8-3)。这类符号不能用来判定地物的大小,只能用来表明物体的性质和准确位置。它们对应实

地的准确位置，是在图形的那一点上，这是根据图形的特点规定的。

表8-3 不依比例尺表示的符号

类　别	定位点	符号及名称		
有一点的符号	在该点上	三角点	亭	窑
几何图形符号	在图形中心	油库	独立房屋	发电厂
底部宽大符号	在底部中点	水塔	气象站	碑
底部直角符号	在直角顶点	路标	突出阔叶树	突出针叶树
组合图形符号	在主体图形中心	变电所	散热塔　散	石油井　油
其他符号	在图形中心	车行桥	水闸	矿井　煤

3. 注记和说明符号

地物符号，只能表示地物的形状、位置、大小和种类，但不能表示其质量、数量和名称。因此，还需要文字和数字注记，作为符号的补充和说明，一般称之为注记和说明符号。注记和说明符号的形式有三种。

(1)地理名称的注记，如市、镇、村、山、河、湖、水库，各类道路和行政区的名称等，用各种不同大小的字体来表示。

(2)说明地物质量特征的文字注记，如井水的咸淡，公路路面质量、桥梁性质，渡场、森林种类，塔形建筑的性质等，均用细等线体以略注形式配在符号的一旁。

(3)说明地物数量特征的数字注记，如三角点、土堆、断崖的高度，森林密度和树的平均高、粗，道路的宽度，河流的宽、深和流速等均用大小不同的数字表示。

此外，有些地物的分布较零乱，如沙地、石块地、梯田坎、疏林、行树、果树等，很难表示它们的具体位置和数量，就采取均匀配置的图案形式表示，所以叫做配置符号。这种符号，只表示分布范围，不代表具体位置。只要我们掌握了符号的特点，再识别地物符号就比较容易了。

4. 地物符号的颜色

我国出版的地图均为四色。具体规定如下：

黑色：人工物体——居民地、独立地物、管线、垣栅、道路、境界及其名称与数量注记等。

绿色：植被要素——森林、果园等的普染；1978年后出版图的植被符号及注记等。

棕色：地貌要素——等高线及其高程注记、地貌符号及其比高注记、土质特征、公路普染等。

蓝色：水系要素——河流、湖泊、海洋、沟渠、河岸线、单线河及其注记和普染、雪山地貌等。

(三)地形图比例尺

1.比例尺的分类

图上某一线段的长度与实地相应水平距离之比(即图上长与实地长之比)，就叫作地图比例尺。比如，图上甲、乙两点间长一厘米，该两点间在实地的水平距离为五万厘米，地图比例尺就是五万分之一；实地为十万厘米，比例尺就是十万分之一。地形图上比例尺的表示形式，常见的有三种：数字比例尺、直线比例尺、经纬线比例尺。

(1)数字比例尺。用数字表示时，也有两种。一是分式，用分子"1"表示图上长，分母表示实地相应水平距离，如1/5000、1/100000；一是比式，如1:5万、1:10万；也有用文字表示的，如五万分之一、十万分之一。

(2)直线比例尺。为便于直接在地图上量测距离，免除计算的麻烦，地图上都绘有图解式的比例尺。因为这种比例尺是用直线表示的，所以称为直线比例尺。直线比例尺的制作方法，是在一直线上，以1厘米或2厘米为基本单位，作为尺头；截取若干与尺头相等的线段作为尺身；再将尺头等分成十小格，然后以尺头与尺身的接合点为零，分别注记相应实地的水平距离，即成直线比例尺。

(3)经纬线比例尺。主要用在小比例尺地图上，如一国、一洲或世界地图。地球表面是个不可展的曲面，为了消除投影变形对图上量测的影响，制图人员就按照经纬线投影后的特性绘制了一种比例尺，叫作经纬线比例尺。1:250万《中华人民共和国全图》上所绘的比例尺，就是这种比例尺。由于小比例尺地图变形较大，并且一幅地图上各处变形并不一致，用纬线比例尺虽然可以消除一部分误差，但仍不能用于精确量测。比例尺小于百万分之一的地图，在图例中都绘有经纬线比例尺，同时还注有数字比例尺。数字比例尺也叫主比例尺，它是表示没有变形地方的比例尺，也就是标准纬线上的比例尺。

2.不同比例尺的作用

地图比例尺的大小，是按比值的大小来衡量的。比值的大小则是依比例尺分母(后项)确定的，分母越大，则比值越小，比例尺就越小；分母越小，则比值越大，比例尺也就越大。就像两个人分一个苹果比四个人分一个苹果分得多的道理一样。

(1)地图比例尺的大小决定着实地范围在地图上缩小的程度。例如，一平方千米面积的居民地，在1:5万地形图上为四平方厘米，可以表示出居民地的轮廓和细貌；在1:10万图上为一平方厘米，有些细貌就表示不出来了；在1:20万图上，只有0.25平方厘米，仅能表示为一个小点。这就说明，当地图幅面大小一样时，对不同比例尺来说，表示的实地范围是不同的。比例尺越大，所包括的实地范围就越小，反之，比例尺越小，所包括的实地范围就越大。

(2)地图比例尺的大小，决定着图上量测的精度和表示地形的详略程度。由于正常人的眼睛只能分辨出图上大于 0.1 毫米的距离，图上 0.1 毫米的长度，在不同比例尺地图上的实地距离是不一样的，如 1:5 万图为 5 米，1:10 万图为 10 米，1:20 万图为 20 米，1:50 万图为 50 米。由此可见，比例尺越大，图上量测的精度越高，表示的地形情况就越详细。反之，比例尺越小，图上量测的精度越低，表示的地形情况就越简略。

3. 比例尺量算距离的方法

（1）依直线比例尺量取距离。用直线比例尺量取距离时，先用两脚规（或纸条、草棍等）量出两点间的长度，并保持此长度，再到直线比例尺上比量；使两脚规的一端对准一个整千米数，另一端放在尺头部分，即可读出两点间的实地距离。

（2）依数字比例尺计算距离。根据比例尺的意义，我们可以得出图上长、相应实地水平距离和比例尺三者之间的关系式：实地距离 = 图上长 × 比例尺分母。这是我们计算距离的基本公式。具体计算时，先用直尺在图上量取两点间的厘米数，然后将该厘米数代入公式，就可得出两点间的实地距离。如在 1:5 万图上量得甲、乙两点长为 3.4 厘米，则实地距离为：3.4 厘米 × 50000 ÷ 100 厘米 = 1700 米。

（3）用指北针里程表量取距离。当图上两点间的距离是弯曲距离时，可以用指北针上的里程表来量取。里程表是由表盘、指针和滚轮三部分组成的。表盘上注有不同比例尺的分划圈，每个分划相当于实地一千米。量取距离时，先转动滚轮，使指针对准"零"分划；右手拿指北针，表盘向里，使滚轮对正起点，沿线路滚动，直至终点；然后从相应比例尺的刻划圈上，读出指针所指的分划数，也就是实地的千米数。

（4）距离的校正。从图上量得的距离，不论是直线距离还是弯曲距离，都是两点间的水平距离。但是，实地地形是起伏不平的，道路的弯曲情况在图上的表示也是很概略的，从图上量得的距离总是要比实地距离小一些，所以，对图上量得的距离要加个校正数。究竟要加多大的校正数呢？由于实地地形情况比较复杂，很难提出一个最准确的校正数，只能根据部队实验的结果，提供一个校正参考数据。这个数据是：坡度为 0°~5° 时，加校正数 3%；坡度为 5°~10° 时，加校正数 10%；坡度为 10°~15° 时，加校正数 20%；坡度为 15°~20° 时，加校正数 30%；坡度为 20°~25° 时，加校正数 40%；坡度为 25°~30° 时，加校正数 50%。这只是个实验平均数，有的地方可能大于这个数，有的地方可能小于这个数，使用时要加以注意。

（四）地形图的坐标系统

提起"坐标"这个词，有些读者可能有点陌生，其实，在我们生活中还是经常碰到的，只是不这么称呼罢了。比如我们到体育馆看球赛，去礼堂听报告，入场券上就有×排×号，按照这个排、号，就能找到自己的座位。这种用排和号两个数确定座位的方法，在数学上就叫作坐标法。为了使用地图的方便，制图人员就把这个坐标法搬到了地图上，成为确定地面点位的方法。因为地球比较大，坐标的起算点、计算的方法和表达的方式就必须有一系列的规定，这些规定，就是坐标系统。地图上的坐标系统分为两种，即地理坐标系和平面直角坐标系。

1. 地理坐标系

确定地球表面上某点位置的经度和纬度数值，就是该点的地理坐标。为了使用方便，在 1:20 万、1:50 万和 1:100 万地图上，按照一定的间隔绘有经线和纬线，构成地理坐标网；图廓线的四周有经、纬度数值注记。在大于1:10万图上，只是在内图廓外绘有分度带，每个分划为一分；在内图廓的四角注有经、纬和值。需要用经纬度指示目标时，只要把南图廓与北图廓、东图廓与西图廓上分度带的相应分划连接起来，就构成了地理坐标图。

地理坐标是世界各国通用的。在海上、空中、边防或外交斗争中，通常采用地理坐标指示目标。例如，知道了地理坐标为北纬25°05′，东经121°31′，就可以从图上找到这是台北市（图8-5）。反之，找到了图上位置，也可以求出这一点的地理坐标。

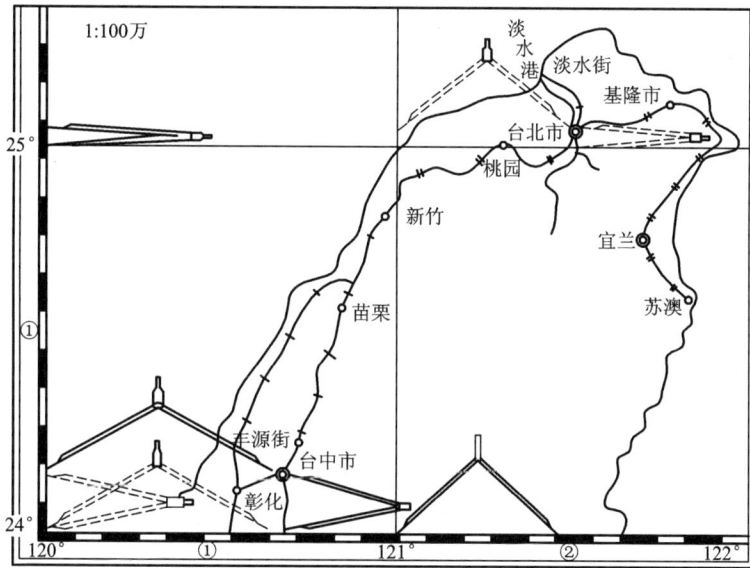

图8-5　依地理坐标量读台北市位置

2.平面直角坐标系

由于经纬线在图上多是弧线，不便于图上作业，更不便于距离和角度的换算，因此，在大比例尺图上一般都绘有平面直角坐标网。

确定平面上某点位置的长度数值，就是该点的平面直角坐标。平面直角坐标的值是用千米和米表示的。

（1）平面直角坐标的构成。平面直角坐标，是在图上由两条垂直相交的直线建立起来的坐标系统。纵线为纵轴，以"X"表示；横线为横轴，以"Y"表示；两直线的交点为坐标原点，以"O"表示。确定某点的位置时，以该点到横轴的垂直距离为纵坐标（X），到纵轴的垂直距离为横坐标（Y）。并规定，X值在横轴以上的为正，以下的为负；Y值在纵轴以右的为正，以左的为负。如甲点的坐标：X=250，Y=300。用这种方法确定点位的，就叫平面直角坐标法。

（2）图上平面直角坐标的起算。我国地形图上的平面直角坐标网，是按高斯投影构成的。高斯投影是以6°为一带，每个投影带的中央经线是直线，与中央经线相垂直的另一条直线是赤道。地形图上的平面直角坐标，就是以中央经线为纵轴（X），以赤道为横轴（Y），其交点为坐标原点（O），这样，每个投影带便构成一个独立的坐标系。我国领土位于赤道以北，所以纵坐标(X)值均为正值；横坐标(Y)值，位于中央经线以东的为正，位于中央经线以西的为负。为了计算方便，消除负数，又将横坐标(Y)值均加上五百千米常数，(即等于将纵轴西移 500 千米)横坐标以此纵轴起算，Y 值也就全是正数了(图 8 - 6)。

因为一个投影带的范围很大，分的图幅也很多，为能迅速确定点的坐标，制图时，就用平行线的办法，以一千米(或两千米)为单位，分别做中央经线和赤道的平行线，构成正方形方格网，叫作平面直角坐标网。在 1∶5 万地形图上，每个方格的面积是一平方千米(平方千米)，所以又叫方里网。

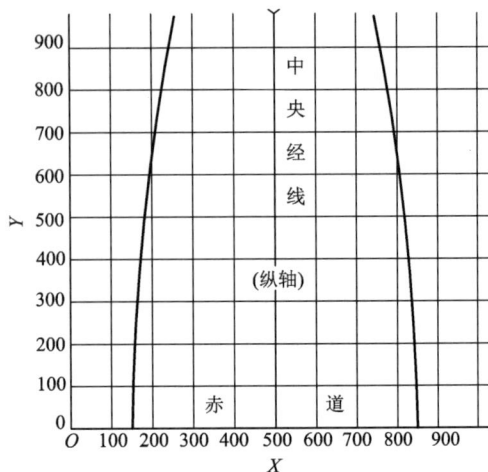

图 8 - 6　直角坐标的起算

(3)图上平面直角坐标的注记。地图上纵向的线(即中央经线的平行线)，都叫纵坐标线，它的长度数值是由南向北增加的，注记在左右图廓间(千米数)。

地图上横向的线(即赤道的平行线)，都叫横坐标线，它的长度数值是由西向东增加的，注记在上下图廓间(千米数)。

(4)平面直角坐标的作用。平面直角坐标网的作用，主要是指示目标和确定目标在图上的位置，也可以估算距离和面积。利用坐标指示目标时，可以用概略坐标，也可以用精确坐标。例如，报告山的概略坐标，只要指出山所在方格左下角的坐标值即可。报告坐标的顺序是：先纵坐标值，后横坐标值，切记不要报错。

为了避免报错顺序，可用曲尺度量地形图，最简便的方法是：用左手的虎口对正这个方格的左下角，先沿拇指方向找出纵坐标值(X)为 85，再沿食指方向找出横坐标值(Y)为 49。口头报告时，先说坐标，后说地名，如：85、49，山。如果在文件中，就写成："山(85，49)"。(图 8 - 7)

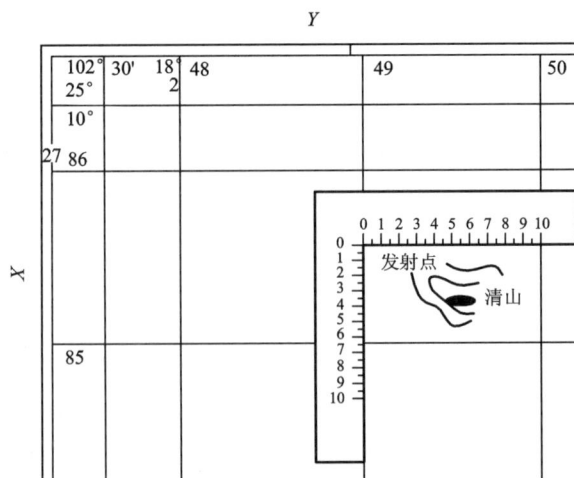

图 8 - 7　量取点的坐标

炮兵射击，常常需要精确坐标，此时应先找出概略坐标，再加上该点到下边和左边方格线的垂直距离的米数即可。最方便的办法是用坐标尺量读。量读的方法是：使坐标尺的纵边与纵坐标线密合，横边通过所量地物之定位点，即可读出纵、横坐标的米数，然后与概略坐标的千米数相加，就是精确坐标。例如发射点的精确坐标为：X85620，Y49300。反之，知道了坐标值，用同样的方法，也可以确定目标点在图上的位置。

（五）地貌的表示方法

地球表面是起伏不平的，有高山，有深海，有丘陵和平原，有沙漠和草原，还有江河和湖泊，等等。这些高低不平、形状各异的地貌是怎样表示在平面图纸上的呢？

用等高线表示地貌，能精确地反映地面的高低、斜坡形状和山脉走向，我们的基本比例尺地形图，主要就是用这种方法表示地貌的。这种方法存在的主要问题是缺乏立体感。

1.等高线表示地貌的原理

等高线表示地貌的原理是：假设把一座山，从底到顶，按相等的高度，一层一层地水平横截该山，则山的表面便会留下一条一条的弯曲截口痕迹线，再将这些截口痕迹线垂直投影到一个平面上，便呈现出一圈套一圈的曲线图形（图8-8）。因为每条曲线上各点的高度都相等，所以这种曲线叫等高线。各相邻的两条等高线间的垂直距离相等。地形图就是根据这个道理来表示地貌的。

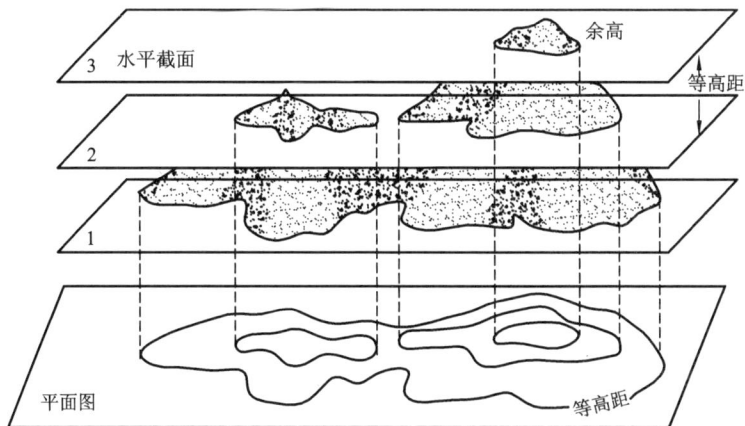

图8-8　等高线表示地貌的原理

2.等高线的特点

根据等高线表示地貌的原理，可以看出等高线有这样几个特点：等高线都是闭合曲线，同一条等高线上任何一点的高程都是相等的；等高线多，山就高，等高线少，山就低；等高线密，坡度陡，等高线稀，坡度缓；等高线的弯曲形状和相应实地地貌形态保持水平相似的关系。对于同一地形而言，等高线的多少，取决于等高距的大小。等高距越大，等高线就越稀少，地貌显示就越简略；等高距越小，等高线就越密集，地貌显示就越详细。为了制图方便，利于用图，应选择适当的等高距。我军基本比例尺地形图的等高距规定为：比例尺1:1万为

2.5 米；1∶2.5 万为 5 米；1∶5 万为 10 米；1∶10 万为 20 米；1∶20 万为 40 米，一般按规定增大一倍。

3.等高线的种类

在地形图上，我们所看到的等高线，为何有细的，有粗的，还有断续的？（图 8-9）这是为了更好地表示地形和便于用图而规定的。

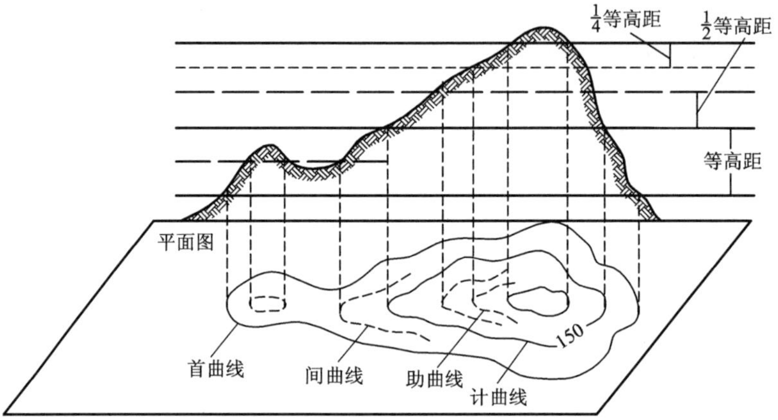

图 8-9 等高线的种类

（1）首曲线：凡是按规定的等高距测绘的等高线，都叫基本等高线，又称首曲线，它是用细实线表示的。

（2）计曲线：为了便于计算高程，把首曲线每逢 5 条或 10 条加粗描绘一条。例如，一座一千米的高山，在 1∶5 万图上，就要画 100 条首曲线。计算高程时，如果一条一条地数，就很不方便，有了加粗等高线，就能一五一十地数，计算就方便了，所以，又叫计曲线。

（3）间曲线：因为地貌起伏变化多端，用首曲线往往不能详细地表示地貌的细部特征，便在首曲线的中间加绘长虚线，表示其细部，这叫半距（基本等高距的二分之一）等高线，也叫间曲线。

（4）助曲线：有些地方的细貌，用间曲线仍然显示不出来时，就在四分之一等高距的位置上用短虚线表示其细貌，补助间曲线的不足，所以叫作补助等高线，又叫助曲线。

4.识别地貌

我们懂得了等高线表示地貌的原理和特点，就有了判读地貌的基础。但是，由于地貌类型复杂，要正确认识地貌，仍有不少困难。

尽管每座山都有自己的特点，形态万千，但只要我们认真分析一下，仍然可以找出它们的共同特征。概括地说，它们都是由山顶、凹地、山背、山谷、鞍部、山脊等构成的。只要抓住这些基本特征，识别地貌就比较容易了。

在识别这些特征时，只要联想一下等高线表示地貌的原理和特点，就能立刻认出。凡是最小的闭合小圆圈都是山顶。根据这些圆圈的大小和形状，还能分辨出尖顶山、圆顶山或平顶山。凹地也是小圆圈，怎么和山顶区别呢？这个问题，制图人员早就想到了，那就是在圆圈上加上个垂直小短线，它是指示下方向的，叫作示坡线。如果你看到示坡线在圆圈的外面，就是山顶，示坡线在圆圈的里面，就是凹地。

以山顶为准，等高线向外凸出的是山背，等高线向里凹入的是山谷。两个山顶之间，两组等高线凸弯相对的部分是鞍部，若干个山顶与鞍部连接的凸起部分就是山脊。

另外，由于地壳的升降、剥蚀和堆积作用，一些局部地区改变了原来的面貌，如在黄土高原上，植被稀少，由于雨水冲刷形成的冲沟；陡峭的崖壁，坡度在70°以上，像广西桂林的陡石山；山坡受风化作用而崩落的崩崖等。这些地形，军事上统称为变形地。因为这种地形面积很小，形状奇特，用等高线不太好表示，只好用符号来表示。

地形图的高程注记有两种：一种是高程点的注记，用黑色；一种是等高线的注记，用棕色(图8－10)。根据等高线表示地貌的原理和特点，结合变形地符号，再考虑到自然习惯，如河水总往低处流，等高线上高程注记的字头总是朝上坡方向，示坡线指向下坡，进行判读，地貌的总体和细部就清清楚楚了。

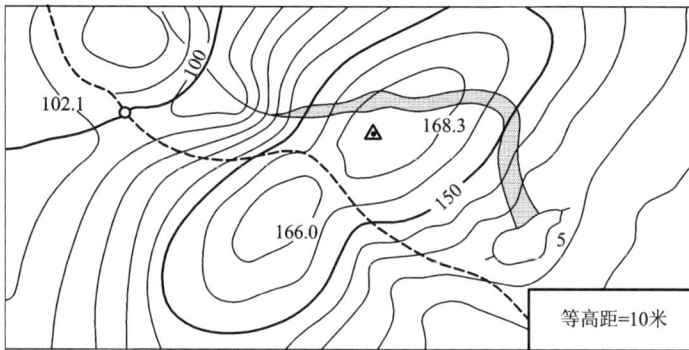

图8－10　高程的注记

5.判定高程和高差

我们在使用地图时，经常要判定点位的高程。如炮兵射击，为了确定高低角，就要知道炮兵阵地、射击目标和观察所的高程。

在图上主要根据高程注记和等高线来推算点位的高程(图8－11)。例如：点位恰在等高线上时，该等高线的高程，就是这个点位的高程；点位在两条等高线之间时，先查出下边一条等高线的高程，再按该点在两等高线间隔中的位置目测出高度；点位在没有高程注记的山顶时，一般应先判定最上边一条等高线的高程，然后再加上半个等高距。知道了两点的高程，然后相减，所得结果，就是这两点的高差。

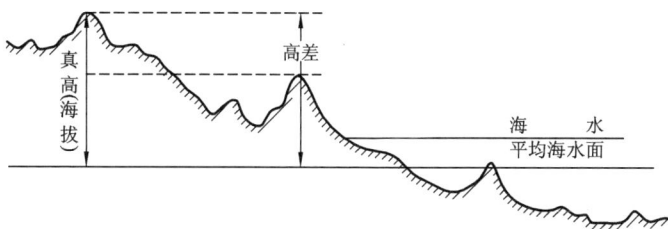

图8－11　高程的判定

6.判定斜面形状和坡度

部队构筑山头阵地，总要观察一下斜面情况，看是否有利于发扬火力。军队行军，经常遇到上坡下坡，不同的斜面和坡度，会对军队战斗行动带来不同的影响。比如汽车的爬坡能力是15°，如果道路的纵坡度大于15°，汽车就不便通行了。所以，我们使用地图时，要学会从图上判定斜面的形状和坡度(表8-4)。

表8-4　山的形态在图上表示

名称	现地形状	图上表示	名称	现地形状	图上表示
山顶			冲沟		
凹地			陡崖		
山背			陡石山		
山谷			崩崖		
鞍部			滑坡		
山脊					

所谓斜面，就是从山顶到山脚的倾斜部分。就拿敌对双方控制的高地来说，朝向对方的斜面叫正斜面，背向对方的斜面叫反斜面。斜面有几种？它们在地形图上是怎样表示的呢？

等齐斜面：坡度基本上一致，站在斜面顶部可以看到全部，便于发扬火力的称为等齐斜面。在图上，各等高线的间隔大致相等。

凸形斜面：在实地，上面缓，下面陡，站在斜面顶部看不见下部，形成观察射击的死角，称为凸形斜面。在图上，等高线的间隔上面稀，下面密。

凹形斜面：与凸形斜面相反，上面陡，下面缓，站在斜面的顶部能看到斜面的全部，便于发扬火力，称为凹形斜面。在图上等高线的间隔是上面密，下面稀。

实地的斜面：多数是凸凹互相交错的形状，但是，总离不开上面说的三种形状。使用地图时，只要注意等高线间隔的疏密情况，就能很容易地判明斜面的形状。

那么，斜面的坡度，又怎样从地图上量取呢？

量取坡度时，要先用两脚规量取图上两条(或六条)等高线间的宽度，再到坡度尺上比量，在相应的垂线下边就可以读出它的坡度。

二、现地使用地图

(一)判定方位

判定方位是研究在现地如何辨明东西南北方向,明确站立点与周围地形的关系位置。其方法有:利用指北针、北极星、太阳和时表判定,依据地物特征、导向设备判定,还有利用地图和航空相片判定等。掌握这些方法是正确利用地形,保证顺利完成作战任务的前提条件。

1.利用指北针判定方位

判定方位时,将指北针平放,待磁针完全静止后,磁针北端所指的方向就是北方。如果测定方位的人面向北方,则他的背后是南,右边是东,左边是西。

2.利用太阳和手表判定方位

一般情况下,上午时,太阳在东方;12点时,太阳在正南方;18点时,太阳在西方。根据这一规律,可以粗略地判定方位。口诀是:时数折半对太阳(每天以24小时计算),12字头指北方。如在下午14时40分,应以7时20分对准太阳,12字头所指的方向就是北方(图8-12)。为便于判定,还可在时数折半的位置处,垂竖一草棍或火柴棍,转动表盘,使其影子通过表盘中心。

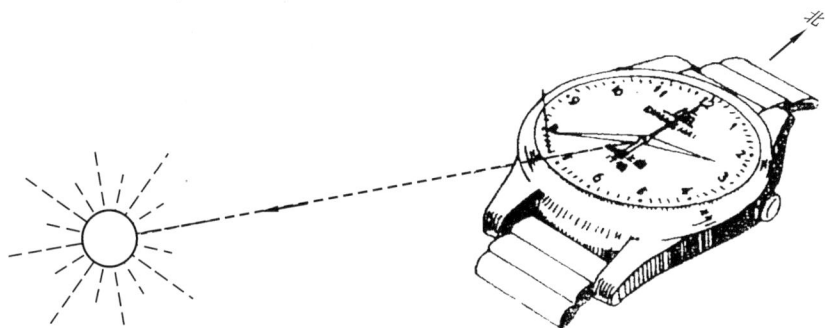

图8-12　利用太阳和手表判定方位

北京标准时间以东经120°经线的时间为准,在远离120°经线的地方判定方位时,应将北京时间换算成当地时间。如果在北回归线(北纬23°26′)以南地区的夏季,因太阳垂直照射,不宜采用此种方法。

3.利用北极星判定方位

北极星是在正北方天空的一颗较明亮的恒星,夜间找到北极星,就很容易找到北方。北极星位于小熊星座的尾端,因小熊星座比较暗(除北极星外),故通常根据大熊星座,也就是北凌晨星(人称勺子星),以及仙后星座(即女帝星座,人称W星)来寻找。

大熊星座由7颗明亮的星组成,形状像一把勺子,将勺端甲、乙两星的连线向勺子口方向延长,约在两星间隔的5倍处,有一颗比大熊星座略暗的星,它就是北极星。仙后星座是由 5 颗明亮的星组成的,形状很像英文字母 W,故人称 W 星。在 W 字母的缺口方向为缺口宽度 2 倍处的那颗星,就是北极星,面向北极星的正前方就是北方(图 8 - 13)。

4. 利用自然特征判定方位

有些地物因受阳光、气候等自然条件的影响,形成带有方向性的特征,因而可以用来粗略地判定方位。如利用树木判定方位。通常情况下,树木南面枝繁叶茂,树皮光滑,而北面枝叶稀少,树皮粗糙。独立大树砍伐后,树上的年轮通常北面间隔小,南面间隔大。

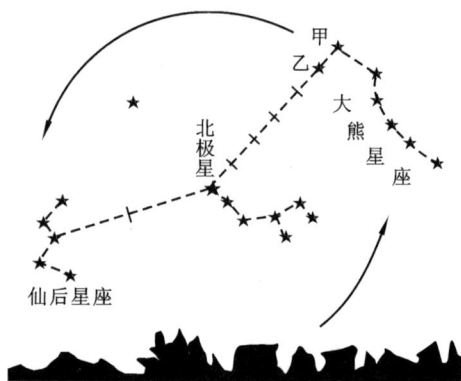

图 8 - 13　利用北极星判定方位

利用突出地面的物体判定方位。通常土堆、土堤、建筑物等突出物的南面干燥,春草早生,冬雪早化;北面则潮湿,夏长青苔,冬存积雪。土坑、林中空地的特征正好相反。

利用房屋正门判定方位。我国北方较大庙宇的正门、农村房屋的正门多朝南开。

(二)地图与现地对照

地图与现地对照,就是将地图上的各种符号和等高线图形,与相应的实地地形对应起来。

1. 标定地图

标定地图就是使地图与实地的方位一致,标定地图的方法有以下几种。

(1)概略标定:先在实地判明方位,方位确定后,将地图的上方对向实地的北方,地图即已标定好了。

(2)用指北针标定:先用指北针的直尺切于地图子磁子午线,并使准星的一端朝向北图廓,然后水平转动地图,使磁针对正指标,即刻度盘的"0"分划,地图就标定好了。

(3)利用直长地物标定:直长地物是指开头直长的线状地物,如铁路、公路、电线等。首先在图上找到直长地物符号,对照两侧地形,使地图与现地的关系位置概略相符,再转动地图,使图上的直长地物符号与现地的直长地物方向一致,地图即已标好(图 8 - 14)。

图 8 - 14　利用直长地物标定地图

(4)利用明显地形点标定:首先确定站立点在图上的位置,再从远方选定一个现地和图上都有的明显地形点,如山顶、独立地物等,并用直尺切于图上的站立点和该地形点上,然后转动地图,使远方地形符号在前,通过直尺,向远方实地相应地形点瞄准,地图即已标定(图 8 - 15)。

图 8 – 15　利用明显地形点标定地图

（5）利用北极星标定：标定时面向北极星，并使地图上方概略朝向北方，然后通过东（西）图廓瞄准北极星，地图方位就标定好了。

2. 确定站立点

确定站立点，就是在图上找到自己的实地位置。通常有以下几种方法。

（1）利用明显地形点确定。当站立点在明显地形点上时，从图上找到该地形点的符号，即是站立点在图上的位置。当站立点在明显地形点附近时，先标定地图，然后根据站立点与明显地物的相互位置关系，判定出站立点在图上的位置。

（2）利用截线法确定。当站立点位于道路、河渠等线状物上时，先标定地图，在线状物的一侧选择图上和现地都有的明显地形点，然后将直尺边切于图上该地形点上，转动直尺，瞄准现地地形点，并描画方向线，方向线与线状地物符号的交点，就是站立点在图上的位置。

（3）利用后方交会法确定。首先标定地图，在远方选择两个图上和现地都有的明显地形点，将直尺分别切于图上两个明显地形点符号的定位点上，再依次瞄准现地的相应地形点，并向后画出方向线，两方向线的交点就是站立点在图上的位置。

（4）利用磁方位角交会法确定。先攀上便于通视远方的树上，在远方选定现地和图上都有的两个明显地形点，分别测出到这两个点的磁方位角。然后在树下近旁标定地图，将指北针直尺边依次切于图上的两相应地形点的定位点上，转动指北针，使磁针北端指向所测得的相应的磁方位分划，并沿尺边分别画方向线，两方向线的交点就是站立点在图上的位置。

（5）现地对照地形。现地对照地形，一般是在标定地图和确立了站立点的基础上进行。其顺序是：先主要方向，后次要方向；先对照大而明显的地形，后对照一般的地形；由左至右（或相反），由近及远；从图上到现地，再从现地到图上；以大带小，由点到面，逐段分片进行对照。对照地形，主要根据站立点与目标点及其附近地形的相互关系位置，分析比较，反复验证。当地形重叠不便观察时，应变换位置或登高观察。

（三）按图行进

1. 做好行进准备

按图行进，就是利用地图选定行进路线，并在行进中不断与现地对照，以保证沿选定的路线到达预定地点的行进方法。

（1）选择路线。在行进前必须要事先选准选好行进路线。选择路线时，应充分考虑和研究行进路线上可能对行进造成影响的地形因素，如地貌起伏、沿线居民地、桥梁等。部队行进时，通常要选择多条路线，以便分路行进。选择线路时应注意把握以下原则：一是有路不越野，尽可能利用道路行进，这样不仅省力，而且不易迷失方向；二是选近不选远；三是提前绕行。在起伏大、树林密集、多障碍的地段，应提前选择绕行线路。

（2）做出标记。路线选定后，应将路线及沿线选定的较明显的地物、地貌作为方位物，如转弯点、桥梁、居民地等，并用彩笔在图上做出标记，以便行进时快速查找。

（3）按序行进。路线和方位选定后，应按行进的顺序，把每段的里程、时间，经过方位物的顺序、数量、名称、关系位置和地形特征记熟，力求做到"心中有图，未到先知"。

2.行进的方法步骤

行进途中，应边走边对照地形，预知前方要通过的方位物。在经过每个岔口、转弯点、居民地进出口时，应仔细对照地形，随时了解自己在图上的位置，做到"人在实地走，心在图上移"。具体的行进方法步骤如下。

（1）靠记忆行进。按行进的顺序，采取分段或连续或一次记忆的方法，记住路线的方向、距离、经过的地形点。通过记忆，使现地的情景能够不断地与记忆内容"迭影"、印证。通常情况下，对初学者，可采用分段行进法，即在最佳线路上能通视的地段，不对照地形，而选择在辅助目标点上对照，这样一段一段对照前进；对有一定基础者可用连续行进法，即把各辅助目标点要做的工作提前，在将要到达一个辅助目标点之前，边行进边分析下段能通视地段的地形，在图上找到下一个辅助目标点，然后不做停留，连续行进；对于经验丰富者可用一次记忆行进法，即在出发点，把在地图上选择的从出发点到第一目标点的最佳线路一次性记住，不再选择辅助目标点，在将要到达第一目标前，又一次性记住到达下一个目标点的最佳线路，直至终点。

（2）依点、线行进。当目标点位于高大、明显的点和线状地形及其附近时，在明确站立点后，可利用这些易于辨认的地形，作为行进的引导物。

（3）按磁方位角行进。按方位角行进是按图行进的辅助方法。在地形起伏不大、无道路、有固定植被、观察不便或夜间、浓雾、风雪等不良天候条件下的地区行进时，可在图上测出站立点到目标点的磁方位角，然后量出两点之间的实地距离并换算成复步数或时间（复步数＝实地距离的米数/复步长，复步长一般为 1.5 米）。出发时，首先平持指北针，转动身体，使磁针北端指向下一点的方位角，这时沿照门至准星的方向就是前进的方向，然后按照方位物的方向，照直前进。行进中，随时用指北针检查前进方向，记清复步数和时间。到达目标点后，再按上述要领逐段前进，直到终点。

（4）纠错方向。行进中，如果走错路线，应立即对照地形，确立站立点在图上的位置，回忆走过的路线，然后选择迂回路线或原路返回，待回到正确的路线后，再继续前进。如果条件允许，也可选择新的行进路线，向预定目标前进。

参考文献

[1] 许和震.开展创新教育,培养新型军事人才[J].中国军事教育,2002.06

[2] 张炜.关于中国军事外交的理论探讨[J].中国军事科学,2004.03

[3] 郭真.当代美国军事外交的传统与调整探析[J].湖北社会科学,2005.10

[4] 杨晨,文秋.冷战结束以来大国军事外交的演变趋势[J].外国军事学术,2007.12

[5] 韩献栋,金淳洙.中国军事外交与新安全观[J].现代国际关系,2008.02

[6] 编辑委员会编.当代中国军队的军事工作(上)[M].北京:中国社会科学出版社,1989

[7] 朱如珂.军事教育学.第2版[M].北京:解放军出版社,1992.

[8] 王文荣,张伊宁.邓小平新时期军队建设思想述要[M].北京:国防大学出版社,1993

[9] 张炜.中国海防思想史[M].北京:海潮出版社,1995.

[10] 刘华秋.军备控制与裁军手册[M].北京:国防工业出版社,2000

[11] 沈伟光.中国信息战[M].北京:新华出版社,2005

[12] 贾晓炜.一体化作战知识读本[M].北京:长征出版社,2005

[13] 奚纪荣,张国清.军事理论教程[M].上海:同济大学出版社,2006

[14] 王军,刘小力.军事理论基础知识学习指南[M].北京:蓝天出版社,2007

[15] 李凤旺编.大学军事训练教程[M].杭州:浙江大学出版社,2008

[16] 季建成,罗远标,纪海云.大学军事教程[M].北京:人民出版社,2009

[17] 左惟.大学军事教程[M].南京:东南大学出版社,2009

[18] 刘明福.坚持依法从严治军[M].北京:人民武警出版社,2010

[19] 盛欣,曲向丽.2012世界军事形势分析[M].北京:国防大学出版社,2012

[20] 斯德哥尔摩国际和平研究所.中国军控与裁军协会译.SIPRI年鉴2013:军备.裁军和国际安全[M].北京:时事出版社,2014

[21] 中共中央宣传部.习近平总书记系列重要讲话读本[M].北京:学习出版社,人民出版社,2013

[22] 徐建军,贺少华.现代军事教育(第4版)[M].长沙:中南大学出版社,2014

[23] 王和中,吕冀蜀.大学军事教程[M].北京:清华大学出版社,2014

[24] 高校军事理论教程编写组.高校军事理论教程[M].武汉:武汉大学出版社,2014

[25] 刘亚洲.刘亚洲文集[M].武汉:长江文艺出版社,2014

二维码索引

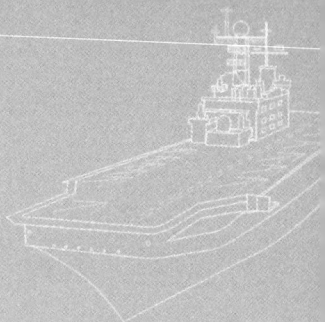

图书在版编目（CIP）数据

大学生军事教程／刘剑飞主编. —长沙：中南大学
出版社，2019.6(2021.7 重印)

ISBN 978-7-5487-3657-8

Ⅰ.①大… Ⅱ.①刘… Ⅲ.①军事理论－高等学校－
教材 Ⅳ.①E0

中国版本图书馆 CIP 数据核字(2019)第 117287 号

大学生军事教程

DAXUESHENG JUNSHI JIAOCHENG

主编 刘剑飞

□**责任编辑**	唐天赋
□**责任印制**	唐 曦
□**出版发行**	中南大学出版社
	社址：长沙市麓山南路　　　邮编：410083
	发行科电话：0731-88876770　　传真：0731-88710482
□**印　装**	湖南省众鑫印务有限公司

□**开　本**　787 mm×1092 mm 1/16　□**印张** 16.5　□**字数** 418 千字
□**互联网＋图书　二维码内容**　字数 10 千字　视频 360 分钟
□**版　次**　2019 年 6 月第 1 版　　□**印次**　2021 年 7 月第 3 次印刷
□**书　号**　ISBN 978-7-5487-3657-8
□**定　价**　42.00 元